JOACHIM BRAMBACH

KLEOPATRA

und ihre Zeit

Legende und Wirklichkeit

CALLWEY

Abbildung auf dem Umschlag:
Kleopatra fährt Marcus Antonius auf dem Fluß Kydnus entgegen
Gemälde von Hans Makart, 1874/75
Stuttgart, Staatsgalerie

Auf dem Einband
und über den Kapitelanfängen:
Kartusche mit den Hieroglyphen des Namens der Kleopatra
auf dem Obelisk von Philae

CIP-Titelaufnahme der Deutschen Bibliothek
Brambach, Joachim
Kleopatra und ihre Zeit: Legende und Wirklichkeit/Joachim Brambach. – München: Callwey, 1991
ISBN 3-7667-0998-4

Umschlagentwurf Baur + Belli Design, München
Satz Filmsatz Schröter, München
Schrift Stempel Garamond
Druck und Bindung Ebner Ulm
Printed in Germany 1991
ISBN 3-7667-0998-4

INHALT

PROLOG

Keine Frauengestalt der Antike hat Zeitgenossen und Nachwelt stärker fasziniert als Kleopatra VII., die Große. Über die Dichtung von Horaz, Vergil, Properz, Ovid, Lucan, Juvenal sowie die historischen Werke von Plutarch, Sueton, Appian, Dio Cassius und Flavius Josephus hat die ägyptische Königin Eingang in die Weltliteratur gefunden.[1] Dante und Boccaccio haben sich mit ihr befaßt. Zwischen 1540 und 1905 sind allein 127 Bühnenstücke, nämlich 77 Dramen, 45 Opern und 5 Ballette über den Kleopatra-Stoff erschienen, unter ihnen Shakespeares »Antonius und Kleopatra« sowie G. B. Shaws »Caesar und Kleopatra«.[2] In der Folge sollte sich neben Komponisten wie Massenet und Prokowjew sowie Historikern und Romanciers vor allem der Film dieses Themas annehmen.

Kleopatras Persönlichkeit hat mehr als zweitausend Jahre nach ihrem Tod nichts von ihrer Anziehungskraft verloren. Noch stärker als die bedeutendsten Pharaonen gilt sie heute als Symbol für den großen und immer noch geheimnisvollen Reiz des alten Ägyptens.

Und doch war Kleopatra keine Ägypterin. Möglicherweise floß in ihren Adern nicht einmal ein Tropfen ägyptischen Blutes.[3] Die ptolemäische Dynastie, der sie entstammte, war makedonischen Ursprungs und ihr Begründer wahrscheinlich ein Verwandter Alexanders des Großen, vielleicht sein Halbbruder. Jedenfalls sollte es ihm gelingen, von allen Feldherren, die sich um das Erbe Alexanders stritten, das glänzendste und dauerhafteste Reich zu gründen.

Die Geschichte des ptolemäischen Hauses kann niemand übergehen, der ein Bild der historischen Kleopatra entwerfen will. Denn sie ist nicht – wie etwa Caesar und Napoleon oder gar Theodora von Byzanz – plötzlich aus dem Dunkel der Geschichte zu historischer Bedeutung gelangt. Kleopatras Stolz und Streben sind durch die Erinnerung an die Glanzzeiten der Ptolemäerherrschaft geprägt worden, die sie zwar selbst nicht mehr erlebte, aber wiederherstellen wollte. Ihr Machtwille, ihre Leidenschaftlichkeit und erotische Ausstrahlung, aber auch ihre unbestreitbare Bereitschaft zu skrupellosem Handeln waren bereits in einer Vielzahl ptolemäischer Herrscher, mehr aber noch in den zahlreichen bedeutenden Frauengestalten dieser Dynastie angelegt. Selbst die Ehen Kleopatras mit ihren beiden Brüdern gehen auf die ursprünglich Griechen und Makedonen gleichermaßen schockierende ptolemäische Sitte der Geschwisterehe zurück, die sie vermutlich von den Pharaonen übernahmen.

Kleopatra hat noch einmal alle wesentlichen Charakterzüge der Ptolemäer im Guten wie im Bösen verkörpert. Nur im Format übertraf sie ihre Ahnen noch. Gerade dies erlaubte ihr, fast zwanzig Jahre neben Caesar und Antonius, den beiden mächtigsten Herrschern der damaligen Welt, eine gleichwertige und zeitweise so beherrschende Rolle zu spielen, daß von ihr gesagt wurde, die Römer hätten außer Hannibal nie einen einzelnen Gegner mehr gefürchtet als diese ägyptische Königin.[4]

HERKUNFT UND AUFSTIEG DER PTOLEMÄER

Von jenem Ptolemäus, der den ägyptischen Thron als erster seines Hauses besteigen sollte, weiß man, daß er um 360 v. Chr. geboren wurde und einen Teil seiner Jugend als Page am Hofe des makedonischen Königs Philipp II. verbrachte, was im allgemeinen den Angehörigen der Aristokratie des Landes vorbehalten blieb. Als sein Vater gilt ein gewisser Lagos, der jedoch keine allzu bedeutende Persönlichkeit gewesen sein dürfte. Jedenfalls haben die Ptolemäer seinen Namen verschwiegen. Zu Ehren gelangte Lagos erst, als Gelehrte des 19. und 20. Jahrhunderts für die Ptolemäer die Bezeichnung Lagiden verwendeten. Hingegen sollten noch zahlreiche ptolemäische Prinzessinnen den Namen seiner Frau Arsinoë tragen, die als eine Verwandte Philipps II. galt, eine Annahme, die auch heute überwiegend geteilt oder zumindest für möglich gehalten wird. Nach einer noch weitergehenden Version war Ptolemäus sogar ein unehelicher Sohn von Philipp II. und Arsinoë, also ein Halbbruder Alexanders des Großen. Dies dürfte jedoch eine spätere Erfindung allzu beflissener ptolemäischer Höflinge gewesen sein. Fest steht jedenfalls – wie noch zu zeigen sein wird –, daß Ptolemäus in einer Zeit, als er unter Alexander dem Großen zu höchsten Ämtern aufgestiegen war, von seinen Zeitgenossen keineswegs als dessen Halbbruder angesehen worden ist.[1]

Fraglos war jedoch Ptolemäus schon zu Lebzeiten Philipps II. ein enger Freund Alexanders. Dies sollte sich zeigen, als es zu jener berühmten Auseinandersetzung zwischen dem König und Alexander kam, die nicht nur ein bemerkenswertes Licht auf die Verhältnisse am makedonischen Hof wirft, sondern zugleich einen Vorgeschmack auf jene Familiendramen gibt, welche sich auch künftig innerhalb makedonischer Herrscherhäuser, und hier vor allem bei den Ptolemäern, abspielen sollten. Anlaß war die Heirat des damals 45jährigen Königs mit einer blutjungen Dame namens Kleopatra, über die natürlich dessen Hauptfrau, die schöne und herrschsüchtige Olympias, ebensowenig erfreut war wie Alexander. Durch die äußerst taktlose Bemerkung Attalos', eines Verwandten der Braut, kam es dann zu einem Eklat, den Plutarch in einer plastischen Schilderung überliefert hat: »Denn als ... Attalos im Rausche bei einem Trinkgelage die Makedonier aufforderte, sie sollten zu den Göttern beten, daß Philipp mit der Kleopatra noch einen rechtmäßigen Thronfolger zeuge, geriet Alexander der Große in Wut und rief: ›Was, Schurke! Hältst du mich für einen Hurensohn!‹ und warf ihm einen Becher an den Kopf. Philipp sprang nun gegen seinen Sohn auf und zog das Schwert; aber zum Glück für beide strauchelte er vor Zorn und Trunkenheit und fiel zu Boden. Alexander spottete: ›Seht doch, meine Freunde‹, sagte er, ›dieser Mann macht Anstalten, aus Europa nach Asien hinüberzugehen, der nicht einmal, ohne umzufallen, von einem Tisch zum anderen gehen kann!‹«[2]

Hintergrund dieser Worte war die Tatsache, daß Philipp kurz vor diesem Zwischenfall auf dem allgriechischen Kongreß in Korinth der Oberbefehl gegen die Perser übertragen worden war und er gerade mit den Vorbereitungen des geplanten Feldzuges beschäftigt war, so daß die vor den Gesandten der griechischen Staaten geäußerten höhnenden Worte Alexanders seinen Vater begreiflicherweise auf das äußerste reizen mußten. Alexander hielt es dann auch unter diesen Umständen für geraten, sofort vom Hofe Philipps zu fliehen. Zwar gelang es wenig später einem Freund des Hauses, Vater und Sohn zu versöhnen. Das Verhältnis der beiden blieb jedoch so gespannt, daß Philipp sich entschloß, die wichtigsten Freunde Alexanders, Plutarch nennt hier namentlich Harpalos, Nearchos, Phrygios und Ptolemäus, in die Verbannung zu schikken.[3]

Doch bereits wenige Monate später, 336 v. Chr., wurde Philipp von dem jungen Makedonen Pausanias ermordet, wobei einiger

Verdacht auf Alexander und seine Mutter fiel, wie sich aus der Alexandergeschichte Plutarchs ergibt: »Als nachher Pausanias, der auf Attalos und Kleopatras Anstiften sehr mißhandelt worden war und keine Genugtuung erhalten konnte, Philipp ermordete, wurde die Schuld größtenteils Olympias zugeschrieben, insofern sie den aufgebrachten Jüngling noch mehr angereizt und erbittert hatte. Auch auf Alexander fiel einiger Verdacht, denn er soll dem Pausanias, der sich nach seiner Mißhandlung an ihn wandte und sich darüber beklagte, mit folgendem Verse aus Euripides' ›Medea‹ geantwortet haben: ›Dem Vater samt der Braut und selbst dem Bräutigam.‹«[4] Sicherlich hatte der Ermordete nicht Aristoteles als Lehrer Alexanders an den makedonischen Hof gezogen, um seinem Sohne die Fähigkeiten zu vermitteln, mit Zitaten dieser Art zu glänzen.

Der Tod Philipps machte für den erst zwanzigjährigen Alexander den Weg auf den makedonischen Thron frei und erlaubte ihm, seine Freunde aus der Verbannung zurückzurufen. Für Ptolemäus war die Ermordung des 46jährigen Philipp fraglos ein Glücksfall. Was hätten ihm seine unbestreitbaren Fähigkeiten genützt, wenn Philipp noch 15 oder 20 Jahre an der Macht geblieben wäre. Vielleicht hätte ihn Philipp irgendwann aus der Verbannung zurückgerufen und ihm ein mißtrauisch beobachtetes Dasein am makedonischen Hof ermöglicht. Vielleicht hätte Ptolemäus an einem der Höfe außerhalb Makedoniens eine bescheidene Karriere gemacht oder sein Glück als abenteuernder Kondottiere versucht. Größere Möglichkeiten würden sich ihm allenfalls im Dienste Persiens, des Erzfeindes Makedoniens, eröffnet haben, was aber kaum einen Anreiz auf ihn ausgeübt haben dürfte. Ptolemäus verstand es, die Gunst der Stunde zu nutzen. »Tapfer, ernsthaft, gebildet und der Person seines Herrn ergeben, scheint er für Alexander ein herzlicher Freund, sicherer Vertrauter und diskreter Berater gewesen zu sein.«[5] Bei dem Sieg über die Hauptstreitmacht des persischen Großkönigs Dareios III. bewährte er sich ebenso wie bei den Eroberungszügen in West- und Mittelasien, Mesopotamien sowie dem Indienfeldzug.[6] Als Alexander dann im Sommer 323 v. Chr. plötzlich an einer fiebrigen Infektion verstarb, war Ptolemäus in knapp 13 Jahren vom namenlosen Verbannten zu einem der einflußreichsten Feldherren in dessen Heer aufgestiegen.

Bei seinem Tode hinterließ Alexander zwar ein riesiges Reich, aber keinen Erben. Kinder hatte er nicht. Seine Witwe, die persische Prinzessin Roxane, war zwar schwanger, aber der Gedanke an einen halbpersischen Herrscher begeisterte die meisten der im Kampf gegen die Perser zu Macht gekommenen Feldherren Alexanders wenig. Nach heftigen Auseinandersetzungen einigten sie sich schließlich in Babylon, Philippos Arrhidaios, einen schwachsinnigen Sohn Philipps II. und einer makedonischen Mätresse einfacher Herkunft auf den makedonischen Thron zu setzen. Der Form halber wurden die – nicht näher festgelegten – Thronansprüche des noch ungeborenen Kindes von Roxane, falls es ein Sohn werden sollte, ebenfalls anerkannt. Bemerkenswert ist in diesem Zusammenhang die Rolle von Ptolemäus. Der angesehene, beliebte und erfahrene Heerführer hätte doch bei der Thronfolge zwangsläufig neben dem schwachsinnigen Arrhidaios zumindest eine äußerst wichtige Rolle spielen müssen, wenn er von seinen Zeitgenossen für einen natürlichen Sohn Philipps II. gehalten worden wäre. Doch von Ptolemäus war im Zusammenhang mit der Thronfolge überhaupt nicht die Rede. Im Gegenteil, Ptolemäus selbst sprach sich in Babylon für die Aufteilung des Erbes Alexanders in unabhängige Reiche aus. Damit stieß er freilich auf den entschiedenen Widerstand von Alexanders ehemaligem Generalstabschef Perdikkas, der fraglos die Absicht hatte, durch die Beibehaltung einer einheitlichen Reichsgewalt eines Tages die Nachfolge Alexanders anzutreten.

Perdikkas setzte sich zunächst weitgehend durch. Er wurde Reichsverweser und Oberbefehlshaber von Asien mit Sitz in Babylon. Von den anderen wichtigen Feldherren wurde Krateros »Vorsteher des makedonischen Königtums«, Antipater »Stratege von Europa«, Antigonos erhielt Phrygien, Lysimachos Thrakien und Teile Nordwest-Kleinasiens. Eumenes von Kardia, der schon Philipp und Alexander als Berater gedient hatte, wurde mit Kappadokien bedacht. Ptolemäus erkämpfte sich die Statthalterschaft über Ägypten.[7]

Eine dauerhafte Lösung konnte diese Reichsteilung mit ihren zahlreichen Kompetenzüberschneidungen und Unklarheiten nicht sein. Sie leitete vielmehr jene mörderischen Auseinandersetzungen ein, die unter dem Begriff Diadochenkämpfe noch in unserem Sprachschatz fortleben. Ihren Verlauf im einzelnen nachzuvollziehen ist heute kaum mehr möglich. Zu Recht hat Grant hierzu bemerkt: »Obwohl die Ziele der Beteiligten – Landgewinn und Absicherung der eigenen Position – klar zutage lagen, erscheinen die Einzelaktionen der Beteiligten dem Betrachter chaotisch und ziellos.«[8] Wie sehr dies zutrifft, mag das Schicksal der einzelnen Akteure zeigen.

Zunächst ließ Perdikkas den Kommandanten der makedonischen Infanterie, Meleager, hinrichten. Dann wurde Perdikkas selbst 321 v. Chr. nach einem fehlgeschlagenen Angriff auf Ptolemäus von seinen eigenen Offizieren ermordet, zu deren Anführer der Makedone Seleukos, der Begründer der Seleukiden-Dynastie, gehörte. In demselben Jahr fiel Krateros im Kampf gegen Eumenes von Kardia, der dann 316 v. Chr. von Antigonos hingerichtet wurde. Bereits ein Jahr zuvor hatte Alexanders Mutter Olympias den makedonischen König Arrhidaios ermorden lassen, um ihrem Enkel Alexander, dem Sohn Roxanes, die Alleinherrschaft auf dem makedonischen Thron zu sichern. Olympias wurde wenig später von Kassander, dem Sohn des 319 v. Chr. verstorbenen Antipater, hingerichtet. 310 v. Chr. ließ dann Kassander auch Roxane und ihren Sohn von Alexander dem Großen, der als Alexander IV. ein Schattendasein auf dem makedonischen Thron geführt hatte, beseitigen. Kassander wurde seinerseits von Lysimachos ermordet.[9] Bei der Wiederholung des fehlgeschlagenen Versuchs Perdikkas', das gesamte Erbe Alexanders an sich zu reißen, fand Antigonos 301 v. Chr. in der Schlacht von Ipsos gegen Seleukos und Lysimachos den Tod. Zwanzig Jahre später griff dann Seleukos seinen früheren Bundesgenossen Lysimachos an und tötete ihn in der Schlacht von Korrupedio. Seleukos, der letzte der Diadochen, konnte sich seines Erfolges nicht lange erfreuen, denn unmittelbar nach der Schlacht fiel er dem Mordanschlag eines Sohnes von Ptolemäus zum Opfer. Mit dem Ende dieser mehr als vierzig Jahre währenden Kämpfe war nun auch die Aufteilung des Erbes Alexanders vorläufig abgeschlossen.

Die Ermordung von Seleukos konnte die Stellung seines Hauses nicht mehr erschüttern. Im Gegenteil, seine Erben konnten die Grenzen ihres Syrien und Babylonien umfassenden Herrschaftsgebietes zeitweise nach Osten hin bis zum Indus ausdehnen. Den Nachfolgern von Antigonos, der als letzter versucht hatte, das

Weltreich Alexanders wiederherzustellen, fiel die Herrschaft über Griechenland und Makedonien zu. Als die erfolgreichste Diadochengründung sollte sich indessen das Reich der Ptolemäer in Ägypten erweisen.

ÄGYPTEN UND DIE DYNASTIE DER PTOLEMÄER

Als Ptolemäus im Spätherbst des Jahres 323 v. Chr. von Babylon kommend in Ägypten eintraf, war nur noch wenig von dem kulturellen Glanz zu spüren, den das einst unabhängige Pharaonenreich unter seinen bedeutendsten Herrschern ausgestrahlt hatte. 525 v. Chr. hatte der persische Großkönig Kambyses Ägypten als Satrapie dem Achämenidenreich eingegliedert. Zwar konnte diese Fremdherrschaft um 410 v. Chr. mit griechischer Hilfe vorübergehend abgeschüttelt werden, doch 341 v. Chr. wurde Ägypten erneut von den Persern unterworfen. Als es dann Alexander dem Großen 332 v. Chr. gelang, die Perser wieder zu vertreiben, wurde er von den Ägyptern als Befreier begrüßt.

Die Sympathien der Ägypter für die Griechen wurden durch das kluge Vorgehen Alexanders noch verstärkt. Während die Perser auf die religiösen Gefühle der Ägypter keine Rücksicht nahmen, suchte Alexander die Kultstätte des Gottes Ptah in Memphis auf und opferte ihm nach dem Ritus der Pharaonen. In einer abenteuerlichen Expedition durch die libysche Wüste begab sich Alexander dann zu dem legendären Heiligtum des Gottes Amon in der Oase Siwa, dessen Onkel die Klugheit besaß, Alexander als göttliches Wesen zu bezeichnen.[1]

Das geschichtlich zweifellos weitreichendste Ereignis des Ägyptenaufenthaltes Alexanders war die Gründung Alexandrias, zu der Friedell mit Recht bemerkt hat: »Es war die Genialität Alexanders des Großen, die, indem sie den einzig richtigen Punkt dafür ausersah, durch die Gründung der Hafenstadt Alexandria, Ägypten mit einem Schlage zur Seemacht erhob.«[2] Auf dieses künftige Zentrum ptolemäischer Macht und Bautätigkeit wird noch einzugehen sein.

Als Alexander Ägypten im Frühjahr 331 v. Chr. verließ, um gegen die Perser nach Mesopotamien zu marschieren, übertrug er die Verwaltung des Landes nicht wie sonst üblich einem Statthalter, sondern einem mehrköpfigen Gremium von Beamten und Militärs. Denn obwohl Ägypten unter der persischen Herrschaft und den folgenden Unabhängigkeitskämpfen gelitten hatte, erschien das Land Alexander wegen seines natürlichen Reichtums und seiner strategischen Lage so bedeutungsvoll, daß er es nicht in der Gewalt eines einzelnen zurücklassen wollte.[3]

Diese großen Vorzüge Ägyptens hatte offensichtlich auch Ptolemäus im Auge gehabt, als er sich in Babylon zum Statthalter für Ägypten bestellen ließ: In der Tat verfügte Ägypten über eine hervorragende strategische Lage, da sein Territorium nach Osten und Westen durch breite Wüstenabschnitte geschützt war. Zudem hatte ein Angreifer von Osten durch den dort verlaufenden Nilarm und zahlreiche starke Festungen noch zusätzliche Hindernisse zu überwinden, was bei den sich damals abzeichnenden Diadochenkämpfen ebenso von Bedeutung sein sollte wie bei den späteren Auseinandersetzungen mit den Seleukiden. Ein Angriff zu Lande wäre allenfalls von Süden durch das Gebiet der dort ansässigen afrikanischen Stämme möglich gewesen, die aber zu dieser Zeit keine Gefahr darstellten. Von Norden über das Meer in das Nildelta einzudringen, war gegen eine gute Seestreitmacht, zu deren Stationierung sich Alexandria hervorragend eignete, ebenfalls äußerst schwierig. Es sollte sich dann auch zeigen, daß es in den folgenden 300 Jahren der Ptolemäerherrschaft nur dem Seleukidenherrscher Antiochos IV. um 165 v. Chr. gelingen sollte, mit einem starken feindlichen Heer ägyptisches Kernland zu betreten.[4] Umgekehrt erlaubte die strategische Lage Ägyptens ohne weiteres die Führung von Seeangriffskriegen, was Mommsen zu der Feststellung veranlaßt hat: »Während der Gegner selbst nach glücklichen Erfolgen kaum imstande war, das ringsum für Landheere fast unzugängliche Ägypten ernstlich zu bedrohen, konnten die Ägypter von See aus nicht bloß in Kyrene sich festsetzen, sondern auch auf Kypros und den Kykladen, auf der phönikisch-syrischen und auf der ganzen

Süd- und Westküste von Kleinasien, ja sogar in Europa und auf dem thrakischen Chersonesos.«[5]

An finanziellen Mitteln für derartige Unternehmungen fehlte es bei dem großen natürlichen Reichtum des Landes nicht. Ägypten, das schon Herodot als »ein Geschenk des Nils« bezeichnet hatte, war durch die jährlichen Überschwemmungen des Nils das landwirtschaftlich ertragreichste zusammenhängende Gebiet des Altertums. Der fruchtbare Nilboden ermöglichte riesige Ernten. »Der Getreidehandel übertraf alles andere an Bedeutung. Er war Ägyptens Haupteinnahmequelle. Zu einer Zeit, als Weizen und Gerste eine weit größere Rolle bei der Ernährung spielten als heute, waren die Ptolemäer die wichtigsten Getreidelieferanten der Welt. Man exportierte jedes Jahr Millionen von Scheffeln, wobei Rhodos und Delos als internationale Umschlagplätze dienten.«[6] Papyros, Stoffe, Gewürze und aus einheimischen Pflanzen hergestellte Parfüme waren weitere Exportartikel, mit denen sich teilweise riesige Gewinne erzielen ließen. Daneben wurde für den heimischen Gebrauch eine Vielzahl von Pflanzen und Obstsorten angebaut und Salzgewinnung betrieben.

Die Versorgung mit Fleisch erfolgte durch große Rinderfarmen, auf denen man auch Schafe und Geflügel hielt. Selbst Schweinezucht wurde betrieben, wenngleich nicht die einheimische Bevölkerung das Schweinefleisch verzehrte, sondern die griechisch-makedonische Oberschicht.[7]

Auch an Bodenschätzen fehlte es dem Land nicht. Vor allem die Gewinnung von Gold und Edelsteinen spielte eine große Rolle in der ägyptischen Wirtschaft. Dazu verfügte das Land über beträchtliche Vorkommen an Alabaster, Diorit, Syenit, Basalt, Rosengranit, Porphyr sowie Sandstein, Gips und Kalkstein.[8]

Diesen Reichtum, der schon die Grundlage für die Hochkultur der Pharaonen mit ihrer einzigartigen Bautätigkeit gebildet hatte, zu nutzen, sollte für die Ptolemäer bei einer auf fünf bis sieben Millionen Menschen geschätzten Bevölkerung kein Problem sein.[9]

Ptolemäus war fraglos schon in Babylon fest entschlossen, Ägypten auf die Dauer nicht als Statthalter zu verwalten, sondern ein unabhängiges Reich zu gründen. Dies zeigt nicht nur sein Eintreten für die Aufteilung des Erbes Alexanders unter Verzicht auf eine Zentralgewalt, sondern sollte sehr bald noch deutlicher sein Vorgehen in Ägypten beweisen:

Dort war es dem von Alexander für die Verwaltung der Finanzen des Landes eingesetzten Kleomenes von Naucratis im Laufe der Zeit gelungen, seine Mitregenten zu überspielen und sich zum alleinigen Machthaber aufzuschwingen. Allzu viele Freunde scheint er sich mit seinem Regiment nicht gemacht zu haben.

Vielleicht war gerade dies der Grund für Alexander, ihn trotz zahlreicher Klagen gewähren zu lassen. Kleomenes hatte sich nach Alexanders Tod Perdikkas angeschlossen und dadurch erreicht, daß er als Stellvertreter von Ptolemäus zunächst weiterhin eine wichtige Rolle spielen konnte. Zweifellos wollte Perdikkas durch diese Regelung etwaigen Unabhängigkeitsgelüsten seines Statthalters einen Riegel vorschieben. Doch Ptolemäus war nicht gewillt, neben sich einen Aufpasser zu dulden. Anders als Alexander verlieh er den Klagen über Kleomenes bereitwillig Gehör und ließ den Vertrauensmann Perdikkas' nur wenige Wochen nach seiner Ankunft in Ägypten hinrichten.

Dieser offenen Herausforderung Perdikkas' sollte bald eine weitere folgen. Bereits in Babylon war es zum Streit über den Ort der Beisetzung Alexanders gekommen. Alexander selbst soll angeblich den Wunsch geäußert haben, im Amonheiligtum der Oase von Siwa bestattet zu werden. Perdikkas sprach sich dafür aus, den Leichnam nach Aegai, der alten makedonischen Königs- und Begräbnisstadt, zu überführen. Gleichwohl nahm der von Alexanders ehemaligem Generaladjutanten Arrhidaios – mit dem damaligen makedonischen König hatte er nur den Namen gemein – angeführte Leichenzug den Weg nach Siwa. In Syrien bereitete ihm Ptolemäus einen glanzvollen Empfang und begleitete den Zug bis nach Memphis, wo der Leichnam dann aber bis zur Fertigstellung einer großartigen Begräbnisstätte in Alexandria aufbewahrt wurde.

Perdikkas war nicht der Mann, einen derartigen Affront hinzunehmen. Da er jedoch mit seinen Kräften in Asien gebunden war, konnte Ptolemäus noch zu einem weiteren Schlag ausholen. In der westlich an seinen Machtbereich angrenzenden Kyrenaika, insbesondere in deren Hauptstadt Kyrene, war nach dem Tode Alexanders ein Bürgerkrieg ausgebrochen. Kyrene, um 630 v. Chr. von Griechen gegründet, war als Umschlagplatz für innerafrikanische

Waren und Ausfuhrhafen eine der wichtigsten Städte der nordafrikanischen Küste. Eine bedeutende Ärzte- und Philosophenakademie, die auf den Sokratesschüler Aristippos zurückging, hatte die Stadt zu einem kulturellen Zentrum der hellenistischen Welt werden lassen. In der Vergangenheit hatte Kyrene nicht nur den Annexionsversuchen der Pharaonen widerstehen, sondern sich auch aus der Abhängigkeit vom griechischen Mutterland lösen können. Ungefähr seit 430 v. Chr. war Kyrene eine unabhängige Stadtrepublik. Ptolemäus war daher hocherfreut, als sich die in dem Bürgerkrieg unterlegene Oberschicht mit der Bitte um Unterstützung an ihn wandte, und schickte seinen Waffengefährten Ophellas in die Kyrenaika. Dieser besiegte die von dem Spartaner Thibron, dem fähigsten, aber auch berüchtigtsten Kondottiere jener Zeit befehligte gegnerische Streitmacht. Wenig später fiel Thibron in die Hände von Ophellas, der ihn ans Kreuz schlagen ließ. Der Erfolg Ophellas' führte nicht nur zu einer beträchtlichen Erweiterung des Machtbereichs von Ptolemäus, sondern steigerte auch sein Ansehen und seine Beliebtheit, da er dem Selbstgefühl der Griechen und Ägypter gleichermaßen schmeichelte.[10]

Im Frühjahr 321 v. Chr. griff dann Perdikkas an. Ptolemäus zeigte, daß er zu Recht den Ruf genoß, einer der besten Feldherren Alexanders gewesen zu sein. Perdikkas konnte weder Pelusium noch eine weiter südlich gelegene Festung, die sogenannte »Kamelmauer«, einnehmen. Um sie zu erobern, hatte Perdikkas einen Flußarm, der die Festung schützte, ableiten lassen. Dies wäre ein voller Erfolg gewesen, wenn nicht die abgeleiteten Wassermassen sein eigenes Lager überschwemmt hätten. Daß es Ptolemäus gelang, einen der Kampfelefanten, die Perdikkas aus Indien mitgeführt hatte, zu erlegen, trug auch nicht zur Hebung der Moral der gegnerischen Truppen bei. Trotz dieser Fehlschläge stieß Perdikkas in Gewaltmärschen an den Nil vor, den er bei Memphis überqueren wollte. Der Versuch, seine Soldaten an einer seichten Stelle auf eine in der Flußmitte gelegene Insel überzusetzen, sollte zum Fiasko werden. Nach Diodor[11] wurden dabei mehr als 1000 Mann ein Opfer der Krokodile. Diese Angabe ist zwar in Zweifel gezogen worden, allzu weit kann sie indessen nicht von der Wirklichkeit entfernt sein, denn der Fehlschlag löste so große Empörung in Perdikkas' Lager aus, daß dieser nach dem mißlungenen Manöver von seinen eigenen Offizieren, an der Spitze Seleukos, dem späteren Begründer des Seleukidenreiches, umgebracht wurde.

Die Mörder Perdikkas' trugen Ptolemäus an, dessen Platz einzunehmen. Doch Ptolemäus, der voraussah, daß ihn die Annahme dieses Angebots unweigerlich in die Diadochenkämpfe hineingezogen hätte, besaß die Klugheit, höflich dankend abzulehnen.[12] Nachfolger Perdikkas' wurde dann im Herbst 321 v. Chr. bei einem Treffen der wichtigsten Diadochen im nordsyrischen Triparadisos Antipater. Ptolemäus heiratete wenig später Eurydike, eine Tochter Antipaters, die als erste ptolemäische Königin den ägyptischen Thron besteigen sollte. Nach dem Untergang von Perdikkas war Ptolemäus bemüht, sich nach Möglichkeit aus den folgenden Diadochenkämpfen herauszuhalten. »Abgeschirmt wie eine Schildkröte in ihrem Panzer residierte Ptolemäus während der 40 Jahre andauernden Kämpfe der anderen großen makedonischen Heerführer in Ägypten und sah zu, wie die Heere seiner einstigen Waffengefährten zwischen Europa und Asien hin und herzogen, während sich ihre Flotten in der Ägäis aufrieben.«[13] Krieg führte Ptolemäus nur noch, soweit ihm das zur Wahrung seiner Macht in Ägypten notwendig erschien. Er war in erster Linie darauf bedacht, keinen Gegner in der Kyrenaika und in Süd- oder Koilesyrien, welches zu einem ständigen Zankapfel zwischen den Ptolemäern und Seleukiden werden sollte, Fuß fassen zu lassen. Im Mittelmeer galt sein besonderes Interesse Zypern, das für Ägypten als Schnittpunkt wichtiger Seehandelsrouten und wegen seines Holzreichtums von Bedeutung war. 306 v. Chr. wurde Ptolemäus die Insel allerdings von Demetrios, dem Sohn von Antigonos, nach einer verlorenen Seeschlacht vorübergehend abgenommen. Doch als Antigonos und Demetrios daraufhin versuchten, mit ihrer Flotte und einem Landheer von 90000 Mann in Ägypten einzudringen, scheiterten sie schon bei der Belagerung von Pelusium. Ptolemäus ließ sich nach diesem Erfolg 305 v. Chr. zum König proklamieren. Im folgenden Jahr unterstützte er dann die Bevölkerung von Rhodos bei einer Belagerung durch Antigonos und Demetrios so nachhaltig, daß diese ihm aus Dankbarkeit den Namen Soter – der Retter – verlieh.

Nach dem Tode von Antigonos in der Schlacht von Ipsos 301 v. Chr. wagte niemand mehr, Ptolemäus in Ägypten anzugreifen. Aber auch während der vorausgegangenen Diadochenkämpfe hatte Ägypten von allen Teilen des ehemaligen Reiches Alexanders mit Abstand am wenigsten zu leiden gehabt. Es war von den verheerenden Kämpfen verschont geblieben, die sonst fast überall, gerade in den kulturell und wirtschaftlich bedeutenden Gebieten, getobt hatten. Bei dem natürlichen Reichtum des Landes war es daher kein Wunder, daß Ägypten unter Ptolemäus zur führenden Wirtschaftsmacht jener Epoche wurde und sich seine Hauptstadt Alexandria zu einem Zentrum von Kultur und Welthandel entwikkelte: Ägyptens Metropole muß allen Berichten zufolge von faszinierender Schönheit gewesen sein. Nach dem Plan des Architekten Deinokrates durchzogen bis zu 30 Meter breite, von Arkaden gesäumte Prachtstraßen die Stadt. Die Gebäude waren durchweg aus Stein gebaut und meist mit Stuck aus schneeig schimmerndem Gips verziert. Ein römischer General und Vertrauter Caesars bemerkte noch, daß Alexandria nicht niedergebrannt werden könne, da nichts Brennbares bei seinem Bau verwendet worden sei.[14] Die ganze Stadt war in fünf Bezirke aufgeteilt, deren größter und prächtigster – das Brucheion oder Königsviertel – ein Drittel der Gesamtfläche einnahm. Hier lagen die Paläste der Ptolemäer mit ihren Parkanlagen, das Museion mit der größten Bibliothek der damaligen Welt und das Mausoleum Alexanders des Großen. Später wurden in diesem Bezirk noch die Tempelanlagen für die Grabstätten der Ptolemäer errichtet. Zur Wasserversorgung war ein System unterirdischer Zisternen angelegt worden, das seiner Aufgabe auch noch gerecht wurde, als Alexandria nur wenig mehr als 100 Jahre nach seiner Gründung mit fast einer Million Einwohnern zur größten Stadt der Welt angewachsen war.[15] Entscheidenden Anteil an dieser Entwicklung hatten die riesigen Hafenanlagen, die zwischen dem Festland und der ungefähr einen Kilometer vorgelagerten Insel Pharos angelegt worden waren und bis zu 1200 Schiffe aufnehmen konnten. Ein breiter Damm, das Heptastadion, verband das Festland mit der Insel, auf der die Ptolemäer den zu den Sieben Weltwundern zählenden Leuchtturm von Pharos errichteten. Da er 1326 n. Chr. bei einem Erdbeben einstürzte, sind heute nur noch einige Steine von ihm zu sehen. »Aber Beschreibung und Darstellung auf Münzen zeigen, daß er in einem Säulenhof stand, sich fast 120 Meter hoch erhob und drei unterschiedliche Schichten hatte: den einheimischen Kalkstein, Marmor und den rötlichen Granit Unterägyptens. Das viereckige Untergeschoß, das zahlreiche Fenster hatte und fast die halbe Höhe des Bauwerks erreichte, schloß eine riesige Innenhalle ein, die möglicherweise hydraulische Vorrichtungen zur Beförderung von Brennmaterial in die oberen Geschosse enthielt. Der Mittelstock war achteckig, in ihm befand sich eine einfache oder doppelte Wendeltreppe in ein offenes, kreisrundes Obergeschoß hinauf, das auf acht Säulen eine Kuppel trug. Diese Bekrönung des Bauwerks war in der Nacht durch ein Feuer aus harzigem Holz erleuchtet, während tagsüber offenbar ein riesiger polierter Metallspiegel das Sonnenlicht reflektierte und auf diese Weise Nachrichten aussandte.«[16]

Der deutsche Philologe Friedrich Thiersch hat es im 19. Jahrhundert unternommen, an Hand der antiken Angaben eine Rekonstruktion des Bauwerks anzufertigen und so ein anschauliches Beispiel für Ehrgeiz und Gestaltungswillen seiner ptolemäischen Erbauer zu liefern.

Ein von den Villen der wohlhabenden Alexandriner umsäumter Kanal verband die Stadt mit der alten ägyptischen Ansiedlung Kanopos. Kanopos selbst wurde im Laufe der Zeit immer mehr zu einem berüchtigten Vergnügungszentrum, zu dem die lebenslustigen Alexandriner auf teilweise prachtvoll geschmückten Barken mit Musikbegleitung hinausfuhren.

Neben dem glanzvollen Ausbau Alexandrias zeigten weder Ptolemäus noch seine Nachfolger Interesse an der Entwicklung einer städtischen Kultur in Ägypten, während sie außerhalb des Landes zahlreiche Ansiedlungen gründeten und nachhaltig förderten. Ursache für diese Siedlungspolitik war die Erwägung, daß Städte, besonders diejenigen mit einer an weitgehende Selbständigkeit gewöhnten griechischen Bevölkerung, immer zugleich auch mögliche Unruheherde waren. Daran war den Ptolemäern natürlich nicht im geringsten gelegen. Ihre Herrschaftskonzeption faßten sie unmißverständlich in dem Satz zusammen: »Niemand hat das Recht zu tun was er will, aber alles ist bestens geregelt.«[17] Nicht zu Unrecht hat man denn auch von den Ptolemäern gesagt, sie hätten Ägypten verwaltet wie ein Großgrundbesitzer sein Eigentum.[18] In vollem Umfang ließ sich dies jedoch nur bei der breiten Masse der ägyptischen Landbevölkerung durchsetzen, die von den Pharaonen und persischen Satrapen auch keine andere Behandlung gewohnt war. Mehr Rücksichten mußten die Ptolemäer nicht nur auf ihre eigenen Landsleute, sondern auch auf die einflußreiche einheimische Priesterschaft nehmen. Hier waren sie mit Erfolg bemüht, die religiösen Gegensätze zwischen Griechen und Ägyptern abzubauen, was ihnen dadurch erleichtert wurde, daß die Griechen – im Gegensatz etwa zu den Christen – die Götter anderer Glaubensgemeinschaften nicht grundsätzlich ablehnten. So war es Ptolemäus I. möglich, die Gestalten griechischer und ägyptischer Götter – zum Beispiel in dem von ihm geförderten Serapiskult – zu verschmelzen.[19]

Auch dürfte es den Ptolemäern nicht allzu schwergefallen sein, den ägyptischen Vorstellungen von der Göttlichkeit ihrer Herrscher zu entsprechen. Seit Ramses III. galten die Pharaonen ihren Untertanen als Götter. Auch den Griechen und Makedonen waren solche Vorstellungen nicht völlig fremd. Es sei hier nur an Alexander den Großen erinnert, der sich im Amonheiligtum der Oase von Siwa seine Göttlichkeit bestätigen ließ. Wie der nüchterne Ptolemäus I. hierzu stand, ist nicht überliefert. Vielleicht hat Jouguet mit seiner Vermutung recht, Ptolemäus habe sich die ihm so nützliche göttliche Verehrung eher aufdrängen lassen als angestrebt.[20]

Kurz vor seinem Tode machte sich Ptolemäus I. an die Regelung der Thronfolge. Er überging dabei seinen ältesten Sohn Ptolemäus Keraunos aus der Ehe mit Eurydike, der Tochter von Antipater. Die Ehe mit Eurydike war in die Brüche gegangen, und Ptolemäus hatte Berenike geheiratet, die möglicherweise im Gefolge von Eurydike nach Ägypten gekommen war.[21] Berenike war bereits vor dieser Ehe mit einem Makedonier namens Philippus verheiratet, von dem sie mehrere Kinder hatte. Möglicherweise sind sie von Ptolemäus adoptiert worden. Jedenfalls entsandte er einen der Söhne aus dieser Verbindung, Magas, um 308 v. Chr. nach Kyrene, wo er 50 Jahre lang als Vizekönig regierte.[22]

285 v. Chr. ließ Ptolemäus seinen ältesten Sohn von Berenike, der ebenfalls den Namen Ptolemäus trug, zum König proklamieren, wobei ungeklärt ist, ob er selbst abdankte oder den Sohn, der später den Beinamen Philadelphos (»Liebhaber der Schwester«) erhielt, nur zum Mitregenten erhob.[23]

Als Ptolemäus 283 v. Chr. starb, hinterließ er jedenfalls seinem

Nachfolger ein machtpolitisch und wirtschaftlich gefestigtes Reich. Von allen Diadochen ist er neben seinem Schwiegervater Antipater der einzige gewesen, der keinen gewaltsamen Tod erlitten hat.

Auch Ptolemäus II. Philadelphos erwies sich in den fast vierzig Jahren seiner Herrschaft von 285–246 v. Chr. als hervorragender Staatsmann. Die Versuche der Seleukiden und Antigoniden, Ägyptens Vormachtstellung zu brechen, wehrte er in vier Kriegen erfolgreich ab. Sein besonderes Interesse galt der Wirtschaft und Verwaltung. Die Wiederherstellung des unter Dareios I. erbauten Kanals zwischen dem Nil und dem Roten Meer ermöglichte Kontakte mit den dort ansässigen Stämmen. Von Philadelphos ausgerüstete Expeditionen fingen in Afrika jene Elefanten ein, deren sich die Ptolemäer im Kampf gegen die indischen Elefanten der Seleukiden bedienten. Ägyptische Gesandtschaften stellten Handelsbeziehungen bis nach Indien her.

Zu den bedeutendsten Leistungen Philadelphos' gehörten die Förderung und der Ausbau des Museions in Alexandria, das sich unter ihm und seinen Nachfolgern zur bedeutendsten Lehr- und Forschungsstätte mit der wichtigsten Bibliothek der damaligen Welt entwickelte. Mehrere seiner Gelehrten sind mit der Erziehung der ptolemäischen Königskinder betraut worden.

So wie der Name der Insel Pharos wegen ihres großartigen Leuchtturms noch heute etwa in der französischen und italienischen Sprache zum Begriff für Leuchtturm (phare, faro) schlechthin geworden ist, geht auch die Bezeichnung Museum auf das ptolemäische Museion von Alexandria zurück.

Allerdings beginnen in der Regierungszeit von Philadelphos auch jene mörderischen Familiendramen, die in der Geschichte dieser Dynastie bis zur Kleopatra eine so verhängnisvolle Rolle spielen sollten. Den Anfang machte Arsinoë, eine Tochter von Ptolemäus I. Noch fast als Kind war sie mit dem makedonischen König Lysimachos verheiratet worden, dem sie drei Söhne schenkte. Lysimachos hatte bereits aus früheren Ehen mehrere Kinder, von denen eine Tochter, sie hieß ebenfalls Arsinoë, Philadelphos geheiratet hatte. Agathokles, der älteste Sohn aus der ersten Ehe von Lysimachos, hatte Lysandra, eine Tochter von Ptolemäus I. und Eurydike, zur Frau. Agathokles galt wegen seines Alters und seiner glänzenden Fähigkeiten als unbestrittener Thronfolger. Dies wurde ihm zum Verhängnis, denn die ptolemäische Arsinoë, die einen ihrer Söhne auf den makedonischen Thron heben wollte, beschuldigte Agathokles, seinem Vater nach dem Leben zu trachten. Obwohl es hierfür keinerlei Beweise gab, wurde Agathokles in den Kerker geworfen und dort auf Veranlassung Arsinoës umgebracht.

Lysandra, die Witwe von Agathokles, floh daraufhin an den Hof von Seleukos nach Syrien. Begleitet wurde sie dabei von ihrem bei der Thronfolge in Ägypten übergangenen Halbbruder Ptolemäus Keraunos, der sich ebenfalls an dem makedonischen Hof aufgehalten hatte. Allerdings dürfte es nicht geschwisterliche Liebe gewesen sein, die Keraunos veranlaßte, an der Seite von Lysandra Zuflucht bei den Seleukiden zu suchen. Jedenfalls lastete auf ihm der Verdacht, als Arsinoës Werkzeug Agathokles im Kerker umgebracht zu haben. Gleichwohl gelang es Keraunos, sich als Rächer des Ermordeten aufzuspielen und Seleukos zu einem Feldzug gegen Lysimachos anzustacheln, der mit dem Tod des makedonischen Herrschers in der Schlacht von Korrupedio endete. Die makedonische Heeresversammlung trug daraufhin Seleukos die Herrscherwürde an. Doch Keraunos, der den Feldzug nur angezettelt hatte, um selbst makedonischer König zu werden, ermordete nun seinen Gastgeber Seleukos. Dann trug er seiner Halbschwester Arsinoë, die ja noch als Witwe auf dem makedonischen Thron saß, die Ehe an und versprach ihr, die Herrschaft gemeinsam mit ihren Söhnen auszuüben. Durch heilige Eide gelang es ihm, die mißtrauische Arsinoë zur Heirat zu bewegen. Doch schon unmittelbar nach der Hochzeit ließ Keraunos zwei ihrer Söhne erschlagen. Der dritte Sohn, der klugerweise schon vor der Hochzeit geflohen war, ist einem ähnlichen Schicksal vermutlich nur entgangen, weil Keraunos wenig später bei dem Versuch, nach Makedonien eindringende Gallier abzuwehren, selbst umkam.

Arsinoë floh nach der Ermordung ihrer Kinder an den ägyptischen Hof zu ihrem Bruder Ptolemäus II. und dessen Gemahlin Arsinoë I., deren Vater Lysimachos und Bruder Agathokles sie schon zum Verhängnis geworden war. Der Ehrgeiz der nun Vierzigjährigen war trotz aller Schicksalsschläge ungebrochen. Nun sollte auch die ägyptische Königin ein Opfer ihres Machtwillens werden. Sie konnte ihren Bruder davon überzeugen, daß seine Frau ihm nach dem Leben trachte, was bisher weder dem ägyptischen

Herrscher noch sonst jemandem am Hofe aufgefallen war. Die unglückliche Königin wurde in das ferne Oberägypten verbannt, zwei angeblich Mitverschworene hingerichtet.

Anschließend heiratete Ptolemäus II. seine etwa acht Jahre ältere Schwester, die als Arsinoë II. den ägyptischen Thron bestieg.[24] Nun waren Geschwisterehen zwar bei den ägyptischen Pharaonen und auch in persischen Dynastien üblich, dem Denken der griechischen und makedonischen Untertanen waren sie jedoch genauso fremd wie unseren heutigen Vorstellungen. Der Dichter Sotades soll dem allgemeinen Unmut in seinen Versen so deutlich Ausdruck verliehen haben, daß er in einem bleiernen Faß im Meer versenkt wurde.[25] Geschwisterehen sollten bei den ptolemäischen Herrschern die Regel werden. Noch Kleopatra VII. war – wie bereits erwähnt – gleich mit zwei Brüdern verheiratet. Über die Motive für diese eigenartige Ehepolitik bestehen heute noch unterschiedliche Auffassungen.[26] Droysen und ihm folgend Strack haben die Ehe zwischen Ptolemäus II. und Arsinoë II. auf machtpolitische Erwägungen zurückgeführt. Ihnen zufolge wollte Philadelphos durch die Ehe die Ansprüche seiner Schwester auf einige griechische Städte, die ihr Lysimachos geschenkt hatte, auf den ägyptischen Thron überleiten.[27] Hiergegen läßt sich aber zumindest einwenden, daß Philadelphos nach der Eheschließung nichts unternommen hat, um diese Ansprüche, deren Durchsetzung ohnehin mehr eine Macht- als eine Rechtsfrage gewesen sein dürfte, überhaupt geltend zu machen. Auch der Versuch, die Eheschließung mit der Rücksichtnahme auf den Aberglauben der ägyptischen Untertanen zu erklären, vermag im Fall von Philadelphos und Arsinoë II. nicht zu überzeugen. Derartige Erwägungen haben mit großer Wahrscheinlichkeit bei späteren Geschwisterehen mitgespielt, kaum aber bei Philadelphos, dessen Stellung als Herrscher so unangefochten war, daß er es nicht nötig hatte, aus Rücksicht auf die Gefühle der Ägypter seine ältere Schwester zu heiraten. Im übrigen hätten Philadelphos erforderlichenfalls andere Mittel und Wege zur Verfügung gestanden, sich bei den Ägyptern beliebt zu machen, als diese die griechisch-makedonische Oberschicht seines Landes schockierende Heirat. Schon eher wird man den Hauptgrund für die Ehe in der Übereinstimmung der Charaktere – um nicht zu sagen Liebe – der beiden Geschwister sehen dürfen. »Beiden war das Höchste

Herrschaft, Intrigen, Lebensgenuß. Sie verstanden sich, halfen sich gegenseitig und verziehen einander ihre Fehler.«[28]

Da die Ehe kinderlos blieb, adoptierte Arsinoë II. die Kinder ihrer unglücklichen Vorgängerin, deren Ältestes nach dem Tode seines Vaters 247 v. Chr. als Ptolemäus III. Euergetes (der Wohltäter) den ägyptischen Thron bestieg. Unter ihm erlangte das Ptolemäerreich die stärkste Machtstellung und größte räumliche Ausdehnung seiner Geschichte. Dank der Vorarbeit seines Vaters konnte er gleich zu Beginn seiner Regierungszeit durch eine Heirat den ägyptischen Einfluß in der Kyrenaika wiederherstellen. Deren von Ptolemäus I. eingesetzter Vizekönig Magas hatte sich im Laufe seiner fast 50jährigen Herrschaft mit Erfolg um eine weitgehende Unabhängigkeit von Ägypten bemüht. Schließlich waren jedoch Magas und sein Halbbruder Ptolemäus II. übereingekommen, ihre sich daraus ergebenden Spannungen durch eine Ehe des ägyptischen Thronfolgers mit Berenike, der Tochter und Erbin des Vizekönigs, auszuräumen. Doch nach dem Tode von Magas versuchte seine Witwe Apama, eine Tochter des Seleukidenherrschers Antiochos I., diesen Plan zu vereiteln. Auf ihre Veranlassung schickte der makedonische König Antigonos Gonatas seinen Halbbruder Demetrios als künftigen Gemahl von Berenike nach Kyrene. Doch Demetrios, der den Beinamen »der Schöne« trug, gefiel Apama so gut, daß sie ihn zu ihrem Geliebten machte. Dies führte zu einem blutigen Drama, denn Demetrios wurde von Soldaten der Palastwache im Schlafgemach Apamas umgebracht. Der Überlieferung zufolge handelten die Mörder auf Veranlassung Berenikes. Vermutlich wird hier die Rolle der jungen Prinzessin doch etwas überschätzt. Letztlich dürfte Demetrios ein Opfer des Kampfes zwischen den Ptolemäern und ihren syrisch-makedonischen Gegnern um die Macht in der Kyrenaika geworden sein. Wenig später starb auch Apama auf mysteriöse Weise. Möglicherweise waren hier dieselben Kräfte wie beim Tode von Demetrios am Werk. Jedenfalls stand nach ihrem Tod der Vereinigung Ägyptens mit der Kyrenaika durch eine Ehe zwischen Ptolemäus III. und Berenike nichts mehr im Wege.

Die bedeutendste Unternehmung von Ptolemäus III., der als »Laodike-Krieg« in die Geschichte eingegangene Feldzug gegen die Seleukiden, hat seinen Ursprung noch in der Regierungszeit von

Ptolemäus II. Dieser hatte Ende 252 v. Chr. den Seleukidenherrscher Antiochos II. gezwungen, seine Tochter Berenike zu heiraten. Notgedrungen schob Antiochos seine Schwestergemahlin Laodike, von der er bereits zwei Kinder hatte, nach Kleinasien ab. Doch Laodike gelang es nach dem Tode von Ptolemäus II., ihren Bruder bei einem Treffen in Ephesos zu überreden, sie und ihre beiden gemeinsamen Kinder als seine Erben einzusetzen. Unmittelbar danach starb Antiochos, wie es hieß, von Laodike vergiftet, die auf diese Weise einen Widerruf des Testaments verhindern wollte. Wenngleich dies nicht mit Sicherheit bewiesen ist, steht doch fest, daß Laodike zu jener stattlichen Zahl makedonischer Prinzessinnen gehörte, die, gleich ob ptolemäischer oder seleukidischer Herkunft, im Kampf um die Macht vor nichts zurückschreckten. Jedenfalls ließ sie unmittelbar nach dem Tode von Antiochos nicht nur dessen zweite Frau Berenike, sondern auch deren kleinen Sohn umbringen und ihren Sohn Seleukos Kallinikos zum König des Seleukidenreiches ausrufen.

Die Ermordung von Berenike mußte fast zwangsläufig ihren Bruder Ptolemäus III. auf den Plan rufen. Mit seinen Truppen drang er tief in das Seleukidenreich ein und stieß weiter nach Osten vor als jeder andere Ptolemäerherrscher. Doch die Einzelheiten des Feldzuges liegen weitgehend im Dunkeln.[29] Das wenige, was man mit Bestimmtheit weiß, rechtfertigt jedoch nicht die gelegentlich geäußerte Auffassung, Ptolemäus III. habe die Ideen Alexanders des Großen zu neuem Leben erwecken wollen.[30] Es gelang ihm zwar, die Seleukiden zu demütigen. Möglicherweise sind auch Teile seiner Streitmacht bis nach Indien vorgestoßen. Doch nirgends wird die Absicht erkennbar, den Osten auf Dauer unterwerfen zu wollen.[31] Als Unruhen aus Ägypten gemeldet wurden, beendete Ptolemäus den Feldzug und kehrte mit so reicher Beute in die Heimat zurück, daß ihm seine Untertanen den Beinamen Euergetes (der Wohltäter) verliehen. So steht auch dieser Höhepunkt ptolemäischer Machtentfaltung ganz in der von kluger Selbstbeschränkung geprägten Tradition ihrer Politik, die Mommsen mit den Worten charakterisiert hat: »Zu den eigentümlichen Vorzügen Ägyptens gehört es, daß die ägyptische Politik nicht nach Schatten griff, sondern klare und erreichbare Zwecke verfolgte. Makedonien, die Heimat Alexanders, Asien, das Land, in dem Alexander seinen Thron gegründet hatte, hörten nicht auf, sich als unmittelbare Fortsetzung der alexandrischen Monarchie zu betrachten und lauter oder leise den Anspruch zu erheben, dieselbe wenn nicht her-, so doch wenigstens darzustellen. Die Lagiden haben nie eine Weltmonarchie zu gründen versucht und nie von Indiens Eroberung geträumt; dafür aber zogen sie den ganzen Verkehr zwischen Indien und dem Mittelmeer von den phönikischen Häfen nach Alexandria und machten Ägypten zu dem ersten Handels- und Seestaat dieser Epoche und zum Herrn des östlichen Mittelmeeres und seiner Küsten und Inseln. Es ist bezeichnend, daß Ptolemäus III. Euergetes all seine Eroberungen freiwillig an Seleukos Kallinikos zurückgab bis auf die Hafenstadt von Antiochia.«[32]

Auf die Beendigung der Auseinandersetzung mit Seleukos Kallinikos um 240 v. Chr. folgten für Ägypten Jahre des Friedens. Wie schon seine Vorgänger war auch Ptolemäus III. in den 19 Jahren, die er noch über Ägypten herrschen sollte, erfolgreich bemüht, das Land weitgehend aus allen Konflikten herauszuhalten. Innenpolitisch hatte er keine größeren Probleme. Nicht zuletzt dank der riesigen Beute aus dem Laodike-Krieg fiel es ihm leicht, die einflußreichen Schichten seines Landes zufriedenzustellen. So konnte sich Euergetes ungestört seinen ausgeprägten wissenschaftlichen und künstlerischen Neigungen widmen. Zum Leiter der Bibliothek von Alexandria berief er mit dem genialen Eratosthenes von Kyrene den bedeutendsten Gelehrten jener Epoche, der fast 2000 Jahre vor Kopernikus, Kepler und Galilei den Umfang der Erdkugel mit verblüffender Genauigkeit berechnete. Ihn betraute Ptolemäus auch mit der Erziehung seines Thronfolgers. Beinahe hätte Ptolemäus auch mit seinem Versuch, den ägyptischen Kalender umzustellen, Caesars Reformweg vorweggenommen. Doch dies verhinderte sein plötzlicher Tod 321 v. Chr.

Sein ältester Sohn und Nachfolger, Ptolemäus IV. Philopator (der Vaterliebende), hatte mit seinem Vater nur wenig Ähnlichkeit. Die Früchte seiner Erziehung durch Eratosthenes – wenn es solche überhaupt gegeben haben sollte – hat er jedenfalls geschickt zu verbergen gewußt. Eher darf man ihn in die lange Reihe der Herrscher einordnen, die beweisen, daß es nicht erst der Schriften Machiavellis bedurfte, um nach deren Grundsätzen zu handeln. Schon die Zeitgenossen verdächtigten ihn, am plötzlichen Tod seines Vaters schuldig zu sein. Bewiesen ist dies nicht, doch zuzutrauen wäre es ihm gewesen. Denn gleich nach seiner Thronbesteigung ermordete er seine Mutter Berenike, seinen beim Volk sehr beliebten Bruder Magas und seinen einflußreichen Onkel Lysimachos.

An diesen Verbrechen maßgeblich beteiligt waren seine beiden wichtigsten Berater, der verschlagene, aber hoch befähigte Sosibios, den ein antiker Historiker als Mordmaschine bezeichnet hat[33], und der ihm an Lasterhaftigkeit in nichts nachstehende Agathokles. Ihnen überließ Philopator in der Folge weitgehend die Regierungsgewalt, um sich dem Umgang mit Agathokleia, der Schwester des Agathokles sowie einer stattlichen Anzahl von Dirnen, Lustknaben und Hofnarren widmen zu können.

Als der syrische König Antiochos III. 217 v. Chr. Ägypten angriff, zog ihm Philopator an der Spitze seiner Truppen entgegen und schlug ihn bei Raphia südlich von Gaza nach wechselvollem Kampf so gründlich, daß er den Rest seiner Regierungszeit Ruhe vor diesem unruhigen Nachbarn hatte. In der Schlacht von Raphia setzte Philopator als erster ptolemäischer Herrscher auch ein ägyptisches Kontingent von ungefähr zwanzigtausend Fellachen ein, die zuvor im Umgang mit Waffen geschult worden waren und sich ausgezeichnet schlugen.[34] Dies sollte Folgen haben: Kaum war das siegreiche Heer nach Ägypten zurückgekehrt, brachen unter der einheimischen Bevölkerung jene Aufstände aus, deren Bekämpfung Macht und Ansehen der Ptolemäer zunehmend schwächen sollten.

Bei seinem Tode 204 v. Chr. hinterließ Philopator nur einen fünf- oder sechsjährigen Sohn aus der Ehe mit seiner Schwester Arsinoë III. Von dieser Arsinoë, einer hochkultivierten und sehr feinfühligen Dame, durften sich Männer vom Schlage eines Agathokles und Sosibios nichts Gutes erhoffen. So verheimlichten sie zunächst den Tod des Königs, um ungestört dessen Witwe aus dem Wege zu räumen. Doch auf die Dauer konnten auch sie die Wahrheit nicht verbergen. Auf die Nachricht von Arsinoës Tod meuterten die makedonischen Truppen, und die Bevölkerung Alexandrias tobte. Da Sosibios unmittelbar nach dem Mord gestorben war, richtete sich der ganze Haß gegen Agathokles und dessen Familie. Agathokles selbst wurde von makedonischen Söldnern umgebracht, seine Schwester Agathokleia und ihre Mutter nackt durch die Straßen

Alexandrias geführt und von der aufgebrachten Menge buchstäblich in Stücke gerissen.

Nachfolger von Philopator wurde nun sein gerade sechsjähriger Sohn aus der Ehe mit Arsinoë, Ptolemäus V., der den Beinamen Epiphanes (der Hervorleuchtende) erhielt. Nun sahen der bei Raphia geschlagene Seleukidenherrscher Antiochos III. und der makedonische König Philipp V. die Gelegenheit gekommen, gemeinsam gegen das von Krisen geschüttelte Ptolemäerreich vorzugehen. Innerhalb von knapp drei Jahren entrissen sie Ägypten zwischen 204 und 201 v. Chr. fast alle auswärtigen Besitzungen von Bedeutung.[35] Vermutlich hätten sie die ptolemäische Dynastie völlig ausgelöscht. Doch in dieser Situation trat Rom auf den Plan:

Fast gleichzeitig mit dem Sieg von Philopator über Antiochos III. in der Schlacht von Raphia hatte Hannibal 217 v. Chr. den Römern die fürchterlichen Niederlagen am Trasimenischen See und ein Jahr später bei Cannae beigebracht. Philopator hatte in diesem Konflikt Rom gegenüber eine wohlwollend neutrale Haltung eingenommen und es zeitweise mit Getreidelieferungen unterstützt. Als nun 201 v. Chr. der makedonisch-syrische Angriff gegen die ptolemäische Dynastie immer bedrohlichere Formen annahm, erschien in Alexandria eine römische Gesandtschaft unter Marcus Aemilius Lepidus, deren offizielle Mission es war, dem König den Sieg über Hannibal und Karthago mitzuteilen und ihm für die Treue seines Hauses zu danken. Die Gesandten erklärten weiter, Rom sei bereit, ihn gegen Philipp zu schützen und baten den ägyptischen König, dem römischen Volk weiterhin freundschaftlich verbunden zu bleiben. Was hier auf den ersten Blick als Geste höflicher römischer Dankbarkeit erscheinen könnte, war in Wirklichkeit ein Akt kalter Machtpolitik. Die Nachricht von der bereits ein Jahr zurückliegenden Niederlage Hannibals gegen Scipio Africanus in der Entscheidungsschlacht von Zama war in Alexandria längst keine Neuigkeit mehr, zu deren Übermittlung es einer römischen Gesandtschaft bedurft hätte. Und mit Philipp von Makedonien abzurechnen, lag im ureigensten Interesse der Römer, denn dieser hatte sie in den vergangenen 15 Jahren als Verbündeter Hannibals unentwegt bekämpft.

Selbstlose Hilfsbereitschaft im Umgang mit anderen Völkern zählte nicht eben zu den großen Römertugenden. Eigentlicher

Grund für die Gesandtschaft nach Alexandria war Roms Entschlossenheit, den Kampf um die Vorherrschaft über das östliche Mittelmeer und die Kornkammer Ägypten nicht den Seleukiden und Makedonen zu überlassen, sondern diesen Mächten klarzumachen, daß Ägypten unter seinem Schutz stehe. Die Bevölkerung Alexandrias gab sich denn auch über die römischen Absichten keinen Illusionen hin und verjagte den für den minderjährigen König regierenden Minister, der durch seine Niederlagen gegen Antiochos und Philipp den Römern ermöglicht hatte, in Ägypten Fuß zu fassen.

Immerhin beruhigte sich durch das römische Einschreiten die Lage in Ägypten so weit, daß es dem König und seiner Regierung gelang, der seit der Schlacht von Raphia fast 20 Jahre andauernden Unruhen unter der einheimischen Bevölkerung vorübergehend Herr zu werden. Während Epiphanes bemüht war, seine Macht in Ägypten zu festigen, verlor der Makedone Philipp V. nach seiner Niederlage bei Kynoskephalai in Thessalien gegen die Römer 197 v. Chr. die Herrschaft über Griechenland. Unter dem Druck der wachsenden römischen Macht schlug nun der Seleukide Antiochos III. dem ägyptischen König eine Heirat mit seiner Tochter Kleopatra vor. Da er versprach, seiner Tochter Koilesyrien, Phönizien, Judäa und Samaria als Mitgift in die Ehe zu geben, willigte Epiphanes ein. Im Winter 193/192 v. Chr. wurde die Hochzeit mit großem Gepränge in Raphia gefeiert. Ob Antiochos – wie ihm Bouché-Leclercq unterstellt[36] – bei dieser Eheschließung auch den Plan verfolgte, Epiphanes durch seine Tochter beseitigen zu lassen und sich auf diese Weise doch noch zum Herrn des Ptolemäerreiches aufzuschwingen, ist denkbar, aber nicht bewiesen. Fest steht dagegen, daß die Heirat letztlich keiner Seite etwas einbrachte. Als die Römer gegen Antiochos vorrückten, dachte Epiphanes nicht daran, seinen Schwiegervater zu unterstützen, sondern sah seelenruhig zu, wie dieser 191 v. Chr. bei den Thermopylen und ein Jahr später bei Magnesia vernichtend geschlagen wurde. Antiochos mußte 188 v. Chr. im Frieden von Apameia auf große Gebiete seines Reiches in Asien verzichten und sich darüber hinaus zur Zahlung hoher Kriegstribute verpflichten. Der ohne ihr Zutun geschlossene Ehevertrag zwischen Antiochos und Epiphanes kümmerte die Römer nicht im geringsten. Vielmehr beließen sie dem geschlagenen Seleukiden das Epiphanes versprochene reiche Koilesyrien, um ihm die Zahlung der auferlegten Kriegstribute zu ermöglichen. Auch die übrigen in dem Ehevertrag als Mitgift versprochenen Gebiete gingen nicht auf den Ptolemäer über. Der römische Senat hielt es im Gegenteil für richtig, Epiphanes auch noch dessen Besitzungen im kleinasiatischen Lykien wegzunehmen und unter die Oberhoheit von Rhodos zu stellen. Ergebnis der romfreundlichen Haltung von Epiphanes war letztlich, daß Ägypten während seiner Regierungszeit von sämtlichen wichtigen auswärtigen Besitzungen nur Zypern verblieb.

Durch Kleopatra I. – ihr Name bedeutet »Die durch den Vater Berühmte« – kam erstmals orientalisches Blut in die makedonische Ptolemäerdynastie, denn ihre Mutter war eine Tochter des persischen Königs Mithridates von Pontus.

Kleopatra I. leitete jene Entwicklung in der ptolemäischen Dynastie ein, der man, um ein Wort des Historikers Max L. Strack aufzugreifen, mit gutem Grund den Nebentitel »Emanzipation der Königinnen« geben könnte: »Schritt für Schritt haben sich die Königinnen, die den Namen Kleopatra führen, aus der Stellung einer Königsgemahlin zu einer herrschenden Frau emporgearbeitet... Zehn Menschenalter in runder Summe haben die Lagiden über Ägypten geherrscht. Im Anfang stand alle Gewalt beim König und bei diesem allein, am Ende herrschte ein Weib, ausgerüstet mit allen Rechten und Befugnissen des Herrschers und die Mitregenten..., die sie dem Erbrecht gemäß neben sich dulden mußte, sind Strohmänner, unfähig zu regieren.«[37]

Indessen sollte die Bewunderung, die aus diesen Worten spricht, nicht zu dem Schluß verleiten, die ägyptischen Kleopatras hätten in der Geschichte ihres Hauses eine ähnlich segensreiche Rolle gespielt wie etwa Jeanne d'Arc für das französische Königtum. Im Gegenteil, der häufig durch keinerlei Skrupel gezügelte Machtwillen der ptolemäischen Kleopatras sollte maßgeblich zu jenem Niedergang des Ptolemäerreichs beitragen, der die Geschichte ihres Hauses im zweiten vorchristlichen Jahrhundert bestimmte. Es ist zwar sicher nicht die Schuld der ersten Kleopatra gewesen, daß Ägypten in der Regierungszeit ihres Mannes fast alle auswärtigen Besitzungen von Bedeutung verloren hat. Doch die unter ihren Kindern nun immer häufiger werdenden blutigen Familiendramen waren nicht geeignet, die einstige Größe der ptolemäischen Dynastie wiederherzustellen.

An dieser Stelle sei eine Anmerkung zu der Epoche der Kleopatras erlaubt. Die ptolemäische Sitte, nicht nur sämtlichen Königen und zum Teil deren Brüdern den Namen Ptolemäus, sondern – mit einer Ausnahme – sämtlichen Königinnen sowie einem Teil ihrer Schwestern den Namen Kleopatra zu geben, hat schon die antiken Schriftsteller an den Rand der Verzweiflung getrieben. Man kann es ihnen nachfühlen, denn bei der Schilderung der Geschichte einer Dynastie ist die Tatsache, daß fast alle männlichen und weiblichen Hauptakteure jeweils nur einen Namen tragen, nicht dazu angetan, eine einigermaßen verständliche Darstellung zu erleichtern. So hat man sich nach Auffassung namhafter Gelehrter schon im Altertum damit beholfen, daß man denjenigen ptolemäischen Herrschern, die sich nicht schon zu Lebzeiten einen Beinamen zulegten oder von ihren Zeitgenossen erhielten, einen zusätzlichen Namen zur besseren Unterscheidung gab. In einer eingehenden Untersuchung dieser Frage kam allerdings Max Strack, einer der besten Kenner der Ptolemäergeschichte, zu dem Ergebnis, daß alle ptolemäischen Herrscher ihre Beinamen schon zu Lebzeiten trugen.[38]

Jedenfalls zeigt diese Diskussion, welche Schwierigkeiten die verwirrende ptolemäische Sitte der Namensgebung selbst den Fachleuten bereitete. Dies gilt in besonderem Maße bei den insgesamt sieben Kleopatras auf dem ptolemäischen Thron und ihren gleichnamigen Schwestern, da diese teilweise überhaupt keine Beinamen führten. Soweit nachfolgend von Kleopatra ohne Zusatz die Rede ist, handelt es sich um jene Kleopatra VII., die an der Seite von Julius Caesar und Marcus Antonius weltgeschichtliche Bedeutung erlangt hat. Bei den übrigen sechs Kleopatras auf dem ägyptischen Thron werden die zur Kennzeichnung der Reihenfolge ihrer Herrschaft üblichen römischen Ziffern verwendet. Auch diese Ziffern sind freilich nicht unumstritten. Der Autor kann sich insoweit nur Strack anschließen, der hierzu ebenso resignierend wie vernünftig bemerkte: »Die Zahlen, mit denen die Könige und Königinnen bezeichnet zu werden pflegten, sind, wenn irgend angängig, beibehalten worden, um die herrschende Verwirrung nicht zu vergrößern.«[39] Vielleicht sollte in diesem Zusammenhang noch angemerkt werden, daß es in der folgenden Darstellung nicht in erster Linie um die Taten und Untaten der einzelnen Könige und Königinnen auf dem Ptolemäerthron geht, sondern um ein Sittenbild jener Dynastie, das für das Verständnis der Persönlichkeit von Kleopatra VII. unerläßlich ist.

Nachfolger von Kleopatra I. und Epiphanes wurde 180 v. Chr. ihr ältester Sohn Ptolemäus VI. Philometor, der eine Schwester heiratete, die als Kleopatra II. den ptolemäischen Thron bestieg. Es gelang dem Königspaar erfolgreich, sich der Angriffe ihres jüngeren Bruders, des späteren Ptolemäus VIII. Euergetes II., zu erwehren, der schließlich als Vizekönig in die Kyrenaika abgeschoben wurde.

Der Seleukide Antiochos Epiphanes sah in dem römisch-makedonischen Konflikt eine günstige Gelegenheit zu einem erneuten Versuch, die Ptolemäer vom Thron zu stoßen. Es gelang ihm auch mit seiner Streitmacht – ein in der Geschichte der Ptolemäer noch nie dagewesener Vorgang –, durch ganz Ägypten bis nach Alexandria vorzudringen. Wahrscheinlich hätte er die ptolemäische Residenz eingenommen, wenn ihm nicht im letzten Augenblick der römische Gesandte Gajus Popillius den Befehl des Senats übermittelt hätte, Ägypten umgehend zu räumen. Als sich der Seleukide Bedenkzeit erbat, zog Popillius mit einem Stab einen Kreis um ihn und forderte ihn auf, sich zu erklären, bevor er den Kreis verlasse. Der Seleukide gab sofort nach und räumte Ägypten.

Nach dem Tode von Philometor 145 v. Chr. versuchte dessen Witwe Kleopatra II., den Machtgelüsten ihres Bruders Euergetes zuvorzukommen, indem sie ihren minderjährigen Sohn zum König proklamieren ließ. Doch Euergetes zwang seine Schwester, ihn zu heiraten und brachte den kleinen König um. Nach dem antiken Autor Justin soll er den Mord eigenhändig in der Hochzeitsnacht verübt haben und anschließend noch blutbefleckt mit der Mutter seines Opfers die Ehe vollzogen haben.[40] Solchermaßen auf den Thron gelangt, heiratete Ptolemäus VIII. Euergetes II. eine Tochter aus der ersten Ehe seiner Schwestergemahlin und erhob sie als Kleopatra III. neben der Mutter zur Mitregentin. Dies führte begreiflicherweise zu Spannungen mit Kleopatra II. und schweren Unruhen in Alexandria, bei dessen Bevölkerung die alte Königin beträchtliches Ansehen genoß. Euergetes II. sah sich schließlich gezwungen, mit Kleopatra III. das Land zu verlassen. Ins Exil nahm er auch seinen kleinen Sohn von Kleopatra II. Memphites mit. Um Euergetes II. für immer auszuschalten, verfiel man in Alexandria auf den Gedanken, Kleopatra II. mit einem unehelichen Sohn des Euergetes II. zu verheiraten. Doch Euergetes II. lud diesen Sohn zu einem Besuch ein und brachte ihn dann ebenfalls um. Aus Empörung hierüber vernichtete die Bevölkerung Alexandrias sämtliche Standbilder von Euergetes II., deren sie habhaft werden konnte. Diese ebenso harmlose wie verständliche Reaktion war für Euergetes II. Anlaß oder Vorwand für einen pathologischen Racheakt an Kleopatra II., die er für diese Ausschreitungen verantwortlich machte. Er ließ den kleinen Memphites, den ja nun wahrlich keine Schuld an den ganzen Verwicklungen traf, vor seinen Augen töten und schickte der Mutter zu ihrem Geburtstag in einem Koffer die in Stücke geschnittene Leiche.[41]

Als es Euergetes II. gelang, die Macht in Ägypten zurückzuerobern, floh Kleopatra II. an den syrischen Hof, wo ihre Tochter aus erster Ehe, Kleopatra Thea, als Königin herrschte. Doch die ehrenvolle Rolle einer Königinmutter genügte Kleopatra II. nicht. Sie söhnte sich schließlich mit Euergetes II. aus, kehrte nach Ägypten zurück und genoß bis an ihr Lebensende die Würde einer Königin an der Seite des Mannes, der zwei ihrer Kinder umgebracht hatte.

Kleopatra II. hatte keine Skrupel, mit dem Mörder ihrer Söhne zusammenzuleben, so übernahmen es zwei ihrer Töchter gleich selbst, ihren Kindern nach dem Leben zu trachten. Kleopatra III. regierte nach dem Tode von Euergetes II. und Kleopatra II. zunächst zusammen mit ihrem Sohn, Ptolemäus IX. Soter II., dem Großvater von Kleopatra VII., dem seine Untertanen aus nicht näher bekannten Gründen den Spottnamen Lathyros – die Kichererbse – zulegten. Dieser war mit seiner Schwester Kleopatra IV. verheiratet. Da sich Mutter und Tochter – vermutlich wegen zu großer Ähnlichkeit ihrer Charaktere – nicht vertrugen, zwang Kleopatra III. ihren Sohn, sich von dieser Schwestergemahlin zu trennen und seine willfährigere Schwester Kleopatra Selene zu heiraten. Die Scheidung hatte jedoch nicht den gewünschten Erfolg, denn Kleopatra III. fühlte sich auch danach unerträglich in der Machtausübung eingeschränkt. Auf ihre Veranlassung stürzten daher eines Tages blutüberströmt aussehende Eunuchen vom Palast auf die Straßen und Plätze Alexandrias und schrien, sie seien bei einem Mordanschlag des Lathyros auf seine Mutter verwundet worden. Darauf stürmte eine aufgebrachte Menge den im allgemeinen sehr gut bewachten Palast, um Lathyros wegen seines angeblichen Anschlages umzubringen. Dieser konnte zwar mit knapper Not entkommen, aber Kleopatra III. war ihren lästigen Mitregenten los. Anstelle von Lathyros erhob Kleopatra III., um der Form zu genügen, ihren jüngsten Sohn zum Mitherrscher. Dies war keine glückliche Wahl, denn Ptolemäus X. Alexander I. brachte nun seinerseits die herrschsüchtige Mutter um.

Nicht weniger skrupellos ging eine weitere Schwester von Kleopatra II., die schon erwähnte Kleopatra Thea, vor. Diese heiratete um 150 v. Chr. den syrischen König Alexander Balas. Als dieser in einer Schlacht den Tod fand, ging sie mit dessen Nachfolger Demetrios II., der an der Seite der Gegner ihres gefallenen Mannes gekämpft hatte, eine zweite Ehe ein. Doch Demetrios geriet wenige Jahre später in persische Gefangenschaft, worauf Kleopatra Thea mit dessen Nachfolger und Bruder Antiochos VII. Thron und Ehebett teilte. Als Antiochos in einem Feldzug gegen die Perser den Tod fand, kehrte Demetrios, der in der Gefangenschaft zum Perserfreund geworden war, zurück, um wieder den syrischen Thron zu besteigen. Doch Kleopatra Thea stellte sich ihm entgegen, da sie selbst mit einem Sohn aus ihrer Ehe mit Antiochos regieren wollte. Demetrios starb umittelbar nach seiner Rückkehr. Ob Kleopatra Thea ihn umbringen ließ, wie allgemein angenommen wurde, ist nicht bewiesen. Mit Sicherheit ließ sie jedoch einen Sohn aus ihrer Ehe mit Demetrios, der ihren Plänen im Wege stand, ermorden. So konnte sie mit ihrem Lieblingssohn Antiochos Gryphos (Hakennase) zunächst einige Zeit über das Seleukidenreich herrschen. Auf die Dauer ging auch dies nicht gut. Als Kleopatra Thea bei einem Versuch ertappt wurde, auch Gryphos umzubringen, zwang dieser seine Mutter, den für ihn bestimmten Giftbecher zu leeren.

Doch lange konnte Gryphos, der mit Kleopatra, einer Tochter von Euergetes II. und Kleopatra III., verheiratet war, seine Macht nicht in Ruhe genießen. Kleopatra IV., also eine Schwester der Tryphaena, hatte nach ihrer Scheidung von Lathyros einen Vetter von Gryphos, Antiochos Kyzikenus, geheiratet, der wie sie Ambitionen auf den Seleukidenthron hatte. So kam es zu einem tödlichen Machtkampf. Das Königspaar behielt die Oberhand und nahm das von Kleopatra IV. verteidigte Antiochia ein. In ihrer Verzweiflung suchte Kleopatra IV. in einem Tempel Zuflucht. Gryphos war geneigt, gegenüber der Schwägerin Gnade walten zu lassen, doch auf Befehl ihrer Schwester wurde die einstige Königin von Ägypten erschlagen, während sie sich am Altar festklammerte und mit ihren letzten Worten die Tryphaena verfluchte. Ihr Fluch blieb nicht unerhört, denn wenig später fiel die Tryphaena in die Hände von Kyzikenus, der sie hinrichten ließ.

Mord und innere Unruhen, die beiden Hauptursachen des ptolemäischen Niedergangs, sollten auch dazu führen, daß die Dynastie im Sommer 80 v. Chr. über keinen legitimen Thronerben mehr verfügte. Nach der Ermordung seiner Mutter Kleopatra III. herrschte zunächst Ptolemäus X. Alexander I. mit seiner Frau Kleopatra Berenike. Über seine Regierungszeit ist so gut wie nichts bekannt. Eine überragende Persönlichkeit scheint er indessen nicht gewesen zu sein. Jedenfalls vertrieben ihn 89 v. Chr. seine Untertanen und riefen den damals schon hochbetagten Ptolemäus Lathyros auf den Thron zurück. Als Lathyros 80 v. Chr. starb, zwang der römische Diktator Sulla dessen Witwe Berenike einen jungen Neffen des verstorbenen Königs, der in Rom lebte, als Gemahl auf. Auch dieser Günstling Roms, Ptolemäus XI. Alexander II., erwies sich zumindest in seinen Lastern als ein echter Ptolemäer. Nur 19 Tage nach der Hochzeit ließ er Berenike ermorden. Für die Alexandriner war dies Grund genug, unter Mithilfe makedonischer Truppen den Palast zu stürmen und den ohnehin verhaßten Römerfreund zu massakrieren.

Doch dieser Gewaltakt brachte die Alexandriner in eine schwierige Lage, denn nun stand ihnen kein legitimer ptolemäischer Tronfolger mehr zur Verfügung. Um einer weiteren römischen Einmischung zuvorzukommen, griffen sie auf zwei uneheliche Söhne des Lathyros zurück. Der spätere Vater von Kleopatra VII. bestieg als Ptolemäus XII. den ägyptischen Thron. Sein ebenfalls illegitimer Bruder Ptolemäus Apion wurde König von Zypern.

KLEOPATRAS VATER

Kleopatras Vater Ptolemäus XII. führte die klangvollen Beinamen Philopator (der Vaterliebende), Philadelphos (Liebhaber der Schwester), Neos Dionysos (der neue Dionysos). Die Alexandriner nannten ihn allerdings weniger respektvoll Auletes (Flötenspieler) und Nothos (Bastard). Als Auletes sollte er noch bei Voltaire Erwähnung finden, denn dieser schrieb an Friedrich den Großen, wenn Auletes sein Flötenspiel gehört hätte, so würde er wohl nie mehr zu diesem Instrument gegriffen haben. Wie begeistert Friedrich der Große von diesem Kompliment war, ist nicht überliefert. Auf weitere Vergleiche mit Auletes dürfte er jedoch gewiß keinen Wert gelegt haben, denn dieser ist in die Geschichte als einer der unrühmlichsten Herrschergestalten seiner Dynastie eingegangen.

Als Ptolemäus XII. mit 15 Jahren den ägyptischen Thron bestieg, war es indessen äußerst zweifelhaft, ob sich die Nachwelt jemals für ihn interessieren würde, war er doch ohne Zustimmung der zu dieser Zeit im Vorderen Orient fast allmächtigen Römer auf den Thron gehoben worden. Die Macht Roms verkörperte aber damals der vor nichts zurückschreckende Diktator Sulla.

Der Bezwinger von Mithridates I. und Marius war gewiß nicht der Mann, sich von einigen schlauen Alexandrinern und ihrem 15jährigen König ausmanövrieren zu lassen. Die rechtliche Handhabe oder zumindest den Vorwand für ein Eingreifen Roms bot ein angebliches Testament des Vorgängers von Auletes, in dem dieser Rom zum Erben des Ptolemäerreichs eingesetzt haben soll. Was es mit diesem Testament auf sich hatte, ist ungeklärt. Vorgezeigt haben es die Römer jedenfalls nie. Die Tatsache, daß Rom auch in anderen Fällen seine Herrschaftsansprüche auf derartige Testamente stützte, hat Oskar von Wertheimer zu der sarkastischen Bemerkung veranlaßt: »Das war überhaupt eine merkwürdige Zeit, in der Testamente eine große Rolle spielten. Attalos III. von Pergamon hatte im Jahre 133 v. Chr. Rom zum Erben eingesetzt. Nikodemus III. von Bithynien, jenem Gebiet, das im nordwestlichen Kleinasien liegt, vermachte ihnen 74 v. Chr. seinen Besitz. Zwei Jahrzehnte vorher hatte der Ptolemäer Apion Kyrene Rom als Eigentum bestimmt. Waren diese Testamente echt? Existierten sie in Wirklichkeit? War Rom der Erbe der Welt? Starben ihre Könige nur, um ihm ihre Reiche zu hinterlassen?«[1] Noch 64 v. Chr. sollte Cicero, der es doch eigentlich genau wissen mußte, in einer Rede skeptisch äußern: »Wer von Euch weiß nicht, daß Ägypten nach dem Gerede gewisser Leute, durch das Testament Alexanders Eigentum des römischen Volkes geworden sein soll.«[2] Cicero bezog sich dabei auf jenen Ptolemäer, den Sulla auf den ägyptischen Thron gehoben hatte. Unmöglich ist es nicht, daß Sulla als Preis für seine Unterstützung von Alexander dieses Testament verlangt hat. Lassen wir die Frage dahingestellt. Sulla hätte ohnehin die Forderung nach der rechtlichen Begründung eines Eingreifens in Ägypten allenfalls ein ironisches Lächeln entlockt.

Doch Auletes hatte Glück. Kurz nach seiner Thronbesteigung entschloß sich Sulla zu einem Schritt, wie ihn die abendländische Geschichte nur noch von Diokletian und Karl V. kennt: Auf dem Höhepunkt der Macht erklärte er in einer Volksversammlung seinen Rücktritt. Danach verließ der wegen seiner blutigen Proskriptionen und der Vernichtung von Marius bei vielen verhaßte Diktator ohne den Schutz seiner Leibgarde die Rednertribüne, schritt durch die schweigende Menge und begab sich auf seine Güter bei Cumae, wo er nur wenig später überraschend einem Blutsturz erlag.

Sulla hatte als Diktator unumschränkt über Rom geherrscht. Aber auch nach seinem Rücktritt hätten ihm sein Ruf und die große Zahl seiner über ganz Italien verstreuten Veteranen erlaubt, die politische Entwicklung nach seinen Vorstellungen zu steuern. Macht und Ruhm des mächtigsten Mannes in der damals fast

700jährigen Geschichte Roms sollten nach seinem Tode gerade noch ausreichen, ihm eine glanzvolle Beerdigung zu sichern.

Durch Sullas Tod hatte Auletes in Ägypten vorläufig Ruhe, denn nun brachen in Rom die ganzen Konflikte zwischen der von Sulla restaurierten aristokratischen Oligarchie und ihren Gegnern wieder auf. Roms Mächtige und jene, die es werden wollten, hatten nun anderes zu tun, als sich um die Verhältnisse in Ägypten zu kümmern. So beschränkte man sich zunächst darauf, Ptolemäus und seinem Bruder die Anerkennung als legitime Herrscher von Ägypten zu verweigern, ließ sie aber ansonsten gewähren. Nicht weniger als sie dürfte jedoch ein junger römischer Aristokrat, der in der Geschichte des ägyptischen Herrscherhauses noch eine gewaltige Rolle spielen sollte, über Sullas Tod erleichtert gewesen sein: Gajus Julius Caesar war nur um Haaresbreite dem Schicksal entronnen, sein Leben in jungen Jahren als eines der zahlreichen namenlosen Opfer sullanischer Gewaltherrschaft beenden zu müssen. Ihn hatte Sulla zur Auflösung seiner Ehe zwingen wollen, war er doch ausgerechnet mit einer Tochter von Sullas Todfeind Cinna verheiratet. Obgleich in den Augen der Sullaner noch zusätzlich durch die Tatsache belastet, daß die Schwester von Caesars Vater die Gemahlin von Sullas großem Gegner Marius gewesen war, weigerte sich der junge Caesar, dem Befehl Sullas zu folgen.

Da andere schon aus weit geringfügigeren Anlässen Opfer der in Rom allgegenwärtigen sullanischen Schergen geworden waren, floh Caesar nach Kleinasien, wo er sich seine ersten militärischen Lorbeeren erwarb. Weil Sulla bei all seinen Lastern viel zu selbstbewußt und lässig war, um sich auf eine einmal getroffene Entscheidung zu versteifen, ließ er sich schließlich überreden, Caesar die Rückkehr nach Rom zu ermöglichen. Allerdings konnte er es sich nicht versagen, den Dank von Caesars Freunden mit den seherischen Worten zu erwidern, sie sollten sich vor diesem leichtgegürteten Jüngling hüten, denn in diesem stecke mehr als ein Marius.[3]

Noch ein anderer Großer der römischen Geschichte wurde übrigens von Sulla aufgefordert, sich von seiner Gemahlin zu trennen: Pompejus, damals schon ein von Sulla hochgeschätzter und mit allen Ehren ausgezeichneter Heerführer, war ebenfalls mit einer dem Diktator nicht genehmen Frau verheiratet. Doch obwohl ihm ein Widerstand viel eher möglich gewesen wäre als dem noch völlig unbedeutenden Caesar, gehorchte Pompejus und schickte seiner Frau den Scheidungsbrief. Ein derartiger Charakter war in den Augen der Aristokratie der rechte Mann im Kampf gegen die Bemühungen der Demokraten, die sullanische Restauration rückgängig zu machen. Um wirkliche Verbesserungen ging es den Angehörigen dieser Volkspartei allerdings nur insofern, als diese ihnen persönliche Vorteile brachten. Von einigen Idealisten abgesehen, waren die meisten nicht besser als ihr Führer Lentulus, der sich während der Proskriptionen schamlos bereichert hatte. Doch Lentulus unterlag nach einigen Anfangserfolgen Pompejus und starb an Schwindsucht.

Die Reste der geschlagenen Demokraten begaben sich nach Spanien, das schon während der sullanischen Diktatur zu einem Zentrum römischer Emigranten geworden war. Angeführt wurden sie von Quintus Sertorius, einer der genialsten, menschlich fesselndsten und zugleich tragischsten Gestalten der römischen Geschichte, die der sonst so kritische Theodor Mommsen mit den Worten gewürdigt hat: »Sein ungemeines militärisches und staatsmännisches Talent hatte er namentlich in dem von den Demokraten so über die Maßen elend und kopflos geführten Revolutionskrieg Gelegenheit gefunden, in glänzendem Kontrast zu beweisen: Anerkanntermaßen war er der einzige demokratische Offizier, der den Krieg vorzubereiten und zu leiten verstand, und der einzige demokratische Staatsmann, der dem gedankenlosen Treiben und Wüten seiner Partei mit staatsmännischer Energie entgegentrat. Seine spanischen Soldaten nannten ihn den neuen Hannibal und nicht bloß deswegen, weil er gleich diesem im Krieg ein Auge eingebüßt hatte. Er erinnert in der Tat an den großen Phönizier durch seine ebenso verschlagene wie mutige Kriegführung, sein seltenes Talent, den Krieg durch den Krieg zu organisieren, seine Gewandtheit, fremde Nationen in sein Interesse zu ziehen und seinen Zwecken dienstbar zu machen, seine Besonnenheit im Glück und Unglück, seine erfinderische Raschheit in der Benutzung seiner Siege wie in der Abwendung der Folgen seiner Niederlagen. Man darf zweifeln, ob irgend ein römischer Staatsmann der früheren oder der gegenwärtigen Zeit an allseitigem Talent mit Sertorius sich vergleichen läßt.«[4]

Fünf Jahre lang leistete Sertorius dem ihm an Soldaten und Hilfsmitteln weit überlegenen Pompejus so erbitterten Widerstand, daß dieser zeitweise daran dachte, den Oberbefehl abzugeben. Doch trotz aller Erfolge versuchte der klarsichtige Sertorius – vergeblich – mit Rom seinen Frieden zu machen. Ähnlich wie Hannibal war auch das Genie des Sertorius Roms unerbittlicher Militärmaschinerie auf die Dauer nicht gewachsen, und mit dem Kriegsglück verließen ihn auch seine Anhänger und Freunde. 72 v. Chr. fiel Sertorius dann einer Verschwörung im eigenen Lager zum Opfer. Danach hatte Pompejus leichtes Spiel.

Dem Untergang von Sertorius folgte dann ein Jahr später die Niederschlagung des Spartakusaufstandes durch Crassus. Spartakus und die meisten seiner Anhänger fanden nach heldenhaftem Widerstand den Tod auf dem Schlachtfeld. Die 6000 Gefangenen ließ Crassus entlang der Via Appia kreuzigen.

Weitere drei Jahre später erhielt Pompejus den Oberbefehl zur Bekämpfung des Seeräuberunwesens, das für Rom immer unerträglichere Formen annahm: »Die Piraten hatten besondere Waffenplätze, ausgezeichnete schnelle Schiffe, deren Zahl mit mehr als 1000 angegeben wird, treffliche und tapfere Mannschaften. In der Zeit vor Pompejus sollen sie mehr als 400 Städte verwüstet haben. Ihre Macht erstreckte sich über das ganze Mittelmeer. Wie sehr sie durch ihre Räubereien den Handel zu See unterbanden, läßt sich unschwer vorstellen. Ebenso groß wie ihre Macht scheint auch ihr Übermut gewesen zu sein. Sie trieben gewaltigen Luxus, fast wie einige dekadente und wahnsinnige Fürsten des Altertums. Auf vielen Schiffen sollen sie vergoldete Segelstangen, purpurne Segeltücher, versilberte Ruder gehabt haben. Darin offenbart sich nichts anderes als die geistige Ausschweifung von Männern, die das geraubte Gut nicht halten können, sondern es auf irgendeine phantastische Art zu verprassen suchen. Auch wird berichtet, auf ihren Schiffen habe stets tolles Leben geherrscht.«[5] Möglicherweise hatten sich die Piraten bei diesem tollen Treiben doch etwas übernommen. Jedenfalls benötigte Pompejus, der zu ihrer Bekämpfung für drei Jahre mit außerordentlichen militärischen Vollmachten ausgestattet worden war, ganze 40 Tage, um dem Spuk ein Ende zu bereiten. Was danach an Seeräubern übrig blieb, vermochte Roms Kreise nicht mehr zu stören.

Pompejus war nach diesem Triumph der Held der römischen Massen. Bereits ein Jahr später erhielt er 66 v. Chr. den Oberbefehl gegen den gefürchteten Mithridates von Pontus, der schon Sulla und Lucullus große Schwierigkeiten bereitet hatte. Pompejus war einmal mehr erfolgreich. 64 v. Chr. schlug er Mithridates so vernichtend, daß dieser sich von einem Sklaven töten ließ. Im gleichen Jahr machte Pompejus auch das Seleukidenreich zur römischen Provinz. Dessen vom Thron vertriebener letzter Herrscher, »Antiochos der Asiate«, erhielt von dem römischen Feldherrn auf seine Bitte um Wiedereinsetzung die Antwort, »daß Pompejus einem König, der sein Reich weder zu behaupten noch zu regieren wisse, die Herrschaft nicht einmal auf Bitte seiner Untertanen, geschweige denn gegen deren bestimmt ausgesprochene Wünsche zurückgeben werde.«[6]

Von den einst so glanzvollen Staatsgründungen der Diadochen Alexanders des Großen bestand jetzt nur noch das Reich der Ptolemäer, das nun immer stärker in den Mittelpunkt der römischen Politik geriet. 15 Jahre lang, von 80 bis 65 v. Chr., hatten Auletes in Ägypten und sein Bruder Ptolemäus Apion in Zypern weitgehend von den Römern unbehelligt regieren können. Für Unruhen sorgten in dieser Zeit lediglich zwei Seleukidenprinzen, die 75 v. Chr. nach Rom gekommen waren und mit reichen Bestechungsgeldern den Senat zu bestimmen versuchten, sie an Stelle von Auletes auf den ägyptischen Thron zu heben. Beide waren Söhne jener Kleopatra Selene, die in erster Ehe mit ihrem Bruder Ptolemäus Lathyros verheiratet gewesen war. Die Ehe war nach der Vertreibung von Lathyros aus Ägypten geschieden worden, und Selene hatte darauf drei Seleukiden in Folge geheiratet. Aus diesen Ehen waren jene Prinzen hervorgegangen, die nun in Rom Anspruch auf den Ptolemäerthron erhoben. Bei aller Empfänglichkeit für Bestechungsgelder war der römische Senat jedoch nicht so naiv, anstelle des nicht anerkannten Auletes zwei Prinzen als legitime Herrscher auf den ägyptischen Thron zu heben, die das Ptolemäer- mit dem Seleukidenreich vereinigen konnten. Römische Aktivitäten löste dieser Vorstoß nur bei Verres, dem Statthalter von Sizilien aus, der einen der Thronprätendenten auf dessen Rückreise überfiel und vollständig ausraubte.

Bald nach seiner Proklamation zum König hatte Ptolemäus geheiratet. Ein Papyrus vom Januar 79 v. Chr. erwähnt den König mit seiner Gemahlin Kleopatra V. Tryphaena. Leider weiß man von dieser Königin, die mit aller Wahrscheinlichkeit die Mutter der späteren Kleopatra VII. gewesen ist, nicht allzu viel. Wahrscheinlich war sie eine Schwester oder Halbschwester von Auletes. Denkbar ist aber auch, daß sie nicht von Lathyros, sondern von einem anderen Ptolemäer königlichen Geblütes, etwa Ptolemäus Alexander I., abstammte. Tryphaena muß mindestens bis 69 v. Chr. gelebt haben, denn sie wird noch in einem Papyrus vom 7. 9. 69 v. Chr. als Königin erwähnt.[7] Danach wird eine Kleopatra Tryphaena erst wieder 58 v. Chr., also elf Jahre später, als Mitregentin von Berenike, einer Tochter des Auletes, erwähnt. Es ist bis heute nicht geklärt, ob es sich bei dieser Tryphaena um die Gemahlin des Auletes oder um eine Tochter gleichen Namens des Königspaares handelt. Am meisten dürfte für die von Bevan und Bouché-Leclercq vertretene Auffassung sprechen, daß die Tryphaena der Jahre 79–69 v. Chr. identisch ist mit der Dame der Jahre 58 und 57 v. Chr. Schließlich sind die Schriftfunde aus jener Zeit nicht so häufig, daß aus einer längeren Nichterwähnung der Kleopatra Tryphaena zwangsläufig auf deren Ableben geschlossen werden müßte. Zudem ist Auletes in der Zeit zwischen 68 und 59 v. Chr. Vater von drei ehelichen Kindern geworden. Wollte man aus dem Fehlen des Namens seiner Gemahlin in den Inschriften nach dem August 69 v. Chr. auf deren Tod schließen, so müßte er noch einmal geheiratet haben. Die Existenz dieser neuen Gemahlin ist jedoch äußerst zweifelhaft, weil sie weder in den Inschriften jener Zeit noch jemals bei einem antiken Autor auch nur mit einem Wort erwähnt wird. Möglicherweise hat es eine Kleopatra VI. nie gegeben.[8]

Mit Sicherheit hatte Auletes mindestens fünf Kinder. Die Älteste war die bereits erwähnte Berenike, die von 58 bis 57 v. Chr. als Königin regierte. Dann folgte 69 v. Chr. die spätere Kleopatra VII. Einwandfrei belegt ist dieses Geburtsjahr jedoch auch nicht. Es wird vielmehr abgeleitet aus den glaubhaften Angaben von Plutarch in der Lebensbeschreibung des Antonius.[9] Eine weitere Tochter, Arsinoë, kam zwischen 68 und 65 v. Chr. zur Welt. Die letzten Kinder waren die späteren Ehemänner und Mitregenten Kleopatras, Ptolemäus XIII. und Ptolemäus XIV., die 61 und 59 v. Chr. geboren wurden.

Trotz aller Unklarheiten im einzelnen ist man sich heute darüber einig, daß diese Kinder ehelich geboren worden sind und nicht irgendeine Konkubine des Auletes zur Mutter hatten. Hätte auch nur ein derartiger Verdacht bestanden, so wäre dies vor allem Kleopatra VII. ebenso vorgehalten worden wie ihrem Vater, den seine illegitime Herkunft ein ganzes Leben lang verfolgte und übelsten römischen Erpressungen ausgeliefert hat. Aber obwohl Kleopatra VII. in ihrem späteren Leben – wie wohl kaum eine andere Frau der Weltgeschichte – Gegenstand heftiger Propagandafeldzüge werden sollte, ist ein derartiger Vorwurf nie gegen sie erhoben worden.

Ebenso wie die Persönlichkeit ihrer Mutter liegt auch Kleopatras Jugendzeit weitgehend im Dunkeln. Wie sie erzogen wurde, ist unbekannt, was G. B. Shaw zu der geringschätzigen Feststellung veranlaßt hat: »Ich bin geneigt, zu glauben, daß Kleopatra keine gute Erziehung genossen hat.«[10] Nun hat Shaw in seinem Stück »Caesar und Kleopatra« die ägyptische Königin nicht nur als ein ziemlich ungebildetes, sondern auch reichlich unbedarftes Geschöpf dargestellt. Ob ihm mit dieser Charakterisierung ein Meisterwerk psychologischer Deutung gelungen ist, darf bezweifelt werden. Wenngleich über Kleopatra in den letzten zwei Jahrtausenden die gegensätzlichsten Urteile gefällt worden sind, so ist doch niemand außer Shaw auf den Gedanken gekommen, ihr Naivität vorzuwerfen. Dies mit gutem Grund, denn Kleopatra hat nach allen antiken Quellen ihre Umgebung durch Geist, Charme und Sprachgewandtheit beeindruckt. Doch hiervon später.

Kleopatra dürfte im Gegenteil eine recht gute Erziehung genossen haben. Hierfür spricht – so eigenartig dies zunächst klingen mag – auch der vielgeschmähte Charakter ihres Vaters. Auletes war trotz aller Laster und Schwächen ein Mann mit ausgeprägten kulturellen und musischen Interessen. Aus seiner Liebe zur Musik hat er nie ein Geheimnis gemacht. Auch legte er größten Wert darauf, sich mit Wissenschaftlern und Philosophen zu umgeben und nahm selbst an deren Diskussionen teil. Dabei mögen zwar persönliche Eitelkeit und der Wunsch mitgespielt haben, Kultur als Mittel der Selbstdarstellung zu nutzen. Aber gerade dann wäre es eigentlich unverständlich, wenn Auletes, der sein ganzes Leben bemüht war, die fragwürdige Stellung seines Hauses zu festigen, nicht größten Wert auf eine standesgemäße Erziehung seiner Kinder gelegt hätte.

Ein Hort beschaulicher Gelehrsamkeit war indessen der Palast der Ptolemäer in Alexandria nicht, dessen glanzvolle Ausstattung der Dichter Lucan in seinen »Pharsalia« beschrieben hat. Lucan war zwar kein Zeitgenosse der Ptolemäer. Die »Pharsalia« sind erst kurz vor seinem Tode 65 nach Chr. entstanden. Doch Ägypten übte gerade auf das Rom jener Epoche eine starke Faszination aus. Ägyptische Kultur und Religion – wie etwa der Isis-Kult – interessierten die römische Oberschicht ebenso wie das wegen seines ausschweifenden Vergnügungslebens berüchtigte Alexandria. Aber gerade für diese römische Oberschicht schrieb Lucan die »Pharsalia«. Nicht von ungefähr hatte er, der damals zum engsten Kreis um Nero gehörte, diesem sein Werk gewidmet. Unter diesen Umständen würde sich Lucan geradezu lächerlich gemacht haben, wenn er bei der Schilderung des Glanzes der damals ja noch bestehenden ptolemäischen Palastanlagen, die ein Teil seiner Leser mit Sicherheit aus eigener Anschauung gekannt hat, ein von der Wirklichkeit abweichendes Phantasiegemälde entworfen hätte:

»Einem Tempel ähnlich war der Ort, wie kaum ihn errichtet
Ein verderbtes Geschlecht; es trugen getäfelte Decken
Reichtum und gediegenes Gold verhüllte die Balken
Nicht mit geschnittenem Marmor belegt er glänzend die Wände;
Nein, die Säulen sind von Achat, der völlig für sich steht
Und von Purpurstein; in der weitverbreiteten Halle
Tritt man auf Onyx; nicht bedeckt die gewaltigen Pfeiler
Meröes Ebenholz, es steht wie gemeineres Holz nur,
Stoff, nicht Zierde des Hauses allein. Die Säle bekleidet
Elfenbein, und die Schale der Schildkröt'Indiens ist an
Türen geheftet, die Flecken geziert mit vielen Smaragden.
Polster ruhen auf Edelgestein, gelb schimmert von Jaspis
Häusliches Gerät, und Decken erglänzen in tyrischer Farbe.
Lange gekocht, nicht nur in einem Kessel bereitet.
Der Teil strahlt mit Golde gestickt, der feurig in Scharlach,
Wie man zu mischen pflegt die Fäden am pharischen Webstuhl.«[11]

Vor diesem glänzenden Hintergrund versuchte Auletes als »Neuer Dionysos« die Rolle eines souveränen Herrschers zu spielen und durch glänzende Feste die drohenden Schatten vergessen zu machen, die Roms Macht auf sein Reich warf. Den Beinamen eines »Neuen Dionysos« hatte er gewiß nicht deshalb angenommen, um sich seinen Untertanen und der übrigen Welt als Trinker zu empfehlen. Er wollte vielmehr mit der Wiederbelebung des Dionysos-Kultes an eine uralte griechische Tradition anknüpfen, die von Alexander und den Ptolemäern fortgeführt worden war. Schon bei Plato findet sich das Wort, Dionysos und Adonis hätten den Menschen das Gefühl für Rhythmus und Harmonie geschenkt. Alexander der Große krönte seinen siegreichen Indienfeldzug mit einem siebentägigen Fest zu Ehren des Gottes: »Da war kein Schild, kein Helm, keine Lanze zu sehen, sondern mit Schalen, Humpen und kostbaren Bechern schöpften die Soldaten längs des Weges aus bereitstehenden großen Fässern und Krügen und tranken einander zu, einige im Marschieren und Weiterziehen, andere auch gelagert. Vom Klang der Schalmeien und Flöten, von Gesang und Saitenspiel und vom bakchischen Jubel der Frauen hallte das ganze Land wider.«[12] Auch bei den Ptolemäern hatte die Verehrung des Gottes Tradition. Schon 275 v. Chr. veranstaltete Ptolemäus II. einen Dionysischen Umzug in Alexandrien: »Silene und Satyrn ..., gefolgt von Siegesgöttinnen, und 120 Knaben mit Weihegaben bildeten den Anfang des Zuges, in dem dann die Personifikation des Jahres schritt, ein groß gewachsener Mann im Kostüm des tragischen Schauspielers und mit einem goldenen Füllhorn ausgerüstet. In der Mitte des Zuges, umgeben von der Gilde der Schauspieler und Darstellerinnen der Mänaden, fuhr auf einem von 180 Männern gezogenen Wagen die Statue des Dionysos. Auf einem weiteren Wagen die Personifikation des Nysa-Gebirges, dann eine Kelter, in welcher 60 Satyrn die Trauben auspreßten; auf einem von 600 Männern gezogenen Wagen ein kolossaler Weinschlauch. Diesem folgten 120 Satyrn und Silene, dann eine Abteilung von 100 Knaben mit Gold- und Silbergefäßen. Auf einem weiteren Wagen spendeten Brunnen Wein und Milch. Bilder wurden befördert: Das Brautgemach der Selene war dargestellt; Dionysos nach seinem Indienzug.

Wieder große Trupps von Schaustellern: 500 Mädchen, 120 Satyrn, fünf Abteilungen von Satyrn und Mauleseln. 24 Elefantenwagen, begleitet von den Ziegen-, Antilopen-, Wildesel- und Straußenherden. Eine Kamelkavalkade, gefolgt von Wagen mit den vornehmsten Gefangenen dieses Feldzuges des Gottes. Eine Abteilung mit Afrikanern, die eine Unmenge kostbarer Tributgaben zu tragen hatten. Der ganze in der Antike beispiellose Aufzug galt dem Dionysos und seinem Herrschaftsanspruch.« [13]

Freilich waren derartige öffentliche Aufzüge nur ein harmloses Abbild der ausschweifenden Freizügigkeit, die bei den kultischen Feiern zu Ehren des Gottes, den Dionysosmysterien, üblich gewesen sind. Ein Wandgemälde in der »Villa dei Misteri« von Pompeji läßt wenig Zweifel daran, daß die Teilnehmer keine Hemmungen hatten, bei derartigen Anlässen ihren erotischen und sexuellen Neigungen freien Lauf zu lassen: »Im Mittelpunkt das Paar Dionysos und Ariadne. Nach beiden Seiten schließen sich Handlungen an, in denen sich offenbar Riten der Mysterienfeier widerspiegeln. Rechts neben dem Götterpaar hantiert eine kniende Frau an einem verhüllten Gegenstand, vielleicht einem Phallos. In der benachbarten Szene wird eine entblößte Frau von einem weiblichen Flügeldämon mit der Rute geschlagen. Links neben Dionysos betrachten Satyrn eine Satyrmaske des Theaters im Spiegelbild eines Silberbechers, den ein alter Satyr emporhält. Eine Frau scheint vor diesem Anblick zu fliehen.« [14]

Kein Zweifel, Dionysos galt seinen Verehrern, wie es Ernst Jünger ausdrückte, »gleich dem Adonis als Stifter orgiastischer Feste, deren Periodik sich tief in die Geschichtswelt einflicht und mit dem ein üppiger Phallosdienst verbunden war. Dies bildete nicht den Inhalt der Dionysien, sondern eine der Offenbarungen, die das Mysterium und seine bindende Kraft bestätigt. Demgegenüber konnten einem alten Autor zufolge die Feste der Aphrodite auf Cythere fromme Kinderspiele genannt werden.« [15]

Bei einer so gearteten Staatsreligion kann es nicht verwundern, daß die Atmosphäre am Hof des Auletes geprägt war von einer ausschweifenden Freizügigkeit. Trinkgelage waren an der Tagesordnung. Die bei Festen dieser Art nie fehlenden Flötenspielerinnen und Tänzerinnen waren allenfalls mit einem ihre Nacktheit unterstreichenden ledernen Gürtel um die Hüfte bekleidet und erfreuten die Anwesenden meist nicht nur mit musikalischen und Tanzkünsten. Spottete man doch über die Vorliebe des Auletes für das Flötenspiel vor allem deshalb, weil dessen Ausübung als ein Vorrecht der Dirnen galt.

Wer versuchte, sich diesem Treiben zu widersetzen, bekam

Schwierigkeiten. Als der platonische Philosoph Demetrios sich weigerte zu tanzen und darauf bestand, nur Wasser zu trinken, wurde er eines Morgens in den Palast beordert und gezwungen, vor dem versammelten Hof Wein zu trinken und in durchsichtigen Frauenkleidern zu tanzen. Mit großer Wahrscheinlichkeit war Auletes auch homosexuell. Jedenfalls gibt es in einem Tempel auf der Nilinsel Philae zwei Wandinschriften, deren Verfasser sich rühmen, passive sexuelle Partner des Königs gewesen zu sein.[16] Der gelegentlich geäußerte Verdacht, Auletes habe auch mit Kleopatra geschlechtlichen Umgang gehabt, ist allerdings ebensowenig belegt, wie die Behauptung mancher Gelehrter, Kleopatra habe während ihres gesamten Lebens nur mit Caesar und Antonius geschlechtlichen Umgang gehabt.[17] Ganz so unschuldig dürfte die in der ausschweifenden Atmosphäre des alexandrinischen Hofes aufgewachsene junge Dame nicht gewesen sein, als sie den Frauenkenner Caesar mit so viel Erfolg umgarnte.

Wie locker die Sitten auch im übrigen Ägypten jener Zeit waren, zeigt ausgerechnet eine Grabstele jenes hohen ägyptischen Priesters, der die Krönung von Auletes vornahm. Obwohl die Angehörigen der ägyptischen Priesterschaft durch Gesetz zu monogamer Lebensweise verpflichtet waren, rühmt sich dieser ganz unbefangen, reich an allen Gütern dieser Welt gewesen zu sein und vor allem einen glänzenden Harem besessen zu haben. In einer Grabinschrift bittet ihn seine verstorbene Frau in bewegten Worten, nur ja nicht dem Lebensgenuß zu entsagen: »Oh Bruder, Gatte, Onkel, Priester des Ptah, höre nicht auf zu trinken, zu essen, trunken zu sein, Dich den fleischlichen Genüssen hinzugeben, Tag und Nacht nach Herzenslust zu genießen. Dulde nicht, daß Trauer Dein Gemüt überkommt.«[18] Als Beweis für liebenswerte Toleranz der ägyptischen Frauen kann die Inschrift indessen nicht gelten, denn mit aller Wahrscheinlichkeit war der solchermaßen zum Lebensgenuß aufgeforderte Priester selbst der Verfasser der Inschrift.

Während man sich in Ägypten in einer Art von »fin de siècle«-Stimmung den Lebensgenüssen hingab, tobte in Rom der Kampf zwischen der aristokratischen Oligarchie und den Demokraten, zu deren führendem Kopf immer mehr Gajus Julius Caesar wurde, der kein Mittel scheute, sich beim Volk beliebt zu machen: »Bei seiner verschwenderischen Lebensart ... zog er sich, wie man sagt, ehe er noch zu einem Amt gelangte, eine Schuldenlast von 1300 Talenten zu. Weil er jedoch einerseits als Aufseher für die Ausbesserungen der Via Appia große Mengen von seinem Vermögen zugesetzt, andererseits als Aedil 320 Paar Fechter aufgestellt und durch den übrigen Prachtaufwand bei Schauspielen, feierlichen Aufzügen und Gastmahlen die Anstrengungen all seiner Vorgänger ganz in den Schatten gestellt hatte, so setzte er dadurch das Volk in solche Stimmung, daß jeder auf neue Ämter und neue Ehrenbezeugungen bedacht war, durch die man ihm diese Freigiebigkeit vergelten konnte.«[19]

Die Aristokraten gaben sich keinerlei Illusionen über Caesars Ziele hin, und ihr angesehener Führer Lutatius Catulus scheute dann auch im Senat nicht vor den Worten zurück: »Caesar greift unsere Verfassung nicht mehr mit unterirdischen Minen, sondern mit Sturmmaschinen an.«[20]

Die streitenden Parteien waren sich indessen darüber im klaren, daß sie keine Aussicht hatten, die Zukunft Roms gegen die Militärgewalt des im Osten erfolgreichen Pompejus zu bestimmen. Vor allem die Demokraten um Caesar setzten alles daran, eine Militärdiktatur durch Pompejus zu verhindern. Hierbei kam Ägypten eine zentrale Bedeutung zu. Zielstrebig arbeiteten die Demokraten um Caesar darauf hin, diesen zum Statthalter in Ägypten zu machen, um ihm die Möglichkeit zu geben, sich finanziell zu sanieren und ein militärisches Gegengewicht zu der wachsenden Macht von Pompejus aufzubauen. Da Ägypten dazu aber erst einmal formell Bestandteil des Römischen Reiches werden mußte, beantragte Crassus 65 v. Chr., das Land aufgrund des angeblichen Testamentes des Vorgängers von Auletes zum Bestandteil des Römischen Reiches zu machen. Er scheiterte jedoch ebenso wie ein Jahr später der Volkstribun P. Servilius Rullus, ein Strohmann der demokratischen Parteiführer, am Widerstand der Aristokraten.[21] Auch diese sahen zwar der Rückkehr des Pompejus mit Besorgnis entgegen, hielten ihn aber im Vergleich zu Caesar für weniger gefährlich; eine Einschätzung, die sich zu ihrem Leidwesen nur als allzu richtig erweisen sollte.

Wenngleich die Versuche von Caesar und Crassus, Ägypten zur römischen Provinz zu machen, vorläufig gescheitert waren, zeigen sie doch deutlich, daß das Reich der Ptolemäer zum Spielball der innenpolitischen Machtkämpfe Roms herabgesunken war. Verzweifelt, aber folgerichtig versuchte Auletes sein Heil in einer Verbindung mit Pompejus, gegen den sich die Annexionsversuche von Caesar und Crassus in erster Linie gerichtet hatten. 63 v. Chr. schickte er dem noch in Vorderasien weilenden Vernichter des Seleukidenreiches einen schweren Goldkranz sowie das Geld für 8000 Reiter mit der Bitte, sich für seine Anerkennung in Rom einzusetzen und selbst nach Ägypten zu kommen. Pompejus nahm die Geschenke an, tat jedoch weiter nichts. Im Gegenteil, nach Rom zurückgekehrt, schloß sich Pompejus 60 v. Chr. mit Caesar und Crassus zu ihrem ersten Triumvirat zusammen. Damit schien das Schicksal Ägyptens besiegelt zu sein, denn es war ja nicht zu erwarten, daß Pompejus den ihm bekannten Annexionswünschen von Caesar und Crassus großen Widerstand entgegensetzen würde. Doch es kam völlig anders. Zwischen den Triumvirn war vereinbart worden, daß Caesar nach Ablauf seines Konsulats im Jahre 59 v. Chr. auf die Dauer von fünf Jahren Statthalter in Gallien werden sollte. Damit hatte sich Caesar genau jene Basis für die Verwirklichung seiner Pläne geschaffen, als die ihm ursprünglich Ägypten dienen sollte. An einer Eingliederung Ägyptens in das Römische Reich konnte Caesar nun nicht mehr das geringste Interesse haben. Es mußte ihm im Gegenteil sogar alles daran liegen, eine solche Maßnahme, die Ägypten in den Machtbereich eines Konkurrenten hätte bringen können, zu verhindern. Gegen die Zahlung der riesigen Summe von 6000 Talenten durch Auletes führte Caesar daher 59 v. Chr. einen ganz in seinem Interesse liegenden Senats- und Volksbeschluß herbei, der Auletes als selbständigen Herrscher Ägyptens anerkannte.

Doch lange konnte sich Auletes seines teuer erkauften Erfolges nicht erfreuen. Die Anerkennung Ägyptens schloß nach römischer Interpretation nicht die Insel Zypern ein, auf der ja sein Bruder Ptolemäus Apion herrschte. Schon 58 v. Chr. wurde auf Vorschlag des berüchtigten Clodius Pulcher die Einziehung der Insel unter dem Vorwand beschlossen, ihr König habe Piraten unterstützt. In Wirklichkeit hatte es der Ptolemäer lediglich abgelehnt, eben jenem Clodius das Lösegeld vorzuschießen, als dieser bei Zypern in die Hände von Piraten gefallen war. Die Leitung des Unternehmens wurde dem unbestechlichen Cato dem Jüngeren übertragen, dessen

Anwesenheit in Rom den Triumvirn wegen seiner aufrechten Opposition zu ihrer Politik lästig war. Auf Catos Unbestechlichkeit anspielend höhnte Clodius, mit der Einziehung einer so reichen Insel wie Zypern könne man nur einen Mann mit einem so hervorragenden Charakter wie Cato betrauen. Cato mußte sich trotz allen Widerstrebens fügen. Seine Mission endete mit einer Tragödie. Ptolemäus Apion lehnte ein ihm von Cato angebotenes ehrenvolles Exil ab und beging Selbstmord. Sein auf mehr als 7000 Talente geschätzter Kronschatz wurde nach Rom überführt. In Alexandria machte man es Auletes zum Vorwurf, daß er sich nicht in Rom für seinen Bruder eingesetzt hatte. In der Stadt brachen so schwere Unruhen aus, daß Auletes Schutz in Rom suchte.

Unterwegs konnte er sich bei einem Zusammentreffen mit Cato auf Rhodos ein Bild von den Ehren machen, die ihn bei seinem Eintreffen in Rom erwarten würden: »Da er den Cato zu sprechen wünschte, ließ er ihm seine Ankunft in Rhodos melden, in der Erwartung, daß Cato sogleich zu ihm kommen würde. Aber dieser hatte eben ein Purgiermittel eingenommen, daher antwortete er den Abgeordneten, Ptolemäus möchte nur, wenn er ihn zu sprechen wünsche, selbst zu ihm kommen. Wie der König kam, ging er ihm weder entgegen, noch stand vor ihm auf, sondern grüßte ihn bloß wie einen gemeinen Menschen und hieß ihn sich setzen. Anfangs war Ptolemäus darüber nicht wenig betroffen, indem er dieses hochmütige spröde Wesen mit dem einfachen schlichten Aufzug des Mannes sich gar nicht zusammenreimen konnte. Als er aber nun die freimütigen, sehr begründeten Vorstellungen des Cato vernahm, der ihn mit manchen Verweisen belehrte, welch glückliche Lage er verlassen hätte und wie er sich nun der verdrießlichsten Aufwartungen, Bestechungen und all der Habsucht der Großen in Rom, zu deren Befriedigung kaum das in Ägypten angehäufte Geld hinreichen würde, aussetzte; der ihm ferner anriet, nach Ägypten zurückzukehren und sich mit seinen Untertanen zu vertragen, zugleich sich erbot, ihn dahin zu begleiten und an der Aussöhnung mitzuarbeiten, so kam er auf einmal wie von einem Wahnsinn oder von einer Verzückung befreit wieder zu Verstande.«[22]

Doch lange hielt diese Einsicht bei Auletes nicht an, und seinen Ratgebern gelang es, ihn zur Fortsetzung seiner Reise nach Rom zu bewegen. Eine glückliche Entscheidung war dies nicht. Mit Sicherheit hätte Auletes besser daran getan, das Angebot Catos anzunehmen, ihm bei der Wiederherstellung seiner Macht in Ägypten behilflich zu sein. Rom erwies sich – wie von Cato vorhergesagt – als kein gutes Pflaster für einen politisch abgewirtschafteten Mann mit Geld. Letzteres sicherte Auletes zwar einen freundlichen Empfang durch Pompejus, der ihm eine seiner Villen zum Aufenthalt zur Verfügung stellte. Dort konnte Auletes die Nachricht von seiner völligen Entmachtung in Ägypten zur Kenntnis nehmen. Die Ägypter, vor allem die das politische Geschehen bestimmenden Alexandriner, verspürten keine Neigung, ihren ehemaligen Herrscher im Geleit römischer Legionäre wiederzusehen. Sie bestimmten seine Tochter Berenike und jene Kleopatra Tryphaena, von der man bis heute nicht weiß, ob es sich ebenfalls um eine Tochter des geflohenen Königs oder dessen Ehefrau handelte, zu dessen Nachfolger. Anschließend schickten sie den Philosophen Dion mit einer Gesandtschaft von 100 Mann nach Rom, um ihr Vorgehen zu rechtfertigen. Auletes ließ gleich die meisten von ihnen bei ihrer Landung in Italien umbringen. Dion entkam zwar diesem Anschlag, wurde dann aber in Rom ermordet. Die wenigen Überlebenden dieser Mission zogen es daraufhin vor, zu schweigen. Der römische Senat leitete zwar eine Untersuchung der Angelegenheit ein, zeigte sich dann aber, nicht zuletzt unter dem Einfluß beträchtlicher Bestechungsgelder, von der Unschuld des vertriebenen Königs überzeugt.

Weniger erfolgreich war Auletes zunächst mit den Bemühungen um seine Wiedereinsetzung in Ägypten. Catos Warnung vor der Geldgier der Mächtigen Roms sollte sich als nur allzu wahr erweisen. Um überhaupt weiterzukommen, sah sich Auletes bald gezwungen, bei Rabirius, einem der reichsten Bankiers Roms, riesige Anleihen aufzunehmen. Dabei fehlte es keineswegs an einflußreichen Römern, die jederzeit bereit gewesen wären, Auletes mit Waffengewalt auf den ägyptischen Thron zurückzuführen. Vor allem Pompejus und seine Anhänger sahen für sich in einem derartigen Unternehmen die Chance, in Ägypten ein Gegengewicht zu der gewaltigen Macht zu schaffen, die Caesar in Gallien aufzubauen im Begriff war. Aber gerade um seinen Rivalen diese Möglichkeit zu nehmen, hatte Caesar 59 v. Chr. Auletes zur Anerkennung durch Rom als rechtmäßiger Herrscher von Ägypten verholfen. Konsequenterweise widersetzte er sich energisch einer Rückführung des Auletes durch seinen Gegner Pompejus: Dabei wurde mit allen Mitteln gekämpft. Als Anfang 56 v. Chr. ein Blitz die Jupiterstatue auf dem Mons Albinus traf, deuteten die Mitglieder des mit der Auslegung der sibyllinischen Bücher beauftragten Priesterkollegiums – dessen Vorsteher Caesar war – dies als eine Warnung vor einer Rückführung des Auletes: »Wenn der König von Ägypten kommt und bittet, soll man ihm Freundschaft nicht versagen, aber ihm nicht mit einer Menge zu Hilfe eilen, andernfalls werdet Ihr Gefahren und Leiden dulden.«[23] Obwohl es verboten war, die sibyllinischen Sprüche dem Volk ohne Genehmigung des Senats mitzuteilen, ließ der Volkstribun Cato – der mit Cato dem Jüngeren nur den Namen gemein hatte – den Spruch sofort in Anwesenheit der Priester auf dem Forum verlesen und den aus dem Griechischen ins Lateinische übersetzten Text überall anschlagen. Die Gegenseite stand allerdings Caesar und seinen Mittelsmännern an Einfallsreichtum und Skrupellosigkeit nicht nach. So schrieb ausgerechnet der sich sonst so legalistisch gebende Cicero nur vier Monate nach diesen Vorgängen an den Prokonsul Lentulus Spinther, der damals als Statthalter Kilikien verwaltete: »Wenn Du den König in Ptolemais oder einem benachbarten Orte zurückließest, selbst aber mit der Flotte und dem Heer nach Alexandria zögest, so daß Ptolemäus, nachdem Du durch Friedensschluß und Besatzung für Sicherheit daselbst sorgtest, wieder in sein Reich einziehen könnte? Auf diese Weise würde er nicht durch Dich selbst eingesetzt, wie der Senat anfänglich beschlossen hat, sondern er würde auch ohne Heeresmacht heimgeführt, wie nach der Aussage der Frommen die Sibylle es haben will. Bist Du sicher, Dich dieses Reiches bemächtigen zu können, so darfst Du nicht zagen, ist es Dir indessen zweifelhaft, so darfst Du nichts wagen. Fiele die Sache so aus, wie wir wollen, so würde alles von Deiner Weisheit und Tapferkeit reden, sollte sie aber irgend einen Anstoß finden, so würden dieselben Leute nur von Selbstsucht und Übereilung sprechen.«[24] Lentulus wagte es nicht, Auletes mit Waffengewalt nach Ägypten zurückzuführen. Weniger Bedenken hatte dagegen ein Jahr später der Prokonsul und Statthalter von Syrien, Aulus Gabinius, der Pompejus in der Vergangenheit schon wertvolle Dienste geleistet hatte. Als ihm Auletes 6000 Talente versprach, wagte er mit seinen

Truppen den Marsch durch die Wüste und stieß ohne großen Widerstand nach Alexandria vor. Von den beiden Regentinnen, die die Alexandriner nach der Flucht des Auletes eingesetzt hatten, war Kleopatra Tryphaena bereits um 57 v. Chr. gestorben. Berenike, die Tochter von Auletes, hatte zunächst einen Seleukiden geheiratet, ihn aber schon wenige Tage nach der Hochzeit wegen seiner grobschlächtigen Manieren umbringen lassen. Ihr zweiter Mann, Archelaos, ein Abenteurer ungewisser Herkunft, möglicherweise ein unehelicher Sohn des Mithridates von Pontus, scheint so ziemlich der einzige gewesen zu sein, der auf ägyptischer Seite ernsthaft an Widerstand dachte. Doch für die Moral seiner Truppen ist bezeichnend, daß sie den Befehl, ein festes Lager zu errichten, mit der Begründung verweigerten, dies sei keine Sache für Söldner, sondern von Schanzarbeitern. Als Archelaos dann fiel, war der ägyptische Widerstand zusammengebrochen.

Entscheidenden Anteil an dem Unternehmen hatte der 27jährige römische Kavallerieführer Marcus Antonius. Während Gabinius und ein Großteil seines Stabes noch Bedenken hatten, ob man nach einer Durchquerung der wasserlosen Wüste die Grenzfestung Pelusium einnehmen könne, war Antonius mit seinen Leuten vorausgeritten und hatte die Festung in die Gewalt der Römer gebracht. Als sich dann der mit dem Gros der römischen Truppen einrückende Auletes an der Bevölkerung der Stadt – aus welchen Gründen auch immer – rächen wollte, wurde er von Antonius daran gehindert. Der junge Reiterführer sorgte auch für ein ehrenvolles Begräbnis des gefallenen Archelaos. Daß Auletes indessen seine Tochter Berenike hinrichten ließ, konnte auch Antonius nicht verhindern. Es war dies das einzige Ptolemäerblut, das in diesem Kampf um ihren Thron geflossen ist.

Mit großer Wahrscheinlichkeit sind sich beim Einzug der Römer in Alexandria Antonius und die ungefähr 15jährige Kleopatra zum ersten Mal begegnet. Angeblich soll Antonius schon damals von der jungen Prinzessin tief beeindruckt gewesen sein.

Alexandria konnte nun erleben, was es hieß, von den Römern abhängig zu sein. Im Gefolge der Legionäre strömten die römischen Gläubiger des Auletes in das noch immer reiche Land, um es nach Kräften auszubeuten. Auletes wußte sich schließlich nicht anders zu helfen, als seinen Hauptgläubiger Rabirius zum Finanzminister

Ägyptens zu machen. Dieser plünderte das Land unter dem Schutz der römischen Besatzungsarmee nach allen Regeln der Kunst fast ein Jahr lang aus, ehe er durch einen Aufstand aus Ägypten vertrieben wurde. Auletes soll ihm bei dieser Gelegenheit das Leben gerettet haben. Doch selten dürfte ein Ptolemäer über einen Aufruhr im eigenen Land mehr erfreut gewesen sein als in diesem Falle Auletes. In Rom wurde Rabirius dann von seinen politischen Gegnern vor Gericht gestellt, aber das Verfahren scheint – wie nicht selten bei einflußreichen und finanzstarken Angeklagten – im Sande verlaufen zu sein. Jedenfalls ist von einem Urteil nichts überliefert. Weniger Glück hatte Gabinius, dem von seinen Gegnern vorgeworfen wurde, Auletes gegen den Spruch der sibyllinischen Bücher und den Willen des Senats mit Waffengewalt nach Ägypten zurückgeführt zu haben. Sein Freispruch in einem ersten Verfahren machte ihn seiner Sache so sicher, daß er glaubte, in einem weiteren Verfahren die Bestechungsgelder sparen zu können. Trotz der Bemühungen von Cicero wurde er daraufhin zu einer Strafe von 10000 Talenten verurteilt. Da Gabinius diese Summe nicht aufbringen konnte oder wollte, mußte er den Rest seiner Tage fern von Rom in der Verbannung verbringen.

Auletes regierte nach seiner Wiedereinsetzung noch vier Jahre, wobei er sich nicht zuletzt auf jenen Teil der Söldner von Gabinius stützen konnte, die nach dessen Weggang in Ägypten geblieben waren. Auletes gelang es, seine beiden ältesten noch lebenden Kinder, Kleopatra VII. und Ptolemäus XIII. als seine Mitregenten und Erben einzusetzen. Eine Abschrift dieser Erbeinsetzung schickte er bezeichnenderweise nach Rom mit der Bitte, für die Vollstreckung seines Testamentes zu sorgen. Mehr als einen römischen Vasallenstaat konnte Auletes bei seinem Tode im Sommer 51 v. Chr. seinen Nachfolgern nicht hinterlassen.

BEGINN DER HERRSCHAFT KLEOPATRAS

Kleopatra war 18 Jahre alt, als sie zusammen mit ihrem um neun oder zehn Jahre jüngeren Bruder und Gemahl Ptolemäus XIII. im Sommer 51 v. Chr. die Herrschaft in Ägypten antrat. Wie schon erwähnt, liegen über ihre Jugendjahre keinerlei genaue Berichte vor. Man weiß nicht einmal, ob Kleopatra ihren Vater in das Exil nach Rom begleitet hat oder – wie ihre anderen Geschwister – in Ägypten geblieben ist. Aber auch wenn Kleopatra die Demütigungen ihres Vaters in Rom nicht miterlebt haben sollte, so wird das anmaßende und habgierige Auftreten der Römer in Ägypten ihren Eindruck auf die ebenso frühreife wie stolze Prinzessin nicht verfehlt haben. Fest steht allerdings, daß Kleopatra an der Entmachtung von Auletes durch Berenike und Kleopatra Tryphaena nicht beteiligt gewesen sein kann. Sonst hätte ihr Vater, der ja Berenike hinrichten ließ, sie nicht zu seiner Nachfolgerin bestimmt. Kleopatras gutes Verhältnis zu ihrem Vater sollte sich auch noch nach ihrer Thronbesteigung zeigen. Ansonsten hätte sich die eigenwillige Kleopatra wohl kaum den Beinamen Philopator – die den Vater Liebende – zugelegt.

Nichts berechtigte indessen das junge Königspaar zu der Hoffnung, seinem Reich auch nur einen Teil seiner einstigen Macht und Größe zurückgewinnen zu können. Kyrene, Koilesyrien und Zypern, die einstigen außerägyptischen Säulen ptolemäischer Militär- und Wirtschaftsmacht, waren längst nicht mehr in ihrer Hand. Es schien unter diesen Umständen nur noch eine Frage der Zeit zu sein, bis das Haus der Ptolemäer – wie zuvor das der Seleukiden –

durch einen Federstrich Roms endgültig von der Bühne der Geschichte verschwinden würde. Zudem waren die Verhältnisse am Hof von Alexandria nicht dazu angetan, der sich anbahnenden verhängnisvollen Entwicklung wirkungsvoll entgegenzusteuern. Für den noch unmündigen Ptolemäus XIII. führte ein dreiköpfiger Regentschaftsrat die Geschäfte. An seiner Spitze stand mit dem verschlagenen und wagemutigen Eunuchen Pothinos der fähigste ägyptische Politiker jener Epoche. Kaum weniger einflußreich war der für das Militär zuständige Achillas. Der samische Rhetor Theodotos, ein Gelehrter von Rang, war schließlich für die Erziehung des Prinzen zuständig.[1]

Zwischen diesen Männern und der jungen Kleopatra kam es bald zum Machtkampf. Auslösendes Moment scheint Kleopatras Wille zur Alleinherrschaft gewesen zu sein. Bezeichnend ist in diesem Zusammenhang, daß Kleopatra auf den königlichen Siegeln jener Zeit allein erscheint, obwohl nach ptolemäischer Tradition in Geschwisterehen die bestimmende Rolle offiziell dem männlichen Teil zukam.

Damit nicht genug, schreckte die junge Königin auch nicht davor zurück, sich mit den Alexandrinern und der noch in Ägypten weilenden mächtigen gabinischen Soldateska anzulegen: 53 v. Chr. war Crassus bei dem Versuch, mit den militärischen Erfolgen von Caesar und Pompejus gleichzuziehen, bei einem Feldzug gegen die Perser vernichtend geschlagen und getötet worden. Als die Perser dann 51 v. Chr. nach Syrien vordrangen, schickte dessen römischer Statthalter Marcus Calpurnius Bibulus, der gemeinsam mit Caesar 59 v. Chr. das Konsulat bekleidet hatte, seine beiden Söhne mit dem Auftrag nach Ägypten, die dort stationierten ehemaligen Legionäre des Gabinius zur Unterstützung nach Syrien zu holen. Doch diese verspürten keine Neigung, ihre mächtige Stellung in Ägypten aufzugeben, um in römischen Diensten gegen die gefürchteten Perser zu kämpfen, und erschlugen kurzerhand die Söhne von Bibulus. Obwohl sich Bibulus als Konsul gegen die Rückführung von Auletes nach Ägypten ausgesprochen hatte, zögerte Kleopatra keinen Augenblick, die Schuldigen in Ketten an Bibulus auszuliefern. Bibulus, offenbar ein Mann von Prinzipien, schickte die Mörder seiner Söhne umgehend mit der Begründung an Kleopatra zurück, daß nicht ihm, sondern dem römischen Senat die Bestrafung des Verbrechens zukomme.[2] Gleichwohl zog sich Kleopatra mit dieser Maßnahme nicht nur den Haß der Gabinier, sondern auch der Alexandriner zu, deren romfeindliche Gesinnung ihr kein Geheimnis war. Nur wenige werden es vermutlich Kleopatra als Verdienst angerechnet haben, daß sie durch dieses entschlossene Einschreiten gegen die Mörder der Söhne eines ehemaligen römischen Konsuls ihr Land vor schwerwiegenden Sanktionen mit Erfolg zu bewahren versucht hat.

Kleopatra war sich der Tatsache bewußt, daß ihre wagemutige Politik sie zwangsläufig in hohem Maße der Gefahr des Scheiterns aussetzte. Einiges deutet darauf hin, daß sie, um ein Gegengewicht für ihre Unbeliebtheit am Hof und bei der Bevölkerung Alexandrias zu schaffen, sich um die Sympathie der bei der einheimischen Bevölkerung nach wie vor äußerst einflußreichen ägyptischen Priesterschaft bemühte. So ergibt sich aus einer Inschrift am Heiligtum des Buchis bei Hermonthis, daß »die Königin, die Herrin der beiden Länder, die Göttin, die ihren Vater liebt, den Stier in der Barke nach Hermonthis ruderte«.[3]

Der Stier war das heilige Tier dieser Kultstätte. Offenbar hat es Kleopatra sich nicht nehmen lassen, nach dem Tod eines dieser Tiere, dessen Nachfolger in einer Art Ritualfahrt auf dem Nil nach Hermonthis zu überführen. Jedenfalls weicht die besondere Erwähnung Kleopatras in der Inschrift von den üblichen formelhaften Berichten über die Königsbesuche ab und zeugt von dem tiefen Eindruck, den sie auf die Priesterschaft dieses Heiligtums gemacht hat. »Möglicherweise ist sie die erste ptolemäische Herrscherin gewesen, die an dieser Zeremonie teilnahm, ihre Vorfahren hatten sich vermutlich damit begnügt, Funktionäre des königlichen Haushalts als ihre Stellvertreter nach Hermonthis zu schicken.«[4]

Indessen ließ der erste schwere Rückschlag in Kleopatras Herrscherdasein nicht lange auf sich warten. Ende 49 v. Chr. wurde sie aus Alexandria vertrieben. Vermutlich ist Kleopatra hier das Opfer einer Verkettung von zwei für sie ungünstigen Umständen geworden. Im Januar 49 v. Chr. hatte Caesar mit seinen Soldaten den Rubikon überschritten und damit den Bürgerkrieg eröffnet. Pompejus und ein Großteil des römischen Senates wichen vor dem auf Rom marschierenden Feldherrn nach Griechenland aus. Von dort schickte Pompejus seinen ältesten Sohn Gnaeus nach Ägypten, um

1 *Ptolemäus I. Soter*
Gipsrelief, Ende 3. Jh. v. Chr.
Hildesheim, Pelizaeus-Museum

2 *Kleopatra als Isis*
Ägyptisches Kalksteinrelief,
um 50 v. Chr.

Schiffe und Getreide anzufordern. Nach Plutarch sollen sich Gnaeus und Kleopatra bei diesem Besuch auch menschlich recht nahe gekommen sein. Aber vielleicht ist der Grieche Plutarch hier das Opfer der römischen Propaganda der Kaiserzeit geworden, die nichts unversucht ließ, die ägyptische Königin in düstersten Farben zu malen. Selbst Horaz war sich nicht zu schade, Kleopatra als trinkende Mänade zu bezeichnen, die sich durch mareotischen Wein in bacchische Ekstase versetze.[5] Für Properz war sie eine königliche Dirne aus dem sittenlosen Kanopus, und Cassius Dio stellt sie als schamlose Buhlerin dar.[6] In dieses Charakterbild hätte es natürlich gut gepaßt, Kleopatra als eine Herrscherin darzustellen, die die Feinde Roms – und als solche sollten die Pompejaner nach ihrer Niederlage gelten – unterstützte, um die Gunst des jungen Pompejus zu erringen.

Was immer es indessen mit den angeblich intimen Beziehungen zwischen Kleopatra und Gnaeus Pompejus auf sich gehabt haben mag, Kleopatra konnte das Hilfeersuchen schon aus politischen Gründen nicht ablehnen. Immerhin war der Vater von Gnaeus der legitime Repräsentant der römischen Republik, deren führende Männer sich größtenteils in seinem Lager aufhielten, während Caesar streng genommen in jener Zeit nichts anderes als ein aufrührerischer Hochverräter war. Zudem sprach viel dafür, daß Pompejus trotz der Räumung Italiens aus dem Kampf mit Caesar letztlich als Sieger hervorgehen würde. Caesar hatte in Italien ungeheure Probleme. Seine Soldaten, die in Gallien fast zehn Jahre treu ergeben für ihn gekämpft hatten, verspürten zum größten Teil keine Neigung, nun in Griechenland einen Bürgerkrieg auszufechten. Sie zog es verständlicherweise mit solcher Macht nach Hause, daß es zu Unruhen und Desertionen kam. Darüber hinaus war Caesars bester Feldherr Labienus schon zu Beginn des Bürgerkriegs zu den Pompejanern übergewechselt. Pompejus verfügte zudem außerhalb Italiens, vor allem in Spanien, über starke unverbrauchte Truppen, die den Kräften Caesars auch zahlenmäßig überlegen waren. Pompejus und damit dem römischen Staat in dieser Lage die erbetene Unterstützung zu versagen, hätte bei dem zu diesem Zeitpunkt wahrscheinlichen Scheitern Caesars das Ende des Ptolemäerreichs bedeutet. Kleopatra schickte daher Pompejus 60 Lastschiffe mit dem erbetenen

Getreide und 500 Gabinier, die diesmal keine Schwierigkeiten machten, in den Krieg zu ziehen.

So unumgänglich diese Maßnahme war, die Ägypter traf sie hart. In normalen Zeiten hätte das Land den Verlust des von Kleopatra den Römern zur Verfügung gestellten Getreides ohne weiteres verkraftet. Doch 48 v. Chr. und bereits die drei vorhergehenden Jahre hatte der Nil nie die für gute Ernten erforderliche Höhe erreicht. Die Folgen waren schwere Hungersnöte in ganz Ägypten. So dürfte es den Gegnern Kleopatras nicht schwer gefallen sein, die ohnehin gereizte, hungernde Bevölkerung gegen ihre eigenwillige Königin aufzubringen. Jedenfalls mußte Kleopatra kurze Zeit nach der Pompejus gewährten Unterstützung aus Alexandria fliehen.[7] Doch Kleopatra war keineswegs gewillt, sich geschlagen zu geben. Vermutlich nach einem Aufenthalt in Oberägypten begab sich die 21jährige nach Syrien, um bei den dort ansässigen Stämmen Truppen für einen Einfall nach Ägypten zu sammeln. Dies scheint ihr auch in erstaunlich kurzer Zeit gelungen zu sein, denn bereits im Sommer 48 v. Chr. sahen sich die neuen Herren Ägyptens mit Ptolemäus, Pothinos und Achillas an der Spitze gezwungen, mit ihren Truppen Kleopatra entgegenzuziehen.

Unterdessen war Pompejus am 9. August 48 v. Chr. durch Caesar in der Ebene von Pharsalos besiegt worden. Fliehend wandte sich der Geschlagene nach Ägypten in der Hoffnung, bei Ptolemäus, dessen Vater er ja in Rom Gastfreundschaft gewährt hatte, Aufnahme zu finden. Ende September traf er mit seinen Schiffen bei Pelusium ein, wo Ptolemäus mit seinem Heer lagerte. Die Bitte des geschlagenen Feldherrn um Aufnahme brachte den König und seine Berater in eine schwierige Lage: »Die Meinungen waren nun ganz verschieden, indem einige es für gut hielten, den Mann abzuweisen, andere aber ihn kommen zu lassen. Allein Theodotos, der bei dieser Gelegenheit eine Probe von seiner tiefen Einsicht und Redekunst geben wollte, erklärte, die eine Maßregel sei so unsicher wie die andere; verstände man sich zur Aufnahme, so würde man Caesar zum Feind und Pompejus zum Herrn haben; weise man das Gesuch ab, so würde ihnen Pompejus die Verstoßung und Caesar das Entfliehenlassen gewiß zur Last legen. Das Ratsamste sei daher, den Mann kommen zu lassen und ihn umzubringen; auf diese Weise würde man Caesar einen großen Gefallen erweisen und jenen brauche man nicht zu fürchten, und lächelnd fügte er hinzu, ein Toter beißt nicht.«[8]

Dieser Vorschlag setzte sich schließlich durch und Achillas wurde die Ausführung des Vorhabens übertragen. Dieser fuhr zusammen mit einigen Gabiniern, deren Anführer Septimius noch unter Pompejus gedient hatte, auf einem kleinen Fischerboot zu den Schiffen des Pompejus, begrüßte ihn auf Griechisch, lud ihn ein, in sein Boot zu kommen, da große Schiffe wegen der geringen Wassertiefe das Ufer nicht erreichen könnten. Pompejus nahm von dunklen Vorahnungen erfüllt Abschied von seiner Frau Cornelia. Als er das Boot des Achillas bestieg, soll er sich noch einmal zu ihr umgedreht und die Worte aus einem Drama des Sophokles zugerufen haben:

»›Wer eingeht zum Tyrannen
wird sicher dessen Sklave, und käme er noch so frei.‹

Auf dem Boot wurde er mit dumpfem Schweigen empfangen. Schließlich wandte er sich an Septimius mit der Frage: ›Irre ich mich, oder erkenn ich in Dir einen ehemaligen Kriegskameraden.‹ Septimius nickte nur mit dem Kopf ohne Pompejus einer Antwort zu würdigen. In der Stille überflog Pompejus nochmals die Rede, die er an Ptolemäus zu richten gedachte. Als sie sich dem Lande näherten, gaben Cornelia und ihre Freunde von der Galeere her mit ängstlicher Sorge acht, was geschehen würde, und sie fing schon an, Mut zu fassen, weil sie bei dem Landeplatz viele königliche Bediente wie zu einem ehrenvollen Empfang zusammenlaufen sah. Aber in dem Augenblick, als Pompejus die Hand des Philipp (seines Dieners) ergriff, um leichter aufstehen zu können, wurde er von Septimius mit dem Schwerte durchbohrt.«[9] Pompejus starb am 29.9.48 v. Chr., einen Tag nach seinem 59. Geburtstag. Dante hat den jungen Ptolemäus wegen dieses Mordes als Verräter neben Kain und Judas in den siebten Kreis der Hölle verbannt. Sein Landsmann Machiavelli hätte wahrscheinlich weniger hart geurteilt. Kann man es Ptolemäus und seinen Beratern tatsächlich verübeln, daß sie mit aller Macht versuchten, Ägypten aus dem römischen Bürgerkrieg herauszuhalten? Gewiß, Pompejus hatte Auletes in Rom Gastfreundschaft und Unterstützung gewährt. Aber dies war doch in erster Linie aus politischen Erwägungen und nicht aus Menschenfreundlichkeit geschehen, so daß sich hieraus eine moralische Verpflichtung gegenüber Pompejus schwerlich ableiten ließ. So gesehen kann man durchaus ein gewisses Verständnis dafür aufbringen, daß Ptolemäus und seine Berater die Unabhängigkeit ihres Landes höher veranschlagt haben als das Leben von Pompejus.

CAESAR

Vier Tage nach der Ermordung des Pompejus traf Caesar mit nur 3200 Legionären und 800 Reitern in Alexandria ein. Mehr Soldaten, so berichtet Caesar selbst, habe er zu diesem Zeitpunkt nicht aufbieten können, weil die übrigen entweder verwundet oder durch die Anstrengungen der vorangegangenen Kämpfe zu erschöpft gewesen seien. Außerdem habe er ein stärkeres Aufgebot auch nicht für erforderlich gehalten, da er aufgrund seines Ruhms und seiner militärischen Erfolge überzeugt gewesen sei, auch mit schwachen Streitkräften nichts befürchten zu müssen.[1]

Sofort nach seiner Ankunft überbrachte man Caesar in der Hoffnung, ihn dadurch zum Abzug bewegen zu können, die Nachricht vom Tode des Pompejus. Nach Plutarch hat Caesar sich mit Abscheu abgewandt, als Theodotos ihm den abgeschlagenen Kopf seines großen Gegenspielers zeigte und unter Tränen dessen Siegelring in Empfang genommen.[2] Nach Cassius Dio hat Caesar allerdings zunächst einmal, als ob er eine List der Ägypter fürchtete, sehr genau geprüft, ob er tatsächlich den Kopf des Pompejus vor sich habe, ehe es zu jenem Tränenausbruch kam, der – nach demselben Autor – von Caesars Begleitung als theatralisch und lächerlich empfunden wurde.[3]

Was auch immer Caesars wirkliche Gfühle in diesem Augenblick gewesen sein mögen, fest steht jedenfalls, daß er Theodotos kein Haar krümmte, obwohl er kaum im Zweifel über die Verwicklung dieses engen Beraters des ägyptischen Königs in den Mordanschlag gewesen sein kann. Die Anwesenheit von Theodotos in Alexandrien nur vier Tage nach der Ermordung von Pompejus wirft im übrigen Fragen auf, die sich leider nicht mehr mit Sicherheit beantworten lassen. Immerhin müssen der ägyptische König und seine Berater ganz genau von der beabsichtigten Landung Caesars unterrichtet gewesen sein, denn sonst wäre Theodotos wohl kaum mit seinem makabren Gastgeschenk in kürzester Zeit von Pelusium nach Alexandria gejagt. Da nicht anzunehmen ist, daß sich in Caesars engster Umgebung ägyptische Spione aufhielten, fragt es sich, ob Caesar nicht schon vor seiner Ankunft in Alexandria Kontakt mit dem ägyptischen König hatte. Eine weitere Frage ist, warum Caesar, der mit Sicherheit über die Auseinandersetzung zwischen Kleopatra und Ptolemäus unterrichtet war, nicht Pelusium ansegelte, wo er doch die größeren Aussichten gehabt hätte, auf den von ihm verfolgten Pompejus zu stoßen.

Was immer die nicht mehr aufklärbaren Gründe für die Aktionen der einzelnen Beteiligten gewesen sein mögen, es sollte sich sehr rasch zeigen, daß Caesar keineswegs nur nach Ägypten gekommen war, um den geschlagenen Pompejus zu verfolgen. Kaum hatte er sich von dessen Tod überzeugt, marschierte er mit seinen Truppen, die von Liktoren angeführt wurden, die die Rutenbündel als Zeichen der römischen Amtsgewalt trugen, durch Alexandria in die königliche Residenz. Dieses herrische Auftreten führte zu einem so heftigen Aufruhr in Alexandria, daß einige Legionäre Caesars erschlagen wurden. Da die Stadt auch in den folgenden Tagen nicht zur Ruhe kam, sah sich Caesar genötigt, aus Asien weitere Legionen anzufordern und sich in dem Palastviertel zu verschanzen. Gleichzeitig forderte er Ptolemäus und Kleopatra auf, ihre Heere zu entlassen und ihren Streit vor ihm auszutragen.

Während er auf seine Legionen und das ägyptische Königspaar wartete, besichtigte Caesar Alexandria. Fraglos hat ihn die Stadt stark beeindruckt. Seine Worte der Bewunderung für ihre Schönheit, von denen Appian berichtet[4], haben sicher nicht nur darauf abgezielt, den Alexandrinern zu schmeicheln, sondern geben etwas von jener Faszination wieder, die noch in seinen Schriften nachklingt, in denen er den Leuchtturm als ein »Wunderwerk der Baukunst« bezeichnet.[5] Am stärksten dürfte Caesar aber der Besuch der Grabstätte Alexanders des Großen bewegt haben. 20 Jahre zuvor hatte der damals 33jährige Caesar als Quästor der Provinz Südspanien in der Nähe des heutigen Cadiz eine Statue Alexanders des Großen aufgesucht: »Bei ihrem Anblick seufzte er laut auf. Voll Verdruß über seine eigene Tatenlosigkeit, da er in einem Alter, in dem Alexander die Welt bereits erobert habe, noch nichts von Bedeutung vollbracht hätte, forderte er sofort seine Entlassung, um in Rom so bald wie möglich günstige Gelegenheit zu größeren Unternehmungen erhaschen zu können. In der folgenden Nacht brachte ihn ein Traum ganz aus der Fassung. Denn er träumte, er habe seiner Mutter beigeschlafen. Die Traumdeuter riefen in ihm darauf die größten Hoffnungen wach; sie legten nämlich das Traumgesicht dahin aus, daß er hierdurch die Herrschaft über die ganze Welt erlangen werde: Denn die Mutter, die er von sich überwältigt gesehen, sei keine andere als die Erde, die ja als Mutter aller Menschen gelte.

So verließ Caesar vor der Zeit seine Provinz und suchte die Kolonien latinischen Rechts auf, die damals alle Hebel in Bewegung setzten, um das römische Volksbürgerrecht zu erhalten. Er hätte sie vielleicht zu einem kühnen Handstreich verleitet, hätten nicht Konsuln die für Kilikien ausgehobenen Legionen, um dieser Gefahr vorzubeugen, noch einige Zeit zurückgehalten.«[6]

Diese Kolonien latinischen Rechts, von denen der hier zitierte Sueton spricht, waren die Gebiete nördlich des Pos. Offensichtlich hat Caesar schon damals mit dem Gedanken gespielt, durch ihre Hilfe die Macht in Rom an sich zu reißen. Nach dem Scheitern dieses Versuches kehrte Caesar nach Rom zurück, um mit Crassus und später mit Catilina erneut den Versuch zu unternehmen, die Republik zu stürzen. Caesar konnte die Beteiligung an der catilinarischen Verschwörung zwar nie nachgewiesen werden. Er war wohl auch kein Mitverschworener im eigentlichen Sinn, aber daß er die Umsturzpläne der Catilinarier für seine Zwecke zu nutzen gedachte, stand für seine Zeitgenossen außer Frage. Seine Verbindung mit den Catilinariern und deren Verteidigung vor dem Senat nach der Aufdeckung der Verschwörung brachte die Gefolgsleute Ciceros so gegen ihn auf, daß sie ihn im Senat erschlagen wollten, und es hätte nicht viel gefehlt, »daß er an derselben Stelle sein Leben gelassen hätte, wo ihn 17 Jahre später der Todesstoß traf«.[7]

Doch Caesar ließ sich von seinem Ziel nicht abbringen. Auf die

Niederschlagung der catilinarischen Verschwörung folgte ein elfjähriges zähes Ringen um die Macht in Rom, dessen Härte sich noch heute in den verbalen Attacken seiner Gegner widerspiegelt: Besonders eine angebliche homosexuelle Affäre, die Caesar in jungen Jahren auf seiner Flucht vor Sulla mit dem König Nikomedes von Bithynien gehabt haben soll, war Gegenstand vieler Angriffe, deren Darstellung man gerne der Feder Suetons überläßt: »Dolabella nannte ihn ›Königskebse‹, ›Matratze des königlichen Bettes‹, Curio gar ›Stall des Nikomedes‹ und das ›bithynische Bordell‹... Gaius Memmius beschuldigte Caesar sogar, bei einem zahlreich besuchten Gastmahl, an dem auch mehrere Kaufleute aus Rom, deren Namen er nennt, teilnahmen, mit anderen Lustknaben dem König Nikomedes den Mundschenken gemacht zu haben. Cicero aber begnügte sich nicht damit, in einigen seiner Briefe zu schreiben, Caesar sei von Trabanten in das königliche Schlafgemach geführt worden, habe sich im Purpurgewande auf ein goldenes Bett gelegt und so sei in Bithynien die Jugendblüte des Abkömmlings der Venus befleckt worden, sondern ging vielmehr so weit, als Caesar einmal im Senat bei der Verteidigung der Sache Nysas, der Tochter des Nikomedes, die ihm vom König erwiesenen Dienste geltend machte, daß er zu ihm sagte: ›Bitte, laß das! Es ist bekannt, was Jener dir und was du Jenem erwiesen hast.‹«[8] Bleibt noch anzumerken, daß Caesar den oben erwähnten Dolabella, Ciceros Schwiegersohn, später ebenso in die Reihe seiner Gefolgsleute aufgenommen hat wie den Sohn von Curio. Ohne Wirkung auf Caesars Ruf blieben diese Attacken freilich nicht. Noch bei der Feier seines gallischen Triumphes durfte sich Caesar von den hinter ihm marschierenden Legionären den Vers anhören:

»Seht! Der Caesar triumphiert jetzt, dem ganz Gallien unterlag.
Nikomedes aber triumphiert nicht, dem doch Caesar unterlag.«[9]

Caesar ging indessen mit seinen Gegnern auch nicht zimperlicher um. Nur war er in der Wahl seiner Mittel erfolgreicher. Nachdem er vergeblich versucht hatte, die Macht in Rom mit Gewalt an sich zu reißen, gelangte er 59 v. Chr. als Konsul auf legalem Weg in das höchste Staatsamt. Sein konservativer Amtskollege und Gegenspieler Bibulus erlaubte sich zwar, Caesar in einem seiner Erlasse als

»Königin von Bithynien« zu bezeichnen. Doch nach vier Monaten zog es Bibulus vor, sich von den Amtsgeschäften völlig zurückzuziehen, so daß man in Rom bald scherzhaft von dem Konsulat des Julius und des Caesar sprach. Man hat dies vielfach als Erfolg der Einschüchterungsversuche Caesars gewertet. Wenn dem so gewesen sein sollte, war es jedenfalls ein äußerst zweischneidiger Erfolg: »Infolge der Obstruktion des Bibulus waren alle Gesetze Caesars so zustandegekommen, daß ihre Gültigkeit aus formalen Gründen angefochten werden konnte. Die Gegner konnten Caesar nach Ablauf seiner Amtsführung vor Gericht ziehen.« [10] Dies mag einer der Gründe gewesen sein, die Caesar veranlaßten, von seinen Machtbefugnissen äußerst zurückhaltend Gebrauch zu machen. Jedenfalls sah sich die konservative Oberschicht in ihren Befürchtungen genausowenig bestätigt wie das einfache Volk in seinen Erwartungen. Caesar war ohnehin nie der Mann einer Partei. Sein einziges Anliegen war, sich durch das Konsulat die Machtbasis zur Verwirklichung seiner weiteren Pläne zu schaffen. Mit Erfolg: Anstelle der ihm vom Senat angebotenen Oberaufsicht über die Forsten und Wege Italiens ließ er sich die Provinzen Gallien Cisalpina (diesseits der Alpen), Illyrien und die Ostküste der Adria übertragen, was er mit den Worten kommentierte: »Gegen den Willen und unter dem Stöhnen meiner Gegner habe ich erreicht, was ich wollte; von nun an will ich euch allen auf den Köpfen herumtanzen.« [11] Als hierauf jemand unter Anspielung auf seine angeblichen homosexuellen Neigungen bemerkte, dies werde für ein Weib gar nicht so leicht sein, antwortete er gelassen: »Auch in Syrien hat eine Semiramis geherrscht, und einen großen Teil Asiens hatten einst die Amazonen unter ihre Herrschaft gebracht.« [12]

Es folgte der fast zehn Jahre dauernde gallische Krieg. Caesar, der zuvor noch nie ein Heer geführt hatte, erwies sich als genialer Feldherr, der teilweise unter schwierigsten Umständen und unter Einsatz seines Lebens in vorderster Front kämpfend, Gegner wie Ariovist und Vercingetorix schlug. Allein, die Tötung von zwei Millionen Menschen, deren sich Caesar rühmt – von den Versklavten ganz zu schweigen –, verleiht diesen Siegen auch dann einen schalen Beigeschmack, wenn man Caesars Neigung zur Übertreibung bei der Schilderung seiner Erfolge berücksichtigt. Folgt man Caesar, so hat er diese Kämpfe nur im Interesse der Sicherheit des römischen Staates geführt. Doch dies ist allenfalls die halbe Wahrheit. In erster Linie ging es Caesar bei seinen Unternehmungen um den Ausbau seiner persönlichen Macht, so daß Sueton zu Recht den gallischen Krieg mit den Sätzen kommentieren konnte: »Seitdem ließ er keine Gelegenheit zum Krieg vorübergehen, selbst wenn er ungerecht und gefährlich war. Ohne Grund griff er ebenso verbündete wie feindliche und wilde Stämme an. Ja, er trieb es so weit, daß in einem bestimmten Fall der Senat den Beschluß faßte, eine Untersuchungskommission nach Gallien zu schicken.«[13] Roms Konservative sahen Caesars Erfolge mit wachsender Sorge. Cato beantragte sogar im Senat, ihn wegen völkerrechtswidrigen Vorgehens an die Feinde auszuliefern. Doch dies wäre dem Senat selbst dann nicht möglich gewesen, wenn sich eine Mehrheit für diesen Antrag gefunden hätte. Caesars Legionäre vergötterten ihren Feldherrn und hätten eine derartige Schmach nie zugelassen.

Nachdem Caesar 51 v. Chr. Gallien unterworfen oder, wie er es ausdrückte, »befriedet« hatte, bemühte er sich im folgenden Jahr über seine Mittelsmänner in Rom um ein zweites Konsulat für das Jahr 49 v. Chr. Es folgten jene Auseinandersetzungen mit der konservativen Aristokratie, die Anfang 49 Chr. zum Beginn des Bürgerkrieges führten. Ganz sicher waren Caesars Gegner an dieser Entwicklung nicht unschuldig, doch zutreffend hat Sueton hierzu bemerkt: »Das Verhalten seiner Gegner diente ihm zwar als Anlaß zum Bürgerkrieg, aber seine eigentlichen Beweggründe waren nach allgemeiner Ansicht ganz anderer Natur.«[14] Er wollte mit allen Mitteln die Macht, und keine drei Monate nachdem er den Rubikon überschritten hatte, stand er Ende März mit seinen Legionen in Rom. Seine Gegner mit Pompejus an der Spitze wichen nach Griechenland aus. Was indessen wie eine kopflose Flucht aussah, erwies sich als ein gefährlicher Schachzug. Afrika, Spanien, Sizilien und Sardinien, also jene Gebiete, aus denen Rom einen Großteil seiner Lebensmittel bezog, waren weiterhin in der Hand von Pompejus. Doch innerhalb weniger Monate gelang es Caesar, Spanien, Sizilien und Sardinien in seine Gewalt zu bringen. Bereits Januar 48 v. Chr. setzte er nach Griechenland über. Dort mußte er zwar gegen Pompejus bei Dyrrachium eine seiner wenigen militärischen Niederlagen hinnehmen, aber Pompejus zögerte, dem geschlagenen Gegner nachzusetzen, weil er einen Hinterhalt fürchtete, was Caesar zu der Bemerkung veranlaßte: »Heute wäre der Sieg auf seiten der Feinde gewesen, wenn sie einen hätten, der zu siegen versteht.«[15] So sollte die Schlacht letztlich dem Sieger zum Verhängnis werden. Pompejus verfolgte zwar den geschlagenen Caesar, war jedoch fest entschlossen, »jede Schlacht zu vermeiden, ihm aber auf den Fersen zu bleiben und ihn durch Einschließung und Mangel an Lebensmitteln gänzlich aufzureiben.«[16] Doch seine Umgebung fühlte sich ihrer Sache so sicher, daß sie zum Teil schon den Kampf um die nach Caesars Niederlage frei werdenden Ämter aufnahm oder etwa wie Spinther Lentulus, Domitius Ahenobarbus und Scipio, hitzig um die Oberpriesterwürde Caesars stritten.[17] Lucius Afranius, der in Spanien gegen Caesar unterlegen war und deshalb von vielen Pompejanern des Verrats beschuldigt wurde, erklärte nun, als er sah, wie Pompejus jeder Schlacht gegen Caesar aus dem Wege ging, lautstark, »er wundere sich sehr, warum seine Ankläger nicht gegen jenen Provinzmakler vorrückten, um ihm eine Schlacht zu liefern«.[18] Der Druck auf Pompejus im Kriegsrat wurde so groß, daß er sich schließlich entschloß, Caesar am Morgen des 9. August bei Pharsalos jene Schlacht anzubieten, die mit seiner persönlichen Katastrophe endete.

CAESAR UND KLEOPATRA

Im Herbst 68 v. Chr. hatte Caesar unter dem Eindruck der Statue Alexanders des Großen bei Cadiz die ihm vom römischen Senat zugeteilte Provinz Südspanien vor Ablauf seiner Amtszeit verlassen, um durch die Aufwiegelung der unruhigen oberitalienischen Provinzen die Macht in Rom an sich zu reißen. Der Versuch war ebenso gescheitert wie andere, die folgen sollten. Doch nun stand Caesar fast genau 20 Jahre später als der mächtigste Mann des römischen Weltreiches in Alexandria vor dem Sarkophag seines großen Vorbildes. Der Schmerz von Cadiz war dem Machtbewußtsein eines Mannes gewichen, der nach zwei Jahrzehnten gnadenloser Machtkämpfe das Schicksal der ptolemäischen Dynastie, die das Erbe Alexanders wie keine andere verkörperte, in seinen Händen glaubte.

Doch weder der kaum dem Kindesalter entwachsene Ptolemäus XIII. noch der vielgeschmähte Eunuch Pothinos waren gewillt, sich und Ägypten Caesar zu unterwerfen. Auf dessen Forderung, ihren Streit mit Kleopatra vor ihm auszutragen, waren sie zwar in Alexandria erschienen, doch ihr Heer hatten sie nicht, wie von Caesar gefordert, aufgelöst, sondern unter Achillas in Alarmbereitschaft bei Pelusium zurückgelassen. Zugleich hatten sie alles in ihren Kräften Stehende getan, um Kleopatra den Zugang nach Alexandria unmöglich zu machen. Caesar forderte daher nochmals die Auflösung des ägyptischen Heeres und die Einstellung der Feindseligkeiten gegen Kleopatra, was Pothinos im Namen des Königs kühl ablehnte. Auf wenig Gegenliebe stieß Caesar auch mit der Forderung auf sofortige Rückzahlung der Gelder, die ihm Auletes noch für seine Rückführung schuldete. Selbst der seinerzeit mit der Beitreibung beauftragte Blutsauger Rabirius hatte nur die Hälfte der Caesar versprochenen 6000 Talente aus Ägypten herauspressen können. Pothinos, keineswegs willens und vermutlich auch nicht in der Lage, die restlichen Gelder aufzutreiben, versuchte, Caesar zu vertrösten und schlug ihm stattdessen vor, »er solle jetzt Ägypten verlassen und an die Ausführung seiner großen Unternehmungen denken, die Schuld sollte ihm nachher mit Dank ausbezahlt werden. Caesar gab ihm zur Antwort, er bedürfe nichts weniger als des Rats der Ägypter und ließ darauf Kleopatra vom Land heimlich zu sich holen. Diese nahm aus ihrem Gefolge nur den Sizilianer Apollodoros mit sich, stieg in ein kleines Boot und legte bei der einbrechenden Finsternis in der Nähe des königlichen Palastes an. Da sie kein anderes Mittel wußte, unentdeckt hineinzukommen, legte sie sich in einen Bettsack, welchen Apollodoros mit Riemen zuschnürte und durch die Tür zu Caesar trug. Durch diese List, die einen kühnen Geist verriet, wurde Caesar, wie man sagt, zuerst für sie eingenommen.«[1]

Man glaubt es dem hier zitierten Plutarch gerne, daß Caesar die Kühnheit der so unvermutet einem Teppich entsteigenden Kleopatra bewunderte. Schließlich hätte der geringste unglückliche Zufall auf ihrem Weg zu Caesar tödlich enden können. Und völlig ungefährlich war auch dieses unter Einsatz ihres Lebens arrangierte Treffen mit Caesar nicht. Immerhin hatte sie noch wenige Wochen zuvor – wenn auch unter dem Zwang der Verhältnisse – Pompejus gegen den sich in einer äußerst kritischen Lage befindenden Caesar unterstützt. Es spricht unter diesen Umständen einiges dafür, daß Kleopatra – wie Cassius Dio berichtet – mit Caesar unmittelbar nach der Schlacht von Pharsalos Kontakt aufgenommen hat und dieser ihr die Unterstützung ihres Anspruchs auf den ägyptischen Thron zusagte.[2] Doch was galten solche Zusagen bei einem Mann wie Caesar, der sich im gallischen Krieg nicht gescheut hatte, die Fürsten eines germanischen Stammes, die sich zu Friedensverhandlungen bei ihm eingefunden hatten, gegen jedes Völkerrecht festzunehmen und anschließend die ihrer Anführer beraubten und auf einen Kampf völlig unvorbereiteten Gegner niedermachen zu lassen?[3] Zudem hatte Caesar in der Vergangenheit mehr als einmal feindliche Geschwister gegeneinander ausgespielt, um am Ende beide zu unterjochen. Über den Charakter Caesars, der ja seit mehr als 15 Jahren in der Geschichte ihres Hauses eine wichtige Rolle spielte, kann sich Kleopatra keinen großen Illusionen hingegeben haben. Aber Kleopatra wäre keine typische Ptolemäerin gewesen, wenn sie nicht im Kampf um die Macht alles gewagt hätte. Sie kannte Caesar und sie kannte seine Schwächen: »Allgemein herrschte die Ansicht, daß Caesar sehr sinnlich veranlagt war und für seine Leidenschaft viel Geld verschwendet hat. Er soll auch zahlreiche vornehme Frauen verführt haben, darunter Postumia, die Gattin des Servius Sulpicius, Lollia des Aulus Gabinius, Tertulla des Marcus Crassus, sogar Mucia, die Frau Gnaeus Pompejus'... Aber vor allen anderen liebte er die Mutter des Marcus Brutus, Servilia. Für sie kaufte er während seines ersten Konsulates einen Perlenschmuck im Werte von sechs Millionen Sesterzen, im Bürgerkrieg jedoch schlug er ihr außer anderen Schenkungen aus den öffentlichen Versteigerungen sehr bedeutende Güter für einen Spottpreis zu. Als sich nun viele über den niedrigen Preis wunderten, äußerte sich Cicero sehr witzig darüber: ›Wißt, der Kauf ist noch viel besser, – denn die Tertia ist abgezogen!‹ Man glaubte nämlich, Servilia habe ihre Tochter Tertia an Caesar verkuppeln wollen.«[4] Der Witz lag im Doppelsinn dieser Worte, denn »Tertia deducta est« bedeutete, »trotz des niedrigen Kaufpreises ist noch ein Drittel als Rabatt abgezogen worden«, ließ sich aber auch mit »die Tertia ist ihm (Caesar) zugeführt worden« übersetzen. Die von Caesar so leidenschaftlich verehrte Servilia war die Schwester seines Gegenspielers Cato und die Mutter seines späteren Mörders Brutus. Ihre Liebe zu Caesar war stadtbekannt und ging so weit, daß sie diesem ausgerechnet während der hitzigen Beratungen des Senats über das Schicksal der Catilinarier einen Liebesbrief überbringen ließ. Als Cato, der den Verdacht hatte, es handele sich um ein Schreiben der Verschwörer, auf dessen Verlesung drang, überreichte es ihm Caesar wortlos.[5] Vor der Schlacht von Pharsalos gab Caesar dann seinen Offizieren ausdrücklichen Befehl, Brutus, der auf seiten von Pompejus stand, nicht zu töten, sondern ihn, falls er sich nicht ergeben sollte, ziehen zu lassen.[6] Unter diesen Umständen wundert man sich doch etwas über die Selbstsicherheit, mit der manche Historiker die Möglichkeit ausschließen, Caesar sei der Vater von Brutus gewesen.

Indessen verschenkte Caesar seine Gunst nicht nur an die Damen der römischen Oberschicht. Auch bei seinen Feldzügen legte er sich keine Zurückhaltung auf, was seine Legionäre beim gallischen Triumph mit dem Zweizeiler würdigten:

»Städter, hütet Eure Weiber! Den kahlen Buhler führen wir her.
Gold verhurtest Du in Gallien, das Du hier gepumpt hast.«[7]

Mit dem »kahlen Buhler« sollte offensichtlich eine der empfindlichsten Stellen des Feldherrn getroffen werden, denn wenig störte den stets auf sein Äußeres bedachten Caesar so sehr wie seine beginnende Kahlköpfigkeit. Ansonsten war aber der für römische Verhältnisse überdurchschnittlich große Caesar mit seinem Charakterkopf und dem durch die Anstrengungen zahlloser Feldzüge gestählten Körper eine Erscheinung, die auch ohne die ihn umgebende Aura des Erfolges Eindruck gemacht hätte: »Seine Hautfarbe war weiß, er hatte kräftige Glieder, ein etwas zu volles Gesicht und schwarze, lebhafte Augen; seine Gesundheit war gut, nur hatte er in den letzten Zeiten seines Lebens an plötzlichen Ohnmachten zu leiden und pflegte von unruhigen Träumen heimgesucht zu werden. Zweimal erlitt er bei öffentlichen Versammlungen auch Anfälle von Epilepsie. In der Körperpflege war er fast zu eigen. Er ließ sich nämlich nicht nur regelmäßig seine Haare schneiden und rasieren, sondern wie man ihm zum Vorwurf machte, sogar die einzelnen Haare am übrigen Körper ausrupfen. Am meisten störte ihn seine entstellende Glatze, die oft die Zielscheibe der Witze seiner Gegner war. Daher hatte er die Gewohnheit, seine spärlichen Haare vom Hinterkopf über den Scheitel nach vorn zu kämmen.«[8]

Bei einem für die Reize des weiblichen Geschlechts so empfänglichen Mann wie Caesar konnte die 21jährige Kleopatra wohl hoffen, ihre Unterstützung des Pompejus vergessen zu machen, als sie dem damals 52jährigen Caesar gegenübertrat. »Kleopatra«, so berichtet Cassius Dio, »war sehr schön und stand in der Blüte des Lebens. Der Laut ihrer Stimme war äußerst lieblich und mußte jeden durch seinen Reiz bezaubern. Ihr Anblick und ihre Rede erweckten einen so tiefen Eindruck, daß sie den kältesten Mann und ärgsten Weiberfeind in ihre Netze zog.«[9] Etwas zurückhaltender äußert sich allerdings Plutarch über die ägyptische Königin: »Ihre Schönheit war, wie man sagt, an und für sich nicht ganz so unvergleichbar, noch von der Art, daß sie gleich beim ersten Anblick Aufsehen erregen konnte. Allein, der genauere Umgang mit ihr hatte einen unwiderstehlichen Reiz, und ihre Gestalt, verbunden mit der einnehmenden Unterhaltung und den in ihrem ganzen Betragen sich zeigenden feineren Sitten, machte immer einen tiefen Eindruck. Selbst ihre Stimme, wenn sie sprach, war höchst angenehm, und sie wußte ihre Zunge, wie ein vielseitiges Instrument, leicht in jede beliebige Mundart zu fügen, so daß sie nur mit wenigen barbarischen Völkern durch Dolmetscher zu sprechen brauchte. Den meisten erteilte sie selbst Antwort, wie den Äthiopiern, den Troglodyten, den Hebräern, Arabern, Syrern, Medern und Parthern. Auch soll sie die Sprachen noch vieler anderer Völker erlernt haben, da die Könige vor ihr sich nicht einmal die Mühe nahmen, das Ägyptische zu verstehen und einige sogar die makedonische Mundart vergaßen.« [10]

Die Feststellung Plutarchs, Kleopatra hätte nur bei Gesprächen mit wenigen barbarischen Völkern einen Dolmetscher benötigt, entbehrt bei einem Autor, der wie Plutarch griechischer Herkunft war, nicht einer gewissen Pikanterie, denn Kleopatra soll kein Latein gesprochen haben. Bei der Geringschätzung, mit der die Griechen und Römer jener Epoche auf sich gegenseitig herabschauten, ist nicht auszuschließen, daß sich der sich sonst jeder Schärfe enthaltende Plutarch hier eine kleine Bosheit gegen die Römer erlaubt hat. Allzu große Probleme ergaben sich indessen aus Kleopatras angeblicher Unkenntnis der lateinischen Sprache nicht, denn so sehr die Römer auch auf ihre griechischen Zeitgenossen herabsehen mochten, die Beherrschung der griechischen Sprache war für einen gebildeten Römer eine Selbstverständlichkeit.

Es spricht einiges dafür, daß Plutarch Kleopatra eher gerecht wird, wenn er ihre Wirkung in erster Linie auf ihre Persönlichkeit und weniger stark als Cassius Dio auf ihr Äußeres zurückführt. Eine Bestätigung findet dieses Urteil jedenfalls in den etwa 60 erhaltenen Münzbildern von Kleopatra. Einige von ihnen wirken so unvorteilhaft, daß sogar behauptet worden ist, sie seien Werke der kleopatrafeindlichen Propaganda.[11] Wenngleich aber außer Frage steht, daß Kleopatra den Ruf ihrer verführerischen Schönheit sicher nicht diesen Münzen verdankt, so können doch diese Darstellungen, von einigen Ausnahmen vielleicht abgesehen, nicht als bewußte Verzerrung von Kleopatras Bild durch ihre Gegner abgetan werden. Hierzu weisen sie – bei allen Unterschieden in den Details – eine viel zu große Ähnlichkeit auf. Fast alle Münzen zeigen Kleopatra mit einer langen – je nach Laune des Graveurs – mehr oder weniger stark gebogenen Nase und einer ausgeprägten Mundpartie mit etwas vorgeschobener Unterlippe. Die gebogene Nase, die auch schon auf den Abbildungen ihres Vaters Auletes auffällt, ging sicher auf ihre seleukidischen Vorfahren zurück, denn mehrere Angehörige dieser Dynastie haben den Beinamen Gryphos – die Hakennase – getragen. Was sich indessen Pascal bei seinem berühmten Satz dachte, Kleopatra hätte mit einer weniger langen Nase den Lauf der Weltgeschichte verändert, hat schon Generationen von Gelehrten Rätsel aufgegeben. Anstelle eines mehr oder weniger sinnvollen weiteren Deutungsversuches sei hier Pascals Landsmann Bouché-Leclercq zitiert, der – frei übersetzt – meinte, dieser Satz zeige, daß auch große Geister gelegentlich Unfug reden könnten.[12]

Es ist bedauerlich, daß wir heute über keine Portraitbüste verfügen, die sichere Aufschlüsse über Kleopatras Aussehen erlauben würde.[13] Bei dem Reliefbildnis des Tempels von Dendera, das vielfach für eine Darstellung Kleopatras gehalten worden ist, handelt es sich um ein traditionelles Bildnis, dem erst ein Konservator des Museums von Kairo Kleopatras Name hinzugefügt hat.[14] Ein sehr gut erhaltenes Portrait Kleopatras befindet sich zwar im ägyptischen Teil der Staatlichen Museen Preußischer Kulturbesitz in Berlin, doch trotz der unverkennbaren Ähnlichkeit dieses Portraits mit den Abbildungen Kleopatras auf den Münzen, dürfte es sich hier um ein idealisiertes Portrait handeln, das vielleicht von ihrer Tochter Kleopatra Selene in Auftrag gegeben worden ist. Wie dem auch sei, jedenfalls erweckt das Portrait den Eindruck, sein Künstler habe mit diesem Werk all jene Lügen strafen wollen, die jemals auch nur ein Wort des Zweifels an der Tugend Kleopatras geäußert hatten. Schon eher vermittelt dagegen die Kleopatrabüste im Vatikanischen Museum etwas von dem wagemutigen Machtwillen der jungen Königin. Leider ist die Nase der Büste dort beschädigt. Aber besser als alle anderen erhaltenen Abbildungen läßt diese Darstellung der von trotzigem Stolz und verhaltener Leidenschaft geprägten Züge etwas von der Faszination ahnen, die Kleopatras Persönlichkeit auf ihre Zeitgenossen ausgestrahlt hat.[15]

Mit Sicherheit dürfte Kleopatra nichts unterlassen haben, um die Wirkung ihrer Erscheinung durch alle nur denkbaren kosmetischen Hilfsmittel zu unterstreichen, wobei sie sich über einen Mangel an Angebot wahrhaft nicht zu beklagen brauchte. Das Alexandria Kleopatras spielte in der Antike eine ähnliche Rolle wie das Paris der »belle époque« für die damalige Welt. So war es denn nicht verwunderlich, daß sich die Ägypterinnen – und hier war Kleopatra ganz gewiß ein Kind ihres Geburtslandes – der zahlreichen Mittel bedienten, die die Kosmetik Alexandrias zu bieten hatte, wo man nicht nur sich selbst parfümierte, sondern auch Perücken, Kleider, Möbel und Geräte.[16] Ein geschätztes Mittel war das Lilienöl, »das Feinste aber war das ›ausländische Öl‹ vom Hafen. Auch verstand man es, aus den verschiedenartigsten Stoffen raffinierte Mischungen zu bereiten. Aus Nilpferdfett machte man Haarwuchspomaden; sehr begehrt waren auch Zaubermittel mit gegenteiliger Wirkung für Nebenbuhlerinnen. Der Sitte, den Glanz der Augen durch unterlegtes Grün und Schwarz zu heben, huldigten alle Schichten, Geschlechter und Lebensalter: Man schminkte sogar Götterbilder, Säulen und Opferstiere. Bei den Frauen hat sich ... die Gepflogenheit erhalten, Hand- und Fußnägel und die Innenfläche der Hände mit Henna, dem Saft aus den Blättern des Färberstrauches, gelb-rot zu färben. Der Lippenpinsel fand ebenfalls lebhafte Verwendung. Auch im Grabe durfte selbstverständlich das Toilettebüchschen mit mehrerlei Schminksorten und den Stäbchen zum Auftragen nicht fehlen.«[17]

Sogar eine Abhandlung über Kosmetik ist unter Kleopatras Namen erschienen, deren etwas abenteuerlich anmutende Empfehlungen noch auszugsweise erhalten sind: »Gegen Kahle pulverisiere rote Schwefelblüte oder Arsenik. Nimm es mit Eichenharz auf, bis die Lösung gesättigt ist. Trage es mit einem Läppchen auf die Haut auf, nachdem Du die Stelle vorher gut abgeseift hast. Ich habe obiges Mittel mit Salpeterschaum vermengt und eine gute Wirkung erzielt ... Das beste Mittel gegen Haarausfall ist das folgende, wenn man es mit Öl oder Pomade anwendet. Es wirkt auch gegen das Ausfallen der Augenwimpern und gegen allgemeinen Haarausfall. Es ist wunderbar: Ein Teil verbrannter Hausmäuse; ein Teil Bärenfett; ein Teil Hirschmark; ein Teil Schilfhülse. Die trockenen Bestandteile im Mörser zermahlen und mit soviel Honig anrühren, bis das Ganze die Konsistenz von Honig hat; dann werden Bärenfett und Hirschmark dazugegeben, (geschmolzen) die Mixtur in eine Messingflasche gefüllt und die kahlen Stellen eingerieben, bis das Haar sprießt.«[18]

Freilich dürfte Kleopatra das Werk kaum selbst verfaßt haben. Vermutlich hat hier ein geschäftstüchtiger Autor der Antike auf die Werbewirksamkeit von Kleopatras Namen gesetzt, eine Praxis, die sich ja bis zum heutigen Tage erhalten hat. Gleichwohl hat G. B. Shaw in den Anmerkungen zu seinem Stück »Caesar und Kleopatra« Kleopatra das Rezept an Caesar mitteilen lassen. Der historische Caesar mußte sich indessen damit begnügen, gegen die Wirkung seiner ihm peinlichen Kahlköpfigkeit bis zu seinem Lebensende mit dem ihm vom römischen Senat verliehenen Lorbeerkranz anzukämpfen.

Doch selbst wenn Kleopatra – was immer man darunter verstehen mag – eine vollendete Schönheit gewesen wäre und diese noch durch ihre Schminkkünste zu unterstreichen gewußt hätte, so würde dies ihre faszinierende und langanhaltende Wirkung auf Männer wie Caesar und Antonius nicht ausreichend erklären können. Noch war es zwar in dem Rom jener Tage noch nicht soweit gekommen wie unter dem Antoniusnachfahren Caligula, der bei Gastmählern auch die Frauen seiner höchsten Würdenträger zu sich befahl, mit ihnen den Raum verließ und bald darauf nach vollzogenem Geschlechtsverkehr den Gästen die Vorzüge und Nachteile der Dame seiner Wahl ausführlich schilderte.[19] Aber auch Caesar und Antonius hatten keine Schwierigkeiten, ihrer bekannten Neigung für das weibliche Geschlecht nach Wunsch zu frönen, so daß sich Kleopatras ungewöhnliche Faszination auf beide nicht nur durch ihre Attraktivität, sondern vor allem durch die von Plutarch gerühmte außergewöhnliche Persönlichkeit erklären läßt. Genau eine Nacht brauchte Kleopatra schließlich, um, wie es Oskar von Wertheimer ausdrückte, Caesar von der Legitimität ihrer Thronansprüche zu überzeugen. Kleopatras Argumente waren hierbei, wie man sich ohne allzuviel Phantasie vorstellen kann, nicht nur staatsrechtlicher Natur. Caesar selbst, bei der Schilderung seiner militärischen und politischen Erfolge nicht eben ein Vorbild an Bescheidenheit, hat sich hier wie auch über die sonstigen Einzelheiten seiner Begegnung mit Kleopatra gründlich ausgeschwiegen. Nach einer kurzen Darstellung des Streites zwischen Kleopatra und Ptolemäus, teilt er dem interessierten Leser nur noch mit, »daß es für ihn das höchste Ziel war, als gemeinsamer Freund und Schiedsrichter den Streit der Könige zu schlichten...«[20]

Am Morgen nach seiner ersten Begegnung mit Kleopatra ließ der von so hehren Zielen beseelte Caesar dann den 13jährigen jungen König zu sich kommen. Dessen Schock über die Rückkehr Kleopatras wurde noch vergrößert durch die eindeutig lässige Art, in der seine Schwester neben Caesar lagerte. »Wütend stürzte er vom Palast hinaus auf die Straße, laut schreiend, man habe ihn verraten, riß er sein königliches Diadem vom Kopf, schleuderte es auf die Straße und forderte die Alexandriner auf, ihn gegen Caesar und Kleopatra zu unterstützen.«[21] In Alexandria, wo man sich über Caesars martialischen Einmarsch gerade einigermaßen beruhigt hatte, brach ein Sturm der Empörung los, und die aufgebrachte Menge versuchte mit Unterstützung königlicher Soldaten den Palast zu stürmen. Um das Schlimmste zu verhindern, stellte sich ihnen Caesar entgegen und versuchte, sie mit dem Versprechen zu beruhigen, ihre Forderungen zu berücksichtigen. Für die Stimmung war es jedoch bezeichnend, daß Caesar, der sich nie gescheut hatte, auch bei Meutereien und heftigsten Unruhen ohne Schutz seinen Legionären entgegenzutreten, diese Erklärung vorsichtshalber von einer Stelle des Palastes abgab, an der er vor Übergriffen der Alexandriner sicher war.[22] Nicht zuletzt durch die Verlesung des Testamentes von Auletes, das Ptolemäus und Kleopatra zu seinen gemeinsamen Thronfolgern einsetzte und die römische Republik zur Testamentsvollstreckerin bestimmte, gelang es Caesar, die Gemüter etwas zu besänftigen. Scheinbar vollends gewonnenes Spiel hatte Caesar nach seiner Ankündigung, er werde Zypern, dessen brutale Annexion durch das Römische Reich einst zur Vertreibung des Auletes aus Alexandria geführt hatte, dessen Kindern Arsinoë und Ptolemäus, dem jüngeren Bruder des Königs, unterstellen.

Für Kleopatra jedenfalls wurde ihre erste Begegnung mit Caesar ein glanzvoller Erfolg. Sie, die noch wenige Tage zuvor politisch am Ende schien und um ihr Leben fürchten mußte, saß nun wieder auf dem ägyptischen Thron. Herrscherin von Caesars Gnaden zwar, aber doch gerade deshalb mit einer Machtfülle ausgestattet, die ihren Brudergemahl und Pothinos zu einem Schattendasein zu verdammen schien. Dies um so mehr, als es gerade ihrem Einfluß zu verdanken war, daß Zypern, dessen Einbeziehung in das Römische Reich in Alexandria soviel Unmut ausgelöst hatte, nun wieder in ägyptische Hand kam. Auch von der Beitreibung der Schulden des Auletes war nun plötzlich nicht mehr die Rede. Offensichtlich unter dem Eindruck des Charmes Kleopatras, zog es Caesar vor, diese Frage auf sich beruhen zu lassen. Bei diesen Erfolgen dürfte es Kleopatra kaum sonderlich geschmerzt haben, daß sie zu ihrer als Regentin von Zypern vorgesehenen jüngeren Schwester Arsinoë ein recht gespanntes Verhältnis hatte. Kleopatra feierte dann auch ihren Triumph mit der ganzen bei solchen Anlässen üblichen Prachtentfaltung des ptolemäischen Hofes, die Lucan in seinen Pharsalia überliefert hat:

»Zahllos fast der dienende Schwarm, ein Volk das Gesinde,
Diese durch Farbe des Stamms und jene verschieden an Alter;
Libysches Haar trägt einer, der andere blondes, wie Cäsar
Nie in den Gauen des Rheins erklärt gesehen zu haben.
Manchem, den schwarz die Sonne gefärbt, sind künstlich gekräuselt
Und hinweg von der Stirne gekämmt nach hinten die Locken.
Auch fehlt nicht, mit dem Eisen entnervt, unglückliche Jugend,
Und der Mannheit beraubt; daneben reiferes Alter,
Welchem jedoch kaum irgend ein Flaum die Wangen gebräunt hat.

König und Königin lagern sich dort und ein größerer Herrscher,
Cäsar, und gar unmäßig geschmückt die verderbliche Schönheit,
Nicht mit dem Zepter, noch mit dem Bruder als Gatten zufrieden,
Voll von dem Raube des Roten Meers, am Hals und in Haaren
Trägt Kleopatra Reichtum und Schmuck, der schwer sie belastet.
Weiß durchschimmert die Brust Gewebe sidonischer Fäden...

Speisen schütten sie in das Gold, was die Erde, der Luftkreis,
Was das Meer und der Nil hergab, was Üppigkeit suchte,
Rasend in eitlem Ehrgeiz weit umher in den Landen,
Nicht vom Hunger gedrängt. Des Wildes viel und Geflügels,

Götter Ägyptens, stellten sie auf; es gießt auf die Hände
Der Kristall das Wasser des Nils, geräumige Gemmen
Faßten den Wein, doch nicht von mareotischer Traube,
Sondern dem edles Alter verlieh in wenigen Jahren
Meröe, Schaum erzwingend vom ungezähmten Falerner.
Kränze tragen die Gäst', aus blühendem Rardus geflochten
Und nie welkenden Rosen; dem salbentriefenden Haupthaar
Sprengten sie Zimt ein, der noch nicht hinschwand in den Lüften,
Nicht im entlegenen Lande verlor die lieblichen Düfte,
Und frisch her von benachbarter Ernte geführtes Amomum.
Schätze der schon geplünderten Welt lernt Cäsar da missen ...«[23]

Bei der Schilderung der Einzelheiten dieses Gastmahls hat Lucan sicher nicht übertrieben. Welchen Luxus die vermögenden Ägypter genossen, zeigen die Wände ihrer Grabkammern mit Darstellungen der Speisen und Getränke, die sie sich für das Leben nach dem Tode wünschten: »Sie verlangten für das Jenseits das, was sie im Diesseits gegessen und getrunken hatten: zehn verschiedene Arten Fleisch, fünf Arten Geflügel, 16 Arten Brot und Kuchen, fünf Arten Wein, vier Arten Bier, verschiedenerlei Früchte und Süßigkeiten.«[24] Die von Lucan geschilderte Bekleidung Kleopatras mit teilweise durchsichtigen, den Blick auf ihre Brüste freigebenden Stoffen war nach ägyptischen Maßstäben eher dezent. Auch die vornehme Ägypterin war es gewöhnt, mit völlig entblößten Brüsten an solchen Festen teilzunehmen.[25]

DER ALEXANDRINISCHE KRIEG

Doch aller festliche Glanz konnte nicht darüber hinwegtäuschen, daß sich Kleopatra nach wie vor in einer äußerst kritischen Lage befand. Ihre Gegner, der junge Ptolemäus, Pothinos und Achillas, waren keineswegs gewillt, sich geschlagen zu geben. Für sie war ihre vorläufige Entmachtung nur Anlaß, nun den endgültigen Kampf um die Vorherrschaft in Ägypten mit allen ihnen zur Verfügung stehenden Mitteln auszufechten. Der ansonsten so überragende Taktiker und Stratege Caesar mußte sehr bald feststellen, daß er seine Gegner gründlich unterschätzt hatte. Der Sieger unzähliger Schlachten und Bezwinger von Ariovist, Vercingetorix und Pompejus dürfte jedenfalls nicht im Traum daran gedacht haben, durch einen minderjährigen ägyptischen Königssohn sowie Männer vom Schlage des Eunuchen Pothinos und des Heerführers Achillas, der sich bislang ja auch nicht mit militärischem Ruhm bedeckt hatte, in eine Lage gebracht zu werden, die alle seine bisherigen Erfolge aufs Spiel setzte: Zwar hatte er Ptolemäus und Pothinos als Geiseln in seiner Hand. Doch dies hinderte den mit allen Wassern gewaschenen Pothinos nicht, Achillas den Befehl zu übermitteln, mit den ägyptischen Truppen von Pelusium nach Alexandria zu marschieren, den dieser auch umgehend befolgte. Als Caesar von dieser Entwicklung erfuhr, veranlaßte er Ptolemäus, zwei Gesandte, die schon unter Auletes höchstes Ansehen genossen hatten, zu Achillas zu schicken. Dies machte jedoch nicht den geringsten Eindruck auf den ägyptischen Heerführer: »Als sie zu Achillas kamen und vor seine Augen traten, gab er, noch bevor er den Grund ihrer Entsendung angehört hatte, Befehl, sie zu ergreifen und zu töten; der eine wurde, da schwer verwundet, von seinen Begleitern sofort, als sei er tot, weggetragen, der andere wurde tatsächlich erschlagen.«[1] Auf so nachhaltige Weise von der Entschlossenheit seiner Gegner unterrichtet, sah sich Caesar gezwungen, seine Auffassung, mit nur 4000 Mann in Alexandrien ohne Gefahr residieren zu können, zu revidieren, denn, so sein eigener Bericht:

»*Die Truppen des Achillas* waren weder ihrer Zahl nach noch ihrer Art oder auch ihrer Kriegserfahrung nach zu verachten. Er hatte 20000 Mann unter Waffen. Diese bestanden im wesentlichen aus den Soldaten des Gabinius, die, bereits an das Leben und die Zügellosigkeit in Alexandria gewöhnt, Römertum und römische Zucht verlernt und Frauen genommen hatten, von denen die meisten Kinder besaßen. Zu ihnen gesellten sich Piraten und Räuber aus Syrien und Kilikien sowie aus den angrenzenden Gebieten. Außerdem waren viele zum Tode Verurteilte und Verbannte zusammengelaufen. Allen römischen Flüchtlingen gewährte Alexandria Unterschlupf und sichere Lebensbedingungen, sobald sie sich zum Kriegsdienst gemeldet und sich unter die Soldaten hatten einreihen lassen. Wurde einer von seinem Herrn wieder aufgegriffen, bestand zwischen den Soldaten Einmütigkeit darüber, ihn wieder zu befreien, weil sie im Hinblick auf ihre eigene, ähnliche Schuld jede gegen sie verübte Gewalttat als persönliche Bedrohung ansahen. Diese Männer waren entsprechend dem alten Brauch des alexandrinischen Heeres daran gewöhnt, die Verhängung der Todesstrafe über die Günstlinge des Königs zu verlangen, die Güter der Reichen zu plündern, wegen einer Solderhöhung den königlichen Palast zu besetzen, die einen vom Thron zu stoßen und andere auf ihn zu erheben. Außerdem gab es noch 2000 Reiter. Sie alle waren im Verlauf von mehreren Kriegen in Alexandria alt geworden, hatten den Vater von Ptolemäus wieder auf den Thron gesetzt, die beiden Söhne des Bibulus umgebracht und Kriege mit den Ägyptern geführt. Von daher stammte auch ihre Erfahrung in Kriegsdingen.«[2]

Was also hier gegen Caesars 4000 Mann in Alexandrien einzog, war ein zahlenmäßig um das Fünffache stärkerer Haufen verwegener Desperados, der zudem noch die Bevölkerung der Stadt auf seiner Seite hatte, die sich keine Illusion über die Absichten der Römer machte. Ihre Anführer hatten leichtes Spiel, die ohnehin römerfeindliche Stimmung mit dem Hinweis anzuheizen, daß Caesar, der ja trotz des Todes von Pompejus nicht abgezogen sei, Ägypten zur römischen Provinz machen werde, wenn man ihn nicht mit Gewalt vertreibe oder vernichte.[3] Um dieses Ziel zu erreichen, ließen die Alexandriner nichts unversucht. »Nach allen Seiten, soweit sich das Gebiet und das Königreich erstreckte, schickte man zur Aushebung von Truppen Bevollmächtigte und Werber. Man hatte in der Stadt eine unzählige Masse von Menschen zusammengezogen und eine Anzahl von Geschossen und Wurfmaschinen dort hingebracht. Ebenso errichtete man in Alexandria selbst die größten Waffenschmieden. Die wehrfähigen Sklaven hatte man bewaffnet; deren Herren kamen, soweit sie reich genug waren, aus eigenen Mitteln für ihren täglichen Lebensunterhalt und die Zahlung des Soldes auf.«[4]

Die vielleicht größte Gefahr bestand für Caesar in einer Blockierung des Hafens von Alexandria. Dort lagen außer den 50 Schiffen, die Kleopatra seinerzeit Pompejus zur Verfügung gestellt hatte, noch 22 weitere Kriegsschiffe. Gelang es den Alexandrinern, diese in ihre Gewalt zu bringen, so konnten sie jegliche Unterstützung Caesars auf dem Seeweg unterbinden.

Ist die überhebliche Leichtfertigkeit, mit der sich Caesar selbst in eine höchst bedrohliche Lage gebracht hatte, nicht gerade eine militärische Glanzleistung gewesen, so war es die Art und Weise, in der er diese Lage meisterte, ganz gewiß. Da er mit seinen zahlenmäßig weit unterlegenen Kräften nicht hoffen konnte, ganz Alexandria zu behaupten, verschanzte er sich beim Anmarsch von Achillas in den Palastbezirk, dessen Befestigungsanlagen er zu einem regelrechten Bollwerk ausbauen ließ. Den ihm ergebenen König Mithridates von Pergamon, einen unehelichen Sohn des großen Römerfeindes, forderte er auf, ihm auf dem Landweg zu Hilfe zu kommen. An Rhodos und Kilikien ging der Befehl, sämtliche verfügbaren Kriegsschiffe nach Alexandria zu schicken. Aus Kreta wurden Bogenschützen angefordert und von den Nabatäern, einem Stamm im Osten Palästinas, Reiterei.

Achillas, der wußte, daß die Zeit für Caesar arbeitete, griff gleichzeitig das Palastviertel und den strategisch wichtigen Hafen an. Während der Angriff auf das Palastviertel zurückgeschlagen werden konnte, entwickelte sich die Lage im Hafengebiet für die Römer bedrohlich. Wie so oft, wenn die eigene Lage für ihn schwierig und daher für den Leser besonders interessant wurde, ist auch Caesar hier in seinem Bericht von äußerster Knappheit. Er berichtet im wesentlichen nur, daß er die Oberhand behalten und die Insel Pharos in Besitz genommen habe. Außerdem habe er alle Schiffe und Werften in Brand stecken lassen, weil er das große Hafengebiet auf die Dauer mit seinen geringen Truppen nicht hätte behaupten können.[5] Kein Wort verliert Caesar hingegen über die Tatsache, daß der Brand auf die weltberühmte Bibliothek übergegriffen und 400 000 Bücher vernichtet haben soll. Allerdings ist dies bis heute umstritten. Sollte der Brand der Bibliothek, wie vielfach angenommen, eine Erfindung späterer Zeiten sein, so würde dies natürlich Caesars Schweigen auf recht einfache Weise erklären.

Möglicherweise begünstigt durch die Wirren der Kampfhandlungen, floh Kleopatras jüngere Schwester Arsinoë zusammen mit ihrem engsten Berater, dem Eunuchen Ganymedes, aus dem Palast zu Achillas. Die begeisterten Alexandriner riefen daraufhin Arsinoë zur Königin von Ägypten aus. Doch die Euphorie sollte sich rasch legen. Zwischen der jungen Königin, die Ganymedes zu ihrem leitenden Minister ernannte, und Achillas kam es sehr rasch zu Auseinandersetzungen um die Vorherrschaft. Die damals 17 oder 18 Jahre junge Arsinoë entschied den Machtkampf nach Art der Damen des ptolemäischen Hauses, indem sie Achillas ermorden ließ. Vor dem Hintergrund dieser Entwicklung spricht auch einiges für die teilweise vertretene Ansicht, Caesar habe Arsinoë und Ganymedes bewußt entkommen lassen, weil er die dadurch entstehenden Schwierigkeiten im Lager seiner Gegner vorausgesehen habe. Möglicherweise ist auch Pothinos ein Opfer dieser Auseinandersetzungen geworden. Jedenfalls berichtet Caesar, daß während des Streites zwischen Arsinoë und Achillas Boten von Pothinos aufgegriffen worden seien, die Achillas ermahnen sollten, nicht den Mut zu verlieren. Für Caesar war dies nach seinen eigenen Angaben der Anlaß, Pothinos hinrichten zu lassen.[6] Nicht auszuschließen ist, daß Arsinoë von der Verbindung zwischen Pothinos und Achillas erfahren und Caesar hiervon informiert hatte.

Noch ein Wort zu dem vielgeschmähten Pothinos. Kaum eine

Gestalt des alexandrinischen Dramas ist von modernen Historikern so negativ beurteilt worden wie gerade Pothinos. Dabei ist ihm noch weniger die Beteiligung an der Ermordung von Pompejus zum Vorwurf gemacht worden, als sein Verhalten gegenüber Caesar, das als »frech«, »unverschämt«, »naseweis« und dergleichen mehr bezeichnet wird. Mag sein, daß Pothinos dies alles und noch Schlimmeres war. Aber sein Widerstand gegen Caesar rechtfertigte diese Urteile in keiner Weise. Hier steht Pothinos als ein Mann da, der mit der ganzen Kraft seiner Persönlichkeit um die Unabhängigkeit seines Landes kämpfte und dafür letztlich mit dem Leben bezahlt hat. Man kann die Alexandriner verstehen, daß sie in Pothinos einen Märtyrer für ihre nationale Sache gesehen haben. Wenn man ihn heute unter dem Eindruck der Schriften Caesars teilweise völlig anders beurteilt, so belegt dies nur eindrucksvoll, wieviel eine wirksame Propaganda besonders gegenüber einem geschlagenen Gegner vermag.

Um Caesar beizukommen, griff Ganymedes zu einem ebenso einfachen wie wirksamen Mittel: Er ließ die vom Nil in das von Caesar gehaltene Palastviertel führenden Kanäle zumauern, so daß dieses von der Süßwasserzufuhr abgeschnitten war. Um auch noch das in den Zisternen des Brucheion vorhandene Süßwasser zu verderben, verfiel der einfallsreiche Ganymedes auf einen Plan, dessen Schilderung – jedenfalls für den davon Unbetroffenen – der Komik nicht entbehrt: »Man strengte alle Kräfte an und zog mit Hilfe von Rädern und Maschinen eine große Menge Wasser aus dem Meer. Dieses Seewasser ließ man daraufhin ununterbrochen von den höher gelegenen Stadtteilen in den von Caesar besetzten fließen, so daß man nun dort ein etwas mehr als gewöhnlich salziges Wasser aus den nächsten Häusern zog, und die Leute sich über die Ursache dieser Erscheinung sehr wunderten. Sie trauten bald ihrem eigenen Gaumen nicht, als die noch weiter unten Wohnenden erklärten, ihr Wasser habe den gewohnten Geschmack und sei ebenso wie früher. Nun verglich man überall das Wasser gegenseitig und suchte den Unterschied durch Geschmacksproben zu ermessen. Bald darauf konnte das Wasser in den näher gelegenen Teilen überhaupt nicht mehr getrunken werden, während das andere weiter unten bereits ziemlich verdorben und salzig war.«[7]

Die Folge dieser Maßnahme war eine Panik unter den Legionären, die zu einer Meuterei auszuarten drohte. Sie machten Caesar heftige Vorwürfe, daß er sie nicht ihre im Palasthafen liegenden Schiffe besteigen und abziehen ließ. Doch Caesar blieb unerschütterlich und erklärte, »wenn man Brunnen grabe, könne man Süßwasser finden, da von Natur aus alle Küsten Adern süßen Wassers hätten«.[8] Er behielt recht. Bereits nach einer Nacht intensiver Grabungsarbeiten stieß man auf große Mengen von Süßwasser.

Damit war die Krise zwar noch nicht überwunden, aber das Blatt begann sich zu wenden. Bereits zwei Tage später ankerte der von Rhodos kommende Domitius Calvinus vor der ägyptischen Küste. Doch starker Ostwind hinderte ihn, in den Hafen von Alexandria einzulaufen. Er ließ Caesar daher durch Boten von seiner Ankunft unterrichten. Da auch Calvinus unter Süßwassermangel litt, fuhr ihm Caesar mit seiner Flotte entgegen, ohne jedoch die zur Verteidigung des Palastviertels dringend benötigten Legionäre mitzunehmen. Dies wäre ihm beinahe zum Verhängnis geworden. Als er unterwegs Leute an Land schickte, um Süßwasser zu fassen, wurden einige von ihnen durch feindliche Reiter gefangengenommen. Als man von diesen erfuhr, daß Caesar ohne militärische Begleitung unterwegs war, sahen Arsinoë und Ganymedes die Gelegenheit zu einem vernichtenden Schlag gegen Caesar gekommen. Mit allen ihnen nach dem Brand im Hafen von Alexandria noch zur Verfügung stehenden Schiffen griffen sie Caesar und Calvinus auf deren Rückfahrt nach Alexandria an, erlitten jedoch eine bittere Niederlage. Die Nachricht hiervon versetzte den Alexandrinern einen tiefen Schock. Doch Arsinoë und Ganymedes ließen sich nicht entmutigen. Und es gelang ihnen auch, die niedergeschlagenen Alexandriner wieder aufzurichten. Als Ganymedes in einer Volksversammlung erklärte, »er werde nicht nur die verlorenen Schiffe wieder ersetzen, sondern auch die frühere Zahl noch vergrößern, begannen die Alexandriner, voll Hoffnung und Zuversicht die alten Schiffe auszubessern und diesem ganzen Geschäft die größte Sorgfalt und Hingebung zu widmen. Obgleich sie aus ihrem Hafen und Arsenal mehr als 110 Schiffe verloren hatten, gaben sie jetzt dennoch den Gedanken einer Wiederherstellung ihrer Flotte nicht auf, weil sie überzeugt waren, Caesar werde, sobald sie zur See mächtig genug wären, keine Unterstützung weder an Mannschaft noch an Lebensmitteln erhalten können. Überdies verlangte es sie als Seefahrervolk aus einer Stadt und einem Landstrich am Meer, geübt durch tägliche Erfahrung, dorthin Zuflucht zu nehmen, wo sie von Hause aus einen natürlichen Vorsprung besaßen, besonders da sie wohl wußten, wie Bedeutendes sie schon mit ganz kleinen Fahrzeugen errungen hatten. Sie boten daher alles auf, um ihre Flotte wiederherzustellen... So wurden gegen alle Erwartungen in wenigen Tagen 22 Vierruderer und fünf Fünfruderer fertig. Zu diesen hatten sie eine Anzahl kleiner und unbedeckter Schiffe gefügt...., versahen sie mit tüchtiger Mannschaft und rüsteten sich auf jede Weise zum Kampf.«[9]

Vor Alexandria kam es dann zu einem erbitterten Seegefecht, in dem die Alexandriner die Oberhand behielten und Caesar einmal mehr in Lebensgefahr geriet: »Als es dann schließlich bei der Insel Pharos zu einem Gefecht kam, sprang Caesar vom Damm herab in ein Boot und suchte seinen Truppen zu Hilfe zu kommen. Da aber die Ägypter von allen Seiten auf ihn zufuhren, warf er sich ins Meer und entkam noch mit knapper Not durch Schwimmen. Dabei hatte er, wie man erzählt, in der einen Hand eine Menge Papiere, die er, obwohl heftig nach ihm geschossen wurde und er oft untertauchte, immer emporhielt, und konnte also nur die andere Hand zum Schwimmen brauchen.«[10] Ob sich der Vorfall tatsächlich in allen Einzelheiten so abgespielt hat und Caesar in dieser Situation einen derartigen Wert auf die von ihm mitgeführten Akten legte, wie ihm der hier zitierte Plutarch unterstellt, mag dahingestellt bleiben. Jedenfalls konnte sich Caesar retten, und seine Gegner erbeuteten lediglich den Purpurmantel, mit dem er ins Wasser gesprungen war. Die Alexandriner verfielen nach diesem Erfolg auf eine List und baten Caesar, den König freizugeben, da sie angeblich von der Herrschaft Arsinoës und des Eunuchen Ganymedes genug hatten. »Erlange man auf Veranlassung des Königs den Schutz und Freundschaft Caesars, werde die Bevölkerung durch keinerlei Furcht vor Gefahr mehr daran gehindert, sich Caesar zu übergeben.«[11] Obgleich Caesar die Hintergedanken der Alexandriner durchschaute, entsprach er dieser Bitte in einem Gespräch mit dem König, das der Schauspielkunst beider Akteure ein glänzendes Zeugnis ausstellt: »Caesar forderte also den jungen Ptolemäus auf, dem vom Vater ererbten Reiche seine Sorge zu widmen, sein herrliches Vaterland zu schonen, das durch schreckliche Feuersbrunst und Einsturz entstellt sei; er möge zuerst die Untertanen zur Besinnung bringen und sie dann retten, dem römischen Volke und ihm selbst treubleibend, da er ihm solches Zutrauen schenke und gestatte, zu den bewaffneten Feinden der Römer herüberzugehen. Dann nahm er den Prinzen bei seiner Rechten und wollte den bereits Mündigen entlassen. Doch in den Künsten des feinsten Truges wohl unterrichtet..., begann der junge König, gegen Caesar gewandt, unter Tränen zu bitten, ihn nicht von sich zu lassen, denn selbst sein Thron sei ihm nicht so lieb wie Caesars Anblick. Caesar ... mäßigte des Jünglings Tränen und entließ ihn zu den Seinigen, indem er ihm bemerkte, wenn er wirklich so denke, könne er schnell wieder um ihn sein. Doch, wie aus den Schranken auf die freie Bahn entlassen, begann der junge König einen so heftigen Krieg gegen Caesar, daß seine Tränen bei diesem Gespräch nur Freudentränen gewesen zu sein schienen. Caesars Legaten, Freunde, Centurionen und Soldaten aber freuten sich zum Teil über diese Wendung, weil offensichtlich seine übergroße Güte durch die Täuschungen eines Knaben zum Narren gehalten worden war. Als ob Caesar nur aus Gutmütigkeit und nicht vielmehr aus genauer Berechnung so gehandelt hätte.«[12]

Naivität zählte nun wirklich nicht zu Caesars Schwächen, und von seiner so oft gerühmten Milde und Güte pflegte er auch nur dann Gebrauch zu machen, wenn sie seiner Sache nützlich oder zumindest nicht schädlich waren. So auch hier: Caesar hat zum Zeitpunkt der Freilassung des Königs mit Sicherheit gewußt, daß er den Kampf gegen die Alexandriner gewinnen würde. Kleopatra, die er liebte, erwartete ein Kind von ihm. Durch sie und mit ihr wollte er Ägypten beherrschen. Was lag also näher, als Ptolemäus, der diesem Plan wie kein anderer gefährlich werden konnte, in das Lager des künftigen Verlierers zu entlassen? Als Caesar Ptolemäus freiließ, befand sich schon Mithridates mit starken Kräften auf dem Weg nach Ägypten. Zusammen mit Antipater, dem Vater von Herodes, der bei Askalon zu ihm gestoßen war, nahm er die Grenzfestung Pelusium im Sturm und marschierte in Eilmärschen nach Alexandria. Ptolemäus versuchte zwar eine Vereinigung der Entsatzarmee mit Caesars Kräften zu verhindern und zog Mithridates entgegen. Doch Caesar war schneller. Im Nildelta kam es am 27. März zur Entscheidungsschlacht. Die Truppen von Caesar,

Herodes und Antipater stürmten das ägyptische Lager. Der junge eigenwillige Ptolemäerkönig, der gefochten hatte wie Generationen seiner Vorfahren nicht mehr, wurde auf dem Rückzug von seiner goldenen Rüstung in den Nil gezogen und ertrank. Es war dies ein würdiger Tod für einen Herrscher, dessen Volk der festen Überzeugung war, daß jeder, der im Nil ertrinke, den Segen des Osiris habe und wieder auferstehen werde. Wie stark dieser Mythos war, zeigt die Tatsache, daß Caesar die Leiche im Nil aufsuchen ließ, um sie in Alexandria zur Schau zu stellen.[13]

Gerne wüßte man, mit welchen Gefühlen Kleopatra diese Ereignisse betrachtet hat. Die Männer, die hier starben – von ihrem königlichen Brudergemahl Ptolemäus bis zu dem Eunuchen Pothinos – gaben ihr Leben für dieselbe Sache, der auch ihr Streben galt. Ganz gewiß hatte sie genausowenig wie diese die Absicht, das Reich ihrer Vorfahren zur römischen Provinz herabsinken zu sehen. Was sie von ihrem in der Schlacht gefallenen Bruder und dem hingerichteten Pothinos unterschied, war allein die Erkenntnis, daß den Römern mit den Machtmitteln Ägyptens nicht mehr erfolgreich begegnet werden konnte. Selbst wenn Caesar infolge seines Leichtsinns durch Achillas besiegt worden wäre, so hätte Ägypten auf die Dauer doch nie dem militärischen Druck Roms standhalten können. Die Niederlage der Ägypter auch in diesem mit zahlenmäßig weit überlegenen Kräften begonnenen alexandrinischen Krieg zeigt nur überdeutlich die militärische Überlegenheit der Römer. Kleopatra war sich dieser ungleichen Machtverhältnisse sicher schon früher bewußt. Ihre sofortige Auslieferung der Mörder der Söhne des Bibulus, die ihr unweigerlich den Haß der Gabinier und eines Großteils der Alexandriner zuziehen mußte, zeigt, wie sie schon zu Beginn ihrer Regierungszeit die politische Lage sah. Der Ausgang des alexandrinischen Krieges war für Kleopatra vermutlich nur die letzte Bestätigung für die Richtigkeit des Planes, den die nun 22jährige mit unerbittlicher Konsequenz bis an das Ende ihres Lebens verfolgen sollte: Das ptolemäische Weltreich ihrer Vorfahren – in vielleicht nie dagewesener Größe – durch ihren Einfluß auf die Mächtigen Roms neu erstehen zu lassen. Fraglos war dies die Entscheidung einer Frau, die zutiefst von der Wirkung ihrer Persönlichkeit überzeugt gewesen sein muß. Gewiß hatte Caesar, wie seine zahlreichen Affären belegen, eine ausgesprochene Schwäche für das weibliche Geschlecht. Aber mochte ihn dies auch zu den verschwenderischsten Geschenken an seine jeweiligen Geliebten veranlassen, so hat doch keine von ihnen jemals Caesars politisches Handeln beeinflussen können. Dies zu erreichen, sollte Kleopatra vorbehalten bleiben.

Zwischen Caesars Ankunft und dem Ende der Kämpfe in Alexandria lagen nun schon mehr als sechs Monate, in denen seine bei Pharsalos geschlagenen Gegner fieberhaft daran gearbeitet hatten, das Blatt noch einmal zu wenden. Pompejus war zwar tot, aber noch lebten dessen militärisch hochbegabte Söhne Gnaeus und Sextus sowie die übrigen führenden Köpfe von Caesars Gegnern wie Scipio, Cato, Lentulus und Labienus. Im Osten sah Pharnakes, der Sohn, Verräter und Nachfolger seines Vaters Mithridates von Pontus im römischen Bürgerkrieg und Caesars Schwierigkeiten in Ägypten eine geeignete Gelegenheit, die römische Oberherrschaft wieder abzuschütteln. Für Caesar hätte unter diesen Umständen nichts näher gelegen, als Ägypten nach seinem Sieg zur römischen Provinz zu erklären und dann so rasch wie möglich den sich überall regenden Widerstand gegen seine bei Pharsalos errungene Vormachtstellung zu bekämpfen. Doch stattdessen unternahm Caesar mit Kleopatra auf der Thalamegos, einem jener Prachtschiffe, deren Herstellung eine Leidenschaft der Ptolemäer war, eine zweimonatige Reise auf dem Nil. Folgt man Sueton, so wären Caesar und Kleopatra bis nach Äthiopien vorgestoßen, wenn sich die sie begleitenden Legionäre nicht gegen eine Weiterfahrt gewehrt hätten.[14] Ansonsten weiß man von den Einzelheiten dieser Fahrt nur, daß die Thalamegos von einer großen Anzahl von Schiffen, nach Appian sollen es 400 gewesen sein, begleitet wurde.[15] Dies ist insofern auffällig, als sich die antiken Schriftsteller ansonsten bei der Schilderung der später zwischen Antonius und Kleopatra gefeierten Gelage nicht breit genug äußern konnten.[16] Man hat daher in dieser lückenhaften Berichterstattung eine Auswirkung von Octavians Versuch gesehen, diese ihm peinliche Affäre seines Stiefvaters mit Kleopatra herunterzuspielen.[17] Aber möglicherweise beruhte die Octavian angelastete Lückenhaftigkeit der Berichte über dieses Ereignis auf der einfachen Tatsache, daß es wenig Bemerkenswertes zu berichten gab. Kleopatra war bereits bei Beginn dieser Reise im 5. oder 6. Monat schwanger, so daß es zumindest fraglich ist, ob ihr nach ausgelassenen Gelagen zumute war. Man darf daher bezweifeln, ob diese Reise – wie allgemein angenommen – wirklich zur Feier des Sieges über Ptolemäus XIII. erfolgte. Vielmehr dürfte dieses mit so großem Aufwand betriebene Unternehmen in erster Linie als Demonstration der Macht gegenüber der außerhalb Alexandria lebenden ägyptischen Bevölkerung und ihrer Priesterschaft gedacht gewesen sein. Ihnen sollte so nachdrücklich wie nur möglich vor Augen geführt werden, daß die unter dem Schutz der mächtigen Römer stehende Kleopatra die neue Herrscherin Ägyptens war. Dementsprechend regelte Caesar, ehe er Ägypten nach neunmonatigem Aufenthalt verließ, die Machtverhältnisse ganz im Sinne seiner Geliebten, wobei es der Verfasser des alexandrinischen Krieges verstand, sämtliche Maßnahmen Caesars als Ausfluß seines nur an Recht und Gesetz orientierten Handelns darzustellen. »Als nun Ägypten und Alexandria in Caesars Gewalt waren, setzte er jene auf den Thron, die der alte Ptolemäus in seinem Testament bezeichnet hatte und zu deren Gunsten er das römische Volk beschworen hatte, sie nicht durch andere zu ersetzen. Denn nachdem der ältere der beiden Knaben, der König, umgekommen war, übergab er die Herrschaft dem jüngeren Bruder und der Kleopatra, der älteren Tochter des Königs, die ihm treu und stets in seiner Obhut geblieben war. Die jüngere Tochter Arsinoë, die bekanntlich zu der Tyrannei des Ganymedes ihren Namen gegeben hatte, wollte er von der Herrschaft entfernen, damit nicht wieder durch aufrührerische Menschen neuer Zwist entstehe, bevor sich die Herrschaft der Könige durch längere Dauer befestigt habe. Er ließ deshalb auch alle seine Legionen, mit Ausnahme der sechsten Veteranenlegion, in Alexandria zurück, um die Regierung zu unterstützen, deren Inhaber, als treue Anhänger Caesars, die Liebe ihrer Untertanen unmöglich besitzen konnten und auch kein durch Alter gestütztes Ansehen genossen, da sie erst vor wenigen Tagen auf den Thron gekommen waren. Zugleich schien es ihm mit der Würde der römischen Oberherrschaft und mit dem Nutzen des römischen Staates eng verbunden, daß treue Könige anderer Länder durch römischen Schutz gesichert werden sollten, während sie für den Fall, daß sie sich als undankbar erweisen sollten, von derselben Machtzüchtigung zu erwarten hätten.«[18]

Der in diesem Bericht erwähnte jüngere Bruder, es handelt sich um Ptolemäus XIV., wurde, um der Form zu genügen, mit Kleopatra verheiratet. Für seine unbedeutende Rolle ist bezeichnend, daß Kleopatra auch weiterhin die Münzen nur mit ihrem Bild prägen ließ.

Bei der Ernennung des Kommandanten der zurückgelassenen drei Legionen scheute Caesar nicht vor einem Bruch mit der römischen Tradition zurück, die vorsah, daß derartig wichtige Ämter nur Personen senatorischen Ranges übertragen werden durften. Caesar ernannte indessen mit Ruffio einen tüchtigen Soldaten, der aber als Sohn eines Freigelassenen über keinerlei persönliche Macht und Mittel verfügte. Auch Caesar schreckte also – wie schon Alexander der Große vor und die römischen Imperatoren nach ihm – davor zurück, Ägypten der Verwaltung einer einflußreichen Persönlichkeit anzuvertrauen.

Trotz des für Caesar so günstigen Ausgangs des alexandrinischen Krieges muß man feststellen, daß er bei diesen Unternehmungen alles bisher Erreichte aufs Spiel gesetzt hatte. Was wäre geschehen, wenn die erstarkenden Pompejaner während des alexandrinischen Krieges oder der anschließenden Nilfahrt auch nur einen Teil ihrer beträchtlichen Seestreitkräfte zum Kampf gegen Caesar nach Ägypten geschickt hätten?[19] Es ist schwer vorstellbar, wie Caesar mit seinen ägyptischen Gegnern auch dann noch fertiggeworden wäre, wenn auf deren Seite kriegserfahrene römische Kontingente gekämpft hätten. Wenngleich es vermessen wäre, ausgerechnet über Einzelheiten von Caesars militärischem Vorgehen nach mehr als zwei Jahrtausenden besserwisserische Urteile abzugeben, so sei doch eine Feststellung erlaubt: Keiner Epoche in Caesars gesamtem Leben haftet so viel Irrationales an wie der seines ägyptischen Abenteuers.

KLEOPATRA, ROM UND DIE RÖMER

Vermutlich Ende Mai, Anfang Juni 47 v. Chr. verließ Caesar Kleopatra, um nach Osten gegen Pharnakes vorzurücken. Diese Trennung scheint weder Caesar noch Kleopatra leicht gefallen zu sein, wenn man Cassius Dio glauben darf: »Kleopatra hätte ihn sogar noch länger in Ägypten festgehalten oder wäre auch mit ihm gleich nach Rom abgefahren, wenn nicht Pharnakes Caesar – sehr wider seinen Willen – nicht nur von dort weggeholt, sondern auch gehindert hätte, sich eilends nach Italien zu begeben.« [1]

Wenig später wurde Kleopatra Mutter eines Sohnes, dem sie den stolzen Namen Ptolemäus Caesar gab. Eine ägyptische Inschrift, die sich heute im Louvre befindet, nennt den 23. Juli 47 v. Chr. als den Geburtstag des Ptolemäus Caesar.[2] Die Alexandriner nannten ihn spöttisch Caesarion, den kleinen Caesar. Dies war alles andere als ein liebevoller Kosename. In den Augen ihrer griechischen und makedonischen Untertanen war es ein offener Skandal, daß ihre Königin dem Kind den Namen Caesars gab und diesen damit als den Vater bezeichnete. Immerhin war Caesarion noch zu Lebzeiten von Kleopatras Brudergemahl Ptolemäus XIII. gezeugt worden. Was hätte daher näher gelegen, als wenigstens den Schein des Anstands zu wahren und das Kind nicht in aller Öffentlichkeit als Bastard und Folge von Kleopatras ehebrecherischer Beziehung mit dem ohnehin verhaßten römischen Feldherrn auszugeben, der zudem noch für den Tod ihres Brudergemahls verantwortlich war. Kleopatra ließ sich von dieser Empörung keineswegs beeindrucken.

Sie scheute im Gegenteil nicht einmal davor zurück, die Geburt des Caesarion im Tempel von Hermonthis bei Theben in Wort und Bild unmißverständlich feiern zu lassen: »Neben der Geburt des Horus wird da realistisch die Geburt des Caesarion dargestellt. Die Symbolisierung wird handgreiflich durchbrochen. Kleopatra kniet von Göttinnen betreut, und über ihr erscheint in Hieroglyphen ihr neuer Name: Mutter des Re. Über dem neugeborenen Kind steht symbolhaft das Zeichen des Skarabäus, das den jungen Ptolemäus Caesar als den Gott der aufgehenden Sonne bezeichnet. Weiter sitzen auf einem Ruhebett zwei kuhköpfige Göttinnen, die zwei Kinder säugen, und dabei stehen wieder zwei Kühe, an denen zwei Kinder trinken, eben der junge Gott Horus und der junge Caesarion. Ebenso schreiten auf dem Bild zu dem frohen Ereignis nicht nur Amon und die Göttin Mut, sondern auch Kleopatra selbst hinzu.«[3] Die starke Anlehnung an ägyptische Glaubensvorstellungen bei der Darstellung des Geburtsvorgangs ist ein Hinweis darauf, daß Kleopatra für sich und Caesarion immerhin um das Verständnis und die Sympathien der einflußreichen ägyptischen Priesterschaft und der einheimischen Bevölkerung geworben hat. Doch gleichwohl ist Kleopatra dieses klare Bekenntnis zu Caesars Vaterschaft selbst bis heute von so bedeutenden Gelehrten wie Bevan und Bouché-Leclercq als Beweis ihrer hemmungslosen Takt- und Schamlosigkeit ausgelegt worden.[4] Wie immer man dazu stehen mag, richtig ist sicher, daß sich Kleopatra nie in ihrem Leben um Konventionen gekümmert hat, wenn sie ihrem Machtstreben hinderlich waren. Caesar galt nach seinem Triumph bei Pharsalos als der Mann der Zukunft, vielen sogar als der künftige Herr der Welt. Unter diesen Umständen konnte es Kleopatra nur nützlich sein, ihre enge Verbindung mit Caesar möglichst deutlich zu machen. Über den Unmut, den sie dadurch bei einem Teil ihrer Untertanen hervorrief, mag sie ähnlich wie der römische Kaiser Tiberius gedacht haben, der seine Unbeliebtheit bei den römischen Legionären mit den berühmten Worten kommentierte: »Mögen sie mich hassen, solange sie mich nur fürchten.«

Doch war Caesarion überhaupt der Sohn Caesars oder hat Kleopatra, wie es nicht nur die Propaganda des Augustus später behauptete, Caesar nur aus politischen Gründen als Vater bezeichnet? Es ist klar, daß Augustus als Adoptivsohn von Caesar alles daran gelegen sein mußte, das Vorhandensein eines leiblichen Sohnes Caesars in Abrede zu stellen. Die Frage nach dem wirklichen Vater von Caesarion hat aber über Augustus hinaus die Gelehrten bis heute beschäftigt.[5]

Der französische Historiker Carcopino hat sogar nachzuweisen versucht, daß Caesarion erst nach Caesars Tod geboren und zu einem Zeitpunkt gezeugt wurde, als Caesar fern von Kleopatra in Spanien weilte. Die Inschrift von Hermonthis kann sich nach dieser Auffassung gar nicht auf Caesarion beziehen, weil dort ein König Ptolemäus Caesar erwähnt sei, während Caesarion mit Sicherheit diesen Titel nicht geführt haben könne. Dem ist von Volkmann überzeugend entgegengehalten worden, daß damals keine staatsrechtlichen Bedenken bestanden haben dürften, ein Königskind als König zu bezeichnen. Eindeutig widerlegt wird Carcopino jedoch durch die Tatsache, daß Antonius, wie man von Sueton weiß, später vor dem römischen Senat behauptete, Caesar habe dieses Kind Kleopatras als seinen Sohn anerkannt.[6] Diese Erklärung hätte Antonius jedoch niemals, ohne sich lächerlich zu machen, abgeben können, wenn Caesarion nicht schon zu Lebzeiten Caesars auf die Welt gekommen wäre. Hätte sich Caesars Vaterschaft im übrigen durch den Hinweis auf die Empfängniszeit widerlegen lassen, so würde sich Augustus mit Sicherheit dieses unwiderlegbaren Beweises bedient haben. Carcopino steht denn auch heute mit seiner Theorie alleine. Vielmehr kann es als sicher gelten, daß Caesar selbst überzeugt gewesen ist, der Vater von Caesarion zu sein. Zwar gibt es keinen Beweis für die von Antonius behauptete förmliche Anerkennung der Vaterschaft durch Caesar. Aber Caesar hätte es niemals tatenlos hingenommen, daß Kleopatras Sohn seinen Namen trug und als sein Sohn ausgegeben wurde, wenn er einen anderen für den Vater gehalten hätte.[7]

Eine ganz andere Frage ist, ob sich Caesar auch zu Recht für den Vater Caesarions gehalten hat. Immerhin ist trotz Caesars zahlreichen Frauenbeziehungen außer seiner 36 Jahre früher geborenen und jung verstorbenen Tochter Julia von weiteren Kindern nichts bekannt. Dies hat sogar zu der Frage geführt, ob Caesar, jedenfalls zum Zeitpunkt seiner Begegnung mit Kleopatra, möglicherweise nicht schon impotent war.[8]

Aber derartige Vermutungen stehen auf schwachen Beinen. Wer

weiß schon mit Sicherheit, welche Früchte Caesars zahlreiche Frauenbeziehungen getragen haben? Jedenfalls ist eines sicher: Der Machtpolitiker Caesar konnte keinerlei Interesse haben, seinen ohnehin fragwürdigen Ruf durch das Bekenntnis zu einer Anzahl unehelicher Kinder weiter zu schädigen. Die Lektüre der römischen Schriftsteller, vor allem Suetons vermittelt zwar gelegentlich den Eindruck, daß man es mit derartigen Dingen nicht allzu genau genommen hat. Doch sollte man sich hier nicht täuschen lassen: Warum spielten denn in den römischen Machtkämpfen jener Zeit die moralischen Vorwürfe gegen das Privatleben des politischen Gegners eine so große Rolle? Doch wohl deshalb, weil man darin ein besonders geeignetes Mittel zu dessen Vernichtung sah. Selbst Augustus und Antonius sollten sich noch auf dem Höhepunkt ihrer Auseinandersetzung gegenseitig mit Vorwürfen wegen ihrer Frauengeschichten überhäufen, weil sie hofften, so ihren Gegner selbst in den Augen von dessen Anhängern unmöglich machen zu können. Genausowenig wie die Herren der Schöpfung hatten natürlich ihre Geliebten aus der römischen Oberschicht im allgemeinen ein Interesse daran, daß ihre Seitensprünge und ihre Folgen bekannt wurden. Außereheliche Beziehungen sind in der Oberschicht des alten Roms im wesentlichen nicht weniger diskret behandelt worden, als dies heute der Fall ist. Wenn daher von Kindern aus Caesars vielfältigen Beziehungen mit den Damen der römischen Oberschicht nichts bekannt ist, so ist dies noch lange kein Beweis dafür, daß es keine gegeben hat. Es darf in diesem Zusammenhang nur an Brutus, den Sohn der von Caesar so heiß geliebten und reich beschenkten Servilia, erinnert werden. Auch wenn die in der Antike geäußerte Vermutung, Brutus sei Caesars Sohn, heute allgemein abgelehnt wird, so gibt es doch mehr als einen Anhaltspunkt dafür, daß Caesar dem jungen Mann nicht nur sehr wohlwollend gegenüberstand, sondern ihm väterliche Gefühle entgegengebracht hat. Völlig offen ist schließlich, ob aus den unzähligen Frauenbeziehungen, die Caesar während seiner Feldzüge anknüpfte, Kinder hervorgegangen sind. Wenn es solche gegeben haben sollte, so liegt es auf der Hand, daß die Mütter keinen Anlaß hatten, sich ihrer Beziehung mit dem feindlichen Feldherrn, der bei der Geburt ihrer Kinder schon längst für sie unerreichbar weitergezogen war, zu rühmen. Aufgrund dieser Umstände sollte man mit Aussagen über

Caesars angebliche Impotenz doch etwas vorsichtig sein, zumal man in der Antike bei Griechen, Ägyptern wie Römern gleichermaßen durchaus auch Mittel der Empfängnisverhütung gekannt hat und diese Caesar gewiß kein Geheimnis gewesen sind. Im übrigen ist es schon in Hinblick auf die mögliche Empfängniszeit völlig unwahrscheinlich, daß ein anderer als Caesar selbst der Vater von Caesarion gewesen sein könnte. Geht man davon aus, daß Caesarion am 23. Juni 47 v. Chr. geboren wurde – und die Tempelinschrift von Hermonthis spricht hier trotz der gegenteiligen Thesen von Carcopino eine deutliche Sprache –, so müßte Kleopatra irgendwann im Oktober 48 v. Chr. schwanger geworden sein. Bei der Geburtsangabe in der Tempelinschrift handelt es sich jedoch zweifelsohne um ein ägyptisches Datum. Der alte römische Kalender eilte aber damals, da Caesar seine berühmte Kalenderreform, auf die noch einzugehen sein wird, noch nicht vorgenommen hatte, dem römischen Kalender um 67 Tage voraus. Nach dem alten römischen Kalender, dem die übrigen Daten dieser Darstellung bis zur julianischen Kalenderreform zugrunde liegen, ist die Schwangerschaft also vermutlich im Dezember 48 v. Chr. oder Anfang Januar 47 v. Chr. eingetreten. Dies war aber genau der Zeitpunkt, als in der mordträchtigen Atmosphäre des Palastes von Alexandria der Konflikt im ptolemäischen Königshaus seinem Höhepunkt zutrieb. Es ist schwer vorstellbar, daß Kleopatra in dieser Situation das Risiko einging, sich die Sympathien Caesars, von denen ihr ganzes Schicksal abhing, durch ein Verhältnis mit einem anderen Mann zu verscherzen. Zudem hätte sie dazu kaum die Möglichkeit gehabt: Die meiste Zeit verbrachte sie damals ohnehin mit Caesar. Soweit dies nicht der Fall war, wird Caesar kaum ihren Schutz irgendwelchen unzuverlässigen ägyptischen Palastwachen anvertraut haben, sondern ihr eine zuverlässige römische Leibwache zur Verfügung gestellt haben. Diese aber hätte mit Sicherheit Caesar über jede verdächtige amouröse Beziehung Kleopatras informiert.

Ein weiteres gewichtiges Argument für die Vaterschaft Caesars findet sich bei Sueton, demzufolge mehrere Zeitgenossen berichteten, »daß der Junge an Gestalt und Gang ganz das Ebenbild Caesars gewesen sei«.[9] Da Caesarion zu Lebzeiten im Mittelpunkt des allgemeinen Interesses stand und sein Äußeres einer beträchtlichen Anzahl von Zeitgenossen bekannt war, können die Berichte schwerlich nur den Köpfen einiger phantasiebegabter Literaten entsprungen sein. Ohne Zweifel galt Caesarion zu seinen Lebzeiten in weiten Kreisen der gut informierten römischen und ägyptischen Oberschicht als Caesars Sohn. Dies belegt am eindrucksvollsten gerade das Verhalten des Urhebers der Zweifel an Caesars Vaterschaft. Augustus verschonte als siegreicher Imperator die Kinder Kleopatras mit Ausnahme von Caesarion und dem ältesten Sohn von Antonius. Er duldete es sogar, daß die übrigen Kinder im Hause seiner Halbschwester Octavia aufgezogen wurden und später – wie etwa Kleopatra Selene – in ein Königshaus einheiraten konnten. Doch Caesarion ließ er nach einigem Zögern umbringen, weil er, wie Plutarch berichtet, fürchtete, daß der junge Mann wegen seiner möglichen Abkunft von Caesar ihm eines Tages gefährlich werden könnte.[10] Unter diesen Umständen kann man wohl davon ausgehen, daß Caesarion mit an Sicherheit grenzender Wahrscheinlichkeit, so wie es von Kleopatra behauptet und Caesar geglaubt wurde, keinen anderen als Caesar zum Vater gehabt hat.

Nur wenige Monate nach dem so leichtfertig heraufbeschworenen alexandrinischen Abenteuer wäre Caesar bei seinem Feldzug gegen Pharnakes um ein Haar wiederum ein Opfer der Unterschätzung seines Gegners geworden. Pharnakes, seinem Vater, dem großen Römerfeind Mithridates, offenbar an Mut, militärischem Geschick und Grausamkeit nicht unähnlich, war während des alexandrinischen Krieges von der Krim um das Schwarze Meer herum in Kleinasien eingedrungen. Dort hatte er Caesars Legaten Domitius Calvinus bei Nikopolis eine schwere Niederlage beigebracht. Durch diesen Erfolg ermutigt, zog er weiter nach Pontus, wo er zahlreiche Städte verwüstete, die römischen und pontischen Einwohner versklavte und deren Söhne teilweise entmannen ließ.[11] Bei Zela erwartete Pharnakes die Truppen Caesars. Möglicherweise hatte er diesen Ort gewählt, weil sein Vater hier 67 v. Chr. einen großen Sieg über die Römer errungen hatte. Pharnakes lagerte dann auch mit seinen Truppen genau auf jener Anhöhe, die eine Siegessäule zur Erinnerung an diesen Triumph zierte. Caesar bezog auf einem gegenüberliegenden Hügel Stellung. Am 2. August kam es zu jener Schlacht, deren Verlauf Caesar mit seinen berühmten Worten, »veni, vidi, vici« – »ich kam, sah und siegte« – beschrieben hat. Freilich zeugt diese Darstellung des Schlachtverlaufs nicht nur von der stilistischen Eleganz, sondern auch gleichermaßen von dem propagandistischen Geschick des Schriftstellers Caesar, wie die Berichterstattung dieses Kampfes bei Zela deutlich macht. Bei dem Verfasser handelt es sich entweder um Caesars General und engen Vertrauten Aulus Hirtius oder um einen anderen Offizier Caesars, der seinen Feldherrn nach Kräften in Schutz genommen hat.

Gleichwohl zeigt dessen Schilderung des Gefechts Caesar nicht gerade in der Rolle eines Mannes, der mit genialem Feldherrnblick seine Truppen zu einem raschen Sieg führte. Im Gegenteil, als Pharnakes das römische Lager angriff, verkannte Caesar zunächst völlig den Ernst der Situation: »Caesar lachte anfangs über die sinnlose Prahlerei des Pharnakes und darüber, daß er seine Leute an einem Punkt zusammendrängte, an welchen sich kein vernünftiger Feind jemals würde gewagt haben. Pharnakes indessen begann in demselben Schritt, in dem er in das schroff absteigende Tal hinabgestiegen war, mit seinen kampfbereiten Truppen die gegenüberliegende steile Anhöhe hinaufzusteigen. Caesar geriet über seine unglaubliche Verwegenheit oder sein Selbstvertrauen in Staunen und war auf einen so unerwarteten Angriff nicht vorbereitet. In ein und demselben Augenblick rief er also alle Soldaten von der Arbeit, ließ sie zu den Waffen greifen und stellte die Legionen gegen den Feind in Schlachtordnung. Diese Überraschung und Hast verursachte aber bei seinen Leuten große Bestürzung. Noch waren nämlich seine Reihen nicht fest geordnet, als die königlichen Sichelwagen sie in Verwirrung und Unordnung brachten. Dennoch wurden sie durch die Menge der Geschosse überwältigt. Nun aber kam die feindliche Schlachtlinie selbst heran, und es begann mit gewaltigem Geschrei die Schlacht, wobei die Beschaffenheit des Ortes viel für Caesars Truppen bewirkte, mehr noch aber die Gnade der unsterblichen Götter: Diese entscheiden überhaupt in den Wechselfällen des Krieges, ganz besonders aber da, wo Klugheit und Einsicht nicht wirken kann.«[12] Erst nach vierstündigem Ringen gelang es den Römern, den Angriff von Pharnakes abzuschlagen und einen Großteil seiner Truppen zu vernichten. Pharnakes selbst entkam zwar, wurde aber auf der Flucht ermordet. Caesar errichtete bei der Säule des Mithridates eine weitere Siegessäule, ohne jedoch die des Mithridates beseitigen zu lassen. Als Nachfolger von Pharnakes bestimmte er dessen Bruder Mithridates von Pontus, der ihm und Kleopatra zusammen mit Antipater im alexandrinischen Krieg die entscheidende Hilfe zugeführt hatte.

Danach konnte sich Caesar endlich den drängenden Problemen in Italien zuwenden. Seine Rückreise führte über Athen, das im Bürgerkrieg Pompejus unterstützt hatte. Caesar gab sich großmütig und verzieh den Athenern, wobei er sich, auf eine frühere Begnadigung durch Sulla anspielend, die selbstherrlichen Worte nicht versagen konnte: »Müßt Ihr denn immer Euren Untergang verdienen und die Rettung immer der Erinnerung an Eure Vorfahren verdanken.« [13] Auch gegenüber vielen geschlagenen Pompejanern zeigte Caesar Milde und lud sie ein, mit ihm nach Rom zu kommen.

Anfang Oktober 47 v. Chr. traf Caesar schließlich nach fast zweijähriger Abwesenheit in Rom ein, das sich in einem Zustand bürgerkriegsähnlicher Anarchie befand. Caesar war zwar gleich nach der Schlacht von Pharsalos zum Diktator für das Jahr 47 v. Chr. ernannt worden und hatte auf die Nachricht von Unruhen in der Hauptstadt Antonius mit dem Auftrag dort hingeschickt, für Ordnung zu sorgen. Doch das Auftreten von Antonius war nicht dazu angetan, die Römer zu besänftigen. So hatte er in der durch den Bürgerkrieg verarmten und von sozialen Unruhen geschüttelten Stadt nichts Besseres zu tun, als die prächtige Villa von Pompejus auf recht zwielichtige Weise an sich zu bringen und umbauen zu lassen, »so als ob sie seinen Ansprüchen nicht genüge«.[14] Zudem sah man ihn des öfteren mit einem löwenbespannten prächtigen Wagen in der Gesellschaft von frivol gekleideten Halbweltdamen angetrunken durch die Stadt fahren. Peinlich auch, daß er sich nach durchzechter Nacht während einer Rede auf dem Forum übergeben mußte.[15] Auch die anderen führenden Gefolgsleute Caesars zeichneten sich vor allem durch ihre Geldgier und Neigung zur Völlerei aus. Ihre einzige nennenswerte politische Aktion, der Versuch Dolabellas, einen völligen Schuldenerlaß und eine Mietherabsetzung durchzusetzen, fand naturgemäß Zustimmung beim einfachen Volk, brachte aber die römische Oberschicht gegen Caesar auf.

In Rom angekommen, lehnte Caesar, wie schon während seines ersten Konsulats, eine allgemeine Schuldentilgung ab, wobei er sich des schwer zu widerlegenden Arguments bediente, daß er selbst wegen seiner großen Schulden der Hauptnutznießer einer solchen Maßnahme sei.[16]

Noch bedenklicher als in Rom war die Lage bei den Legionen, die Caesar in Süditalien zusammengezogen hatte, um mit ihnen nach Afrika zum Kampf gegen die sich dort sammelnden Pompejaner überzusetzen. »Es waren größtenteils die alten Legionen, die in Gallien, Spanien, Thessalien Caesars Thron gegründet hatten. Den Geist dieser Truppen hatten die Siege nicht gebessert, die lange Rast in Unteritalien vollständig zerrüttet. Die fast übermenschlichen Zumutungen, die der Feldherr an sie machte, und deren Folgen in den schrecklich gelichteten Reihen nur zu grell hervortraten, ließen selbst in diesen Eisenmännern einen Sauerteig des Grolls zurück, der nur der Zeit und Ruhe bedurfte, um die Gemüter zur Gärung zu bringen. Der einzige Mann, der ihnen imponierte, war seit einem Jahr fern und fast verschollen, ihre vorgesetzten Offiziere aber scheuten weit mehr sich vor den Soldaten als diese vor ihnen und sahen den Weltbesiegern jede Brutalität gegen ihre Quartiergeber und jede Indisziplin nach. Als nun der Befehl, sich in Sizilien einzuschiffen, kam, und der Soldat das üppige Wohlleben in Kampanien wieder mit einer dritten, der spanischen und thessalischen an Drangsal sicher nicht nachstehenden Kampagne vertauschen sollte, rissen die allzu lange gelockerten und allzu plötzlich wieder angezogenen Zügel. Die Legionen weigerten sich zu gehorchen, bevor die entsprechenden Geschenke bezahlt seien, und wiesen die von Caesar gesandten Offiziere mit Hohnreden, ja mit Steinwürfen zurück. Ein Versuch, den beginnenden Aufstand durch die Steigerung der versprochenen Summen zu dämpfen, hatte nicht bloß keinen Erfolg, sondern die Soldaten brachen massenweise auf, um die Erfüllung in der Hauptstadt von dem Feldherrn zu erpressen. Einzelne Offiziere, die die meuterischen Rotten unterwegs zurückzuhalten versuchten, wurden erschlagen. Es war eine furchtbare Gefahr.«[17] Plündernd und mordend – selbst zwei römische Senatoren fielen ihren Schwertern zum Opfer – zogen Caesars einstige Elitetruppen nach Rom. Caesar wollte ihnen zunächst ein Bataillon seiner Leibwache entgegenschicken, nahm aber davon Abstand, angeblich weil er fürchtete, daß sich dieses den Meuterern anschließen könne. Die Unterhändler Caesars, die sie nach ihren Forderungen fragten, wurden mit der Antwort abgespeist, diese würden sie Caesar selbst vortragen. Immerhin wahrten sie gegenüber ihrem Feldherrn insofern die Form, als sie, vor Rom angekommen, diesen ausdrücklich baten, die Stadt betreten zu dürfen. Caesar, der sie ohnehin nicht mit Waffengewalt daran hätte hindern können, erlaubte es ihnen unter der Bedingung, daß sie zuvor ihre Waffen ablegten. Die Legionäre, unter denen sich einige verhinderte Diplomaten befunden zu haben scheinen, führten dann auch tatsächlich nur ihre Schwerter, die sie in der Regel auch außerhalb ihres Dienstes trugen, mit sich, als sie in Rom einmarschierten. Sehr schwer dürfte ihnen dieses Entgegenkommen nicht gefallen sein, denn im Falle von Straßenkämpfen wäre das zurückgelassene Kriegsgerät ohnehin nur hinderlicher Ballast gewesen. Doch es kam zu keinem Kampf. Caesar meisterte die gefährliche Situation in einer Manier, die Theodor Mommsen zu der Bemerkung veranlaßt hat, »ein größeres psychologisches Meisterstück kennt die Geschichte nicht und keines, das vollständiger gelungen wäre«.[18] Appian hat jenen berühmten und für Caesar so charakteristischen Auftritt plastisch geschildert: »Sowie Caesar von den Ausschreitungen hörte, ließ er eine andere Legion Soldaten, mit der Antonius die Stadt bewacht hatte, um sein eigenes Haus und die Stadttore Stellung beziehen, und zwar aus Furcht vor Plünderungen. Dann mischte er sich, obwohl alle seine Freunde in Sorge waren und ihn zur Vorsicht vor seinen erregten Soldaten mahnten, ganz verwegen unter die noch meuternden Truppen und begab sich ohne Vorankündigung zum Marsfeld, wo er dann auf der Rednertribüne erschien. Die Mannschaften aber strömten im wilden Durcheinander unbewaffnet zusammen, und da er sich nun plötzlich zeigte, begrüßten sie ihn wie gewohnt als ihren Feldherrn. Als er ihnen befahl, ihre Wünsche vorzutragen, wagten sie vor Bestürzung in seiner Anwesenheit nicht einmal mehr von den Donativen (Geschenken) zu sprechen, in maßvollerem Tone verlangten sie vielmehr nur ihre Entlassung aus dem Kriegsdienst, und zwar in der Hoffnung, er werde zur Beendigung der restlichen Kriege ja Soldaten brauchen und dann auch irgendwie auf die Geschenke zu sprechen kommen. Indes, wider aller Erwarten gab er unverzüglich die Antwort: ›Ich entlasse Euch!‹ Zu ihrer noch größeren Überraschung und während tiefste Stille einkehrte, fügte er aber die Erklärung hinzu: ›Und alle meine Zusagen werde ich Euch gegenüber erfüllen, wenn ich mit Hilfe anderer Männer meinen Triumph feiere!‹ Auf diese ebenso unerwartete wie großmütige Erklärung hin fühlten sich alle sogleich beschämt und dachten nicht ohne Eifersucht, daß sie selbst, wenn sie den Eindruck erweckten, inmitten solch großer Kriegsgefahren ihren Feldherrn im Stiche gelassen zu haben, andere aber an ihrer Stelle den Triumph feiern würden, während ihnen die als riesig betrachtete Kriegsbeute in Afrika entgehe, gleichermaßen als Feinde Caesars wie seiner Gegner dastehen würden. Diese Befürchtungen ließen sie in ihrer schwierigen Lage noch stiller werden, zumal sie auch hofften, daß Caesar wegen des dringenden Bedarfes etwas nachgeben und seinen Sinn ändern werde. Doch auch er blieb stumm, bis ihm seine Freunde zuredeten, er möge doch noch etwas zu ihnen sagen und seine Kameraden in so vielen Feldzügen nicht mit einem kurzen, herben Wort stehen lassen. Da begann Caesar wieder zu sprechen, redete sie aber statt mit ›Soldaten‹ mit ›Quiriten‹ an, ein Zeichen dafür, daß sie aus dem Heeresdienst entlassen und nur mehr Privatleute seien. Nun konnten sie nicht mehr länger an sich halten, sondern schrien laut, sie bereuten ihr Verhalten, und baten ihn, in seinem Dienste bleiben zu dürfen. Doch Caesar wandte sich ab und verließ die Rednertruppenbühne, worauf ihre Rufe noch lauter und heftiger wurden und sie in ihn drangen, er solle doch nicht weggehen, vielmehr die Übeltäter in ihren Reihen bestrafen. Caesar zögerte noch eine kleine Weile, entfernte sich weder noch kehrte er zurück und spielte so den Unentschlossenen. Schließlich machte er kehrt und erklärte, er wolle niemand von ihnen bestrafen, sei aber verstimmt, daß selbst die zehnte Legion, die er doch stets bevorzugt habe, bei einer solchen Meuterei mittue. ›Und diese Legion‹, fügte er hinzu, ›werde ich allein aus dem Dienst entlassen, will aber auch ihr gegenüber nach meiner Rückkehr aus Afrika sämtliche Zusagen einlösen. Und alle sollen, wenn die Kriege einmal beendet sind, auch Land von mir bekommen, wobei ich es freilich nicht, wie Sulla es getan, seinen heutigen Eignern abnehme und Gewinner wie Verlierer zusammensiedle und sie damit für alle Zeit zu gegenseitigen Feinden mache, nein, ich will ihnen Gemeindeland und solches aus eigenem Besitze zuteilen und was dann noch fehlt hinzukaufen.‹ Händeklatschen und freudige Zurufe ertönten von allen Seiten, nur die zehnte Legion war tief bestürzt, daß sich

Caesar ihr allein gegenüber unversöhnlich zeigte. Und sie bat ihn, das Los werfen und einen Teil ihrer Mannschaft hinrichten zu lassen. Da wollte Caesar angesichts ihrer bitteren Reue nicht mehr weiter stacheln, versöhnte sich mit all seinen Leuten und zog geradewegs in den Krieg nach Afrika.«[19]

Ob der Politiker und Feldherr Caesar in jenen turbulenten Tagen vor seinem afrikanischen Feldzug nicht doch gelegentlich mit etwas gemischten Gefühlen an die mit Kleopatra in Ägypten vergeudete Zeit zurückdachte? Zutreffend hat Theodor Mommsen in diesem Zusammenhang festgestellt: »Die von Caesar verlorene Zeit rächte sich nirgends schwerer als hier. Hätte er unmittelbar nach Pompejus' Tode sich nach Afrika gewendet, so würde er dort ein schwaches, desorganisiertes und konsterniertes Heer und vollständige Anarchie unter den Führern vorgefunden haben; wogegen jetzt, namentlich durch Catos Energie, eine der bei Pharsalos an Zahl gleiche Armee unter namhaften Führern und unter einer geregelten Oberleitung stand.«[20] Als aber Caesar schließlich Anfang Januar 46 nach stürmischer Überfahrt mit seinen ersten Kontingenten bei Hadrumetum, dem heutigen Sousse, in Tunesien vor Anker ging, hatte sich in Afrika längst die gesamte pompejanische Führung gesammelt. Außer ihrem politischen Führer Cato waren dort der zum Oberbefehlshaber ernannte Metellus Scipio, die beiden Söhne des Pompejus, Gnaeus und Sextus, sowie mit Labienus, Afranius und Petreius die wichtigsten Offiziere eingetroffen. Dem Autor des »Afrikanischen Krieges« zufolge sollen ihnen zehn Legionen, mehrere Flottengeschwader und eine große Anzahl Reiter und leicht Bewaffneter sowie 120 Kampfelefanten zur Verfügung gestanden haben.[21] Verstärkt wurden sie noch durch vier Legionen des gefürchteten numidischen Königs Juba.

Auch sonst stand der Feldzug unter keinen günstigen Vorzeichen, was indessen Caesar nicht sonderlich beeindruckt zu haben schien: »Obwohl ihm das Opfertier vom Altar entfloh, verschob er den Zug gegen Scipio und Juba nicht; und als er beim Aussteigen aus dem Schiff stolperte und zu Boden stürzte, wandte er sofort das Vorzeichen zum Guten und rief aus: ›So halt ich dich, Afrika!‹ Um aber den Weissagungen, nach denen der Name Scipio in dieser Provinz durch Schicksalsspruch als glückverheißend und unüberwindlich galt, ihre Kraft zu nehmen, führte er in seinem Lager ein ganz verächtliches Individuum aus dem Cornelierstamm mit sich …«[22]

Doch zunächst schien jenes Opfertier, dessen nur allzu verständliche Flucht vom Altar nichts Gutes verhieß, recht zu behalten: Bei der Überfahrt wurden viele Schiffe Caesars durch stürmisches Wetter in alle Himmelsrichtungen verschlagen und teilweise von der gegnerischen Flotte aufgebracht. Die ersten Scharmützel gingen ebenfalls an die Pompejaner. Bei einem dieser Gefechte versuchte Caesar die Situation zu retten, indem er einen fliehenden Legionär packte, umdrehte und ihn anbrüllte: »Dort ist der Feind.«[23]

Auch mit Caesars Gesundheit scheint es nicht zum besten bestellt gewesen zu sein. Er war offenbar zeitweise auch in kritischen Situationen nicht in der Lage, sein Zelt zu verlassen. Bei einem Angriff der Pompejaner konnte er nicht wie gewohnt Befehle selbst erteilen, sondern mußte sie von seinem Zelt aus übermitteln lassen. Der Autor des »Afrikanischen Krieges« hat dies entschuldigend damit zu erklären versucht, daß es Caesar aufgrund seiner Kriegserfahrung und überragenden Feldherrnfähigkeiten gar nicht nötig gehabt habe, sein Zelt zu verlassen.[24] Doch die ganze Wahrheit kann dies kaum sein. Caesars überragende militärische Fähigkeiten hatten ihn in der Vergangenheit nie davon abgehalten, sich bei Schlachten im Brennpunkt des Geschehens aufzuhalten. Vermutlich erzwang einer jener epileptischen Anfälle, die Caesar noch so sehr zu schaffen machen sollten, diese für ihn völlig untypische Zurückhaltung.

Entlastung verschaffte Caesar in dieser Zeit lediglich der römische Abenteurer Publius Sittius, der gemeinsam mit dem mauretanischen König Bocchus in das Reich von Juba einfiel und diesen dadurch hinderte, seine Kräfte mit denen der Pompejaner zu vereinigen. Sittius hatte mit Caesar bereits während der catilinarischen Verschwörung in Verbindung gestanden. In dieser Zeit hatte Sittius versucht, sein beträchtliches Vermögen durch Spekulationen zu vergrößern, was mit einem Reinfall endete. Um seinen Gläubigern zu entkommen, floh Sittius über Spanien nach Nordafrika, wo er es als Söldnerführer im Dienste der dortigen Landesherren zu solcher Macht brachte, daß er es immerhin mit einem Gegner vom Schlage Jubas aufnehmen konnte. Als dann auch noch Caesars Veteranen in Afrika eintrafen, begann sich das Blatt zu wenden. Obwohl Scipio den Legionen Caesars immer noch um mehr als das Doppelte überlegen war, geriet er zunehmend in Schwierigkeiten und sah sich gezwungen, Juba um Hilfe zu bitten. Dieser überließ den Kampf gegen Sittius und Bocchus einem seiner Generale und zog gegen Caesar. Der Anmarsch des gefürchteten numidischen Königs löste bei einem Teil von Caesars Truppen starke Unruhe aus. Caesar versuchte in solchen Situationen nie, die Gefahr herunterzuspielen, sondern übertrieb sie im Gegenteil noch. So ließ er die Soldaten antreten und teilte ihnen mit: »In den allernächsten Tagen wird der König mit dreißig Legionen, dreißigtausend Leichtbewaffneten und dreihundert Elefanten hier sein. Darum mögen gewisse Leute aufhören, sich mit Nachforschungen und Vermutungen weiter den Kopf zu zerbrechen, vielmehr mir, der ich die Sache genau weiß, Glauben schenken, oder ich werde sie sonst auf das älteste Schiff bringen und dahin fahren lassen, wohin sie Wind und Wellen treiben.«[25]

Jubas Heer umfaßte indessen ganze drei Legionen, etwa dreihundert Leichtbewaffnete und dreißig Kampfelefanten, also ein Zehntel des von Caesar angekündigten Aufgebotes, und Scipio verspürte auch nach Eintreffen dieser Verstärkung keine Neigung, Caesar eine Schlacht zu liefern. Darauf zog Caesar in Eilmärschen nach Thapsus, um seinen Gegner zu zwingen, ihm entweder den reichen und strategisch wichtigen Platz zu überlassen oder sich dem Kampf zu stellen. Scipio folgte ihm, so daß sich beide Heere am 6. April vor Thapsus zur Schlacht aufstellten. Noch während Caesar die letzten Vorbereitungen traf, merkte man im feindlichen Lager eine große Unruhe. Die gegnerischen Truppen liefen offensichtlich durcheinander, verließen ohne erkennbaren Grund ihr Lager, um sich dann ohne jede Ordnung schnell wieder zurückzuziehen. Nicht nur Caesars Generalstabsoffizieren und den erfahrenen Veteranen, sondern dem ganzen Heer war klar, daß sich angesichts dieses desolaten Zustandes ihrer Gegner die Chance zur endgültigen Entscheidung des Krieges bot. Doch obwohl ihn seine Umgebung bestürmte, gab Caesar den Befehl zum Angriff nicht. »Caesar zauderte, widersetzte sich ihrer Kampfbegier und Leidenschaft und rief laut, ihm gefalle es nicht, wie ein Belagerter zu kämpfen, der einen Ausbruch unternimmt. Während er noch auf diese Weise in seine Soldaten drang und die Schlachtreihe aufzuhalten versuchte, fing plötzlich ohne seinen Befehl auf dem rechten Flügel ein Trompeter, von den Soldaten genötigt, zu blasen an. Nun begannen alle Kohorten gegen die Feinde vorzurücken, mochten die Centurionen sich noch so entgegenstemmen und die Soldaten von einem Angriff gegen den Willen des Feldherrn abhalten; es fruchtete nichts.«[26]

Es folgte ein Gemetzel unter den Pompejanern. Nach den Angaben des Autors des »Afrikanischen Krieges« fielen Zehntausende in der Schlacht, während auf Caesars Seite nur fünfzig Mann getötet worden sein sollen.[27] Caesars Legionäre müssen sich an diesem Tag in einen wahren Blutrausch gesteigert haben, denn sie töteten nicht nur jeden Gegner, der ihnen in die Hände fiel, sondern brachten auch Senatoren und Ritter aus dem eigenen Lager um, die sich irgendwann ihren Unmut zugezogen hatten. Ein Vorgehen, das Theodor Mommsen mit den Worten zu erklären versucht hat: »Caesars Soldaten waren nicht mehr dieselben, die vor Ilerda sich willig der Schlacht enthalten, bei Pharsalos ehrenvoll die Wehrlosen geschont hatten. Wenn der Hydra, gegen die man kämpfte, stets neue Köpfe nachwuchsen, wenn die Armee von Italien nach Spanien, von Spanien nach Makedonien, von Makedonien nach Afrika geschleudert wurde, die immer heiß ersehnte Ruhe nicht kam, so suchte, und nicht ganz ohne Ursache, der Soldat dafür den Grund in Caesars unzeitiger Milde. Er hatte sich geschworen, nachzuholen, was der Feldherr versäumt und blieb taub für das Flehen der entwaffneten Mitbürger wie für die Befehle Caesars und der höheren Offiziere.«[28]

Mit dem Blutbad von Thapsus war der Bürgerkrieg entschieden. Caesar war Herr des Römischen Reiches, auch wenn es in Spanien noch pompejanische Widerstandszentren gab. Fast die gesamte pompejanische Führungsschicht fand in dieser Schlacht oder an den folgenden Tagen den Tod: Cato, der wie kein anderer den Widerstand gegen Caesar verkörpert hatte, beging auf die Nachricht von dieser Niederlage Selbstmord. Der pompejanische Oberbefehlshaber Scipio versuchte, nach Spanien zu fliehen, stürzte sich aber ins Schwert, als sein Schiff von Sittius aufgebracht wurde. Faustus Sulla, ein Sohn des Diktators, wurde nach seiner Gefangennahme von Caesars Legionären erschlagen. »König Juba, nicht unvorbereitet auf einen solchen Ausgang, hatte für diesen Fall beschlossen, zu enden, wie es ihm königlich dünkte, und auf dem Markt seiner

Stadt Zama einen ungeheuren Scheiterhaufen rüsten lassen, der mit seinem Körper auch all seine Schätze und die Leichen der gesamten Bürgerschaft von Zama verzehren sollte. Allein, die Stadtbewohner verspürten kein Verlangen, bei der Leichenfeier des afrikanischen Sardanapal sich als Dekoration zur Verfügung zu stellen und schlossen dem König die Tore.«[29] Der König begab sich daraufhin mit Marcus Petreius in ein Landhaus und feierte noch einmal eines seiner wilden Feste. Danach forderte er Petreius zum Zweikampf heraus, bei dem er den Tod fand. Der Sieger Petreius, der einst Catilina vernichtet hatte, ließ sich von einem Sklaven mit dem Schwert durchbohren. Viele vornehme Gefangene wurden hingerichtet.[30] Ein bemerkenswertes Zeugnis für den Geist jener Epoche liefert unfreiwillig Sueton, der zur Begründung der Hinrichtung eines vornehmen Römers entschuldigend bemerkt, »der Letztere hatte nicht nur Freigelassene und Sklaven Caesars auf die grausamste Weise hinmorden, sondern sogar (sic!) die von Caesar zu den öffentlichen Spielen angekauften wilden Tiere abschlachten lassen«.[31]

Von allen führenden Pompejanern gelang nur den beiden Söhnen des Pompejus und Caesars ehemaligem Feldherrn Labienus sowie Atius Varus die Flucht nach Spanien.

Was aber hat Caesar veranlaßt, sich dem Beginn dieser Schlacht mit allen Kräften zu widersetzen? Daß er, der in Eilmärschen nach Thapsus gezogen war, um seinen Gegner zum Kampf zu zwingen, nun dessen Beginn mit aller Kraft zu verhindern suchte und dabei die Kontrolle über sein Heer verlor, erscheint als ein Rätsel. Der Caesar wohlwollende Autor des »Afrikanischen Krieges« äußert sich zu dieser Frage nicht, sondern berichtet nur, daß Caesar hervorragend gekämpft habe. Zu den Berichten über Caesars persönlichen Einsatz bemerkt Plutarch skeptisch: »So erzählen einige den Verlauf dieser Schlacht; nach anderen aber wohnte Caesar selbst den Gefechten nicht bei, sondern wurde, als er die Truppen aufstellte und die nötigen Anordnungen traf, von seiner gewöhnlichen Krankheit befallen. Er spürte aber gleich den Anfall und ließ sich, ehe er das Bewußtsein verlor, beim ersten Schütteln auf einen nahegelegenen Turm tragen, wo er ruhig wartete, bis alles vorüber war.«[32]

So endete Caesars mehr als zwei Jahrzehnte dauernder Kampf um die Alleinherrschaft über das Römische Weltreich durch den Sieg in einer Schlacht, die er nicht gewollt und vermutlich von epileptischen Krämpfen geschüttelt miterlebt hat. Wohl selten dürfte einem Großen der Geschichte die eigene Hinfälligkeit am Tage seines höchsten Triumphes so deutlich vor Augen geführt worden sein, wie Caesar an jenem 6. April 46 v. Chr. bei Thapsus.

Doch Caesar fand bald seine alte Vitalität wieder und ordnete in nur wenigen Wochen die Verhältnisse in Nordafrika neu. Das Reich des geschlagenen Juba gliederte er als »Africa nova« (Neuafrika) größtenteils der römischen Provinz »Africa« ein. König Bocchus von Mauretanien erhielt als römischer Vasall den Osten des einstigen numidischen Königreiches. Dies war allerdings wohl auch der Dank für die Großzügigkeit, mit der Bocchus über das Verhältnis zwischen Caesar und seiner äußerst attraktiven Gemahlin Eunöe hinwegsah. Was immer Caesar für Kleopatra empfunden haben mag, treu ist er ihr jedenfalls nach der Trennung in Alexandrien nicht gewesen.

Die Römer empfingen ihren nunmehr unumschränkten Herrscher mit reichlich gemischten Gefühlen. Zu deutlich war noch die Erinnerung an Sulla, der nach seinem Sieg im Bürgerkrieg mit seinen blutigen Proskriptionen namenloses Unglück über seine Gegner gebracht hatte. Mit Recht hatte sich der Diktator in seiner selbstverfaßten Grabinschrift rühmen können, jeden seiner Freunde im Erweisen von Wohltaten und jeden seiner Feinde im Erweisen von Bösem übertroffen zu haben. Doch Caesar führte dergleichen nicht im Schilde. Schon als er 49 v. Chr. nach der Überschreitung des Rubikon in Rom eingezogen war, hatte er in einer öffentlichen Ansprache erklärt: »Laßt uns nach Kräften versuchen, die allgemeine Meinung wieder für uns zu gewinnen, um uns eines dauernden Sieges zu erfreuen, denn die anderen haben sich durch Grausamkeit verhaßt gemacht und vermochten den Sieg nicht länger zu halten, außer Sulla allein, den ich nicht nachahmen will.«[33] Dies waren, wie sich nun nach Caesars endgültigem Sieg erweisen sollte, keine leeren Worte. Caesar konnte zwar hart und in Einzelfällen grausam sein, doch von Sullas zynischer und das Pathologische streifenden Rachsucht war er frei.

Auch nach seiner Ankunft in Rom versuchte Caesar seine Gegner durch eine Politik der Versöhnung für sich zu gewinnen. So begnadigte er etwa mit Marcus Claudius Marcellus, der 51 v. Chr. seine Abberufung aus Gallien betrieben hatte, einen seiner unversöhnlichsten Gegner. Doch die Hoffnung der römischen Senatsaristokratie, Caesar werde die alte republikanische Herrlichkeit – so wie sie diese sahen – wieder herstellen, sollte sich nicht erfüllen. Caesar gab mit keiner Geste diese Absicht zu erkennen, sondern widmete sich fast ausschließlich den Vorbereitungen für die Triumphfeierlichkeiten.

Caesar, der schon als Ädil seine Fähigkeiten, glänzende Umzüge zu organisieren, unter Beweis gestellt hatte, sah in den Triumphfeierlichkeiten eine hervorragende Möglichkeit, sein Ansehen bei den Massen zu steigern. Um möglichst großen Eindruck zu machen, entschloß er sich, seine Siege in Gallien, Ägypten, Kleinasien und Afrika in vier getrennten Umzügen zu feiern. Die besten Bildhauer und Maler wurden beauftragt, alle wichtigen Kriegsereignisse lebendig werden zu lassen. Den größten Eindruck dürfte die Kriegsbeute gemacht haben: Allein die vorgeführte Goldmenge soll sich auf mehr als zehntausend Kilogramm belaufen haben.[34]

Doch der Glanz der Umzüge und Caesars Organisationsgenie vermochten nicht zu verhindern, daß längst nicht alles nach Wunsch verlief. Daß Caesars Soldaten beim gallischen Triumph, der den Auftakt bildete, über ihren Feldherrn und dessen Frauengeschichten mit Spottgesängen herzogen, auch Kleopatras Name fehlte nicht, konnte diesen nicht beeindrucken. Doch als sie ihn auch noch wegen seiner angeblichen homosexuellen Kontakte mit dem König von Bithynien verhöhnten, verlor Caesar die Fassung, sprang wütend von seinem Wagen und befahl den vermutlich nicht wenig vom Wein beflügelten lautstarken Interpreten des Gesanges, zu schweigen. »Er versuchte sogar eine Verteidigung und wies die Sache unter Eid von sich, wodurch er aber noch mehr Gelächter erweckte.«[35] Nur wenig später brach dann plötzlich auch noch die Achse von Caesars Triumphwagen. Zufall oder Sabotage? Jedenfalls hätte nicht viel gefehlt und Roms schon als Halbgott gefeierter Triumphator hätte auf recht unmajestätische Weise Bekanntschaft mit dem Straßenstaub seiner Heimatstadt gemacht. Für die Römer war dieser Zwischenfall ein göttliches Zeichen, die Feier abzubrechen. Caesar setzte jedoch den Zug fort. Während er schließlich beim Schein der Fackeln, die vierzig Elefanten zu seiner Linken und

Rechten trugen, das Kapitol bestieg, starb Vercingetorix, Caesars großer Gegenspieler im gallischen Krieg, einen qualvollen Tod. Galliens großer Freiheitsheld war nur für diesen Tag fünf Jahre in einem unterirdischen Kerker gefangengehalten worden. Nachdem er nun im Triumphzug auf einem Wagen in Ketten gefesselt der gaffenden Menge vorgeführt worden war, ließ ihn Caesar erwürgen. Gerade Caesars jeder Noblesse entbehrendes Verhalten gegenüber Vercingetorix zeigt deutlich, daß seiner hochgerühmten Milde viel Berechnung zugrunde lag. Caesars Biograph Hans Oppermann hat in diesem Zusammenhang entschuldigend bemerkt: »Er schied zwischen dem Empörer, den die ganze Härte der Strafe trifft – Dumnorix, Vercingetorix – und dem irregeleiteten Mitbürger, der Römer ist und bleibt und Milde findet.«[36] Bleibt anzumerken, daß die »Empörer Dumnorix und Vercingetorix« auch nicht einen Fußbreit römischen Gebietes mit Eroberungsabsichten betreten haben.

Auch bei dem wenige Tage später stattfindenden zweiten Triumphzug, der Caesars Erfolge in Ägypten verherrlichen sollte, wollte sich die rechte Stimmung nicht einstellen. Man bewunderte zwar das Modell des Leuchtturms von Pharos, bestaunte die bisher unbekannten Nilpferde und beklatschte ein Gemälde, das den Tod von Pothinos darstellte, sowie eine monumentale Statue des Nilgottes. Doch der Anblick von Kleopatras Schwester Arsinoë, die an der Spitze einer Gruppe vornehmer ägyptischer Gefangener durch die Straßen geführt wurde, hatte nicht die gewünschte Wirkung: »Arsinoë, eine Frau und einstmals als Königin anerkannt, trug, was es wenigstens in Rom noch nie gegeben hatte, Fesseln und erregte durch ihren Anblick tiefstes Mitleid und war ein Vorwand für die Menge, ihre eigenen Leiden zu beklagen.«[37] Vielleicht hat ihr dies das Leben gerettet. Jedenfalls wurde sie nicht wie Vercingetorix vor ihr hingerichtet, sondern in das Heiligtum der Artemis nach Ephesos geschickt und in milder Gefangenschaft gehalten, bis sie dann doch noch Kleopatras Haß zum Opfer fallen sollte.

Ohne Zwischenfälle verlief nur Caesars pontischer Triumph. Eine riesige Tafel mit Caesars berühmten Worten »veni, vidi, vici« stellte ihn als den souveränen Sieger in einer Schlacht dar, die er beinahe verloren hätte, weil er lange Zeit den Ernst der Lage völlig verkannt hatte.

Um die Gefühle der Römer zu schonen, hatte Caesar verzichtet, seinen Sieg über Pompejus bei Pharsalos zu feiern. Er wäre gut beraten gewesen, wenn er dies auch bei seinem Sieg über die Pompejaner in der Schlacht von Thapsus getan hätte. Jedenfalls scheiterte sein Versuch kläglich, diese Schlacht als einen Erfolg über den Numidier Juba darzustellen. Auch der im Zug mitgeführte fünfjährige Sohn Jubas – der später eine Tochter Kleopatras heiraten sollte – konnte die Römer nicht darüber hinwegtäuschen, daß in erster Linie ihre eigenen Landsleute die Verlierer dieser Schlacht waren. »Das Volk, obgleich voll Angst, seufzte über die heimischen Unglücksfälle, vor allem als es im Bilde den Oberbefehlshaber Lucius Scipio sah, wie er mit eigener Hand seine Brust durchbohrte und sich ins Meer stürzte, oder Petreius, wie er beim Gastmahl Selbstmord beging, oder Cato, wie er sich gleich einem wilden Tiere zerfleischte.«[38]

Die Stimmung des Volkes sollte sich dann allerdings rasch wieder bessern, als Caesar zum Abschluß der Feierlichkeiten glänzende Festbankette veranstaltete, bei denen sich bis zu zweihunderttausend Gäste an den im Überfluß dargebotenen Speisen und Getränken erfreuen und zudem noch großzügige Geschenke mit nach Hause nehmen konnten. Auch die mit einem riesigen Aufwand organisierten blutigen Gladiatorengefechte waren nach dem Geschmack der römischen Massen. Und doch blieb die Stimmung auch hier gespalten. »Angesichts der großen Zahl von Toten machte man indessen Caesar den Vorwurf, er selbst habe seine Blutgier noch nicht gestillt und wolle dem Volk die Bilder seiner eigenen Unglückstaten vor Augen stellen. Noch viel schlimmer fand man, daß er für all jene Darbietungen ungeheure Geldsummen aufgewendet hatte.«[39]

Irgendwann im Spätsommer oder Herbst des Jahres 46 v. Chr. traf dann Kleopatra zusammen mit ihrem dreizehnjährigen Brudergemahl sowie Caesarion und einem Hofstaat, der zweihundert Personen umfaßt haben soll, in Rom ein. Wie so oft bei der ägyptischen Königin schweigen auch hier die Quellen über Hintergründe und Einzelheiten. So weiß man nicht einmal, ob Kleopatra Caesars Triumphe und die Demütigung ihrer Schwester Arsinoë als Zuschauerin miterlebt hat. Die Meinungen darüber sind geteilt. Es mag einiges für die Auffassung von Grant sprechen, der hierzu ausgeführt hat: »Wahrscheinlich ist sie erst in Rom eingetroffen, nachdem die Triumphe vorüber waren. Hätte sie die Feierlichkeiten miterlebt, gäbe es schriftliche Berichte darüber ... Außerdem wäre es für Kleopatra peinlich gewesen, an den Feiern anläßlich des Sieges über ihr eigenes Land teilzunehmen, eines Sieges, der zudem für einige Mitglieder ihrer Familie so großes Unglück bedeutete.«[40] Völlig überzeugend ist diese Argumentation indessen nicht, denn von Gefühlen familiärer Rücksichtnahme haben sich die Ptolemäer selten leiten lassen, und es ist äußerst unwahrscheinlich, daß der Tod ihres Brudergemahls Ptolemäus XIII. oder auch das Schicksal Arsinoës Kleopatra zu einem Verzicht auf die Teilnahme an den Triumphfeierlichkeiten bewegt haben könnten. Schließlich hatte sie ja auch keine Bedenken, ohne Not Caesarion als den Sohn des Mannes auszugeben, der letztlich die Ursache für den Tod ihres Brudergemahls gewesen war. Auch die Demütigung der ihr verhaßten Arsinoë, die sie bei der ersten sich bietenden Gelegenheit umbringen ließ, dürfte für Kleopatra ebenfalls kein Grund gewesen sein, den Triumphen Caesars nicht beizuwohnen. Das Schicksal ihrer Schwester dürfte Kleopatra, wenn nicht mit Genugtuung erfüllt, so doch zumindest ziemlich gleichgültig gelassen haben. Selbst wenn man Kleopatra nicht, wie dies geschehen ist, unterstellt, daß sie sogar für die Mitführung ihrer Schwester im Triumphzug verantwortlich war, so ist es doch bei dem Einfluß, den sie damals auf Caesar unzweifelhaft ausübte, die Frage, ob sie ihrer Schwester diese Demütigung nicht hätte ersparen können.

Genauso umstritten wie der Zeitpunkt der Ankunft Kleopatras in Rom sind die Gründe für diese Reise. Kam sie auf Einladung Caesars oder aus eigenem Antrieb? Verschiedentlich ist die Ansicht vertreten worden, Caesar sei Kleopatras Besuch äußerst peinlich gewesen, zumal er damals den Versuch gemacht habe, sich von ihr zu lösen, was auch seine Affäre mit der mauretanischen Königin Eunöe belege. Da sie aber nun einmal in Rom erschienen sei, habe er eben gute Miene zum bösen Spiel gemacht. Doch wenn Caesar der Besuch Kleopatras unerwünscht gewesen wäre, hätte er sie mit Sicherheit ganz anders empfangen und behandelt, als dies der Fall war. Außerdem hätte er sehr schnell Mittel und Wege gefunden, seine unerwünschte Besucherin zur Rückreise nach Ägypten oder doch wenigstens zum Verlassen Roms zu bewegen. Im übrigen war sich Kleopatra, deren Stolz noch ihren Feinden Achtung abnötigen sollte, mit Sicherheit zu schade, die Rolle eines aufdringlichen Gastes zu spielen. Fraglos ist sie auf Veranlassung Caesars nach Rom gekommen.

Eine andere Frage ist, welche Gründe Caesar zu dieser Einladung veranlaßt haben. Waren es politische Erwägungen oder wollte er die Geliebte in seiner Nähe haben? Vielfach ist die Auffassung vertreten worden, Caesar habe Kleopatra nur deshalb nach Rom gerufen, um sie besser kontrollieren zu können. Aber hatte er das wirklich nötig? Gewiß war die eigenwillige ägyptische Königin eine Persönlichkeit, die einem Gegner gefährlich werden konnte. Aber was hätte sie in ihrer damaligen Lage veranlassen können, sich mit Caesar, dem sie ihren Thron verdankte, zu überwerfen? Und selbst wenn sie, aus welchen Gründen auch immer, mit derartigen Gedanken gespielt haben sollte, konnte sie doch niemals auf deren erfolgreiche Verwirklichung hoffen. Schließlich stand in Ägypten der von Caesar zurückgelassene Ruffio mit drei Legionen, die zudem jederzeit verstärkt werden konnten. Was hätte die bei ihren Untertanen umstrittene Kleopatra unter diesen Umständen gegen die römische Übermacht ausrichten können? Nein, Angst vor Kleopatra kann es schwerlich gewesen sein, die den auf dem Höhepunkt seiner Macht stehenden Caesar veranlaßt hat, Kleopatra nach Rom zu holen. Im Gegenteil, politisch gesehen war diese Einladung ein Fehler. Zutreffend hat von Wertheimer in diesem Zusammenhang ausgeführt: »Die Anwesenheit Kleopatras nützte politisch weder Caesarion noch Caesar. Dieser handelte gerade gegen seine Interessen, indem er die ägyptische Königin nach Rom bringen ließ. Er schlug der öffentlichen Meinung damit ins Gesicht, wenngleich er Kleopatra, um das Ärgernis zu mildern, außerhalb der Stadtgrenzen in seinen Besitzungen jenseits des Tibers einquartierte. Er handelte also in Rom fast ebenso unvernünftig wie zwei Jahre zuvor in Alexandria. Bei aller Verderbtheit der römischen Gesellschaft mußte es diese doch empören, daß Caesar mit seiner Geliebten und dem offiziell gar nicht anerkannten Sohn lebte und auch der Gatte der Königin Zeuge der illegitimen Verbindung gewesen ist. Allein hier sprach in Caesar offenbar der Mann und brachte den Politiker zum Schweigen.«[41]

Wie berechtigt diese Beurteilung von Caesars Verhalten ist, zeigt seine Behandlung Kleopatras während ihres Aufenthaltes in Rom nur allzu deutlich. So ließ er ihr nur alle denkbaren Ehren zuteil werden und verlieh ihr den Titel eines »Freundes und Bundesgenossen des römischen Volkes«. Diese Maßnahme ließ sich freilich sachlich begründen, denn sie lag ganz auf der Linie der Politik, die Rom gegenüber Ägypten seit der Rückführung des Auletes betrieben hatte. Freilich hatte Auletes im Gegensatz zu seiner Tochter für dieses Wohlwollen Roms nicht nur eine Unzahl von Demütigungen hinnehmen, sondern auch einen Preis bezahlen müssen, der ihn an den Rand des Ruins gebracht hatte.

Was Kleopatra indessen Caesar bedeutete, beweist eine in Rom noch nie dagewesene persönliche Ehrung: Vor der Schlacht von Pharsalos hatte Caesar geschworen, im Falle eines Sieges der Göttin Venus Genetrix, die als die Stammutter seines julischen Hauses angesehen wurde, einen Tempel zu errichten. Caesar, nie ein Freund von Halbheiten, errichtete nach seinen Siegen das riesige Forum Julianum, dessen Mittelpunkt in einem als Heiligtum geweihten Bezirk eben jener Tempel der Venus Genetrix bildete. Dies hätte ihm bei den Römern, denen die Verehrung ihrer Ahnen zentraler Bestandteil ihres Lebens war, sicher nur Sympathien und Hochachtung eingebracht. Doch es verschlug gerade diesen Römern schier den Atem, als Caesar neben dem Standbild der göttlichen Stammutter seines Hauses eine prachtvolle goldene Statue der Kleopatra aufstellen ließ. Den Römern war die göttliche Verehrung von Menschen ein Greuel. Daß Caesar nun einer ägyptischen Vasallenkönigin eine Ehrung zuteil werden ließ, die einer Vergöttlichung gleichkam, war in ihren Augen ein kaum noch zu überbietender Skandal.

Aus heutiger Sicht müßte jedoch diese Ehrung Kleopatras eigentlich jedem als Beweis dafür ausreichen, daß Caesar Kleopatra nur deshalb nach Rom gerufen hat, um die Geliebte in seiner Nähe zu haben und aus keinem anderen Grund. So wird auch verständlich, wenn Cassius Dio in seiner Würdigung der Person Caesars ausführt: »Härtesten Tadel aber fand Caesar allgemein wegen seines Liebesverhältnisses zu Kleopatra, nicht soweit es noch in Ägypten – davon wußte man ja nur vom Hörensagen –, sondern unmittelbar in Rom spielte. War sie doch mit ihrem Gemahl in die Stadt gekommen und hatte sich in Caesars eigenem Hause niedergelassen, so daß auch jener wegen der beiden in einen üblen Ruf geriet. Caesar indessen kehrte sich nicht daran, nahm sie vielmehr unter die Freunde und Verbündeten des Römischen Volkes auf.«[42]

Ansonsten ist über die Einzelheiten von Kleopatras Aufenthalt in Rom leider wenig überliefert. Dieser Mangel an Information ist um so bedauerlicher, als gerade diese Zeit an der Seite Caesars einer der interessantesten Abschnitte im Leben Kleopatras gewesen sein dürfte. Aber es ist für die Quellenlage bezeichnend, daß es kein Historiker, sondern der Dramatiker und Erzähler Thornton Wilder war, der in »Die Iden des März« den Versuch unternommen hat, anhand fiktiver Schriftstücke – Briefe, Gesandtschaftsberichte, Tagebücher – ein Bild von den Ereignissen jener Tage zu entwerfen. Und mit der Intuition des großen Künstlers dürfte er der Wirklichkeit sehr nahegekommen sein, als er in einem Brief Caesar die folgenden Worte über den Aufenthalt Kleopatras in den Mund legte: »Kleopatra kann nie etwas ohne Pomp tun, sie bat um die Erlaubnis, einen Hofstaat von zweihundert Köpfen mitzubringen und einen Haushalt von tausend, einschließlich einer großen königlichen Leibgarde. Ich habe diese Zahlen auf ein Gefolge von dreißig und ein Gesinde von zweihundert zusammengestrichen und ihr mitgeteilt, daß die Republik die Verantwortung übernehmen wird, ihre Person und ihre Leute zu schützen. Ich habe auch verfügt, daß sie außerhalb des Palastbereichs – meine Villa ist bereits jetzt in Palast des Amenhotep umbenannt – die Abzeichen der Königswürde zu verwenden hat, außer bei den zwei Gelegenheiten ihrer offiziellen Grüßung auf dem Kapitol und des offiziellen Abschieds daselbst.

Sie gab mir ihren Wunsch bekannt, ich solle zur Verherrlichung ihres Hofes zwanzig Damen von erlauchtester Geburt, an ihrer Spitze meine Frau und meine Tante, dazu ernennen, ein Ehrengefolge für sie zu bilden. Ich erwiderte, daß es den Frauen Roms freistehe, jegliche solche Ehrenpflicht zu übernehmen, wenn sie wollten, und ich teilte ihr die Formel einer Einladung mit, wie sie sie an die Betreffenden aussenden könnte.

Das gefiel ihr nicht: Sie entgegnete, daß die Ausdehnung ihres Herrschaftsbereichs, der mehr als sechsmal so groß sei wie Italien, und ihre göttliche Abkunft – die sie jetzt mit der größten Genauigkeit durch zweitausend Jahre auf die Sonne zurückführt – ihr

Anspruch gäben und es ihr nicht anstehe, die Damen von Rom zu bitten, sich bei ihren Empfängen und Gesellschaften einzufinden. Seither ruht die Sache. Ich habe meinen Teil zur Entwicklung dieser schwelenden Ansprüche beigetragen ...«[43]

Natürlich hat hier Thornton Wilder bei der Schilderung der Einzelheiten die ihm zustehende dichterische Freiheit voll in Anspruch genommen. Auch eine Kleopatra würde es sicher nicht gewagt haben, Caesar anzusinnen, seine Frau und seine Tante in ihr Ehrengefolge einzureihen, und mit Sicherheit hätte Caesar eine derartige Bitte weit weniger zurückhaltend zur Kenntnis genommen, als ihm dies Thornton Wilder unterstellt. Gleichwohl dürfte Thornton Wilder bei der Schilderung des Auftretens Kleopatras und ihres Gefolges in Rom der Wirklichkeit nahegekommen sein. Jedenfalls deckt sie sich verblüffend mit dem Urteil von Cicero, der hierzu in einem Brief an seinen vertrauten Freund Atticus schrieb: »Die Königin hasse ich, und daß ich recht daran tue, weiß Ammonius, der sich für ihre Versprechungen verbürgt hat. Es handelte sich um literarische Dinge, wie sie meiner Stellung entsprechen, und ich könnte sogar vor dem Volke ungeniert davon sprechen. Saras ist, wie ich jetzt weiß, nicht nur ein Lump, er benimmt sich auch impertinent mir gegenüber. Ich habe ihn ein einziges Mal in meinem Hause gesehen. Als ich ihn sehr höflich fragte, was er wünsche, sagte er, er suche Atticus. Und nun gar der Hochmut der Königin, als sie in den Gärten jenseits des Tibers residierte. Davon kann ich nur mit größter Erbitterung reden. Mit denen will ich also nichts mehr zu tun haben.«[44]

Man muß einräumen, daß die Vorfälle, mit denen Cicero seine Abneigung gegen Kleopatra und ihre Umgebung zu begründen versucht, die Schärfe seines Urteils sicherlich nicht rechtfertigen. Daß Kleopatras Verwalter Ammonius vergessen hat, Cicero irgendwelche seltenen Schriften zukommen zu lassen, um solche dürfte es sich ja bei den von ihm erwähnten literarischen Dingen handeln, kann seine Verbitterung ebensowenig erklären wie das von ihm geschilderte Verhalten von Kleopatras Höfling Saras. Man kann seine Ausführungen aber auch nicht einfach als den Ausdruck der verletzten Eitelkeit eines Mannes abtun, der Kleopatra ohnehin nicht freundlich gegenüberstand. Gerade weil Cicero als geistiger Führer der Caesar feindlich gesinnten Senatsfraktion zu Kleopatras schärfsten Gegnern zählte, ist sein Brief an Atticus ein äußerst aufschlußreiches Dokument über den Aufenthalt Kleopatras in Rom! Er macht zunächst einmal klar, daß Kleopatra während dieser Zeit keineswegs nur eine unbedeutende zurückgezogene Rolle gespielt haben kann. Es dürfte kaum literarisches Interesse allein gewesen sein, das Cicero, der Caesar zu diesem Zeitpunkt haßte, veranlaßt hat, dessen ihm noch verhaßtere Geliebte um die Überlassung irgendwelcher seltener Schriften zu bitten. Vielmehr ist diese Bitte ein kaum verhüllter Versuch, mit Kleopatra Kontakt aufzunehmen. Daß er damit keinen Erfolg hatte, erklärt dann auch die Vehemenz, mit der Cicero den ganzen Vorgang kommentiert. Wenn aber schon ein Mann vom Range und der politischen Grundhaltung Ciceros um Kleopatras Gunst warb, so macht dies doch sehr deutlich, welch großen Einfluß man der Geliebten Caesars im Rom jener Tage zuschrieb.

Äußerst aufschlußreich ist auch, mit welchem Nachdruck Cicero beteuert, daß seine Kontakte zu Kleopatra nicht das Licht der Öffentlichkeit zu scheuen brauchten. Man mag ihm dies gerne glauben. Aber gleichwohl zeigt seine Beteuerung doch deutlich, daß sich nach der allgemeinen Meinung eben dieser Öffentlichkeit in Kleopatras Residenz Dinge abgespielt haben müssen, die sehr wohl das Licht der Öffentlichkeit zu scheuen hatten und mit den römischen Vorstellungen von Tugend und Würde nicht vereinbar gewesen sind. Ganz offensichtlich waren nicht alle römischen Politiker, die bei Kleopatra erschienen, nur gekommen, um mit ihr schöngeistige Gespräche zu führen. Alles andere müßte auch überraschen, denn diskrete Zurückhaltung zählte sicher nicht zu den hervorragenden Tugenden der ptolemäischen Kleopatras und schon gar nicht von Kleopatra VII. Fraglos hat die Geliebte Caesars, gestützt auf ihren Einfluß, den sie auf Roms Herrscher ausübte, munter in der großen Politik jener Tage mitgemischt und sich dabei wenig Freunde gemacht. Die in den Traditionen einer absoluten Monarchie groß gewordene Kleopatra hatte, wie die Zukunft noch sehr deutlich zeigen sollte, nie viel Verständnis für das Selbstbewußtsein und den Stolz der römischen Großen aufgebracht. Möglicherweise hat sie auch nicht immer der Versuchung widerstanden – die Behandlung Ciceros könnte darauf hindeuten –, sich an den Römern ein wenig für jene Demütigungen zu rächen,

3 Gajus Julius Caesar
Marmorbüste, um 50 n. Chr., Rom, Vatikanische Museen

4 *Marcus Antonius*
Münzbild auf der Rückseite eines Aurus, geprägt in Gallien

unter denen die Ptolemäer, vor allem aber ihr Vater, zu leiden gehabt hatten. Jedenfalls kann kein Zweifel daran bestehen, daß sie ihren Anteil zu dem immer stärker werdenden Haß der römischen Oberschicht gegen Caesar beitrug.

Doch von diesem Haß bis zu dem Entschluß, Caesar mit Gewalt aus dem Wege zu räumen, war noch ein weiter Weg. Vor allem die gegen Ende des Jahres 46 v. Chr. aus Spanien herüberkommenden Nachrichten ließen es den Gegnern Caesars geraten erscheinen, sich mit derartigen Plänen Zeit zu lassen: Dort war es nämlich Gnaeus und Sextus Pompejus trotz der Ermordung ihres Vaters und der schweren Niederlagen bei Pharsalos und Thapsus gelungen, eine starke Streitmacht aufzubauen und Caesars spanische Legionen derart in Bedrängnis zu bringen, daß sich dieser entschloß, selbst nach Spanien zu eilen. Schon Anfang Dezember 46 traf Caesar in Spanien ein. Die Pompejaner wichen dem Kampf zunächst aus. Erst am 17. März 45 v. Chr. stellten sie sich mit achtzigtausend Mann auf den Anhöhen bei Munda (dem heutigen Montilla) lagernd, den Legionen Caesars zur Entscheidungsschlacht. Die Wahl des Ortes zeugt für das strategische Geschick von Gnaeus und Sextus Pompejus sowie ihren führenden Generälen Labienus und Atius Varus, während Caesars Taktik in dieser Situation Rätsel aufgibt: Er ließ seine zahlenmäßig unterlegenen Kräfte durch eine Ebene gegen die auf den Anhöhen stehenden Pompejaner vorrücken, in der Hoffnung – wie der Autor des Spanischen Krieges berichtet –, die Feinde würden ihnen entgegenziehen.[45] Doch die Pompejaner dachten nicht daran, ihre günstige Stellung aufzugeben. Diese unverständliche Taktik Caesars hatte zur Folge, daß der Vormarsch von Caesars Truppen zu stocken begann. Erst als die Pompejaner dies sahen, griffen sie an und brachten damit Caesar in eine höchst gefährliche Lage: »Er eilte hierauf zu seinen Soldaten, um sie aufzumuntern. Dabei nahm er seinen Helm vom Haupte, ließ die Leute beschämt die Augen niederschlagen und richtete mahnende Worte an sie. Indes auch dies vermochte nicht, die angstvolle Stimmung zu ändern, bis Caesar schließlich einem Soldaten den Schild entriß und zu den Stabsoffizieren, die ihn umgaben, sprach: ›Dies wird das Ende meines Lebens und für Euch das Ende des Kriegsdienstes sein!‹ Dann stürmte er vor die Schlachtreihe der Seinen und dicht auf die Feinde zu, so daß der Abstand von ihnen nur mehr zehn Fuß betrug. Zweihundert Lanzen flogen ihm entgegen, doch vermochte er vor den einen auszuweichen, die anderen aber mit seinem Schild aufzufangen. Denn jetzt rannte auch jeder Tribun vor und stellte sich ihm zur Seite, das gesamte Heer aber warf sich mit Leidenschaft auf den Gegner und kämpfte den ganzen Tag hindurch, stets teilweise im Vor-, teilweise im Nachteil, bis gegen Abend mühsam genug der Sieg errungen war. Da soll, wie es heißt, Caesar gesagt haben, daß er oftmals um den Sieg, diesmal aber sogar ums Überleben gekämpft habe.«[46] Etwa dreißigtausend Pompejaner fielen, unter ihnen Labienus und Atius Varus, die ehrenvoll bestattet wurden. Gnaeus Pompejus fiel auf der Flucht seinen Verfolgern in die Hände und wurde umgebracht, sein abgeschlagener Kopf auf Geheiß Caesars als Siegeszeichen öffentlich ausgestellt. Von Caesars Leuten sollen angeblich nur tausend Mann den Tod gefunden haben.[47] Die Verfolgung der fliehenden Pompejaner läßt noch einmal die ganze Brutalität aufleuchten, mit der dieser Bürgerkrieg am Ende geführt wurde: »Als die Feinde auf ihrer Flucht in der Stadt Munda Schutz suchten, sah sich Caesar gezwungen, sie dort einzuschließen. Von den Waffen der Feinde benutzten sie die Schilde und Speere für den Bau der Palisaden, und anstelle des Walles häuften sie die Leichen auf; überdies steckten sie die abgeschlagenen Köpfe auf die Spitzen der Schwerter und stellten sie gegen die Stadt hin auf. Damit sollte den Feinden Furcht eingejagt werden.«[48] Caesar überließ die weitere Belagerung einem seiner Offiziere, der die Stadt wenig später eroberte. Er selbst zog nach Cordoba, einem Zentrum des pompejanischen Widerstandes, dessen Anführer bei Caesars Ankunft Selbstmord beging. Doch gleichwohl kam es bei der Einnahme der Stadt zu einem Blutbad, das zwanzigtausend Menschen das Leben gekostet haben soll.

Wie schon nach der Schlacht von Thapsus mußten nun die Einheimischen auch noch dafür büßen, daß sie gegen ihren Willen in den römischen Bürgerkrieg hineingezogen worden waren. Bezeichnend für die heuchlerische Selbstgerechtheit des Siegers war Caesars Rede vor den Einwohnern des heutigen Sevilla: »Obwohl Ihr das Völkerrecht und die Einrichtung der römischen Bürger kanntet, habt Ihr nach Art der Barbaren einmal und öfter Hand an die unverletzlichen Beamten des römischen Volkes gelegt und habt am hellichten Tag Cassius (es handelte sich um einen Bruder des späteren Caesarmörders, der von den Pompejanern angegriffen worden war; der Verf.) mitten auf dem Forum auf ruchlose Weise töten wollen. Ihr habt den Frieden immer so gehaßt, daß das römische Volk zu keiner Zeit darauf verzichten konnte, in dieser Provinz Legionen zu unterhalten ... Der junge Pompejus, den Ihr auf seiner Flucht als Privatmann aufgenommen habt, hat hier die Faszes und den Oberbefehl an sich gerissen, hat nach der Ermordung von vielen Bürgern Truppen gegen das römische Volk gesammelt und hat auch auf Eure Veranlassung viele Landstriche, ja die ganze Provinz vernichtet.«[49] Die bedauernswerten Bewohner der Stadt dürften mit Staunen zur Kenntnis genommen haben, daß sie auch noch für die angeblichen Untaten des Römers Pompejus, der mit Waffengewalt gegen sie vorgegangen war, verantwortlich gemacht wurden. Natürlich ließ es Caesar bei diesen Worten nicht bewenden, sondern belegte die Stadt – wie auch zahlreiche andere – wegen ihrer angeblichen Untaten mit gewaltigen Geldstrafen.

Nachdem er solchermaßen in Spanien das Recht des Siegers durchgesetzt hatte, kehrte Caesar Anfang September 45 v. Chr. wieder nach Rom zurück. Für ihn bedeutete der spanische Feldzug eine unvorhergesehene Unterbrechung der Durchführung jener Vorhaben und Reformen, die er bereits zuvor geplant hatte. Zumindest einige von ihnen zeigen, welch nachhaltige Spuren der Aufenthalt in Ägypten und die Beziehung mit Kleopatra bei Caesar hinterlassen hatten. Dies gilt besonders für Caesars berühmte Kalenderreform. Bereits 47 hatte er verfügt, daß der nach Mondjahren berechnete römische Kalender, der zu einer Jahreslänge zwischen 375 und 378 Tage führte, auf das 365 Tage zählende ägyptische Sonnenjahr umzustellen sei. Um die zwischen den beiden Kalendern bestehende Differenz von 67 Tagen auszugleichen, verfügte er, daß das Jahr 46 insgesamt 432 Tage haben sollte. Beraten von dem zu Kleopatras Hofstaat zählenden genialen Astrologen Sosigenes legte er seinem Kalender eine mittlere Jahreslänge von 365 ¼ Tagen zugrunde und bestimmte, daß jeweils nach drei Jahren mit 365 Tagen ein Schaltjahr von 366 Tagen einzuschieben sei. Bekanntlich ist der nach Caesar benannte julianische Kalender erst 1582 durch den nach Papst Gregor VIII. benannten gregorianischen Kalender geringfügig verbessert worden. Nach dem gregorianischen Kalender sind alle Jahre, deren Ordnungszahl durch Hundert, aber nicht durch Vierhundert teilbar ist, z.B. 1700, 1800, 1900, 2100, 2200, keine Schaltjahre mehr, so daß erst nach ca. 3400 Jahren eine Differenz von einem Tag auftreten wird. Diese Kalenderreform setzte sich allerdings zunächst nur in den katholischen Ländern durch. In den orthodoxen Ländern des Ostens galt der julianische Kalender bis 1914 bzw. bis zur russischen Revolution 1917.[50]

Vor allem aber trug sich Caesar, auch dies wohl unter dem Eindruck des Glanzes Alexandrias, mit weitreichenden Plänen zur Vergrößerung und Verschönerung Roms: Den eigens für die Seegefechte zur Feier seiner Triumphe angelegten See auf dem Marsfeld wollte er wieder zuschütten lassen und so den Baugrund für einen Marstempel von nie dagewesener Größe gewinnen. Am Fuße des tarpejischen Felsens sollte ein riesiges Theater errichtet werden. Marcus Varro, der bedeutendste Gelehrte und Schriftsteller dieser Zeit, wurde mit der Beschaffung der Bestände für eine Bibliothek beauftragt, die alle wichtigen Schriften in lateinischer und griechischer Sprache umfassen sollte. Um die ständigen Tiberüberschwemmungen in Rom zu beenden, plante Caesar, den Fluß über einen Kanal vor der Stadt in das Meer abzuleiten. Gewaltige Dammanlagen sollten Rom vor dem Meer schützen, und bei Ostia waren große Hafenanlagen vorgesehen. Auch die Trockenlegung der Pontinischen Sümpfe wurde von Caesar geplant. Sie sollte allerdings erst Mussolini in den dreißiger Jahren unseres Jahrhunderts gelingen. Den Fuciner See, dessen starkes Steigen und Fallen für die Anwohner sehr lästig war, plante er abzulassen. Dessen Regulierung wurde später von Kaiser Claudius erfolgreich vorgenommen. Auch den Isthmus von Korinth wollte Caesar durchstechen lassen. Verwirklicht wurde sein Plan allerdings erst 1893.[51]

Mochten Caesars Vorhaben viele Römer begeistern, so stießen seine nicht weniger tiefgreifenden politischen Pläne auf Mißtrauen, da sie den nicht unbegründeten Verdacht erweckten, er wollte die Verhältnisse in Rom auf die Bedürfnisse eines Alleinherrschers zuschneiden. Nicht weniger als dreihundertzwanzigtausend Bewohner der Stadt lebten damals aufgrund einer von Clodius eingeführten Getreideverteilung auf Kosten des Staates oder genauer gesagt, der von ihm unterworfenen Provinzen. Um die Zahl dieser Bevölkerungsgruppe, die naturgemäß sehr rasch ein gefährlicher

Unruheherd werden konnte, drastisch zu verringern, ordnete Caesar eine Volkszählung an, die jedoch nicht, wie bisher üblich, auf dem Forum erfolgte, sondern von den einzelnen Hausbesitzern vorgenommen werden mußte.[52] Caesar ließ nicht weniger als einhundertsiebzigtausend Personen von der Liste der kostenlosen Getreideempfänger streichen, um sie zu zwingen, ihren Lebensunterhalt durch die Bebauung brachliegenden Landes zu verdienen, was allerdings nicht nach dem Geschmack der meisten Betroffenen war.

Auch die zahllosen, zum Teil sehr einflußreichen politischen Vereinigungen und Clubs löste Caesar – in den Jahren seines Aufstiegs selbst ein eifriger Besucher und hervorragender Kenner dieser Szene – mit wenigen Ausnahmen auf. So einfach konnte er natürlich seinen Gegnern im hohen römischen Amtsadel und Senat, die er zu Recht als seine gefährlichsten Widersacher betrachtete, nicht beikommen. Er versuchte jedoch ihren Einfluß zu schwächen, indem er die Zahl der Senatoren und wichtigen Beamtenstellen vermehrte und mit Leuten seines Vertrauens besetzte. Dabei hatte er auch keine Bedenken, Gallier in den Senat zu berufen, was selbst beim einfachen Volk Empörung auslöste. Sehr bald war in Rom überall der Spottvers zu lesen.

»Im Triumph führt Caesar Gallier, auch ins Rathaus führt er sie.
Gallier legten ab die Hosen, taten an den Purpurstreif.«

Auf die Ortsunkenntnis der neuen Senatsmitglieder anspielend, fanden sich auch Anschläge wie: »Von Amts wegen! Keiner lasse sich einfallen, einem neuen Senator den Weg nach dem Senatshause zu zeigen!«[53]

Auch ansonsten nahm Caesar kaum Rücksicht auf die Gefühle der Römer. Besonders deutlich macht dies der Bericht Plutarchs über Caesars Siegesfeier nach der Vernichtung der Pompejaner in Spanien: »Dies war der letzte Krieg, den Caesar führte. Der deswegen gehaltene Triumph schmerzte die Römer mehr als irgendetwas anderes. Denn da er diesmal keine Heerführer fremder Völker, keine barbarischen Könige überwunden, sondern die Kinder und das Haus des größten Mannes unter den Römern, der vom Unglück verfolgt war, gänzlich ausgerottet hatte, so war es nicht schön, über das Unglück des Vaterlandes zu triumphieren und sich mit Taten zu brüsten, für die ihm bei Göttern und Menschen zu seiner Rechtfertigung nur dies einzige übrig blieb, daß er durch die Not gezwungen worden war.«[54] Die Mehrzahl der Römer nahm dies schweigend hin, weil sie einen offenen Widerstand gegen den allmächtigen Diktator nicht wagten. Doch nicht alle waren bereit, sich zu fügen, so daß es während des Triumphzuges zu einem in der römischen Geschichte beispiellosen Zwischenfall kam: Als Caesar an den Sitzen der Tribunen vorbeifuhr, wagte es der Volkstribun Pontius Aquila als einziger, nicht aufzustehen. Wütend streckte ihm Caesar die Faust entgegen und rief ihm zu: »So fordere denn, Aquila, du der Tribun, die Republik von mir zurück.« Kaltgelassen hat Caesar dieser Zwischenfall nicht. Noch längere Zeit bewilligte er alle Gnadengesuche nur mit der ironischen Bemerkung, »daß auch Pontius Aquila keinen Einspruch dagegen erhebt«.[55]

Doch weder Aquilas trotzige Haltung noch die Empörung vieler Römer über seinen Regierungsstil hielten Caesar davon ab, jenen Bruch mit den römischen Traditionen anzustreben, der ihm zum Verhängnis werden sollte. Im Gegenteil, er begnügte sich nicht mit seiner absoluten Macht, sondern strebte, was nun für die Römer wirklich völlig neu war, auch noch seine Vergöttlichung an. Appian berichtet: »Caesar eilte indes, nachdem er sämtliche Bürgerkriege beendet hatte, nach Rom, nunmehr gefürchtet und gefeiert wie kein Mensch zuvor; ihm zu Danke ersann man ohne Maß Ehrungen aller Art, selbst übermenschliche: Opfer, Wettspiele, Standbilder in sämtlichen Tempeln und an öffentlichen Plätzen und dies in jeder Tribus, in jeder Provinz und bei allen mit Rom verbündeten Königen. Die Darstellung geschah auf verschiedene Art, in einigen Fällen trug er als Retter des Vaterlandes einen Kranz aus Eichenlaub, womit einstmals die Geretteten jene, die schützend ihren Schild über sie gehalten hatten, auszuzeichnen pflegten. Man proklamierte ihn zum Vater des Vaterlandes und wählte ihn zum Diktator auf Lebenszeit sowie zum Konsul für zehn Jahre. Für seine Person sollte er geheiligt und unverletzlich sein und seine Amtsgeschäfte auf einem Thron aus Elfenbein erledigen und selber stets im Triumphalgewand Opfer darbringen dürfen. Ferner beschloß man, daß die Stadt in jedem Jahre die Tage seiner Siege feierlich zu begehen habe, Priester und Priesterinnen alle fünf Jahre öffentlich für sein Wohlergehen beten und die Amtsträger sogleich nach ihrer Bestellung schwören sollten, daß sie sich keiner Entscheidung Caesars widersetzen würden. Seiner Geburt zu Ehren wurde der Monat Quintilis in Julius umbenannt, und laut Beschluß die Errichtung zahlreicher Tempel für ihn wie für einen Gott vorgesehen. Gemeinsam sollte ihm und der Clementia ein Heiligtum geweiht werden, in dem beide dargestellt waren, wie sie einander die Hand gaben. So groß war die Angst vor ihm als Herrscher und so lebhaft der Wunsch, er möge sich ihnen mild erweisen.«[56]

Kein Zweifel, Caesar legte im Sturmschritt den Weg zu seinem Verhängnis zurück: »Zu Beginn ehrten sie ihn in der Annahme, er werde Maß halten; doch als sie sahen, daß er sich über ihre Beschlüsse freute und, von einigen wenigen Ausnahmen abgesehen, sie alle entgegennahm, stellten verschiedene Männer bei verschiedenen Gelegenheiten immer mehr übertriebene Anträge, teils aus maßloser Schmeichelei, teils um ihn lächerlich zu machen, jedenfalls wagten einige sogar anzuregen, man möge ihm gestatten, mit so viel Frauen, als er nur wolle, zu verkehren, zumal er auch damals noch, obschon ein Fünfzigjähriger, eine Menge Mätressen hatte. Andere, und zwar die Mehrheit, folgten diesem Kurs, weil sie so schnell wie möglich ihn zum Gegenstand von Neid und Haß machen und damit seinen Untergang herbeiführen wollten.«[57] Und genauso kam es ...

Worauf wollte Caesar hinaus? Die Frage ist bis heute umstritten. Fest steht jedenfalls, daß er seine Diktatur nicht als eine vorübergehende Unterbrechung der republikanischen Staatsform angesehen hat, sondern dieser keine Zukunft mehr gab. Er scheute sich nicht, dies offen mit den Worten auszusprechen: »Die Republik ist ein Nichts, ein bloßer Name ohne Körper und greifbare Gestalt.«[58] Man muß allerdings einräumen, daß Caesars vernichtendes Urteil über den Wert und die Zukunft der römischen Republik aus heutiger Sicht nur allzu verständlich ist. Das Rom jener Tage war, schon längst bevor Caesar die Zügel der Macht an sich gerissen hatte, zu einer Scheinrepublik herabgesunken, deren Fassaden nur mühsam die Tatsache verbargen, daß seit mehr als einem halben Jahrhundert nicht mehr der römische Senat, sondern Einzelpersönlichkeiten das Schicksal des Staates bestimmten. Ursprung und Ursache dieser Entwicklung waren – paradoxerweise – der gewaltige Triumph Roms im Punischen Krieg Ende des dritten vorchristlichen Jahrhunderts und die sich anschließenden zahllosen militärischen Erfolge, deren Höhepunkt die Auslöschung des hellenistischen Reiches in der Schlacht von Kynoskephalai 168 v. Chr. war. Rom stieg durch diese Siege zwar zur unbestrittenen Beherrscherin des Mittelmeerraumes und zur Weltmacht auf. Eine riesige Beute und Sklavenschar strömten damals nach Rom und führten zu einem nie dagewesenen Reichtum, der eine glänzende Bautätigkeit zur Folge hatte. Doch die Schattenseiten dieser Entwicklung waren nicht zu übersehen: »Dieser wachsende Reichtum sollte infolge seiner ungleichen Verteilung und der Veränderung des traditionellen Lebensstils, die er mit sich brachte, einen umwälzenden Einfluß ausüben, Zwietracht säen und die frühere Selbstzucht untergraben.«[59] Dies galt nicht zuletzt für die Tätigkeit jener Sklavenhändler, die sich vornehmlich auf die Einfuhr junger Mädchen, Tänzerinnen und Musikantinnen oder solcher Frauen verlegten, deren einzige Qualität ihre Willfährigkeit war. Die Damen stellten für die biederen Römer – wer will es ihnen verübeln – eine ständige Versuchung dar, die viele veranlaßte, ihr ganzes Vermögen zu verschleudern. Freilich waren nicht nur sie es, die Roms Männerwelt veranlaßten, sich von der Lebensweise ihrer Vorfahren abzuwenden. Mit der Rückkehr der Legionäre aus Griechenland erfuhr auch die »griechische Liebe«, also die Homosexualität, in Rom eine bisher nicht gekannte Verbreitung. Wem all dies nicht genügte, der konnte in hölzernen Schaubuden, die geschäftstüchtige Unternehmer in der Stadt errichteten, auch die extremsten voyeuristischen Neigungen befriedigen: »Wer dafür bezahlte, konnte Seiltänzer und Seiltänzerinnen bewundern, die scheinbar in der Luft schwebend, einander zustrebten und sich in zärtlicher Umarmung fanden. Er konnte sehen, wie nackte Männer und Frauen in Käfige gestoßen wurden, sich reißender Tiere nicht erwehren konnten und mit zerfetzten Gliedern blutüberströmt starben. Die Grausamkeit war zwar verboten, aber das Verbot wurde nicht beachtet. Die Opfer waren ja Sklaven und Sklavinnen, und die Budenbesitzer erklärten, wenn sie zur Rede gestellt wurden, daß die Unglücklichen die Käfige der Bestien freiwillig betreten und ihr grausiges Ende durch ihre bedauerliche Unvorsichtigkeit selbst verschuldet hätten. Wenn der Erlös aus den Eintrittspreisen den Einkaufspreis für die Sklaven und Sklavinnen überschritt, war ihr Tod ein Geschäft gewesen – und Menschenleben waren ja billig.«[60]

Es war dieses Treiben, das den hellenistischen Historiker und Staatsphilosophen Polybios zu dem Satz veranlaßte: »Die Welt zu erobern ist das Eine. Sie auf die Dauer zu beherrschen und den Frieden zu erhalten, ist das Andere.«[61] Wie recht er damit hatte, zeigt die Tatsache, daß das Rom jener Epoche nicht einmal in der Lage war, den inneren Frieden zu bewahren. Man hätte annehmen sollen, daß der riesige Reichtum, der damals nach Rom floß, ausreichte, um wenigstens die breite Masse der Römer zufriedenzustellen. Doch genau das Gegenteil war der Fall. Als 137 v. Chr. zwei Angehörige der römischen Oberschicht, die Brüder Tiberius und Gajus Gracchus, die heutige Toskana durchquerten, mußten sie feststellen, daß der einst von italienischen Bauern bewirtschaftete blühende Landstrich völlig verarmt war und fast nur noch von fremden Sklaven bearbeitet wurde. Noch schlimmer als in der fruchtbaren Toskana sah es damals vielerorts in Italien aus. Ursache hierfür war die völlig ungleiche und ungerechte Verteilung der riesigen Kriegsbeute. Die römischen Legionäre, die sie in zahllosen Kriegen erkämpft hatten, waren in ihrer Mehrzahl einfache Bauern, die durch ihre häufigen Militärdienste nicht mehr in der Lage waren, den heimischen Boden zu bestellen und dadurch in den wirtschaftlichen Ruin getrieben wurden. Doch nicht ihnen, sondern der zahlenmäßig kleinen Oberschicht Roms, kamen die Früchte ihrer Erfolge zugute. Diese hatte in ihrer Mehrheit nichts Besseres zu tun, als mit einem Teil ihres neu gewonnenen Reichtums die Landwirtschaften der in Not geratenen Legionäre zu einem Spottpreis aufzukaufen und sie durch Sklaven bewirtschaften zu lassen. Nichts kennzeichnet die Lage der verarmten Bauernlegionäre deutlicher als die berühmten Worte von Tiberius Gracchus: »Die Tiere, die in Italien leben, haben Höhlen und eine Lagerstätte oder einen Unterschlupf. Die Männer aber, die für Italien kämpfen und sterben, haben wohl Anteil an Licht und Luft, sonst aber nichts. Die Feldherren aber lügen, wenn sie die Legionäre in den Schlachten dazu aufrufen, ihre Gräber und Heiligtümer zu verteidigen. Denn keiner unter so vielen Römern hat noch einen Hausaltar oder ein Ahnengrab. Nein, für anderer Leute Schlemmerei und Reichtümer kämpfen sie und fallen...«[62] Der Mann, der diese

Worte aussprach, war beileibe kein Opfer dieser Entwicklung und alles andere als ein geborener Sozialrevolutionär. Tiberius Gracchus entstammte dem uralten plebejischen Geschlecht der Sempronier. Doch muß man sich hüten, aus dieser plebejischen Herkunft den falschen Schluß zu ziehen, Tiberius sei ein Angehöriger des einfachen Volkes gewesen: »Der Gegensatz zwischen der Plebs und Patriziern gehörte schon seit Anfang des dritten Jahrhunderts nicht mehr zu den entscheidenden Problemen im Staat. Die beiden Klassen bestanden, rechtlich voneinander geschieden, fort, aber diese Unterschiede waren nicht so sehr rechtlicher als sozialer und vor allem religiöser Natur. Die Plebs hatte Zugang zu allen Magistraturen. Dieses Recht war nunmehr unangefochten, und niemand wäre auf den Gedanken gekommen, es wieder in Frage zu stellen ... Diejenigen Angehörigen der Plebs, die von der Möglichkeit einer Ämterlaufbahn Gebrauch machten, glichen immer mehr den Patriziern. Das politische Intrigenspiel wurde zwischen ihnen ausgetragen, ohne daß irgendwelche Einzelgänger die Möglichkeit bekommen hätten, sich ihrerseits einzuschalten.«[63]

Das bedeutendste Beispiel für diese Annäherung der führenden Plebejergeschlechter an die Aristokratie waren die Sempronier. Dies zeigt schon ihre enge Verbindung mit dem hochangesehenen Patriziergeschlecht der Scipionen. Die Großmutter von Tiberius Gracchus war mit keinem Geringeren als Scipio Africanus verheiratet gewesen. Tiberius war also ein Enkel des Hannibalbezwingers. Eine Schwester von Tiberius war die Frau von Scipio Aemilianus, der 146 v. Chr. als Oberbefehlshaber des römischen Heeres Karthago eroberte und – zu seiner Ehre sei es gesagt – gegen seinen Willen auf Befehl des römischen Senates vollständig zerstören mußte. Diese Herkunft, aber noch mehr seine ungewöhnlichen Fähigkeiten, erlaubten Tiberius, jene überragende Rolle auf der politischen Bühne Roms zu spielen, die seinen Namen in die Weltgeschichte eingehen ließen. Er muß, nach allem, was man von ihm weiß, ein ausgesprochen charismatischer Charakter gewesen sein: »Auffallend an ihm waren sein Mut und die Gewalt, die er über Menschen besaß ... In Spanien, wo er Quaestor war, rettete er durch das Ansehen, das er bei den Bewohnern genoß, eine römische Armee, die ein unfähiger Heerführer in eine heikle Lage gebracht hatte.«[64] Dazu war er ein glänzender Redner. Noch Cicero, der ja mit der politischen Einstellung von Tiberius wenig gemein hatte, sollte seine rhetorischen Fähigkeiten rühmen. Die oben zitierte eindrucksvolle Schilderung der Not des römischen Bauernstandes durch Tiberius läßt keinen Zweifel an der Berechtigung dieser aus berufenstem Munde stammenden Hochachtung vor den rhetorischen Fähigkeiten von Tiberius aufkommen.

Kleinlicher Sozialneid war es gewiß nicht, der in dem hochgestellten, hochgeachteten und äußerst vermögenden Enkel des Scipio Africanus den Entschluß reifen ließ, die bestehenden sozialen Verhältnisse zu ändern. Aber Tiberius Gracchus sah die tödliche Gefahr, die Rom aus den sozialen Spannungen erwachsen konnte. Gerade die kleinen Landbesitzer, deren Vernichtung sich ein Teil von Roms Oberschicht so angelegen sein ließ, waren in der Vergangenheit das Rückgrat des römischen Staats und Heerwesens gewesen. Ihre Vernichtung mußte zwangsläufig ein bindungsloses und verbittertes Proletariat schaffen, das über kurz oder lang zu einem gefährlichen Unruheherd für den römischen Staat werden mußte. Als Tribun brachte Tiberius deshalb eine Gesetzesvorlage zu einer Landreform ein, die die sozialen Härten zu mildern versuchte, aber alles andere als revolutionär war. Die von ihm vorgesehene Umverteilung beschränkte sich auf den »ager publicus«, also jene Flächen, die ohnehin Eigentum des römischen Volkes waren. Um neue Bauernstellen zu gewinnen, sollte kein Großgrundbesitzer mehr als 125 Hektar dieser Flächen, die sie sich meist widerrechtlich angeeignet hatten, besitzen dürfen. Die restlichen Flächen sollten gegen Entschädigung entzogen werden und der Schaffung von neuen Bauernstellen mit einer Größe von 7,5 Hektar dienen. Doch selbst dieser Vorschlag der Enteignung eines geringen Teils von widerrechtlich angeeigneten Flächen gegen Entschädigung stieß auf erbitterten Widerstand eines Großteils des Senats. Diese Reaktion der römischen Oberschicht zeigt nur zu deutlich, von welch engstirnigen Egoismen sich jene Männer leiten ließen, denen kraft ihres Amtes die Aufgabe zukam, die Interessen eines Weltreichs wahrzunehmen. Sie war eine moralische Bankrotterklärung des römischen Senates, von deren Folgen er sich nie mehr erholen sollte. In dieses Bild paßt es nur zu gut, daß der Senat den weiteren Auseinandersetzungen mit Tiberius ein Ende machte, indem er ihn und eine große Zahl seiner Anhänger totschlagen ließ.

Dies hinderte Gajus Gracchus, den jüngeren Bruder des Ermordeten, nicht daran, den Versuch zu wagen, die geplanten Reformen seines Bruders doch noch durchzusetzen. Aber auch er scheiterte. Es kam schließlich zu bürgerkriegsähnlichen Unruhen, in deren Verlauf sich Gajus auf dem Aventin verschanzte. Als er die Aussichtslosigkeit seiner Lage erkannte, ließ sich Gajus 121 v. Chr. von einem Sklaven umbringen, der anschließend aus Verzweiflung über das Schicksal seines Herrn Selbstmord beging. Dreitausend Anhänger von Gajus, die sich mit ihm auf den Aventin zurückgezogen hatten, wurden erschlagen. Damit hatte Roms Oberschicht, allen voran der Senat, eine Reform erfolgreich bekämpft, deren Verwirklichung die letzte Chance gewesen wäre, ihre eigene Vormachtstellung unangefochten zu wahren. Die römische Gesellschaft blieb von nun an bis zu Caesars Herrschaft gespalten. Die Folgen dieser Entwicklung ließen nicht lange auf sich warten. Der endgültige Niedergang der Vorherrschaft des Senats wurde eingeleitet, als 107 v. Chr. der aus einfachen Verhältnissen stammende Gajus Marius gestützt auf die Sympathien der Volkspartei, als deren Führer er galt, zum Konsul gewählt wurde. Marius zog nun verstärkt Angehörige der verarmten Volksschichten ins Heer, die hofften, unter seinen Fahnen ihr Glück zu machen. Legionäre, die selbst nicht in der Lage waren, für ihre Ausrüstung aufzukommen, unterstützte Marius mit eigenen Mitteln. »So schuf sich Marius schließlich das Instrument, mit dem er siegen konnte, indem er Männer in den Kampf schickte, die sich von einem Sieg alles versprachen und nur noch auf den Tag warteten, an dem sie in das Zivilleben zurückkehren könnten, um auf ihrem kleinen Landbesitz, den sie sich von ihrem Feldherrn erhofften, oder aber in der nächstgelegenen Stadt ein sorgenfreies Leben zu führen. Die Legionäre waren nun nicht mehr die Verteidiger Roms und ihres Besitzes, sondern Knechte eines Feldherrn, auf dessen Freigiebigkeit sie alles setzten.«[65] Man kann dieser Feststellung des französischen Historikers Grimal nur zustimmen: In der Tat, die Unterdrückung der so notwendigen sozialen Reformen hatte in Rom ein Proletariat geschaffen, das dem römischen Staat nichts außer seiner Armut zu verdanken hatte und es damit jedem Heerführer von Format ermöglichte, eine auf ihn eingeschworene Truppe zu schaffen, die er bei Bedarf auch gegen Rom einsetzen konnte. Zwar gelang es der römischen Oberschicht mit Sulla an der Spitze, den Einfluß von Marius vorübergehend zurückzudrängen. Doch als Sulla sich 87 v. Chr. zum Kampf gegen Mithridates nach Griechenland begab, sah Marius die Stunde der Rache gekommen. Obwohl er in der Verbannung lebte, konnte er in kürzester Zeit ein privates Heer anwerben, das es ihm ermöglichte, die Macht in Rom an sich zu reißen und furchtbare Rache zu nehmen: »Fünf Tage und fünf Nächte währte das Morden, das der Nobilität ihre führenden Köpfe raubte. Octavius, der trotz der aussichtslosen Lage in der Stadt geblieben war, wurde im Schmuck der konsularischen Amtsabzeichen niedergestoßen; mit seinem Kopf wurde zum ersten Mal das Haupt eines Konsuls auf der Rednertribüne des Marktes zur Schau gestellt. Lucius Caesar, der sich im Jahre 90 im Bundesgenossenkrieg ausgezeichnet hatte, sein Bruder Gajus, sodann der Konsul des Jahres 99, Marcus Antonius, der Konsul des Jahres 97, P. Crassus, und viele andere, die oft nur durch ihren Reichtum verdächtig waren, fanden das gleiche jämmerliche Ende. L. Merulla, der an der Stelle Cinnas das Konsulat erhalten hatte, nahm sich selbst das Leben. Für Quintus Lutatius Catulus, der als Waffengefährte des Marius im Jahre 101 die Cimbern vernichtet hatte, baten Freunde um Gnade, aber Marius entgegnete unbarmherzig, ›er muß sterben‹. Catulus zündete daraufhin in einem frisch getünchten Zimmer Kohlen an und erstickte sich in den Gasen. Die grausigen Mordszenen ekelten allmählich die Anhänger des Marius an.«[66] Als Sulla dann nach der Niederwerfung von Mithridates mit seinem siegreichen Heer in Rom einmarschierte, ließ er am Collinischen Tor etwa 6000 seiner Gegner umbringen.

Die Züge von Sulla und Marius nach Rom belegen deutlich, daß die Macht in Rom längst nicht mehr vom römischen Senat ausgeübt wurde, sondern der jeweils mächtigste Feldherr dort Herr über Leben und Tod war. Freilich hätten sich weder Marius noch Sulla erlauben können, gegen Rom zu ziehen und ihre Gegner zu Tausenden umbringen zu lassen, wenn nicht Roms Oberschicht durch ihre Weigerung, auch auf die berechtigten sozialen Forderungen des Volkes einzugehen, ein Klima des Hasses und der Rachegelüste geschaffen hätte.

An dieser Ohnmacht des Senates und der ganzen römischen Oberschicht, ob man sie nun Senatsaristokratie, Optimaten oder

Oligarchie nennen will, sollte sich auch in den folgenden vier Jahren der sullanischen Diktatur nichts ändern. Sulla regierte als absoluter Alleinherrscher: Magistrate, Senatoren, Ritter, einfache Bürger, sie alle waren gewissermaßen nur noch ein Teilchen im Räderwerk einer Maschine, die, um funktionsfähig zu sein, einen Anstoß von außen brauchte. Dies stand in krassem Widerspruch zur altrömischen Staatsvorstellung: »Dieser Widerspruch hätte sich nur lösen lassen, wenn man Sullas außerordentliche Magistratur nicht als Notlösung zur Überwindung einer vorübergehenden Krise, sondern als unerläßliches Herzstück und Eckstein des ganzen Systems anzusehen bereit gewesen wäre. Mit anderen Worten: Würde Rom, das de facto bereits eine Monarchie war, nun auch de jure eine Monarchie werden? Die Zukunft hing vollkommen in der Schwebe, nun kam es ganz allein auf Sulla an. Zwei Lösungen boten sich an oder waren zumindestens denkbar: Entweder ein von Gewalt getragenes Königtum (Sullas Lösung) oder eine auf Ansehen, Ruhm und Weisheit beruhende Vorrangstellung – jener ›Prinzipat‹, wie er sich in der Zeit des Scipio Aemilianus bereits angedeutet hatte und in der Folgezeit immer schärfere Konturen annehmen sollte.«[67] Die Antwort auf diese Frage sollte freilich durch den nach Sullas von Rätseln umwitterten Rücktritt bis zu Caesar in der Schwebe bleiben. Die römische Republik rieb sich an ihren inneren Gegensätzen auf, was Montesquieu zu seinem berühmten Wort veranlaßt hat: »Wenn Caesar und Pompejus wie Cato gedacht hätten, so würden andere wie Caesar und Pompejus gedacht haben, und die einmal zum Untergang bestimmte Republik wäre durch eine andere Hand in den Absturz hinabgerissen worden.«[68] Diese innere Zerrissenheit Roms war dann auch der Hintergrund für Caesars Bemerkung, die Republik sei ein Nichts, ein bloßer Name ohne Körper und greifbare Gestalt. Entsprechend handelte er.

Bereits vor seinem Spanienfeldzug hatte sich Caesar im Herbst 46 v. Chr. für zehn Jahre zum unumschränkten Diktator Roms ernennen lassen. Wie er diese Macht zu handhaben gedachte, belegen die Worte: Die Leute müßten jetzt mehr mit Überlegung mit ihm sprechen und, was er sage, als Gesetz betrachten! Von Caesars bewußtem, ja selbstherrlichem Auftreten jener Zeit legt ein Brief Ciceros Zeugnis ab, der wegen seiner Unmittelbarkeit vielleicht das interessanteste erhaltene Dokument über den Menschen

Caesar sein dürfte. Am 19. Dezember 45 v. Chr. schildert Cicero seinem Freund Atticus den Verlauf eines Besuchs Caesars: »Was für ein unsympathischer Gast! Und doch ist es mir nicht leid; es war nämlich äußerst nett. Also: Am Saturnalientage traf er abends bei Philippus ein, und gleich war dessen Haus derartig von den Soldaten mit Beschlag belegt, daß sich in dem Speisezimmer, wo Caesar selbst speisen sollte, kaum noch ein Platz fand; es waren nämlich 2000 Mann. Mir wurde ziemlich bange, wie das anderntags gehen würde; aber Barba Cassius sprang mir bei. Der stellte mir Posten; Biwak auf freiem Felde, mein Anwesen wurde abgesperrt. Er blieb am dritten Saturnalientage bis 1.00 Uhr bei Philippus; vorgelassen wurde niemand; wahrscheinlich finanzielle Besprechung mit Balbus. Den Weg von dort zu mir machte er zu Fuß am Strande entlang. Nach 2.00 Uhr ins Bad; dabei hörte er von Mamurra; er verzog keine Miene. Dann ließ er sich salben und kam zu Tisch. Er hatte vor, ein Vomitiv zu nehmen; so aß und trank er denn auch unbekümmert und mit Appetit, und es war auch ein glänzendes, prachtvolles Mahl und nicht nur das, sondern auch gut gekocht und gut gewürzt, von wackeren Reden begleitet und, wenn du's wissen willst, behaglich. Außerdem wurde sein Gefolge an drei Tafeln sehr anständig aufgenommen. Schon den weniger vornehmen Freigelassenen und den Sklaven fehlte es an nichts; die Angeseheneren wurden geradezu exquisit bewirtet. Kurz und gut, ich glaube in allen Ehren bestanden zu haben. Freilich, der Gast nicht so, daß man ihm hätte sagen mögen: ›Komm doch bitte wieder herein, wenn Du vorbeikommst!‹ Einmal genügt mir gerade. In der Unterhaltung kein ernsthaftes Wort, viel Literatur. Genug! Er hatte sein Vergnügen und fühlte sich behaglich. Einen Tag wollte er noch in Puteoli bleiben, einen weiteren in Baiae.

Da hast du den Verlauf des Besuches bzw. der Einquartierung, mir, wie gesagt, zuwider, aber nicht unwillkommen. Ich bleibe noch ein wenig hier, dann nach Tusculum.

Als er an Dolabellas Landsitz vorbeikam, ließ er seine ganze militärische Suite rechts und links von seinem Pferde im Parademarsch defilieren, eine ganz außergewöhnliche Auszeichnung. Das habe ich von Nicias.«[69] Cicero hat sich über Caesars Absichten nie irgendwelchen Illusionen hingegeben, warnte er doch schon sehr früh den römischen Senat vor dessen Umsturzplänen mit den ironischen Worten: »Freilich, wenn ich sehe, wie er sich nur mit einem Finger kratzt (was bei den Römern als Zeichen von Verweichlichung galt; der Verf.), kann ich mir nicht vorstellen, daß er an den Umsturz des Staates denkt.«[70] Doch diese Erkenntnis sollte ihn nicht davon abhalten, Caesars Fähigkeiten zu würdigen. So bemerkte er in einem Brief an Cornelius Nepos zu dessen rhetorischen Fähigkeiten: »Wie? Welchen Redner von allen, die nichts als Redner gewesen sind, willst Du diesem vorziehen. Wer ist ihm überlegen an Schärfe des Ausdrucks oder Reichtum der Gedanken?«[71] Erst im Lichte dieser abgewogenen Urteile Ciceros über seinen damals größten und gefährlichsten Gegner gewinnt auch die Schärfe seines durch keinen versöhnlichen Satz gemilderten oben zitierten Urteils über Kleopatra ihre volle Bedeutung. Man kann diesen Unterschied in Stil und Inhalt nicht, wie dies gelegentlich geschehen ist, nur mit der Feststellung erklären, die Briefe über Caesar seien zu dessen Lebzeiten, die über Kleopatra aber erst nach dem Tode Caesars und Kleopatras Entmachtung verfaßt worden. Cicero hat auch gegen den toten Caesar nie so harte Worte gefunden wie gegen Kleopatra. Caesar war für Cicero – wie für die meisten seiner Feinde in Rom – ein Mann aus ihrer Welt, den sie zwar hassen mochten, aber dessen Fähigkeiten und Erfolge ihnen doch gleichzeitig Bewunderung abnötigten. Kleopatra aber galt den meisten Römern als eine anmaßende orientalische Vasallenkönigin, die in Rom nichts zu suchen und schon gar nicht in der Politik mitzureden hatte. Es ist überhaupt bezeichnend, daß Cicero in seinen Briefen Kleopatra nie beim Namen nennt, sondern immer nur von der »Königin« spricht, was für jeden Römer ein Reizwort war.

Sicher war Kleopatra nicht die treibende Kraft bei Caesars Streben nach der Alleinherrschaft. Caesars Ehrgeiz war viel zu groß, als daß er hier der Einflüsterungen einer Frau bedurft hätte. Es steht jedoch außer Frage, daß Kleopatra beabsichtigt hat, Caesars Pläne für ihre eigenen Interessen zu nutzen. Aber genau dies befürchteten die meisten Römer. Deshalb kam ja auch damals das Gerücht auf, Caesar beabsichtige, Alexandria zum Regierungssitz seines künftigen Reiches zu machen.

Man hat den Widerstand der römischen Oberschicht gegen Caesars Pläne vielfach als Reaktion einer geistig verkrusteten Oligarchie abgetan. Doch die Zeichen jener Zeit haben Cicero, Cato, Brutus und Cassius jedenfalls in diesem Punkt wesentlich besser zu deuten gewußt als jene Historiker, die ihnen dieses Zeugnis ausgestellt haben. Sie, die sich berufen glaubten, die Herren der Welt zu sein, sahen sehr wohl die tödliche Bedrohung, die von Caesars Plänen für ihre eigene Machtstellung ausging. Und der Gang der Ereignisse sollte ihnen vollkommen recht geben. Die Entwicklung, gegen die sie sich so leidenschaftlich stemmten, konnten sie letztlich nicht aufhalten, sie hatte aber zur Folge, daß jene Geschlechter, die sich als Repräsentanten der römischen Weltmacht empfanden, zu machtlosen Höflingen der Caesaren herabsanken. In der klaren Erkenntnis dieser Gefahr hat sich Roms Aristokratie gegen Caesar gestellt.

Doch Caesar schenkte all dem wenig Beachtung. Im Herbst 45 v. Chr. spitzte sich die Lage dramatisch zu. Sein Blick war auf den Orient gerichtet: »Kein geringerer als Pakoros selbst, der Sohn des parthischen Königs, hatte mit einem großen Heer die Grenze der syrischen Provinz überschritten und schickte sich an, den seit 46 v. Chr. dort revoltierenden Pompejaner Caecilius Bassus massiv zu unterstützen. In Makedonien und Griechenland warteten sechs kampfbereite Legionen auf ihren Feldherrn, und in Italien fanden umfangreiche Aushebungen statt. Die Vorbereitungen des Krieges und seine Planung waren so überaus gründlich, so daß niemand ernsthaft daran zweifelte, daß der größte Soldat Roms Ende des Jahrzehnts als neuer Alexander in Rom Einzug halten würde.«[72] Um die Durchführung seiner Pläne zu sichern, strebte Caesar die Diktatur auf Lebenszeit an, die ihm dann auch am 15. Februar 44 v. Chr. verliehen wurde.

Unbestritten hat Caesar auch den Plan verfolgt, sich den Königstitel für die römischen Provinzen außerhalb Italiens übertragen zu lassen. Umstritten ist dagegen, ob Caesar auch König in Rom und Italien werden wollte. Viele Historiker haben dies aus Gründen verneint, die Hans Oppermann in die Worte gefaßt hat: »Auch der Plan, Caesar in seiner letzten Senatssitzung den Königstitel außerhalb Italiens zu verleihen, knüpft an römische und nicht an hellenistische Vorstellungen an. Das römische Staatsrecht unterscheidet zwischen den Reichsteilen, die von römischen Bürgern bewohnt und in Form der römischen Republik verwaltet werden – das ist der Bezirk domi (zu Hause), der damals Rom und Italien umfaßte – und den Provinzen des Reiches, die von Untertanen bewohnt sind und in denen das römische Volk durch seine Beamten die absolute Herrschaft ausübt... Das geplante Königtum Caesars sollte... ihm die legale Gewalt in den Provinzen sichern, deren er für einen geplanten Krieg gegen die Parther bedurfte.«[73] Doch für viele Römer nahm sich Caesars Streben nach der Königswürde weniger harmlos aus, wie aus den Schriften von Sueton und Plutarch hervorgeht. Letzterer berichtet: »Allein den sichtbarsten Haß, der ihm schließlich auch den Tod brachte, erregte gegen ihn sein Streben nach der Königswürde, welches für das Volk die erste Ursache, für diejenigen aber, die ihm schon lange gram waren, der triftigste Vorwand wurde. Wirklich sprengten einige, die Caesar diese Würde gern verschaffen wollten, unter dem Volke das Gerücht aus, es ergebe sich aus den sibyllinischen Büchern, daß das parthische Reich von den Römern nur bezwungen werden könne, wenn es unter Anführung eines Königs angegriffen, sonst aber demselben nicht beizukommen wäre. Eines Tages nun, als Caesar von Alba in die Stadt zurückkehrte, wagten sie es, ihn laut als König zu begrüßen. Weil aber das Volk darüber in Bestürzung geriet, sagte er unwillig, er heiße nicht König, sondern Caesar, und bei der darauffolgenden Stille ging er mit finsterem verdrießlichen Gesichte fort.«[74]

Zu dem dramatischsten Zwischenfall kam es jedoch an jenem auf einer uralten Tradition beruhenden Luperkalienfest des 15. Februar 44 v. Chr., jenes Tags also, an dem Caesar bereits die lebenslängliche Diktatur verliehen worden war: »Viele junge Patrizier und selbst Magistratspersonen laufen dabei nackt durch die Stadt und schlagen in fröhlicher Ausgelassenheit nach denen, die ihnen in den Weg kommen, mit haarigen ledernen Peitschen. Die vornehmsten Frauen gehen ihnen dann absichtlich entgegen und halten, wie in einer Schule, die Hände den Schlägen hin, in der Überzeugung, daß dadurch bei Schwangeren die Geburt erleichtert, bei Unfruchtbaren aber die Schwangerschaft gefördert werde.

Caesar saß, um diese Feierlichkeit anzusehen, an der Rednertribüne auf einem goldenen Stuhle mit dem Triumphkleide geschmückt. Auch nahm Antonius als Konsul an dem heiligen Laufe durch die Stadt teil. Als er nun auf den Markt kam, und das versammelte Volk vor ihm Platz machte, überreichte er Caesar ein mit einem Lorbeerkranz umwundenes Diadem. Darüber entstand ein schwaches dumpfes Händeklatschen von einigen wenigen dazu bestellten Personen, wie aber Caesar das Diadem ausschlug, klatschte ihm das ganze Volk lauten Beifall zu. Antonius hielt ihm das Diadem noch einmal hin, und da klatschten wieder nur wenige, aber als Caesar es zum zweitenmal nicht annahm, erfolgte aufs Neue ein allgemeines Händeklatschen. Nach diesem mißlungenen Versuch stand Caesar auf und befahl, den Kranz auf das Kapitol zu tragen.

Einige Tage nachher sah man Bildsäulen Caesars mit königlichen Diademen geschmückt. Zwei Volkstribunen, Flavius und Marullus, gingen herum und rissen die Diademe ab; sie machten auch diejenigen ausfindig, die Caesar zuerst als König begrüßt hatten und ließen sie ins Gefängnis führen. Das Volk begleitete die beiden Männer mit lautem Jubel und beehrte sie mit dem Namen Brutus, weil ein Brutus ehemals die Königsherrschaft aufgehoben und die höchste Gewalt dem Senat und Volk übergeben hatte. Allein Caesar wurde darüber so aufgebracht, daß er Flavius und Marullus ihres Amtes entsetzen ließ.«[75]

Der unverhohlene Zorn Caesars über die beiden Volkstribunen, die das königliche Diadem von seiner Statue entfernt hatten, läßt doch Zweifel an der These aufkommen, er habe wirklich nur ein mit den republikanischen Grundsätzen Roms zu vereinbarendes Königtum angestrebt. Und was soll man erst von dem Vorgehen des Antonius bei dem Luperkalienfest halten? Gewiß, der Bericht von Plutarch zeigt, daß an diesem Tage eine ausgelassene Stimmung herrschte. Zudem war der trinkfreudige Antonius durchaus der Mann, bei einem solchen Anlaß über die Stränge zu schlagen. Aber einen derartig weitgehenden Schritt, wie ihn die Krönung mit dem königlichen Diadem bedeutete, hätte auch ein vom Alkohol beflügelter Antonius niemals gewagt, wenn er sich nicht der Billigung durch Caesar bewußt gewesen wäre. Zudem kann das Vorgehen von Antonius nicht einer plötzlichen Weinlaune entsprungen sein, da ihm das königliche Diadem schwerlich während des Laufes durch die Stadt zugeflogen sein dürfte. Die ganze Sache war offensichtlich inszeniert. Plutarch erwähnt dann auch ausdrücklich, daß nur einige bestellte Personen geklatscht hätten, als Antonius Caesar mit dem Diadem zu krönen versuchte. Und Caesar selbst ließ sich ja mit der Rückgabe des Diadems auch so lange Zeit, bis die feindselige Einstellung des römischen Volkes zu dieser Huldigung offensichtlich wurde. Warum nahm Caesar, zu dessen Schwächen fehlende Geistesgegenwart nicht zählte, dieses Diadem gleich zweimal entgegen? Was wäre wohl geschehen, wenn die Massen bei der Überreichung des Diadems in tosenden Jubel ausgebrochen wären? Was immer die künftigen Verteidiger von Caesars römisch-republikanischer Gesinnung vorbringen sollten, Caesar hätte sich durch ihre Gründe sicherlich nicht davon abhalten lassen, diesen Jubel der Massen als seine Erhebung zum römischen König durch das Plebiszit des römischen Volkes zu feiern. Das Schweigen der Massen hat indessen verhindert, daß das Luperkalienfest des Februar 44 v. Chr. zu jenem großen Triumphtag im Leben des Mannes geworden ist, dessen Vorbild Alexander der Große war, der ja ebenfalls bei dem Versuch der Einführung eines Herrschertums orientalischer Prägung mit vielen seiner besten makedonischen Kampfgefährten in einen teilweise tödlichen Konflikt geraten ist.

So aber wurde der 15. Februar 44 v. Chr. zu jenem Datum, das auch den Schwankenden in der Opposition gegen Caesar klarmachte, welch schwere Gefahr den Resten ihrer einst so glänzenden Machtstellung drohte. Würde Caesar von seinem Feldzug, der ihn nach einem Sieg gegen die Parther – gleich seinem Vorbild Alexander – nach Indien führen sollte, als Sieger zurückkehren, so war jeder Widerstand gegen ihn unmöglich. Es war klar, »daß der aus dem Orient heimkehrende Sieger in Rom eher die Proskynese einführen, als die Freiheit der Republik wieder herstellen würde. Genug Gründe für einen Mord.«[76] Die wohl treffendste Charakterisierung jener Männer ist wohl Werner Dahlheim in seiner Caesar-Studie gelungen: »Gegen Caesar formierte sich jedoch nicht eine Verbrecherbande von Neidern und Zurückgesetzten, die man mit Dante gerne kopfüber und neben Judas im Maule des Luzifer aufgehängt sähe. Sie waren auch keine idealistischen Blutzeugen einer zeitlos vorbildlichen Ordnung, wie dies die französische Revolution eine Zeitlang im Überschwang der Gefühle glaubte. Sie repräsentierten die Blüte des römischen Adels, der schon immer bereit gewesen war, persönliche Opfer zu bringen, wenn es galt, die bedrohte Macht des ganzen Standes zu retten. Dafür hätte man selbst das Weltreich daran gegeben.

In der vordersten Reihe der Verschwörer standen bewährte Generale Caesars. Da war C. Trebonius, Sohn eines Ritters, Legat in Gallien, 45 v. Chr. für seine Dienste im Bürgerkrieg mit dem Konsulat belohnt und designierter Statthalter der reichen Provinz Asia. Da war auch Decimus Brutus, Admiral in Gallien und im Bürgerkrieg, seit 48 v. Chr. Statthalter im jenseitigen Gallien, designierter Konsul für das Jahr 42 v. Chr., nach Octavian Haupterbe Caesars und sein Freund... Beide verkörperten, worum es den Caesarianern ging, die die Dolche gegen ihren einstigen Abgott erhoben. Ihr Platz an der Seite Caesars war herausragend und ihre Zukunft glänzend. Sie tauschten sie gegen ein ungewisses Schicksal ein, weil ihre Welt nicht die von Lohn und Gehorsam, sondern von Herrschaft und Kampf war. Der Diktator gab ihnen Reichtum und Ämter, die sie so begierig begehrten. Sie wollten beides, aber in gewohnter aristokratischer Selbstherrlichkeit: Unkontrolliert und ungehemmt. Sie waren habsüchtig, ehrgeizig, gewalttätig und hochmütig, wie es den Herren der Welt geziemt. Aber sie waren keine Diener; sie wollten sein wie Caesar.«[77] Natürlich kann man auch über die Einzelheiten dieses sehr differenzierten Urteils streiten. Die Männer, die sich hier zusammenfanden, waren, jedenfalls in ihrer Mehrheit, keine idealistischen Menschenfreunde und Weltverbesserer. Auch auf den Gütern Catos, der sicher zu den moralisch hochstehenden Mitgliedern dieser Gruppe zählte, arbeiteten an Ketten gefesselte Arbeitssklaven, und Cato hätte vermutlich die Welt nicht mehr verstanden, wenn man ihm dies zum Vorwurf gemacht hätte. Brutus und Cassius verhielten sich als Feldherrn gegenüber unterworfenen Völkerschaften genauso hart und rücksichtslos, wie man dies auch von den anderen römischen Heerführern kannte. Doch hatten diese Männer durchaus ihre Grundsätze. So erklärte Brutus zunächst, er würde nicht an dem Attentat teilnehmen, jedoch auch nicht schweigen, sondern für die Freiheit streiten und selbst sein Leben opfern.[78] Als dann während der Beratung über das Attentat der Gedanke aufkam, außer Caesar auch noch seinen gefährlichsten Gefolgsmann Antonius umzubringen, verhinderte dies Brutus und forderte, »daß die für Gesetze und Rechte gewagte Tat ganz lauter und von aller Ungerechtigkeit rein bleiben müßte«.[79] Die Mehrzahl der Mitverschworenen dachte genauso wie Brutus, so daß der Beschluß gefaßt wurde, Antonius zu schonen. Doch niemand warnte Caesar. »Dabei hatten es die Verschwörer an jeder Vorsicht fehlen lassen: Der Kreis der Eingeweihten belief sich auf sechzig Personen und die Auseinandersetzungen über Ort und Zeit der Tat waren lang und heftig gewesen. In der klatschsüchtigen Weltstadt, in der jedes Gerücht, jede Information in rasender Eile kolportiert wurde, grenzte es an das Wunderbare, daß der Plan nicht ruchbar wurde. Dies für sich genommen beweist bereits, daß die Männer, die sich um Brutus geschart hatten, aus einem Holz waren, aus dem man im allgemeinen keine ehrlosen Neider oder Dummköpfe zu schnitzen pflegte.«[80] Man mag über die Motive der Caesarmörder geteilter Auffassung sein, man mag – je nach Einstellung – ihre Tat verdammen: Doch niemand wird diesen Männern abstreiten können, daß sie unter Einsatz ihres Lebens so gehandelt haben, wie sie es nach ihren moralischen Vorstellungen tun zu müssen glaubten.

Anfangs waren sich die Verschwörer unschlüssig, wie sie ihre Tat ausführen sollten. Die Zeit drängte. Es war bekannt, daß sich Caesar am 19. März in das Feldlager zum Zug gegen die Parther begeben wollte und dann von seiner militärischen Leibgarde umgeben sein würde. Als daher für den 15. März eine Senatssitzung einberufen wurde, entschieden sie sich für die Kurie des Pompejus als Tatort. Caesar muß etwas geahnt haben, denn er zögerte lange, an der Sitzung teilzunehmen. Sicher lag dies nicht daran, daß sich Caesar an jenem Vormittag, wie gelegentlich zu lesen ist, nicht ganz wohl fühlte. Immerhin hatte Caesar selbst diese Sitzung einberufen, um sich den Titel eines Königs für die außeritalischen Provinzen verleihen zu lassen. Zudem war es die letzte Senatssitzung vor dem Beginn seines Partherfeldzuges. Was hätte es für einen Eindruck auf die Römer und vor allem Caesars Heer gemacht, wenn der Feldherr, der sich anschickte, die Welt zu erobern, aus gesundheitlichen Gründen nicht in der Lage gewesen wäre, eine Senatssitzung zu leiten. Auch die vielen Vorzeichen, die Caesar und seine Umgebung vor einem Anschlag gewarnt haben sollen, dürften sein Zaudern kaum erklären. Mit einiger Wahrscheinlichkeit dürfte jedoch Caesars Freunden und vor allem seiner Geheimpolizei nicht verborgen geblieben sein, daß hier etwas im Gange war, ohne daß sie Genaueres wußten. Dies erklärt dann auch sowohl Caesars Zaudern als auch die Tatsache, daß er sich dann schließlich durch seinen engen

Vertrauten Decimus Brutus, den die unruhig gewordenen Verschworenen zu ihm geschickt hatten, überreden ließ, mit einiger Verspätung doch noch im Senat zu erscheinen.

Dann ging alles sehr schnell: »Als Caesar auf seinem Amtssessel Platz nahm, umringten ihn die Verschworenen mit ihren versteckten Dolchen wie Freunde. Einer von ihnen, Tullius Cimber, trat auf ihn zu und flehte ihn um die Rückberufung seines verbannten Bruders an. Als Caesar seine Bitte abschlug, faßte ihn Cimber mit beiden Händen an seiner purpurnen Toga, dem Zeichen seiner Amtsgewalt, und zog sie ihm vom Hals. Dies war das verabredete Zeichen. Nun fielen alle über den sich verzweifelt wehrenden Caesar her: Wie ein wildes Tier wandte sich Caesar in Wut und mit lautem Geschrei gegen den einen und anderen seiner Angreifer, nach Brutus' Streich aber... gab er schließlich die Hoffnung auf, hüllte sich in sein Gewand und fiel in würdiger Haltung neben dem Standbild des Pompejus zu Boden. Doch getreu ihrem Schwur, jeder müsse mindestens einmal zustechen, setzten die Verschwörer so heftig nach, daß sie sich gegenseitig verletzten. Als sie endlich abließen, lag die Leiche Caesars aus dreiundzwanzig Wunden blutend unter der Statue des Pompejus, an der er sterbend Halt gesucht hatte.«[81]

Im Senat kam es unter den nicht eingeweihten Senatoren zu einem furchtbaren Tumult, aber nur zwei versuchten, Caesar beizustehen. Die Hoffnung der Verschwörer, mit Caesars Tod die Republik wiederherstellen zu können, erwies sich als ein furchtbarer Irrtum. Ursprünglich hatten sie die Absicht gehabt, die Leiche des Ermordeten unter dem Jubel des Volkes in den Tiber zu werfen, sein Vermögen einzuziehen und seine Anordnungen für ungültig zu erklären. Doch der erhoffte Jubel des Volkes über ihre Tat blieb aus. Im Gegenteil, Caesars Veteranen und ein Teil der Bevölkerung riefen nach Rache. Die Verschwörer sahen sich schließlich gezwungen, von ihren Plänen abzulassen und sich im Schutze der Gladiatoren, die sie vorsorglich in der Nähe des Senatsgebäudes bereitgestellt hatten, auf das Kapitol zurückzuziehen. Die Zeichen in Rom standen auf Sturm: Noch in der Nacht marschierte der von Caesar zum Oberbefehlshaber der Reiterei ernannte Lepidus in Rom ein und schlug dem Konsul Marcus Antonius, der während des Mordanschlages von einem Mitverschworenen vor dem Senat in ein

Gespräch verwickelt worden war und sich dann in seiner Villa verschanzt hatte, vor, das von den Verschwörern besetzte Kapitol zu stürmen. Obwohl dies das Ende der Caesarmörder bedeutet hätte, winkte Antonius ab, weil dann nicht er, sondern Lepidus mächtigster Mann in Rom geworden wäre. Dolabella, ebenfalls Konsul von Caesars Gnaden, nahm schon unmittelbar nach der Bluttat Kontakt mit den Verschwörern auf. Der Kampf um die Nachfolge Caesars hatte begonnen.

Als Antonius, dem Caesars Witwe alle wichtigen Papiere des Ermordeten anvertraut hatte, am 18. März Caesars Testament eröffnete, mußte er eine bittere Überraschung erleben. Nicht ihn hatte Caesar zum Haupterben eingesetzt, sondern Gajus Octavius, den Sohn seiner Nichte Atia, den er zugleich durch Adoption in seine Familie aufnahm. Antonius sollte als Nacherbe nur dann zum Zuge kommen, wenn Octavius die Erbschaft ausschlug. Zu den Empfängern der zahlreichen Legate gehörten auch Männer, die wie Decimus Brutus zu seinen Mördern zählten. Das römische Volk wurde mit großzügigen Geldgeschenken und der Umwandlung von Caesars Gärten in öffentliche Parkanlagen bedacht. Kleopatra und Caesarion hingegen fanden in dem Testament mit keinem Wort Erwähnung, was sich natürlich in Windeseile verbreitete.

Kleopatras Stellung in Rom war spätestens seit dieser Testamentseröffnung unhaltbar geworden. Von Caesars Feinden wurde sie ohnehin mehr gehaßt als der Ermordete selbst. Aber auch von den mächtigen einstigen Gefolgsleuten Caesars, wie etwa Marcus Antonius, Lepidus und Dolabella, dachte keiner daran, seine Chancen im Kampf um die Nachfolge des Ermordeten durch eine Parteinahme für die ägyptische Königin zu beeinträchtigen. Im Gegenteil, sie mußte befürchten, nun ebenfalls ein Opfer der Caesarmörder zu werden. Jedenfalls wollte sie sich nicht darauf verlassen, daß diese sie ebenso schonen würden wie Antonius und verließ Rom fluchtartig. Bereits am 15. April konnte Atticus seinem Freund Cicero mitteilen, daß Kleopatra Rom verlassen habe. Cicero antwortete ihm wenig später: »Daß die Königin geflohen ist, kann mir nur recht sein.«[82] Angesichts dieser unmißverständlichen Worte Ciceros ist es nicht ganz einsichtig, wie Grant zu der Auffassung kommt, Kleopatra habe ohnehin beabsichtigt, Italien wegen des bevorstehenden Partherfeldzuges etwa zu gleicher Zeit wie Caesar zu verlassen. Würde diese Vermutung zutreffen, so hätte mit den umfangreichen Vorbereitungen für die Rückkehr Kleopatras und ihres Hofstaates schon zu Lebzeiten Caesars begonnen werden müssen. Dies wäre in Rom mit Sicherheit nicht unbemerkt und unkommentiert geblieben. Doch in den Quellen jener Zeit findet sich kein Satz, in dem auch nur andeutungsweise von dieser Abreise, die den meisten Römern höchst willkommen gewesen wäre, die Rede ist. Vielmehr lassen Ciceros deutliche Worte über die Flucht Kleopatras nur den Schluß zu, daß ihre Rückkehr nach Ägypten die Folge der Ermordung Caesars war.

Mit welchen Gefühlen die damals 24- oder 25jährige Kleopatra nach fast zweijährigem Aufenthalt Rom den Rücken gekehrt hat, läßt sich unschwer ahnen. Rein machtpolitisch war der Tod Caesars für sie eine Katastrophe. Mit Caesars Ermordung hatte sich ihre Stellung schlagartig geändert. Nun kämpften jene Römer, die sie an Caesars Seite mit herablassendem Hochmut behandelt hatte, um die Herrschaft über das Römische Weltreich, sie dagegen durfte sich noch glücklich schätzen, die Rolle einer bescheidenen Vasallenkönigin von Roms Gnaden in Ägypten spielen zu dürfen. Immerhin bestand jederzeit die Möglichkeit, daß ihre zahlreichen Gegner im römischen Senat die Einbeziehung Ägyptens als Provinz des Römischen Reiches durchsetzten. Fraglos war diese Entwicklung ein herber Schicksalsschlag für eine Frau, die ohne Zweifel davon geträumt hatte, als Gattin Caesars selbst über dieses Reich unumschränkt herrschen zu können.

War diese Hoffnung indessen berechtigt? Spricht nicht Caesars Testament, das weder sie noch Caesarion mit einem Wort erwähnte, eine ganz andere Sprache? Haben die Römer möglicherweise den Einfluß Kleopatras auf Caesar maßlos überschätzt? Diese Auffassung vertritt jedenfalls kein Geringerer als Theodor Mommsen, der hierzu bemerkte: »Aber wie gern er (Caesar) auch als Monarch noch mit den Frauen verkehrte, so hat er doch mit ihnen nur gespielt und ihnen keinerlei Einfluß über sich eingeräumt; selbst sein vielbesprochenes Verhältnis mit Kleopatra war nur angesponnen, um einen schwachen Punkt in seiner politischen Stellung zu maskieren.«[83]

Auf den ersten Blick ist man geneigt, Mommsens Auffassung schon wegen Caesars Testament zu teilen. Doch hier trügt der

Schein auch dann, wenn man den in der Antike aufgekommenen Gerüchten keinen Glauben schenkt, daß dieses Testament eine Fälschung aus Caesars Umgebung war, die zuvor das wirkliche Testament vernichtet hatte. Mit ziemlicher Sicherheit ist dieser Verdacht ein Hirngespinst. Man weiß, daß Caesars Ehefrau Calpurnia unmittelbar nach dessen Ermordung sämtliche wichtigen Staatspapiere, darunter auch das Testament, Antonius übergeben hat. Wenn dieser sich schon die Mühe gemacht hätte, das Testament zu fälschen, so hätte er wohl kaum Caesars Neffen Octavius zum Haupterben eingesetzt und sich selbst von der Erbfolge ausgeschlossen. Wenn das Testament eine Fälschung gewesen sein sollte, so müßte diese von Caesars Ehefrau unmittelbar nach dessen Ermordung vorgenommen worden sein. Ob Calpurnia hierzu unter dem Schock der Todesnachricht in der Lage war, ist doch äußerst zweifelhaft.

Aber auch wenn Caesar tatsächlich ein anderes Testament hinterlassen haben sollte, so dürften Kleopatra und Caesarion darin auch keine große Rolle gespielt haben. Was hätte denn Caesar zu ihren Gunsten verfügen sollen? Hätte er etwa die in Rom verhaßte Kleopatra an die Stelle von Octavius gesetzt, so wäre das Testament von der Öffentlichkeit, falls es deren Licht überhaupt erblickt hätte, niemals akzeptiert worden. In Rom war schon der Verdacht, sich zum Alleinherrscher machen zu wollen – wie das Schicksal Caesars zeigt –, eine lebensgefährliche Angelegenheit. Es wird noch am Beispiel von Antonius zu zeigen sein, welche Folgen es in Rom haben konnte, Kleopatra als Erbin einzusetzen. Hätte Caesar Kleopatra in seinem Testament an führender Stelle eingesetzt, so ist fraglich, ob diese Rom jemals lebend verlassen hätte. Auch wenn gelegentlich die Frage gestellt worden ist, ob Caesar in seinen letzten Jahren immer den richtigen Blick für die Realität hatte, mit Sicherheit war er nicht verblendet genug, eine letztwillige Verfügung zu treffen, die Kleopatra nichts nützen konnte, sondern sie nur in eine lebensgefährliche Lage bringen mußte.

Auch wenn Caesars aufrichtige Gefühle für Kleopatra besonders von den Gelehrten des 19. Jahrhunderts immer wieder in Zweifel gezogen worden sind, weil sie ihren Helden in einem aus ihrer Sicht allzu menschlichen Licht zeigen, so kann doch kein Zweifel darüber bestehen, daß Caesar Kleopatra geliebt hat: Wo immer er konnte, hat er Kleopatra unterstützt und gefördert. Selbst dann – und dies will bei Caesar einiges heißen –, wenn die Parteinahme für seine Geliebte den eigenen machtpolitischen Interessen zuwiderlief. Es ist schon an anderer Stelle gesagt worden, daß keiner Epoche in Caesars Leben soviel Irrationales zugeschrieben wurde wie den neun Monaten seines ägyptischen Abenteuers. Auch wenn Caesar die sich daraus ergebenden Schwierigkeiten letztlich souverän gemeistert hat, kann nicht übersehen werden, daß er Kleopatras wegen einer Entwicklung Vorschub geleistet hat, die in Italien namenloses Unglück hervorrief und ihn zwang, den Bürgerkrieg in Afrika mit einer Härte zu führen, die nicht nötig gewesen wäre, wenn er Alexandria nach dem Tode des Pompejus verlassen hätte. Der Zeitgewinn, den Caesar durch die viermonatige Nilreise an der Seite Kleopatras seinen Gegnern verschafft hat, dürfte in dem folgenden afrikanischen Feldzug Tausenden von Römern das Leben gekostet haben. Gerade Caesar, der ja als Feldherr wie kaum ein anderer die Kunst und den Vorteil raschen überfallartigen Vorgehens beherrschte, konnte sich kaum im unklaren darüber sein, daß der unnötig lange Aufenthalt in Ägypten seiner Sache nicht dienlich war. Wenn er die Dinge gleichwohl ganz gegen seine Gewohnheit treiben ließ, um sich Kleopatra widmen zu können, so ist dies ein Beweis mehr, wie sehr ihn die Persönlichkeit der ägyptischen Königin in ihren Bann geschlagen hatte. Nach ihrer Begegnung in Alexandria hat Caesar Kleopatra mehr geschenkt, als sich ihr Vater Auletes mit riesigen Bestechungssummen und unter Hinnahme zahlloser Demütigungen in Rom erkämpfen konnte. Selbst die römische Provinz Zypern, deren Annexion durch die Römer Auletes gezwungen hatte, Alexandria zu verlassen, gab Caesar den Ptolemäern ohne die geringste Gegenleistung zurück und erließ Kleopatra darüber hinaus großzügig jene Schulden ihres Vaters, deren Beitreibung doch der angebliche Grund für seinen Einmarsch in Alexandria gewesen war. Daß es sich dabei keineswegs um eine vorübergehende Leidenschaft Caesars gehandelt hat, zeigt dann sein Entschluß, Kleopatra als Gast nach Rom zu holen, obwohl er wissen mußte, daß dies nicht nur von seiner Gattin, sondern von den meisten Römern – und hier gerade nicht von den Schlechtesten – als ein ungeheurer Affront empfunden werden mußte. Natürlich läßt sich heute nicht mehr feststellen, welchen Lauf die Dinge in

Rom ohne Kleopatras Anwesenheit genommen hätten. Aber es fällt schwer, jenen Historikern zu widersprechen, die in Kleopatras Anwesenheit einen der wesentlichen Gründe für jene Entwicklung sahen, die zu Caesars Ermordung führte. Unbestreitbar ist jedenfalls, daß der sonst so kühle Taktiker Caesar in seiner Beziehung zu Kleopatra jegliches politische Kalkül außer Betracht ließ, und sich sein Verhalten nur durch eine tiefe Zuneigung zu ihr erklären läßt.

Und Kleopatra? Hat sie Caesars Gefühle erwidert? Man müßte jedenfalls einen ausgeprägten Sinn für Romantik haben, wenn man in der ersten Nacht, die Kleopatra und Caesar gemeinsam in Alexandria verbrachten, den Beweis für eine gegenseitige Liebe auf den ersten Blick sehen wollte. Es kann kein Zweifel daran bestehen, daß die Bereitwilligkeit, mit der sich Kleopatra gleich bei dieser Begegnung Caesar hingab, nicht auf dessen unwiderstehlichen Charme, sondern auf seine Stellung als mächtigster Mann des Römischen Reiches zurückzuführen ist, also ein Akt kühler Berechnung war.

Dafür spricht auch das Geschick, mit dem Kleopatra dieses Treffen mit Caesar arrangiert hat. Es war sicher nicht die Furcht vor einem Mordanschlag ihrer Gegner allein, die Kleopatra veranlaßte, sich in einen Teppich gehüllt Caesar zu Füßen legen zu lassen. Gewiß, es gab im Palast der Ptolemäer genügend Leute, denen ein Mord an Kleopatra ebenso zuzutrauen war wie an dem ihnen nicht weniger verhaßten und noch viel gefährlicheren Caesar. Aber gerade deshalb ist es ebenso sicher, daß bereits die Vorräume von Caesars Gemächern durch seine Leibwache hermetisch abgeriegelt waren. Hier hätte sich Kleopatra ohne Gefahr aus dem sie verhüllenden Teppich hervorwagen können. Es ist auch völlig unwahrscheinlich, daß Caesars Elitesoldaten den getreuen Apollodorus ohne gründliche Untersuchung seiner Person und des Teppichinhalts unbesehen durch ihre Reihen marschieren ließen, sondern Caesar Meldung machten, wer hier vor ihm zu erscheinen gedachte. Wenn es Kleopatra gleichwohl vorzog, sich verhüllt Caesar zu Füßen legen zu lassen, um ihm dann – wie man unterstellen darf – in nicht weniger verführerischer Pose entgegenzutreten, als sie dies bei ihrer Begegnung mit Antonius tun sollte, so läßt dies deutlich die Absicht erkennen, Caesar von der Rechtmäßigkeit ihrer Ansprüche auf den ägyptischen Thron nicht nur mit staatsrechtlichen Argumenten zu überzeugen.

Auch wird man bei Kleopatra vergeblich nach Zeichen jener Zuneigung suchen, wie sie ihr Caesar im Übermaß zuteil werden ließ. Allerdings wäre ihr dies auch beim besten Willen nicht möglich gewesen. Was hätte denn die ägyptische Königin ihrem damals schon fast allmächtigen Gönner auch viel zu bieten gehabt? So gibt es zwangsläufig keine Beweise, ja nicht einmal irgendwelche Anhaltspunkte für Kleopatras Liebe zu Caesar.

Und doch ist man geneigt zu glauben, daß Kleopatra Caesar auf ihre Weise ebenfalls geliebt oder doch jedenfalls eine tiefe Zuneigung für ihn empfunden hat. Ganz sicher hat Caesars weltmännisches Auftreten seinen Eindruck auf die junge Dame nicht verfehlt. Auch mußte gerade auf Kleopatra, die so sehr unter dem durch die Unfähigkeit der späteren ptolemäischen Herrscher hervorgerufenen Niedergang ihres Hauses litt, jene Aura des Erfolges, die Caesar damals umgab, faszinierend, um nicht zu sagen erotisierend, gewirkt haben.

Zudem hatten Caesar und Kleopatra, bei allem Unterschied der Charaktere und des Alters, vieles gemeinsam: Beide verband ein augeprägter Stolz und Wille zur Macht. Eigenschaften, die sie auf die meisten ihrer Zeitgenossen mit Hochmut, ja Verachtung, herabsehen ließen. Beiden war klar, daß sie gerade deshalb von vielen gehaßt und nur von wenigen um ihrer selbst willen geliebt wurden. Gewiß, Caesar genoß die Verehrung eines Großteils seiner Legionäre und der römischen Massen. Doch auch seine Legionen haben mehr als einmal gemeutert und ihn bei seinen Triumphzügen in einer auch bei solchen Anlässen ungewöhnlichen Schärfe verhöhnt. Die Gefühle des römischen Volkes, das sich ohnehin erst nach seinem tragischen Ende so richtig für ihn erwärmen konnte, waren viel zu wandelbar, als daß Caesar ihnen größere Bedeutung beigemessen haben dürfte. In seiner engeren Umgebung indessen hatte er jedenfalls auf dem Höhepunkt seiner Macht kaum Freunde. Nichts ist bezeichnender hierfür als sein Verhältnis zu Marcus Brutus: Vor der Schlacht von Pharsalos hatte Caesar seinen Offizieren *ausdrücklichen* Befehl gegeben, den Sohn der von ihm so leidenschaftlich geliebten Servilia, der sich im Lager von Pompejus befand, unter allen Umständen zu schonen und ihn ziehen zu lassen, wohin er wolle. Später hat Caesar dann Brutus in jeder nur denkbaren Weise gefördert. Das Weitere ist bekannt.

Sicher, wer so leidenschaftlich und skrupellos wie Caesar und Kleopatra versucht, über andere zu herrschen, darf sich nicht wundern, wenn er auch die Einsamkeit der Macht zu spüren bekommt. Dieses durch die Ähnlichkeit ihrer Charaktere bedingte gemeinsame Schicksal vermag sicher nicht eine leidenschaftliche Liebe zu entfesseln. Es mag aber dazu beigetragen haben, daß sich Caesar und Kleopatra miteinander verbunden gefühlt und verstanden haben.

Doch der eigentliche Grund für die Dauerhaftigkeit der Beziehung zwischen Caesar und Kleopatra, das sie aneinander fesselnde geistige Band, dürfte die Übereinstimmung ihrer Träume gewesen sein. Beide verehrten Alexander den Großen, und es ist keine Frage, daß sich Caesar – und unter seinem Einfluß dann auch später Kleopatra – mit ähnlich weitreichenden Plänen trug wie der große Makedone. Wahrscheinlich hat es der Welt viel Blutvergießen erspart, daß Caesar und Kleopatra mit der Verwirklichung ihrer Träume viel früher gescheitert sind als Alexander. So gesehen könnten die »Iden des März« trotz ihres tragischen Nachspiels ein Glücksfall für die damalige Menschheit – zumindest aber für die Völker des Ostens – gewesen sein. Aber wie immer man ihre gewaltigen, wahrscheinlich vermessenen Pläne und Träume beurteilen mag: Sie haben der Beziehung zwischen Caesar und Kleopatra jene tiefe Dramatik und Faszination verliehen, die das Interesse an der Verbindung des römischen Diktators und der ägyptischen Königin bis heute nicht erlöschen ließen.

KLEOPATRA ZWISCHEN DEN FRONTEN DES RÖMISCHEN BÜRGERKRIEGS

Ihre durch die Ermordung Caesars erzwungene Rückkehr nach Alexandria muß Kleopatra als einen bitteren Rückschlag für ihre ehrgeizigen Pläne empfunden haben. Kleopatras Hoffnungen waren durch die Dolche der Verschwörer vernichtet worden. Aber doch zeigt gleichzeitig nichts deutlicher den ungeheuren Aufstieg an der Seite Caesars als die Begleitumstände dieser Rückkehr nach Ägypten:

Als ihr Vater 55 v. Chr. im Gefolge der von ihm bezahlten Truppen unter Gabinius und Marcus Antonius von Rom nach Alexandria zurückkehren konnte, bedeutete dies für ihn den größten Triumph seines Lebens. Und doch war Auletes damals kaum mehr als ein Strohmann der einflußreichsten Politiker und Finanziers Roms. Als nun Kleopatra elf Jahre später Rom verließ, um nach Alexandrien zurückzukehren, war dies für jene römischen Großen, die noch auf Auletes mit Verachtung herabgeschaut hatten, ein Anlaß zur Erleichterung, ja zum Triumph. Ciceros Worte, daß ihm die Flucht der Königin nicht unangenehm sei, belegen dies deutlich.

Ein weiterer Satz Ciceros über Kleopatra aus jener Zeit ist indessen weit weniger deutlich und hat bis heute Anlaß zu Spekulationen gegeben. Am 11. Mai 44 v. Chr. schrieb er an Atticus:

»Tertullas Fehlgeburt ist bedauerlich. Wir brauchen junge Cassier nicht weniger als Brutussöhne.

Was Du mir von der Königin erzählst, ich wollte es wäre wahr; ebenso das mit dem kleinen Caesar.«[1]

Tertulla war der Kosename für Tertia, jene Tochter von Caesars ehemaliger Geliebter Servilia, der Cicero unterstellt hatte, sie habe diese Tochter an Caesar verkuppeln wollen.[2] Aus diesem Plan – wenn er ohnehin nicht nur in der Phantasie Ciceros bestanden hat – ist nichts geworden. Tertia heiratete vielmehr ausgerechnet Caesars Mörder Cassius und hat während dieser Ehe – wie aus dem oben zitierten Brief Ciceros hervorgeht – kurz nach der Ermordung Caesars eine Fehlgeburt erlitten. Vielleicht war dies eine Folge der Aufregungen jener dramatischen Tage. Immerhin befand sich die junge Frau in einer wenig beneidenswerten Lage. Selbst wenn sie von dem Verhältnis ihrer Mutter mit Caesar nichts gewußt haben sollte, so wird diese ihr sicher kein negatives Bild von Caesar vermittelt haben, und nun mußte Tertia miterleben, wie gerade ihr Ehemann Cassius und ihr Bruder Brutus die treibenden Kräfte bei der Ermordung Caesars waren.

Man hat aus der Tatsache, daß Cicero unmittelbar nach seinen bedauernden Worten zu der Fehlgeburt Tertias im folgenden Absatz in vagen Worten auf Kleopatra und den kleinen Caesar zu sprechen kam, zum Teil den Schluß gezogen, Cicero äußere sich hier zu dem Gerücht über eine Fehlgeburt Kleopatras. Berücksichtigt man aber, daß Cicero – was bei der fast unglaublichen Vielzahl seiner Schriften und Briefe kein Wunder ist – sich gerne eines sehr knappen telegrammartigen Stils bediente und dabei häufig auch übergangslos das Thema wechselte, so ist diese Interpretation seines unklaren Satzes äußerst fragwürdig. Zudem ist es doch zweifelhaft, ob der Humanist Cicero in seinem Haß gegen Kleopatra so weit ging, ihr ausdrücklich eine Fehlgeburt zu wünschen.

Fest steht jedenfalls, daß es außer dieser Briefstelle keinerlei Hinweise auf eine Schwangerschaft und Fehlgeburt Kleopatras gibt. Wenn sich also Ciceros dunkler Satz tatsächlich auf eine Fehlgeburt Kleopatras bezogen haben sollte, so war er hier offensichtlich einem Gerücht erlegen.

Jedenfalls erreichten Kleopatra und Caesarion im Juni oder Juli 44 v. Chr. wohlbehalten Alexandria. Fraglich ist dagegen, ob Kleopatras zweiter Brudergemahl, der damals 15jährige Ptolemäus XIV., die Reise ebenfalls so unbeschadet überstanden hat. Sicher ist, daß er im Herbst desselben Jahres nicht mehr unter den Lebenden weilte. Kleopatra ernannte an seiner Stelle Caesarion zu ihrem Mitregenten.

War Ptolemäus XIV. eines natürlichen Todes gestorben? Für Kleopatras Stellung als Herrscherin von Ägypten konnte sich jedenfalls der Tod ihres Brudergemahls nur günstig auswirken. Zu günstig, als daß nicht der Verdacht aufkommen mußte, Kleopatra habe bei diesem Tod ihre Hände im Spiel gehabt: Die politische Einstellung der Ägypter hatte sich seit der Zeit, als Kleopatra, oder besser gesagt Caesar, ihren damaligen Brudergemahl Ptolemäus XIII. und dessen Anhang niederkämpfte, nicht grundlegend geändert. Waren auch die Führer des Kampfes gegen Caesar und Kleopatra im alexandrinischen Krieg umgekommen oder hingerichtet worden, so hatte doch die breite Masse ihrer Anhänger überlebt, und es ist nicht anzunehmen, daß sich ihr Haß gegen Kleopatra in den gut vier Jahren zwischen dem Ende des alexandrinischen Krieges und Kleopatras Rückkehr aus Rom gelegt hat. Die Gefahr, daß diese Kräfte versuchen würden, Ptolemäus XIV. – ebenso wie seinen Bruder vor ihm – für sich zu gewinnen und den Kampf gegen Kleopatra, an deren Seite kein Caesar mehr stand, wieder aufzunehmen, war jedenfalls unübersehbar. Was lag daher näher, als Ptolemäus XIV. aus dem Wege zu schaffen, der als Mitinhaber des Königsthrones Kleopatras Gegnern wie kein anderer als Symbolfigur für die Legitimität ihres Kampfes gegen die verhaßte Königin dienen konnte.

Schon im Altertum wurde von dem jüdischen Historiker Flavius Josephus und seinem griechischen Kollegen Porphyrios behauptet, Kleopatra habe Ptolemäus XIV. umbringen lassen. Dem ist unter Hinweis auf die kleopatrafeindliche Einstellung von Flavius Josephus entgegengehalten worden, daß es sich hier wahrscheinlich um üble Nachrede handle.[3] Doch so abwegig war der Verdacht von Josephus und Porphyrios nicht: Als es die Erhaltung ihrer Machtstellung erforderte, hat Kleopatra keinen Augenblick gezögert, ihren ersten Brudergemahl Ptolemäus XIII. durch Caesar vernichten zu lassen. Und selbst als es machtpolitisch gar nicht notwendig war, sollte Kleopatra später keinen Augenblick zögern, ihre Schwester Arsinoë ermorden zu lassen. Kleopatra war in dieser Beziehung eben ein typischer Sproß der Ptolemäer: Diese haben, wie die

Geschichte ihres Hauses nur zu deutlich belegt, während ihrer Machtkämpfe selten Rücksicht auf das Leben ihrer Eltern, Geschwister oder Kinder genommen. Natürlich kann man Kleopatra den Mord an Ptolemäus XIV. nicht nachweisen. Aber vergegenwärtigt man sich die Gefahr, die Kleopatra damals von ihrem jungen Mitregenten drohte, ihren Machtwillen und den Todeszeitpunkt, so fällt es sehr schwer, hier nur an einen Zufall zu glauben.

Zur Verteidigung oder zumindest zum Verständnis Kleopatras kann man allerdings anfügen, daß weder Ptolemäus XIII. noch Arsinoë – Ptolemäus XIV. kennen wir zu wenig – mit Kleopatra zartfühlender verfahren wären, wenn sie in den Machtkämpfen gegen ihre Schwester die Oberhand behalten hätten. Im übrigen hat auch die europäische Geschichte genügend Beispiele für mörderische Familiendramen aufzuweisen. Was die Merowinger in dieser Beziehung leisteten, steht an Skrupellosigkeit den Vorgängen am ptolemäischen Hof wenig nach. Auch die blutigen Kämpfe, die sich die drei Söhne Karls des Großen lieferten, zeugen nicht eben von Familiensinn. Was soll man erst zu dem deutschen Kaiser Heinrich V. sagen, der seinen Vater nicht nur ein Leben lang befehdete, sondern noch nach dessen Tode die Veranlassung zur Schändung seines Grabes gegeben haben soll. Ganz zu schweigen von den Familienfehden und Morden der italienischen Renaissancefürsten oder dem Vorgehen in England, wo Richard III. nicht davor zurückschreckte, zwei kleine Neffen, die ihm im Wege standen, umbringen zu lassen.

Doch fraglos war die Bereitschaft zur Vernichtung der nächsten Angehörigen bei den Herrscherhäusern des Ostens am größten: So fühlte sich etwa der parthische König Phraates, der uns noch im Zusammenhang mit Marcus Antonius beschäftigen wird, erst auf seinem Thron sicher, nachdem er zwanzig Angehörige ermordet hatte. Diese Bereitschaft, die nächsten Verwandten mit Schwert, Dolch oder Gift aus dem Wege zu räumen, sollte bei den Dynastien des Ostens solche Formen annehmen, daß noch im 15. Jahrhundert der Osmanenherrscher und Eroberer Konstantinopels, Mehmed II., in seinem Testament die Verfügung traf: »Wenn einem meiner Söhne die Sultansherrschaft zufällt, dann geziemt es ihm, im Interesse der Ordnung der Welt, seine Brüder zu töten.«[4]

Man sollte sich allerdings hüten, aus diesen Vorgängen voreilige

Rückschlüsse zu ziehen und den Angehörigen der östlichen Herrscherhäuser eine angeborene Neigung zu skrupellosem Handeln zu unterstellen. Hier haben zumindest noch ganz andere Ursachen eine wesentliche Rolle gespielt, wie gerade die Vorgänge am ptolemäischen Hof zeigen. Die östlichen Höfe kannten im allgemeinen keine geregelte Erbfolge. Die Prinzen und Prinzessinnen, die für die Thronfolge in Frage kamen, waren aber in der Regel seit ihrer frühesten Jugendzeit von einem Hofstaat aus ebenso ehrgeizigen wie verhältnismäßig machtlosen Höflingen umgeben. Doch die Stellung dieser Höflinge änderte sich natürlich schlagartig, wenn es ihnen gelang, ihren Schützling auf den Thron zu heben. Wollten sie dies erreichen, so mußten sie zwangsläufig das ihnen anvertraute Königskind davon überzeugen, gerade in seinen Geschwistern die schärfsten Rivalen zu sehen. In diesem Sinne haben etwa Pothinos und Theodotos auf Ptolemäus XIII., sowie Ganymedes auf Arsinoë eingewirkt. Diese ganz bewußte Erziehung zur Feindschaft gegen die eigenen Geschwister konnte bei so ehrgeizigen Charakteren wie Kleopatra, Arsinoë und Ptolemäus XIII. nicht ohne Folgen bleiben, und wenn sie die Brutalität, mit der sie ihre Konflikte austrugen, nicht zu entschuldigen vermag, so erklärt sie doch einiges.

Durch den Tod von Ptolemäus XIV. hatte Kleopatra jedenfalls freie Hand in Ägypten. Dies zeigt das Verhalten ihrer Untertanen bei der Berufung von Caesarion zum Mitregenten. Man hat diese Maßnahme vielfach als einen völlig natürlichen Vorgang dargestellt, weil nach ägyptischem Rechts- und Traditionsverständnis eine Frau die Regierungsgeschäfte nicht alleine ausüben konnte. Doch gleichwohl bleibt die Berufung von Caesars Sohn auf den ägyptischen Thron ein ebenso erstaunlicher wie für die damalige Machtstellung Kleopatras aufschlußreicher Akt, wenn man sich vergegenwärtigt, wie verhaßt die Römer damals in Ägypten waren. Noch vierzig Jahre zuvor hatte die römische Annexion Zyperns genügt, um in Alexandria einen solchen Aufruhr hervorzurufen, daß es Auletes vorzog, nach Rom zu entfliehen. An dieser römerfeindlichen Haltung hatte sich bis zum Einmarsch Caesars in Alexandria 48 v. Chr. nichts geändert, wie der dadurch ausgelöste alexandrinische Krieg belegt. Diese Einstellung der Ägypter, die in dem römischen Imperialismus völlig zu Recht eine tödliche Bedrohung für die Unabhängigkeit ihres Landes sahen, bestand auch noch nach der Rückkehr Kleopatras. Gleichwohl nahmen sie die Thronerhebung Caesarions widerspruchslos hin. Dies läßt nur den Schluß zu, daß es Kleopatra in den knapp vier Jahren zwischen dem alexandrinischen Krieg und ihrer Rückkehr aus Rom gelungen sein muß, ihre Gegner im Lande weitgehend auszuschalten und die unumschränkte Macht in Ägypten an sich zu reißen. Fraglos eine erstaunliche Leistung der jungen Königin in diesem fast ständig von inneren Kämpfen geschüttelten Reich, auch wenn man berücksichtigt, daß ihr dabei die von Caesar zurückgelassenen Legionen wertvolle Hilfe geleistet haben dürften.

Die Erhebung Caesarions zum Mitregenten widerlegt auch nachdrücklich die vielfach vertretene Auffassung, Kleopatra habe von ihrer Residenz in Alexandrien aus die Machtkämpfe in Rom verfolgt, ohne sich nur im geringsten in die Streitigkeiten einzumischen.[5] Wenn Kleopatra Caesars Sohn noch während dieser Kämpfe auf den ägyptischen Thron hob, so gab sie hiermit unmißverständlich zu verstehen, daß sie auf die Karte der Caesarianer setzte und bei ihren Plänen für die Zukunft ganz auf deren Sieg baute. Die Thronerhebung Caesarions war eine kaum verhüllte Kriegserklärung an die Caesarmörder: Hätte sie sich tatsächlich strikt neutral verhalten oder gar Brutus und Cassius unterstützt, so hätte sie immerhin hoffen können, bei einem Sieg der Caesarmörder vielleicht in deren Augen Gnade zu finden. Aber es war klar, daß Brutus und Cassius niemals eine Frau auf dem ägyptischen Königsthron dulden würden, die ausgerechnet den Sohn des von ihnen ermordeten Caesar zum Mitherrscher und damit auch Thronfolger berufen hatte. Ein Sieg der Caesarmörder hätte nach dieser Thronerhebung fraglos das Ende Kleopatras bedeutet. Sie wäre entweder durch Arsinoë – die sich ja während des alexandrinischen Krieges im Kampf gegen Caesar hervorgetan hatte – ersetzt worden, oder Brutus und Cassius hätten Ägypten als römische Provinz eingezogen.

Fraglos war die Thronerhebung Caesarions ein ebenso gewagter wie raffinierter politischer Schachzug. Siegten die Caesarmörder, so war sie verloren. Siegten die Caesarianer, so hatte auch sie gewonnenes Spiel. Die Sieger hatten nach dieser Thronerhebung weder einen Anlaß noch einen Vorwand, etwas gegen die Mutter von Caesars Sohn, die sich im Bürgerkrieg zu ihnen bekannt hatte, zu unternehmen. Selbst wenn sie aber dergleichen geplant hätten, so war ihnen durch die Thronerhebung Caesarions die Möglichkeit hierzu genommen. Da Kleopatra trotz des Hasses vieler Alexandriner wegen des Ansehens, das ihr Königshaus bei der ägyptischen Priesterschaft und der einfachen Landbevölkerung genoß, auch der Garant für die Stellung Caesarions war, hätte jeder Angriff gegen sie zugleich auch Caesarion treffen müssen. Einen solchen Schritt konnten aber die führenden Caesarianer nicht wagen, ohne zu riskieren, sich mit Caesars Veteranen zu überwerfen, die zu der Elite ihrer Kräfte zählten. Die Zukunft sollte noch zeigen, wie eng sich diese Männer dem Geschlecht ihres ehemaligen Feldherrn verbunden fühlten. So gesehen war Caesarion als Mitregent ein Schutzschild gegen etwaige Angriffe der siegreichen Caesarianer auf die ptolemäische Dynastie. Seine Wirkung sollte dieser fraglos meisterhafte politische Schachzug – wie manches allzu Feingesponnene – verfehlen, weil sich die Caesarianer spalteten, und es Octavian gelang, die Gefühle der Veteranen Caesars für ihren einstigen Feldherrn auf sich zu ziehen. Doch dies konnte Kleopatra damals noch nicht ahnen.

Um ihre enge Beziehung zu Caesar zu unterstreichen, gab Kleopatra dann auch Caesarion die Beinamen »Philopator Philometor«, also der »Vater- und Mutterliebende«, um auf diese Weise zum Ausdruck zu bringen, daß Caesars Sohn den ägyptischen Thron gleichermaßen seinem Vater Caesar und ihr, der Geliebten Caesars, verdankte. Sie selbst legte bei dieser Gelegenheit ihren bisherigen Beinamen »Philadelphos«, also »die Geschwisterliebende«, ab. Ein Entschluß, der angesichts der Begleitumstände des Todes ihrer beiden Brüder sicher nicht unangebracht war.

Aber Kleopatra war nicht die Frau, ihre politischen Ziele nur mit symbolischen Gesten zu verfolgen. Schon unmittelbar nach ihrer Ankunft entschloß sie sich zum Bau einer neuen Flotte. Dabei hatte sie genug Probleme im eigenen Land, denn gerade in jenen unruhigen Zeiten brachen in Ägypten Hungersnöte aus. Man hat teilweise Kleopatra hierfür verantwortlich gemacht, weil sie nicht genügend für die Säuberung der Bewässerungskanäle getan habe. Doch zutreffend hat Tarn hierzu angeführt: »Neuzeitliche Feststellungen, daß die beiden Hungersnöte während ihrer Regierungszeit durch mit Schlamm verstopfte Bewässerungskanäle hervorgerufen worden seien, lassen sich nicht aufrechterhalten, denn in Ägypten brach eine Hungersnot immer dann aus, wenn der Nil nicht über die ›Ellen des Todes‹ anstieg, und auch unter Ptolemäus III. war es zu einer großen Hungersnot gekommen, obwohl die Kanäle mutmaßlich in guter Ordnung waren. Zweifellos hatte sich die Landwirtschaft unter den späteren Ptolemäern verschlechtert ... Wenn sich Kleopatra auch keine Mühe gab, die Landwirtschaft auf den Stand zu bringen, den sie unter den ersten Ptolemäern gehabt hatte, so gibt es doch keinen Grund zu der Annahme, daß sie das ererbte System tatsächlich vernachlässigte; denn in den Jahren 32 und 31 v. Chr. versorgte sie nicht nur das große Heer und die Flotte des Antonius, sie lieferte vermutlich auch das Getreide für seine Depots in Griechenland, was beweist, daß Ägypten noch immer einen beträchtlichen Überschuß an Korn hervorbrachte.«[6] Von Kleopatras Sorge um die Landwirtschaft zeugt auch ein Erlaß vom 13. April 41 v. Chr.: Der Erlaß macht deutlich, daß auch zu Kleopatras Zeiten Personen, die Landwirtschaft betrieben, zumindest teilweise von Steuern und Abgaben befreit waren. Offensichtlich hatten sich einige Beamte Kleopatras jedoch an diese Regelung nicht gehalten, was zu Beschwerden der Betroffenen führte. Kleopatra nahm dies zum Anlaß, ihrer Beamtenschaft die bestehenden Regelungen in Erinnerung zu rufen und sie in ungewöhnlich scharfer Form anzuweisen, für deren künftige Beachtung zu sorgen.[7]

Kleopatra versuchte dann auch nach Kräften, die Hungersnot zu mildern, und ließ an die Bürger Alexandrias, die als Städter noch mehr als die Landbevölkerung unter dem Mangel an Nahrungsmitteln zu leiden hatten, Korn aus den königlichen Speichern verteilen. Freilich zog sie sich dabei den unversöhnlichen Haß des jüdischen Bevölkerungsteils zu. Vermutlich weil die Vorräte nicht ausreichten, schloß sie die Juden von der Verteilung mit der Begründung aus, daß sie kein Bürgerrecht besäßen. Diese Begründung traf zwar zu, war aber nicht dazu angetan, die hungernden Juden zu besänftigen.

Wie groß die Not damals gewesen sein muß, zeigt ein Papyrus aus jener Zeit, in dem sich eine Frau, um überleben zu können, für 99 Jahre, also lebenslänglich, zu Sklavendiensten verpflichtete, obwohl dieser Selbstverkauf in die Sklaverei bei den Ptolemäern verboten war.[8] Trotz der Hungersnot kam es jedoch erstaunlicherweise zu keinen nennenswerten Unruhen. Dies zeigt nicht nur, wie fest Kleopatra damals das Heft in der Hand hatte, sondern dürfte auch belegen, daß jedenfalls die von der Hungersnot unmittelbar Betroffenen keineswegs Kleopatra die Schuld an ihrer Notlage gegeben haben. Zu dem Hunger kamen dann noch Krankheit und Seuchen. Wenn man den Schriften des berühmten Mediziners Dioskurides aus Anazarbos Glauben schenkt, dürfte damals die Beulenpest gewütet haben.

Die großen Nöte im eigenen Land konnten Kleopatra indessen nicht davon abhalten, den Bau ihrer Flotte zielstrebig fortzuführen. Dies mag befremden, denn man hätte immerhin daran denken können, die Gelder für den Aufbau der Flotte zum Ankauf von Getreide zu verwenden. Doch die Beschaffung von Getreide war damals mit Geld wohl kaum möglich: Denn nicht nur Ägypten, sondern auch Rom benötigte dringend Getreide. Nachdem nun Ägypten als Hauptlieferant ausfiel, mußte sich Rom nach anderen Märkten umsehen. Rom pflegte in solchen Fällen nicht zimperlich vorzugehen. Da die Römer auf die übrigen in Frage kommenden Getreidemärkte, wie etwa Nordafrika, dank ihrer Machtstellung unmittelbaren Zugriff hatten, ist es wenig wahrscheinlich, daß sie in der damaligen Situation einen Verkauf von Getreide nach Ägypten geduldet hätten, so daß Kleopatra zur Linderung der Not ihrer Untertanen nur die Möglichkeit blieb, die königlichen Getreidespeicher zu öffnen. Dies hat sie nachweislich angeordnet, und mehr konnte sie beim besten Willen nicht tun.

Unterdessen tobte in Rom der Kampf um die Nachfolge Caesars, von dessen Ausgang auch die politische Zukunft Kleopatras abhing. Obwohl Caesar seinen Großneffen Octavian zum Haupterben eingesetzt hatte, sah es zunächst ganz danach aus, als ob Antonius der Nachfolger Caesars würde: Bereits am Morgen des 16. März trafen sich die führenden Caesarianer in seinem Haus. Nach langen Beratungen beauftragte man Antonius als Konsul, für den folgenden Tag den Senat einzuberufen, um über eine friedliche Lösung des Konflikts zu beraten. Den immer noch auf dem Kapitol verschanzten Caesarmördern ließ Antonius mitteilen: »Aus persönlicher Feindschaft werden wir nichts unternehmen; es wäre indessen angesichts der Greueltaten und der von uns allen Caesar geleisteten Schwüre, wonach wir entweder seine Leibwächter oder – bei einem

Verbrechen – seine Rächer sein wollten, unsere heilige Eidespflicht, die Frevler außer Landes zu treiben und lieber mit einer geringeren Zahl schuldloser Menschen zusammenzuleben, als daß alle unter dem Fluche stünden. Doch um Euretwillen wollen wir gemeinsam im Senat die Angelegenheit beraten und, was immer Ihr im allgemeinen für richtig findet, als vorteilhaft für die Stadt betrachten.«[9]

Wie nicht anders zu erwarten, nahm die Senatssitzung am folgenden Tag einen stürmischen Verlauf. Man stritt leidenschaftlich über die Frage, ob die Tötung Caesars als lobenswerter Tyrannenmord oder als strafwürdiges Verbrechen zu bewerten sei. Nicht weniger umstritten war die Frage, ob denn die von Caesar getroffenen Verfügungen weiterhin Gültigkeit haben sollten. Auch über die Form von Caesars Begräbnis konnte man sich lange nicht einigen. Zwar war nicht mehr davon die Rede, seine Leiche – wie die Verschwörer ursprünglich geplant hatten – in den Tiber zu werfen, aber seine Gegner versuchten mit allen Mitteln, ein öffentliches Begräbnis zu verhindern. Caesar hatte im Senat nie viele Freunde gehabt, und so war es kein Wunder, daß sich anfangs die Verteidiger seiner Mörder durchzusetzen schienen. Doch diese hatten nicht mit Antonius gerechnet, der zunächst der Debatte schweigend gefolgt war. Erst als die Sitzung aus den Fugen zu geraten drohte, griff er mit einem Geschick ein, das ihn als würdigen Schüler seines großen Lehrmeisters ausweist. Er wußte, daß einer großen Menge von Senatoren und Beamten durch Caesar die Leitung von Provinzen und Heeren sowie Priesterämter übertragen worden war. Diese Ernennungen hatte Caesar angesichts seines geplanten langwierigen Feldzuges auf die Dauer von fünf Jahren hinaus ausgesprochen. So ließ Antonius Schweigen gebieten und spielte seine Trumpfkarte aus: »›Diejenigen, die eine Abstimmung über Caesar verlangen, müssen zuvor folgendes wissen: Sofern er Magistrat und gewählter Staatslenker war, werden alle seine Maßnahmen und Beschlüsse ihre Gültigkeit behalten. Fällt hingegen die Entscheidung dahin, daß er sich mit Gewalt zum Tyrannen gemacht hat, dann wird seine Leiche unbeerdigt über die Grenzen des Vaterlandes geschafft, und seine Maßnahmen verlieren samt und sonders ihre Gültigkeit. Kurz gesagt, diese Akte berühren alle Länder und Meere, und die meisten von ihnen werden, ob wir wollen oder nicht, für uns Folgen zeitigen, wie ich alsbald aufweisen werde. Zuerst vor allem anderen will ich jene Dinge, die uns allein angehen, weil sie ja auch unsere eigene Sache sind, vor Augen stellen; Ihr sollt damit, ausgehend von einfacheren Fragen, ein Bild der schwierigeren Probleme gewinnen. Fast alle von uns haben ja unter Caesar Ämter bekleidet oder tun es aufgrund seiner Wahl heute noch oder werden es, nachdem wir dafür in Aussicht genommen sind, künftighin einmal tun. Er hat ja, wie Ihr wißt, auf fünf Jahre hinaus, was die Behörden in der Stadt, die Jahresämter und die Kommandostellen in den Provinzen wie im Truppenbereich anlangt, über uns verfügt. Wenn Ihr nun bereit seid, freiwillig auf diese Ämter zu verzichten – der Entscheid liegt ja ganz und gar in Eurer Hand –, so verlange ich zunächst von Euch eine Klärung dieser Frage. Dann will ich die restlichen Punkte vornehmen.‹ Nachdem Antonius einen derartigen Feuerbrand unter den Senatoren nicht über Caesar, sondern in eigener Sache, entfacht hatte, verfiel er in Schweigen. Die Zuhörer aber sprangen sogleich in Masse und unter lautem Geschrei von ihren Sitzen und protestierten gegen die Abhaltung neuer Wahlen oder deren Unterstellung unter den Willen des Volkes; lieber wollten sie an ihrem Besitz festhalten.« [10]

Nach diesem Auftritt von Antonius und der einer bühnenreifen Komik nicht entbehrenden Reaktion eines Teils der Senatoren glätteten sich dann die Wogen. Für die Caesarmörder wurde eine Amnestie beschlossen. Alle Anordnungen Caesars behielten ihre Gültigkeit, und dem Ermordeten wurde ein öffentliches Begräbnis zugebilligt.

Noch im Laufe desselben Tages verließen die Caesarmörder, denen Antonius seinen Sohn als Geisel gegeben hatte, das Kapitol. Am Abend erschienen dann Cassius im Hause des Antonius und Brutus bei Lepidus zum Zeichen der Versöhnung als Gäste. Ganz ohne Schärfen ging auch dies nicht ab, was bei einem Charakter wie Cassius nicht verwundern kann. Während er mit Antonius speiste und die allgemeine Lage erörterte, richtete Antonius an Cassius die Frage: »Hast du vielleicht auch jetzt noch irgendeinen Dolch unter der Achsel?« Darauf antwortete dieser: »Jawohl, und zwar einen ganz großen, falls du Tyrann werden willst.« [11]

Antonius konnte indessen hochzufrieden sein, denn er hatte mit seiner geschickten Intervention im Senat das Gesetz des Handelns an sich gerissen und nicht nur die Caesarmörder, sondern auch

Lepidus, den Rivalen im eigenen Lager, glatt überspielt. Antonius war seinem Ziel, Caesars Nachfolger zu werden, einen großen Schritt näher gekommen und wurde dafür noch am folgenden Tag durch Senatsbeschluß geehrt, weil er durch sein umsichtiges Verhalten den Bürgerkrieg verhindert habe.

In der Tat bestand in jenen Tagen – wie sich herausstellen sollte – zum letzten Mal die Möglichkeit, Rom und der Welt jene blutigen Auseinandersetzungen zu ersparen, die dann doch die Geschichte der nächsten dreizehn Jahre bestimmen sollten. Persönlicher Haß stand jedenfalls einer Versöhnung der Hauptakteure Antonius, Brutus und Cassius nicht entgegen. Brutus und Cassius wußten – wie bereits erwähnt – von ihrem Mitverschworenen Trebonius, daß Antonius es zwar abgelehnt hatte, sich an einem Komplott gegen Caesar zu beteiligen, aber gleichzeitig Caesar nicht von der drohenden Gefahr unterrichtet hatte. Zudem war Antonius auch nicht auf den Vorschlag von Lepidus eingegangen, die auf dem Kapitol verschanzten Caesarmörder zu vernichten. Auch wenn dies nicht aus Sympathie für die Verschwörer, sondern aus ganz anderen Motiven geschah – Lepidus, der im Gegensatz zu Antonius über Soldaten verfügte, wäre bei einer Vernichtung der Caesarmörder zum mächtigsten Mann in Rom geworden –, hatten die Caesarmörder doch keinen Grund, Antonius, der sich ihnen gegenüber auch sonst versöhnungsbereit zeigte, zu hassen. Umgekehrt kann es auch Antonius nicht entgangen sein, daß die Verschwörer bewußt darauf verzichtet hatten, ihn entgegen seinen anfänglichen Befürchtungen gemeinsam mit Caesar umzubringen. Sehr wahrscheinlich hat er auch gewußt – einem Mann in seiner Stellung wird vieles zugetragen –, daß er sein Überleben dem persönlichen Einsatz von Brutus verdankte. Jedenfalls war während der Iden des März und auch zuvor nichts vorgefallen, was einer Versöhnung von Antonius mit Brutus und Cassius im Wege gestanden hätte.

Doch Antonius wollte keine Versöhnung, er wollte die Alleinherrschaft. Um dieses Ziel zu erreichen, mußte er Männer vom Schlage eines Brutus und Cassius ausschalten. Schon am 20. März ließ er bei der Bestattung Caesars die Maske fallen. Mit der Ermordung Caesars hatte sich damals die Mehrheit der Römer – seine Veteranen ausgenommen – schon abgefunden. Man war bereits daran gegangen, die Statuen des Diktators zu beseitigen, ohne daß es nennenswerten Widerstand gegeben hätte. Schließlich war Caesar auch beim einfachen Volk immer umstritten gewesen, und sein Plan, einen Großteil des römischen Proletariats aus Rom zu entfernen, hatten ihn ebenso wie sein stadtbekanntes Verhältnis mit Kleopatra und seine diktatorische Amtsführung nicht beliebter gemacht. So waren auch die Amnestie der Caesarmörder und vor allem die sich nach der Senatssitzung am 17. März anbahnende Beruhigung der Lage allgemein begrüßt worden. Die Eröffnung von Caesars Testament, in dem dieser jedem römischen Bürger eine beträchtliche Geldsumme – umgerechnet etwa 1500 Mark – vermachte und seine Gärten der Öffentlichkeit zur Verfügung stellte, hatte zwar zu einem gewissen Stimmungsumschwung geführt. Betroffenheit löste auch die Nachricht aus, daß Caesar den Senator Decimus Brutus, der ihn am Mordtage überredet hatte, den Senat aufzusuchen, sowie andere Verschwörer in seinem Testament bedacht hatte. Aber nichts deutete auf einen an kollektiven Wahnsinn grenzenden Gefühlsausbruch der Massen hin, als Antonius mit jener berühmten und von Shakespeare künstlerisch umgestalteten Trauerrede begann (»doch Brutus ist ein ehrenwerter Mann«), die als Fanal zum Bürgerkrieg weltgeschichtliche Bedeutung erlangen sollte.

Es gibt kaum ein aufschlußreicheres Dokument über die Persönlichkeit des Mannes, der die nächsten dreizehn Jahre die Welt in Atem halten sollte, als jene Leichenrede vom 20. März 44 v. Chr. Gewiß enthüllt auch diese Rede nicht den ganzen vielschichtigen Charakter von Antonius. Aber sein Ungestüm, seine vielgerühmte Fähigkeit, die Menschen durch glänzend inszenierte rhetorische Auftritte zu fesseln und mitzureißen, sowie sein Hang zu theatralischer Selbstdarstellung treten nirgends deutlicher hervor als in jener von Appian geschilderten Rede, die Antonius rhetorisch geschickt mit den so bescheiden wirkenden Worten begann: »Es geziemt sich nicht, meine Bürger, daß der Nachruf auf einen so großen Mann durch mich allein geschieht, er sollte ihm vielmehr durch das ganze Vaterland zuteil werden. Was alles an Ehrendekreten Ihr insgesamt, Senat und gemeinsam mit ihm das Volk, in gleicher Bewunderung seiner Leistung für ihn, da er noch lebte, beschlossen habt, will ich daher verlesen und so an die Stelle meiner Stimme die Eure setzen.« Doch nach diesem Anfang sollte Antonius sämtliche Register der

Demagogie ziehen: »Und er begann mit ernster und finsterer Miene zu verlesen, betonte aber deutlich jeden einzelnen Satz und hielt sich bei den Beschlüssen auf, in denen sie ihn ausdrücklich für einen Übermenschen, für heilig und sakrosankt erklärten und als Vater des Vaterlandes oder Wohltäter oder unvergleichlichen Lenker des Staates bezeichneten. Bei jedem Beschluß wendete Antonius sein Gesicht und seine Hand Caesars Leiche zu und wies damit neben seinen Worten auf die Tat hin. Jeder Anrede fügte er eine Bemerkung bei, in der sich Trauer und Erbitterung mischten. So bemerkte er zum Beispiel, wo das Dekret vom Vater des Vaterlandes sprach: Dies ist ein Zeugnis seiner Milde und wo etwas von heilig und sakrosankt stand, und daß jeder der bei ihm Zuflucht fand, nichts Böses erleiden solle, betonte Antonius: ›Niemand, der bei ihm Zuflucht fand, geschah ein Leid, doch er selbst von Euch für heilig und sakrosankt erklärt, ward ermordet, obwohl er Euch doch diese Ehren nicht wie ein Tyrann abnötigte, ja nicht einmal danach verlangte. Menschen ohne jedes Gefühl für Freiheit sind wir doch, wenn wir solche Auszeichnungen an Unwürdige verleihen, die nicht einmal darum bitten. Ihr jedoch, treue Bürger, verteidigt uns gegen den Vorwurf unfreier Gesinnung, indem Ihr solche Ehrungen erweist, wie Ihr es auch jetzt gegenüber dem Toten tut.‹ Und wiederum begann Antonius mit seiner Verlesung, und zwar diesmal der Eide, wonach sich alle verpflichteten, Caesar und sein Leben mit ganzer Kraft zu schützen, oder jeder solle des Todes sein, wenn er im Falle einer Verschwörung ihm nicht zu Hilfe komme. An dieser Stelle erhob Antonius seine Stimme zu besonderer Höhe, richtete seine Hand zum Kapitol empor und rief aus: ›Vater Jupiter und Ihr anderen Götter, ich für meine Person bin bereit, ihm Hilfe zu leisten, wie ich geschworen und gelobt habe; doch da meinen Standesgenossen der Beschluß einer Amnestie gefallen hat, so bete ich darum, daß er uns Segen bringen möge.‹ Daraufhin machte sich unter den Senatoren eine starke Erregung bemerkbar, da dieses Wort ganz eindeutig gegen sie gesprochen war. So suchten sie Antonius zu beschwichtigen, und der nahm seine Erklärung zurück, indem er sagte: ›Wie mir scheint, Bürger, ist das Geschehene nicht das Werk von Menschen, sondern das eines bösen Geistes, und wir müssen mehr die augenblickliche Lage als die Vergangenheit bedenken; denn größte Gefahren drohen uns in der Zukunft oder sie sind schon gegenwärtig, daß wir, ohne es zu merken, in die früheren Bürgerkriege zurückversetzt werden, und daß das, was noch von vornehmerer Herkunft in unserer Stadt lebt, dem völligen Untergang anheim fällt. So laßt uns denn diesen geheiligten Mann da zum Ort der Seligen geleiten und ihm zu Ehren den herkömmlichen Hymnus und Trauergesang anstimmen!‹ Nach diesen Worten raffte er sein Gewand wie ein von Gott Begeisterter empor, gürtete sich so, daß er die Hände frei hatte, trat wie auf einer Bühne zum Totenlager hin, beugte sich zu ihm nieder und richtete sich wieder auf und pries zunächst Caesar wie einen himmlischen Gott, wobei er, um seine göttliche Herkunft zu bestätigen, die Arme himmelwärts emporhob. Gleichzeitig zählte er in raschem Redefluß seine Kriege, Schlachten, Siege und alle die Völker auf, welche er seinem Vaterland hinzugewonnen habe, außerdem die Beutestücke, die von ihm nach Hause geschickt worden seien. Jeden Erfolg stellte Antonius als eine Wundertat hin und rief dazu immer wieder: ›Er allein ging unbesiegt aus den Kämpfen mit allen Gegnern hervor. Du allein‹, betonte er, ›hast auch die seit dreihundert Jahren in Schmach lebende Vaterstadt gerächt und die wilden Stämme, die als einzige in Rom einbrachen und allein die Stadt niederbrannten, in die Knie gezwungen.‹ Noch viele andere Dinge brachte Antonius in einer Art von Verzückung vor, dann senkte er seine Stimme von strahlender Höhe zu schmerzlichem Tone und betrauerte und beweinte ihn wie einen Freund, dem bitteres Unrecht widerfahren sei, ja gelobte sogar noch feierlich, sein eigenes Leben für das Caesars hingeben zu wollen. Und indem er sich in leichtem Übergang zu leidenschaftlicher Erregung forttragen ließ, entblößte er Caesars Leichnam, hob an einem Speer sein Gewand empor und ließ es flattern, von Dolchstößen durchbohrt und vom Blut des Diktators gerötet. Darüber stimmte, gleich dem Chor in der Tragödie, das Volk zusammen mit Antonius schmerzlichste Klagerufe an und steigerte sich aus der Trauer wieder in zornige Erregung hinein. Nach Beendigung der Reden wurden nach alter Sitte unter Musikbegleitung weitere Trauergesänge von Chören Caesar zu Ehren angestimmt, und wiederum zählte man seine Taten und sein trauriges Schicksal auf, ja zuweilen schien inmitten der Klagetöne der Tote selbst davon zu sprechen und alle jene namentlich zu nennen, denen er Gutes getan habe. Was aber die Mörder selbst betraf, fügte er wie in ungläubiger Verwunderung die Worte hinzu: Ach, daß ich auch diese noch schonen sollte, die meine Mörder wurden! Nun ließ sich das Volk nicht mehr länger halten; es mußte den Menschen unverständlich erscheinen, daß seine sämtlichen Mörder, allein mit Ausnahme des Decimus Brutus, als Angehörige der pompejanischen Partei von ihm zu Gefangenen gemacht und statt bestraft zu Ämtern in der Stadt, zu Provinzstatthaltern und Armeeführern befördert worden waren, um sich nun gegen ihn zu verschwören ... In dieser schon erregten Stimmung, da der Ausbruch von Gewalttätigkeiten drohte, hob jemand über der Totenbahre ein aus Wachs gefertigtes Abbild von Caesar empor; flach auf der Bahre liegend, konnte ja die Leiche nicht gesehen werden. Nun konnte man aber mit Hilfe einer Vorrichtung das Abbild nach allen Seiten hin drehen, und es zeigte am ganzen Körper sowie im Gesicht dreiundzwanzig grausam beigebrachte Wunden. Diesen jammervollen Anblick, wie er sich allen darbot, konnten die Menschen nicht mehr ertragen, sie seufzten laut auf, gürteten ihre Gewänder hoch und legten das Senatsgebäude, in dem Caesar den Tod gefunden hatte, in Schutt und Asche. Hin- und herlaufend fahndeten sie nach den Mördern, die sich schon lange davongemacht hatten, und gebärdeten sich in ihrem Zorn und Schmerz so rasend, daß sie den Volkstribunen Cinna aus Namensgleichheit mit dem Prätor Cinna – der eine Rede gegen Caesar gehalten hatte –, ohne nur eine Aufklärung über die Namensgleichheit anzunehmen, auf bestialische Weise in Stücke rissen. Kein Körperteil konnte mehr für die Beisetzung gefunden werden. Die rasende Menge versuchte Feuer an die Häuser der übrigen Verschwörer zu legen ...«[12]

Natürlich hat die Bedeutung der Schilderung Appians für die Beurteilung von Antonius zu der Frage geführt, inwieweit er dessen Auftritt authentisch wiedergab. Appian war ja bei der Rede nicht selbst zugegen. Aber er verfügte über Quellen, die es ihm erlaubten, den Auftritt von Antonius in seiner Gesamtheit wahrheitsgetreu zu schildern. Zutreffend hat Hermann Bengtson hierzu angemerkt: »In der Erzählung Appians tritt die Gestalt des Antonius in scharfer Profilierung hervor. Natürlich läßt sich nicht sagen, ob nun alles, wie es bei Appian steht, der Wahrheit entspricht. Doch im Ganzen gewinnt jeder Leser den Eindruck, daß in der Leichenrede die verschiedenen Phasen in sehr wirkungsvoller Weise aufeinanderfolgen und daß Antonius eine vorzügliche Regie geführt hat... Er hatte die Rhetorik in Griechenland gelernt, und wie man mit dem Volk umspringen mußte, um es in der gewünschten Weise zu beeindrucken, hierfür besaß Antonius einen hervorragenden Spürsinn.

Für die Echtheit der Rede des Antonius bei Appian spricht, daß sie ganz zu seinem Wesen zu passen scheint. Er war ein Freund von dramatischen Massenszenen, er vermochte sie wie ein Regisseur in sehr wirkungsvoller Weise zu gestalten. Dies entsprach seinem Wesen, das sich immer wieder in dem Typus des Darbietungsmenschen offenbart.«[13]

Gleichwohl hat gerade Bengtson die Rede von Antonius scharf kritisiert. Politisch sei sie ein Fehler gewesen, weil er damit zwar den Beifall der Massen gewonnen, aber gleichzeitig den Zwiespalt zwischen ihm und den Caesarmördern unüberbrückbar erweitert habe. Antonius dürfte es anders gesehen haben. Ihm konnte der Bruch mit den Caesarmördern nur recht sein, und wahrscheinlich hatte er sie gerade deshalb in seiner Rede so scharf angegriffen, daß sie es vorzogen, Rom zu verlassen. Schließlich verfolgte Antonius genau jene Pläne, die zur Ermordung Caesars geführt hatten, so daß es nur in seinem Interesse liegen konnte, sich Männer wie Brutus und Cassius vom Halse zu schaffen, ehe sie wieder zu den Dolchen griffen. Jedenfalls war er nach ihrem Weggang der unumstrittene Herr in Rom, was er – wie bei seinem Naturell nicht anders zu erwarten – in jeder Beziehung voll auskostete. Er verfiel nicht nur in seinen alten ausschweifenden Lebenswandel, ungerührt nahm er auch den gesamten von Caesar angehäuften Staatsschatz an sich, der sich auf siebenhundert Millionen Sesterzen belief. Allein vierzig Millionen davon soll Antonius zur Bezahlung seiner Schulden verwendet haben, was nur bei seinen Gläubigern auf Verständnis gestoßen sein dürfte.

Auch ansonsten schöpfte Antonius seine Machtfülle aus und schreckte sogar vor offensichtlichen Mißbräuchen nicht zurück. Eine glänzende Möglichkeit hierzu bot ihm jener Senatsbeschluß vom 17. März, der alle von Caesar getroffenen Verfügungen für gültig erklärte. Antonius stellte sich auf den äußerst fragwürdigen Standpunkt, daß dies auch für alle noch nicht veröffentlichten Papiere Caesars gelten müsse. In diese Schriften trug er mit Hilfe von Caesars Geheimschreiber Favonius ein, was er wollte, »ernannte viele zu Magistratspersonen, viele zu Senatoren, rief mehrere aus dem Exil zurück, befreite andere aus dem Gefängnis, als wenn dies von Caesar selbst angeordnet worden wäre«.[14] Die Römer nannten diese Leute bald spöttisch Charoniten, also Leute aus dem Totenreich, weil sie ihr Glück angeblich einem Manne verdankten, der nicht mehr unter den Lebenden weilte. Antonius kümmerte all dies wenig, ihm war es wichtiger, durch sein ungesetzliches Vorgehen neue Anhänger zu gewinnen. Als schließlich der Senator Servius Sulpicius Rufus den Antrag stellte, es sollten keine weiteren Verfügungen Caesars fingiert werden, bestritt Antonius mit den ihm eigenen schauspielerischen Fähigkeiten entrüstet, auch nur die geringste Fälschung vorgenommen zu haben.

Der Antrag des Sulpicius scheiterte ebenso wie der Versuch des Senats, Antonius zu zwingen, über seine Verwendung der Staatsgelder Rechenschaft abzulegen. Im Gegenteil, Antonius ließ sich vom Senat unter dem Vorwand, es seien Anschläge auf sein Leben versucht worden, eine Leibwache bewilligen, die er sehr schnell auf 6000 Mann ausbaute. Seinen beiden Brüdern Gajus und Lucius verschaffte er mit den Ämtern eines Prätors und eines Volkstribuns Schlüsselstellungen. Die beiden führenden Caesarmörder Brutus und Cassius erhielten unterdessen vom Senat den Auftrag, sich in den Provinzen Asien und Sizilien durch Getreideaufkäufe um die Versorgung Roms zu kümmern. So hatten sich die beiden Caesarmörder ihre Zukunft ganz gewiß nicht vorgestellt. Sie hatten Caesar sicher nicht ermordet, um als staatliche Getreideaufkäufer in die Provinzen abgeschoben zu werden. Man hat zwar behauptet, daß der Auftrag keine Degradierung gewesen sei, weil diese Aufgabe nach einem caesarischen Gesetz jeweils zwei Prätoren zufiel.[15] Doch Cicero, der es besser wissen mußte, kommentierte den Vorgang mit den Worten: »Was für eine Demütigung! Einmal, daß sie überhaupt einen Auftrag von diesen Kerlen entgegennehmen müssen, und wenn schon, dann dieses Korngeschäft.«[16] Die Betroffenen selbst dachten ebenso, wie ein Bericht Ciceros über einen Besuch bei Brutus und Cassius vom 2. Juni 44 v. Chr. zeigt, der zugleich belegt, wie aussichtslos sein Verfasser die Lage der Caesarmörder keine drei Monate nach ihrer Tat beurteilte: »Heute vormittag bin ich hier in Antium eingetroffen, und unser Brutus freute sich sehr, daß ich gekommen bin. Er fragte mich also... wozu ich riete... Ich riet ihm, was ich mir unterwegs überlegt hatte, er solle die Getreidebeschaffung in Asien übernehmen; das einzige Ziel, das wir überhaupt noch verfolgen könnten, sei seine persönliche Sicherheit; dabei fahre auch das Vaterland am besten. Ich hatte gerade mit meinen Ausführungen begonnen, als Cassius dazukam, und so wiederholte ich meine Worte noch einmal. Darauf Cassius mit rollenden Augen – man hätte sagen können, er ›schnaube Kampf‹ –, er gehe nicht nach Sizilien. ›Ich soll diese schmachvolle Zumutung wie ein Zeichen besonderer Gnade hingenommen haben?‹ – ›Was willst Du also tun?‹ – Er werde nach Griechenland gehen. – ›Und Du, Brutus?‹ – ›Nach Rom, wenn Du nichts dagegen hast!‹ – ›Ausgeschlossen, Du bist dort nicht sicher.‹ – ›Ach, also wenn das nicht wäre, hättest Du nichts einzuwenden!‹ – ›Nein, ich würde Dir dann sogar raten, überhaupt nicht in die Provinz zu gehen, weder jetzt noch nach Ablauf Deiner Prätur. Aber daß Du Dich unter den gegenwärtigen Umständen in die Hauptstadt getraust, dafür lehne ich die Verantwortung ab.‹ Ich nannte ihm die Gründe, weshalb er dort nicht sicher sei; welche, kannst Du Dir denken. In langem Hin und Her jammerten sie dann, und zwar vor allem Cassius, daß die Gelegenheiten verpaßt seien und machten Decimus bittere Vorwürfe. Ich äußerte, man müsse die Vergangenheit ruhen lassen, stimmte aber immerhin zu. Und während ich dabei war, darzulegen, was man hätte tun müssen – keine neuen Gesichtspunkte, sondern was man alle Tage von jedermann hören kann –, aber doch den einen Punkt nicht berührte, daß einer zu wenig gefallen sei, sondern sagte, der Senat hätte berufen, das Volk in seiner ersten Begeisterung schärfer bearbeitet und die Gesamtleitung des Staates übernommen werden müssen, da rief Deine Freundin: ›Das habe ich noch nie jemand sagen gehört!‹ Darauf hielt ich an mich. Indessen scheint es mir so, als ob Cassius geht – Servilia versprach, dafür zu sorgen, daß der Auftrag zur Getreidebeschaffung aus dem Senatsbeschluß gestrichen würde –, und unser Freund kam auch bald wieder ab von diesem unsinnigen Gedanken, er wolle nach Rom gehen... Um es kurz zu sagen: Das einzige, was mich an dieser meiner Reise befriedigt, ist das Bewußtsein, meine Pflicht getan zu haben. Denn das durfte ich mir nicht nachsagen lassen, daß er Italien verlassen habe, ohne daß ich ihn vorher gesprochen hätte.

Nach Abzug dieses Freundschafts- und Liebesdienstes bleibt das Ergebnis, das ich bei mir spreche: ›Nun, Prophet, was nützt uns jetzt der Weg hierher? Völlig aus den Fugen habe ich das Schiff vorgefunden, oder vielmehr schon als Wrack.‹« [17]

Doch Brutus und Cassius dachten nicht daran, Ciceros Rat zu befolgen und sich als geschlagene Männer in ihre vom römischen Senat zugeteilten Provinzen zu begeben. Auf eigene Faust warben sie Truppen an, mit denen sich Brutus nach Griechenland und Cassius nach Syrien begab.

Unterdessen war in Rom Anfang Mai 44 v. Chr. mit Octavian der Adoptivsohn, Erbe und erklärte Rächer Caesars eingetroffen. Obwohl sich von Anfang an ein Teil von Caesars ehemaligen Legionären auf seine Seite stellte, hatte zunächst niemand den schwächlichen 18jährigen sonderlich ernst genommen, der häufig aufs Krankenbett geworfen wurde, wenn er sich schwierigen Situationen gegenüber sah. Von einem Teil seiner nächsten Umgebung war Octavian deshalb auch bestürmt worden, das mit riesigen Lasten und Gefahren verbundene Erbe Caesars auszuschlagen. Doch seiner Mutter, die ihn beschwor, nicht in Rom sein Leben aufs Spiel zu setzen, antwortete er mit den berühmten Worten Achills aus Homers Ilias: »Möcht ich sogleich hinsterben, wenn nicht mir gönnte das Schicksal, meinen erschlagenen Freund zu rächen!« Da dies keine leeren Worte bleiben sollten, waren die Weichen zu einem Bürgerkrieg gestellt, der in seiner Brutalität die Diadochenkämpfe nach dem Tode von Alexander dem Großen noch übertraf, und wie in den Diadochenkämpfen sollte kaum einer der Hauptbeteiligten eines natürlichen Todes sterben.

Wie fast immer in der Geschichte, wenn es um Leben und Tod geht, waren sämtliche Akteure bereit, ihre politischen Grundsätze – soweit vorhanden – jedenfalls zeitweise dem Erfolg unterzuordnen. Man kann die schauspielerischen Fähigkeiten und die Selbstverleugnung nur bewundern, mit der Antonius, Octavian, der römische Senat mit Cicero an der Spitze und auch die Caesarmörder dem Todfeind von gestern die Hand zur Versöhnung mit dem Hintergedanken reichten, ihn möglichst rasch für immer aus dem Wege zu schaffen.

Kaum in Rom angekommen, nahm Octavian den Kampf gegen den auf dem Höhepunkt seiner Macht stehenden Antonius auf. Es war, als ob ein Zwerg einen Riesen angreifen wollte. Antonius ließ jedenfalls Octavian ziemlich lange warten, als dieser ihn aufsuchte, und erklärte ihm dann schließlich herablassend, er müsse wohl nicht ganz bei Trost sein, ein so schwieriges Erbe anzutreten. Doch unbeirrt forderte Octavian von Antonius die Auszahlung jener Gelder, die Caesar in seinem Testament dem römischen Volk vermacht hatte, was Antonius rundweg abschlug. Er hatte zwar die ganzen Gelder Caesars an sich genommen, war aber nicht dessen Erbe und so gesehen auch nicht verpflichtet, die Klauseln in Caesars Testament zu erfüllen. Herablassend verabschiedete er Octavian. Man hat Antonius diese Überheblichkeit später zum Vorwurf gemacht. Aber auch ein weniger selbstherrlicher Charakter als Antonius konnte damals nicht ahnen, daß sich hinter dem eher verzärtelt und schüchtern wirkenden 18jährigen eines der größten politischen Genies der Weltgeschichte verbarg.

Nach seiner Abfuhr bei Antonius übernahm es der nicht unvermögende Octavian, die Auszahlung der von Caesar versprochenen Gelder schrittweise zu übernehmen, was ihm natürlich in weiten Kreisen Roms große Sympathien einbrachte und die Stellung von Antonius schwächte. Nun begann auch der Senat, auf den jungen Mann aufmerksam zu werden. Ihm war die Machtstellung des Antonius schon längst ein Greuel. Sehnsüchtig wartete man auf das Ende des Jahres 44 v. Chr., an dem das Konsulat von Antonius auslief. Daß sich nun mit Octavian ein Mann fand, der den Mut hatte, den Kampf gegen Antonius aufzunehmen, konnte dem Senat nur recht sein. Ausgerechnet durch die Vermittlung von Cicero, dem engen Freund der Caesarmörder Brutus und Cassius, kam es zu einer Koalition zwischen dem Senat und Octavian, der angetreten war, den Mord an Caesar zu rächen. Antonius antwortete mit wütenden Angriffen gegen den Senat, die Cicero wiederum veranlaßten, in seinen berühmten philippischen Reden mit Antonius abzurechnen.

Antonius begab sich dann nach Ablauf seines Konsulats in die Provinz Gallia Cisalpina, um sich eine neue Machtbasis zu schaffen. Doch dort saß als Statthalter mit dem Caesarmörder Decimus Brutus einer der befähigtsten römischen Generale jener Zeit. Sein Amt, in das ihn noch Caesar berufen hatte, war zwar ebenfalls Ende 44 v. Chr. ausgelaufen, doch der Senat beeilte sich, ihn umgehend in seiner Stellung zu bestätigen. Antonius blieb nichts anderes übrig, als Brutus, der sich in Mutina (Modena) verschanzt hatte, anzugreifen. Aber er scheiterte, weil Octavian zusammen mit dem Konsul Aulus Hirtius, einem der getreuesten Gefolgsleute Caesars und seinem Amtskollegen Pansa Antonius vor den Wällen von Mutina schlug und so den Caesarmörder Decimus Brutus befreite. Antonius konnte mit den Resten seines Heeres unter unsäglichen Mühen in das jenseitige Gallien (Südfrankreich) entkommen, wo Lepidus Statthalter war. Da Hirtius und Pansa in der Schlacht fielen, verfügte Octavian – von dem einige behaupteten, er sei an dem Tod der Konsuln nicht unschuldig gewesen – plötzlich über die stärkste Militärmacht in Italien.

Doch dies war nicht im Sinne des Senats, der sich mittlerweile keine Illusionen mehr über die Gefährlichkeit von Caesars Adoptivsohn machte. Schon warnte Cicero mit den boshaften Worten, Octavian sei ein Mann, den man loben, auszeichnen und befördern müsse. Das lateinische Wort für befördern, und dies gab Ciceros Satz seinen eigentlichen Sinn, bedeutete aber auch zugleich ›in den Tod schicken‹. Octavian erwiderte ebenso boshaft, er werde sich vor dieser Art von Beförderung zu schützen wissen. Doch für den Senat war Octavian ein Mann, der seine Schuldigkeit getan hatte. Man feierte Decimus Brutus als den großen Sieger, bewilligte ihm einen Triumph und befahl Octavian, sich Decimus zu unterstellen. Octavian war jedoch nicht der Mann, sich so einfach abservieren zu lassen. Im Bewußtsein seiner Macht – die Legionen von Decimus waren noch durch die Belagerung von Mutina völlig geschwächt – wandte sich Octavian kurzentschlossen gegen den Senat, marschierte nach Rom und schickte einige seiner Offiziere voraus, um für sich das Konsulat zu fordern. Als die Senatoren zögerten, zeigte der Anführer von Octavians Offizieren drohend auf den Knauf seines Schwertes und erklärte kühl: »Wenn Ihr nicht wollt, der hier wirds schon richten.«[18] Wenig später wurde Octavian zusammen mit seinem Verwandten Quintus Pedius zum Konsul gewählt. Einmal mehr in der Geschichte Roms zeigte sich, was Marius, Sulla und Caesar bereits vorexerziert hatten: Der römische Senat war einem erfolgreichen Feldherrn schon lange nicht mehr gewachsen. Der junge Octavian hatte sich als ein Virtuose politischen Taktierens erwiesen, dessen Schachzüge jeden seiner Gegner überrascht und überrumpelt hatten. Er blieb sich in dieser Beziehung auch nach seinem Amtsantritt treu: Eine seiner ersten Amtshandlungen bestand in der Aufhebung jenes von ihm mitveranlaßten Senatsbeschlusses, der Antonius zum Staatsfeind erklärt hatte. Außerdem setzte er die gerichtliche Verfolgung der Caesarmörder durch. Da Antonius und Lepidus außerhalb Italiens immer noch über die stärkste römische Macht verfügten, lud er sie zu einer gemeinsamen Besprechung ein. Ende Oktober 43 v. Chr. kam es auf einer Flußinsel bei Bononia (Bologna) zu jenem Treffen, das nicht nur die Herrschaftsverhältnisse im Römischen Reich für die nächsten Jahre regeln sollte, sondern zugleich mit den dort beschlossenen Proskriptionen eine der schrecklichsten Perioden der römischen Geschichte einleitete. Von gegenseitigem Zutrauen war diese Begegnung naturgemäß nicht geprägt: »Jeder der Vertragsschließenden hatte fünf Legionen Schwerbewaffneter bei sich; diese stellten sie in Front zueinander auf, und nun ging jeder zusammen mit dreihundert Mann gegen die Brücken hin, die über den Fluß führten. Lepidus selbst schritt voraus, untersuchte die Insel und schwenkte dann zum Zeichen, daß beide kommen möchten, seinen Kriegsmantel. Nun ließen die beiden Feldherren jeweils ihre dreihundert Mann mitsamt ihren Freunden an den Brücken stehen und verfügten sich, von allen Seiten her eingesehen, zur Inselmitte. Hier berieten sich die drei mit Octavian als Vorsitzendem – er war ja Konsul – in der Mitte. Sie kamen zwei Tage lang vom Morgen bis zum Abend zusammen und trafen folgende Entscheidungen: Octavian solle das Konsulat niederlegen ... Durch Gesetz müsse ferner zur Beilegung der inneren Unruhen für Lepidus, Antonius und Octavian ein neues Amt geschaffen werden, das fünf Jahre lang von ihnen bekleidet, gleiche Machtfülle wie das Konsulat besitzen solle. Sie glaubten nämlich, auf diese Weise den Titel eines Diktators zu vermeiden ... Weiterhin sollten die drei Machthaber sogleich Jahresämter in der Stadt auf einen Zeitraum von fünf Jahren bestimmen. Schließlich war eine Aufteilung der Provinzen vorgesehen, wonach Antonius ganz Gallien ohne den an die Pyrenäen angrenzenden Teil, Altgallien genannt, erhielt; letzteres Gebiet zusammen mit Spanien wurde Lepidus als Herrschaftsbereich zugewiesen, während Octavian Afrika, Sardinien, Sizilien und die sonst noch dort gelegenen Inseln bekommen sollte ... Um das Heer schon mit

Hoffnung auf Siegesbeute anzustacheln, versprachen sie den Soldaten neben anderen Geschenken 18 italienische Städte zur Ansiedelung, die sich durch Wohlstand und schöne Grundstücke, wie Häuser, auszeichneten und unter die Soldaten samt Grund und Haus aufgeteilt werden sollten, genauso, als wenn sie ihnen im Kriege als Feindbesitz zugefallen wären.« [19]

Die ohnehin nur noch dem Namen nach bestehende römische Republik wurde also zur Abwechslung – wie schon zu den Zeiten von Caesar, Pompejus und Crassus – von einem Triumvirat regiert. Das eigentliche Schauerstück dieses Treffens, die Proskriptionen, scheinen die Triumvirn auch unter Ausschluß ihrer engsten Berater beschlossen zu haben:

»Als die Triumvirn unter sich waren, stellten sie Listen derer auf, die sterben sollten. Sie wählten dabei die einflußreichen Persönlichkeiten aus, denen sie mißtrauten, sowie ihre persönlichen Feinde und vertauschten gegenseitig eigene Verwandte und Freunde mit dem Ziel, sie zu ermorden. Und dies geschah sowohl damals als auch später. Denn sie ergänzten ihre Listen von Zeit zu Zeit, manchmal aus Haß, in anderen Fällen wieder aufgrund eines bloßen Streitfalls oder weil die Opfer Freunde ihrer Feinde oder Feinde ihrer Freunde waren. Es geschah auch wegen des großen Reichtums, da die Triumvirn zur Kriegsführung eine Menge Geld brauchten ... Die Gesamtzahl der zum Tode nebst Vermögenskonfiskation verurteilten Senatoren belief sich auf etwa dreihundert, der Ritter an die zweitausend. Darunter befanden sich auch Brüder und Onkel der Machthaber und ebenso Offiziere, die unter ihnen dienten und mit ihren Feldherrn oder sonstigen Chargen Schwierigkeiten gehabt hatten.« [20]

Shakespeare hat die schauerlichen Vorgänge in seinem Drama »Julius Caesar« wiedergegeben:

»ANTONIUS: Die müssen also sterben, deren Namen hier aufgezeichnet stehen.

OCTAVIUS: Auch Euer Bruder muß sterben, Lepidus Ihr willigt drein?

LEPIDUS: Ich willige drein.

Octavius:	Zeichne ihn, Antonius.
Lepidus:	Mit dem Beding, daß Publius nicht lebe, der Eurer Schwester Sohn ist, Marc Anton.
Antonius:	Er lebe nicht: Sieh hier, ein Strich verdammt ihn.«[21]

Selbst die Triumvirn zögerten anfangs mit der Bekanntgabe dieser Beschlüsse, so daß in Rom zunächst nur das Gerücht die Runde machte, zwölf Männer sollten beseitigt werden. Als Pedius, der Mitkonsul und Verwandte Octavians, von dem vollen Umfang der geplanten Proskription Kenntnis erhielt, brach er zusammen und starb kurz danach. Von den Geächteten entkam kaum einer. Nur wenigen gelang die Flucht zu Brutus, Cassius oder Sextus Pompejus.

Doch während in Italien die Proskriptionen tobten, zogen sich im Osten über den Häuptern der Triumvirn düstere Wolken zusammen. Marcus Brutus war es innerhalb kürzester Zeit in Griechenland gelungen, dank des Zulaufs von vielen jungen Römern und ehemaligen Veteranen des Pompejus, ein schlagkräftiges Heer zu formieren. Als sich ihm auch noch der Statthalter Makedoniens anschloß, war Brutus so stark, daß er den ihm entgegenmarschierenden Gajus Antonius, einen Bruder des Triumvirn, im März 43 v. Chr. in Appollonia einschließen und zur Kapitulation zwingen konnte. Brutus schonte Gajus Antonius zunächst, ließ ihn dann aber später aus Rache für die Proskriptionen hinrichten.

Noch erfolgreicher war Cassius in Syrien, so daß auch Kleopatras Ägypten sehr bald in die Kämpfe der Römer hineingezogen wurde. In Syrien hatte Caecilius Bassus, ein ehemaliger Pompejaner, schon zu Lebzeiten Caesars für Unruhen gesorgt. Nach Caesars Tod schöpfte er neue Hoffnung. Der Senat schickte daher Dolabella, den Konsul des Jahres 44 v. Chr., als Statthalter nach Syrien. Doch schon auf dem Weg dorthin bereitete ihm der noch von Caesar ernannte Statthalter der Provinz Asia Gajus Trebonius, der bei Caesars Ermordung eine führende Rolle gespielt hatte, Schwierigkeiten. Dolabella brachte zwar schließlich Trebonius in seine Gewalt und ließ ihn hinrichten, doch in der Zwischenzeit war Cassius in Syrien eingetroffen. Caecilius Bassus schloß sich ihm sofort an. Beiden gelang es, Dolabella schon im nordsyrischen Laodicäa (heute Lattakia) einzuschließen, wo er angesichts seiner aussichtslosen Lage Selbstmord beging. Der von Dolabella zu Hilfe gerufene Oberbefehlshaber der vier römischen Legionen in Ägypten, Allienus, zog es daraufhin unter nicht ganz geklärten Umständen vor, sich Cassius anzuschließen. Damit hatte Cassius innerhalb kürzester Zeit zwölf römische Legionen unter seinem Befehl.

Man hat Kleopatra in diesem Zusammenhang verdächtigt, Allienus zu diesem Frontwechsel veranlaßt zu haben. Doch dies ist völlig unwahrscheinlich. Sie hatte zu dieser Zeit nicht die Macht, Roms Feldherrn Befehle erteilen zu können. Sicher hat Allienus Kleopatra von seinem Abmarsch informiert. Ihre Meinung hierzu dürfte ihm jedoch ziemlich gleichgültig gewesen sein, und ganz gewiß hat er Kleopatra nicht um irgendwelche Befehle gebeten.

Durch die Erfolge von Cassius geriet nun Kleopatra ihrerseits in eine äußerst schwierige Lage. So glänzend die römischen Legionen auf dem Lande zu kämpfen vermochten, Seegefechte waren nicht ihre Sache, worauf noch im Zusammenhang mit der Schlacht von Aktium zurückzukommen sein wird. Bezeichnend für ihr zwiespältiges Verhältnis zum Meer ist die Reaktion eines ihrer Admirale im Punischen Krieg. Als ihm die Auguren mitteilten, die Chancen für eine Seeschlacht stünden schlecht, weil sich die geheiligten Gänse weigerten zu fressen, warf er eigenhändig das ganze Geflügel mit den wütenden Worten von Bord, »wenn Ihr schon nicht fressen wollt, so sollt Ihr wenigstens saufen«.[22] Knapp eine Stunde nach diesem psychologischen Meisterstück war die römische Flotte vernichtend geschlagen. Seegefechte blieben bis zu Agrippa ein Schwachpunkt des römischen Militärwesens.

So war es nur zu verständlich, daß Cassius alles daran setzte, die von Kleopatra erbaute Flotte in seine Hand zu bekommen. Damit hatte er zumindest teilweise Erfolg, denn Serapion, Kleopatras Statthalter auf Zypern, lief zu Cassius über und stellte ihm seine Schiffe zur Verfügung. Appian betont allerdings ausdrücklich, daß Serapion dabei auf eigene Faust handelte, und Kleopatra selbst Hungersnöte und Seuchen vorgeschützt habe, um die Forderung von Cassius abzulehnen. Fest steht jedenfalls, daß Cassius von Kleopatra kein einziges Schiff erhalten hat.

Ganz gewiß war die Berufung auf Hungersnöte und Seuchen, mit denen Kleopatra ihre Weigerung, Cassius zu unterstützen, begründete, nur ein Vorwand. Auch wenn in Ägypten damals tatsächlich Hungersnöte und Seuchen geherrscht haben, so hatte darunter ganz gewiß nicht die für Kleopatra so wichtige Flottenbesatzung, sondern in erster Linie die Zivilbevölkerung zu leiden. Im übrigen hätte es gerade bei einer Hungersnot nahegelegen, die Flotte für längere Zeit aus Ägypten zu entfernen, wo sie die Versorgungslage auf die Dauer nur erschweren konnte. Aber Kleopatra hatte ihre Flotte nicht für den Caesarmörder Cassius gebaut und dachte nicht daran, sie ihm zur Verfügung zu stellen. Darüber war sich auch Cassius im klaren und lenkte sofort nach seinem Sieg über Dolabella, wie Appian berichtet, sein Augenmerk auf Ägypten: »Er hörte nämlich, Kleopatra beabsichtige mit einer starken Flotte übers Meer zu Octavian und Antonius zu fahren. Dieses Unternehmen aber wollte er verhindern und die Königin wegen ihrer Absicht bestrafen.«[23] Aber dazu kam es nicht mehr.

Noch bevor Cassius nach Ägypten aufbrechen konnte, rief ihn Brutus aus Kleinasien zu Hilfe gegen die heranrückenden Truppen von Antonius und Octavian. Kaum hatte er seinen Plan, nach Ägypten zu ziehen, aufgeben müssen, erreichte Cassius die Nachricht, »daß Kleopatra mit einer starken, schwer mit Hilfsgütern beladenen Flotte zu Octavian und Antonius fahren wolle. Sie hatte nämlich bisher schon deren Partei wegen ihrer Beziehung zum älteren Caesar ergriffen.«[24] Um die geplante Verbindung zu verhindern, sah sich Cassius gezwungen, an der Südspitze der Peloponnes eine Legion mit Elitesoldaten und sechzig seiner Schiffe unter Stajus Murcus zu postieren. Doch Murcus wartete vergebens. Bald erhielt er die Nachricht, daß Kleopatras Flotte durch einen Sturm vor der afrikanischen Küste schwer beschädigt worden und Kleopatra krank nach Ägypten zurückgekehrt sei. Als Murcus dann auch noch Trümmer von Kleopatras Schiffen vor der griechischen Küste treiben sah, gab er seine Stellung auf und verlegte sein Geschwader in das Adriatische Meer.

So fand die entscheidende Auseinandersetzung in diesem Bürgerkrieg ohne Beteiligung Kleopatras statt. Wohl deshalb ist verschiedentlich die Ansicht vertreten worden, Kleopatra habe damals bewußt eine neutrale Haltung eingenommen. Ganz verständlich ist es nicht, denn ihr Vorgehen spricht deutlich eine andere Sprache. Dies zeigt gerade auch das Verhalten von Cassius, der die Lage doch mit am besten beurteilen konnte: Schon sein Entschluß, nach Ägypten zu marschieren, zeigt, wie wenig er Kleopatra traute. Man mag hier noch einwenden, daß Ägypten, trotz aller Hungersnöte und Seuchen, immer noch ein Land war, dessen Besitz sich auch dann lohnte, wenn man von seiner Herrscherin eine neutrale Haltung erwarten durfte. Doch Cassius faßte seinen Entschluß zu einem Zeitpunkt, als seine Kräfte dringend an anderen Brennpunkten der Auseinandersetzung mit Antonius und Octavian benötigt wurden. In dieser Situation nach Ägypten zu marschieren, konnte nur einen Sinn haben, wenn man damit eine Gefahrenquelle ausschalten wollte. Und was soll man erst von der Tatsache halten, daß Cassius dann noch an der griechischen Küste eine Elitelegion und nicht weniger als 60 Kriegsschiffe zurückließ, um eine Vereinigung von Kleopatras Flotte mit den Caesarianern zu verhindern? Cassius hatte sich, wie seine überragenden Erfolge in den vorangegangenen Monaten zeigen, als ein glänzender Feldherr erwiesen. Litt derselbe Mann nun plötzlich unter Hirngespinsten, als er unmittelbar vor der sich damals anbahnenden Entscheidungsschlacht des Bürgerkriegs, in der es auf jeden Mann ankam, aus Sorge vor einem Eingreifen Kleopatras eine Elitelegion und 60 Kriegsschiffe nur zum Schutz vor Kleopatra abstellte? Vielleicht haben sich hier doch eher jene geirrt, die Kleopatra eine neutrale Haltung in dieser Situation unterstellten. Möglicherweise hat zu diesem Irrtum auch das spätere Verhalten Antonius' gegenüber Kleopatra beigetragen. Doch davon später.

Freilich wäre es verfehlt, Kleopatras Parteinahme für Antonius und Octavian auf eine Art Nibelungentreue gegenüber dem ermordeten Caesar zurückzuführen. Abgesehen davon, daß dergleichen persönliche Motive in dieser Schicksalsstunde des Ptolemäerreiches nicht am Platze gewesen wären, hatte Kleopatra keine andere Wahl: Es ist schon an anderer Stelle darauf hingewiesen worden, daß Brutus und Cassius nicht die Männer waren, von denen die ehemalige Geliebte Caesars viel erhoffen konnte. Und mit ihrem Verhalten gegenüber Cassius hatte sie sich ihre letzte Chance für eine wohlwollende Behandlung durch die Caesarmörder verbaut. So gesehen handelte Kleopatra, wie es ihrem ganzen Charakter entsprach: mit hohem Einsatz hat sie kühl berechnend den einzig möglichen Ausweg aus ihrer schwierigen Lage gesucht. Und der Erfolg sollte ihr recht geben:

Am 3. Oktober 42 v. Chr. kam es in der Ebene von Philippi bei dem heutigen Kavalla zu einer ersten Schlacht zwischen den Triumvirn und den Caesarmördern. Sie brachte keine Entscheidung: Antonius gelang es zwar in einem tollkühnen Angriff, das Lager von Cassius zu erobern. Doch gleichzeitig schaffte es Brutus, das von Octavian befehligte gemeinsame Lager der Triumvirn einzunehmen. Octavian konnte entkommen, während die feindlichen Speere seine Sänfte durchlöcherten. Der tragische Verlierer dieses Tages, der im übrigen sein Geburtstag war, war Cassius: Nach seiner Niederlage ließ er sich von einem Sklaven den Tod geben. Möglicherweise beruhte dieser Selbstmord auf einem Irrtum, denn es heißt, Cassius habe heranstürmende Reiter, die ihm die Nachricht vom Sieg des Brutus überbringen sollten, für feindliche Kavallerie gehalten und deshalb seinem Leben ein Ende gemacht.[25]

Am 23. Oktober gelang es dann Antonius und Octavian, die Truppen von Brutus vernichtend zu schlagen. Octavian hielt sich diesmal besser als im ersten Gefecht, doch der Löwenanteil an diesem Erfolg fiel auch hier Antonius zu, wie dem Bericht von Appian unschwer zu entnehmen ist, der die endgültige Vernichtung des Gegners mit den Worten schilderte: »Octavian sollte diejenigen, die aus dem Lager auszubrechen versuchten, abfangen und das Lager selbst bewachen. Antonius hingegen war alles in einer Person und ging überall zum Angriff vor.«[26] Bei der Verfolgung des fliehenden Brutus kam es dann zu einem für den Charakter von Antonius bezeichnenden Zwischenfall. Um die Flucht seines Feldherrn zu decken, gab sich Lucilius, einer seiner Offiziere, als Brutus aus und verlangte, vor Antonius geführt zu werden: »Mit seiner Behauptung, Brutus zu sein, fand er vor allem deshalb Glauben, weil er sich seinem unversöhnlichen Gegner zu entziehen suchte. Als Antonius hörte, daß man den Gefangenen bringe, ließ er eine Weile verstreichen, um angesichts des Schicksals, der Würde und auch zugleich des besonderen Wertes des Mannes zu überlegen, wie er Brutus empfangen solle. Als sich Antonius dann näherte, stellte sich ihm Lucilius vor und erklärte mit großer Kühnheit: ›Brutus ist nicht gefangen, und Tugend wird auch niemals zur Gefangenen der

Schlechtigkeit werden. Ich habe diese Soldaten da getäuscht, und so stehe ich nun vor Dir!‹ Als nun Antonius sah, daß sich die Reiter schämten, versuchte er sie mit den Worten zu trösten: ›Ihr habt mir damit keine schlechtere, vielmehr eine bessere Beute eingebracht, als Ihr glaubt, wie ja auch ein Freund besser ist als ein Feind.‹ Dann übergab er Lucilius einem seiner Freunde zur Fürsorge.«[27] Lucilius sollte zu einem der treuesten Gefährten von Antonius werden und ihm in seinen schwersten Stunden beistehen.

Doch der Opfermut des Lucilius half seinem Feldherrn nicht mehr. Als Brutus am nächsten Tag die Aussichtslosigkeit seiner Lage erkannte, ließ auch er sich von einem Freund mit dem Schwert durchbohren.

Als der Tote zu Antonius gebracht wurde, warf dieser seinen purpurnen Feldherrnmantel über den Leichnam und befahl, seinen Gegner ehrenvoll zu beerdigen. Octavian indessen ordnete an, das Haupt von Brutus abzuschlagen und es in Rom zu Füßen von Caesars Statue zu werfen.[28] Eine Biographin Octavians hat dieses völlig unterschiedliche Verhalten der beiden Sieger mit den Worten zu rechtfertigen versucht: »Antonius konnte in Brutus den Mann sehen, der um seiner Ideale willen sein Gegner geworden war. Für Caesars Sohn war Brutus kein Freiheitsheld, sondern ein Mörder und Verräter.«[29] Dies mag manches, aber sicher nicht alles erklären: Antonius dürfte die Hinrichtung seines Bruder Gajus durch Brutus kaum weniger schmerzlich empfunden haben als Octavian die Ermordung seines Adoptivvaters Caesar. In der Haltung von Antonius und Octavian angesichts des Leichnams von Brutus offenbart sich ein Unterschied ihrer Charaktere, der noch eine gewaltige Rolle spielen sollte.

Bezeichnend ist auch das Verhalten der Anführer der Besiegten, die gefesselt vor Octavian und Antonius geführt wurden. Sie grüßten Antonius achtungsvoll, konnten es sich aber trotz ihrer verzweifelten Lage nicht versagen, Octavian, von dem ihr Schicksal entscheidend abhing, mit Schmähungen zu überschütten.[30]

Antonius jedenfalls war für Sieger und Besiegte nicht nur der unbestrittene Held von Philippi, sondern wieder der erste Mann im Römischen Reich. Dem entsprach auch die folgende Machtaufteilung. Der Einfluß von Lepidus wurde noch weiter zurückgedrängt, denn ihm wurden, sehr zu seinem Unwillen, nur die Provinzen

Afrikas übertragen. Octavian erhielt Italien und Spanien, während sich Antonius für Griechenland, Kleinasien und den Orient entschied. Auf den ersten Blick mag die Machtaufteilung zwischen Octavian und Antonius als eine ausgewogene Regelung erscheinen. Bei genauerem Hinsehen muß man sich indessen fragen, ob diese Regelung nicht der erste Schritt zur völligen Ausschaltung Octavians sein sollte.

Die Herrschaft in Italien bedeutete zunächst einmal, die bei dem Treffen der Triumvirn bei Bononia beschlossenen umfangreichen Landzuweisungen an rund einhunderttausend Veteranen vorzunehmen. Eine fast unlösbare Aufgabe, bei der sich Octavian unweigerlich den Haß der Enteigneten zuziehen mußte und Gefahr lief, jämmerlich zu scheitern. Solche Probleme hatte Antonius im Orient nicht. Dieser war mit seinen zum Teil unwahrscheinlich reichen, den Römern aber militärisch weit unterlegenen und daher willfährigen Vasallenherrschern ein geradezu ideales Herrschaftsgebiet und – falls erforderlich – eine glänzende Machtbasis für künftige Unternehmungen. Aber nicht dies allein dürfte Antonius zu seiner Entscheidung für den Osten veranlaßt haben:

»Es war der ganz unbeschreibliche Zauber, der von den Ländern des Orients ausging. Antonius hatte ihn vor Jahren im Heer des Gabinius selbst gespürt, und am tiefsten hatte ihn das Nilland Ägypten bezaubert, wie es noch jeden Eroberer von Alexander bis hin zu Napoleon in seinen Bann geschlagen hat... Und da war der große Schwarm der Künstler und Schauspieler, der Dionysischen Techniten. Sie bewahrten eine alte Tradition, die aus klassischer Zeit in die Gegenwart herüberreichte. Sollte Antonius auf all diese Dinge verzichten? Sein Herz drängte ihn, die Begegnung mit den Griechen zu suchen, ihre Kultur zu bewundern und sich an ihren Festen und Schauspielen zu begeistern. Und hinter den Griechen Kleinasiens lag der Orient, den wiederzusehen sein heißester Wunsch war. Denn dieses Mal kam er nicht als unbekannter Offizier in einer römischen Reiterabteilung, in der er sich erst seine Sporen verdienen mußte, er kam als der allmächtige Sieger, der der Welt ein neues Gesicht gegeben hatte. Die Herzen flogen ihm entgegen, zum erstenmal kam hier ein Römer, der Verständnis für den Orient und seine Bewohner mitbrachte, mit seinem Erscheinen hob ein neues Zeitalter im Orient an, das sich allen Zeitgenossen ganz unauslöschlich eingeprägt hat.«[31]

Und in diesem Orient sollte ihn auch jene Frau erwarten, die in ihrer Person wie keine andere den Zauber, den Luxus und das Raffinement dieses Weltteils verkörperte: Kleopatra.

ANTONIUS

Antonius wurde in Griechenland und dem Vorderen Orient mit einer Begeisterung aufgenommen wie kein Römer jemals vor oder nach ihm. Fast überall wurde er mit Jubel empfangen. Bei seinem Einzug in Ephesos gingen Frauen als Bacchantinnen und Männer als Satyrn und Pan verkleidet durch die reich geschmückte Stadt vor ihm her. Unter dem Klang von Harfen, Flöten und Schalmeien begrüßte ihn die Bevölkerung als ihren »Freudengeber, den huldreichen Bacchus«.[1] Dies war keine bloße Schmeichelei. Die Griechen und Orientalen setzten gleichermaßen große Hoffnungen auf ihren neuen Herrscher, der ihnen viel sympathischer war als Römer vom Schlage eines Sulla, Caesar, Brutus oder Cassius.

Höhepunkt der Lustbarkeiten war dann die Begegnung von Antonius und Kleopatra im kleinasiatischen Tarsus im Sommer 41 v. Chr. Nach der Schlacht von Philippi hatte Antonius seinen engen Vertrauten Quintus Dellius zu Kleopatra geschickt, angeblich, um sie wegen der Gelder zur Rechenschaft zu ziehen, die sie Cassius während des Bürgerkrieges zur Verfügung gestellt hatte. Dellius war für diese Mission fraglos der richtige Mann: Allen Genüssen des Lebens zugetan, verstand es Dellius so hervorragend, in jener bewegten Zeit immer auf der richtigen Seite zu stehen, daß man ihn den »Wechselreiter der Bürgerkriege« nannte. In einer seiner bekanntesten Oden hat Horaz diesen Lebenskünstler aufgefordert, sich völlig unbeschwert den Genüssen des Lebens hinzugeben, was Bouché-Leclercq zu der sarkastischen Bemerkung veranlaßt hat: »Horaz hätte seinen Ratschlag sicher an geeigneterer Stelle anbringen können.«[2]

Der Talleyrand der römischen Bürgerkriege wurde seiner Aufgabe glänzend gerecht. Plutarch berichtet: »Dellius, der an sie abgeschickt wurde, merkte gleich, sobald er ihre Schönheit sah und ihre Gewandtheit im Reden, ihre ungemeine Verschlagenheit kennenlernte, daß Antonius einer Frau von der Art eben nichts zuleide tun, daß sie vielmehr bei ihm in kurzem alles gelten würde; er nahm sich daher vor, der Ägypterin den Hof zu machen, und ermahnte sie, sie sollte nur nach Homers Ausspruch, lieblich geschmückt nach Kilikien reisen und sich ja nicht vor Antonius fürchten, der unter allen Feldherrn der Artigste und Menschenfreundlichste wäre.

Kleopatra befolgte diesen Rat des Dellius und in Erwägung des großen Eindrucks, den ihre Reize früher auf Caesar und Gnaeus, Pompejus' Sohn, gemacht hatten, hoffte sie jetzt desto leichter auch mit Antonius fertig zu werden. Denn jene hatten sie nur als ein junges, in dergleichen Dingen noch unerfahrenes Mädchen gekannt; zu Antonius hingegen sollte sie gerade in demjenigen Alter gehen, in welchem die Schönheit der Weiber die schönste Blüte erreicht hat und ihr Verstand zur völligen Reife gediehen ist. Sie packte daher so viele Geschenke, so viel Geld und Schmuck, als ihr großer Reichtum und ein blühendes Königreich mitzunehmen gestattete, zusammen, setzte aber die meiste Hoffnung auf sich selbst und den Zauber ihrer Reize, und trat so die Reise nach Kilikien an.

Unterwegs erhielt sie von Antonius und dessen Freunden mehrere Briefe, daß sie ihre Fahrt beschleunigen sollte, aber sie kehrte sich wenig daran und verlachte den Mann so sehr, daß sie in einem am Hinterteile vergoldeten Schiffe mit ausgespannten purpurnen Segeln und unter dem Schalle von Zithern, Flöten und Schalmeien, nach welchem die silbernen Ruder bewegt wurden, den Fluß Kydnus hinauffuhr. Sie selbst lag unter einem reich mit Gold verzierten Pavillon ebenso geschmückt und angekleidet, wie man Venus zu malen pflegt. Knaben, die den Liebesgöttern auf Gemälden ähnlich sahen, standen zu beiden Seiten und fächelten ihr Kühlung zu. Auf gleiche Weise standen Sklavinnen von seltener Schönheit, wie Nereiden und Grazien gekleidet, teils an den Steuerrudern, teils an den Schiffstauen. Von dem vielen angezündeten Räucherwerke verbreiteten sich an beiden Ufern die köstlichsten Wohlgerüche. Die Einwohner begleiteten nicht nur das Schiff zu beiden Seiten des Flusses gleich von der Mündung an, sondern kamen aus der Stadt heraus, um diesen Anblick zu genießen.

Antonius saß gerade auf dem Markte auf seinem Tribunal; da aber alles Volk aus der Stadt lief, sah er sich endlich ganz allein. Dabei verbreitete sich überall das Gerücht, daß Venus zum Besten Asiens in feierlichem Aufzuge den Bacchus zu besuchen käme. Antonius schickte also hin und ließ sie zur Abendmahlzeit einladen; sie bat aber, daß er doch lieber zu ihr kommen möchte. Um ihr nun sogleich seine Höflichkeit und Gefälligkeit zu beweisen, nahm er die Einladung an und begab sich zu ihr. Hier fand er eine aller Beschreibung spottende Zubereitung, aber nichts setzte ihn mehr in Staunen, als die Menge der Lichter. Denn diese hingen und schimmerten, wie man sagt, von allen Seiten in so großer Zahl und waren auf so mannigfaltige Art, bald in Vierecken, bald in Zirkeln gegeneinander gestellt und angeordnet, daß dieser Anblick einer der Herrlichsten und Sehenswürdigsten war.« [3]

Diese Schilderung Plutarchs war zweifellos die Quelle für Shakespeares berühmte Verse im zweiten Akt seines Dramas »Antonius und Cleopatra«:

»Die Bark, in der sie saß, ein Feuerthron,
Brannt auf dem Strom: getriebnes Gold der Spiegel,
Die Purpursegel duftend, daß der Wind
Entzückt nachzog; die Ruder waren Silber,
Die nach der Flöten Ton Takt hielten, daß
Das Wasser, wie sie's trafen, schneller strömte,
Verliebt in ihren Schlag; doch sie nun selbst –
Zum Bettler wird Beschreibung: sie lag da
In ihrem Zelt, das ganz aus Gold gewirkt,
Noch farbstrahlender als jene Venus,
Wo die Natur der Malerei erliegt.
Zu beiden Seiten ihr holdselge Knaben,
Mit Wangengrübchen, wie Cupidos lächelnd,
Mit bunten Fächern, deren Wehn durchglühte
(So schien's) die zarten Wangen, die sie kühlten;

Entzündend, statt zu löschen.
Und ihre Frauen, wie die Nereiden,
Meerweiber alle, dienten ihren Blicken,
Und Schmuck ward jede Beugung; eine Meerfrau
Lenkte das Steuer; seidnes Tauwerk schwoll
Dem Druck so blütenfeiner Händ entgegen,
Die frisch den Dienst versahn. Der Bark entströmend
Betäubt' ein würzger Wohlgeruch die Sinne
Der nahen Uferdämme; sie zu sehn,
Ergießt die Stadt ihr Volk; und Mark Anton,
Hochthronend auf dem Marktplatz, saß allein
Und pfiff der Luft, die, wär ein Leeres möglich,
Wohl auch entwich, Cleopatra zu schaun,
Und einen Riß in der Natur zurückließ.«[4]

Über den Glanz der Bankette Kleopatras in Tarsus berichtet der antike Schriftsteller Sokrates von Rhodos:

»Bei ihrem Zusammentreffen mit Antonius in Kilikien veranstaltete Kleopatra zu seinen Ehren ein königliches Gastmahl, bei dem das Tafelgeschirr ganz aus kunstvollen goldenen, mit Juwelen besetzten Gefäßen bestand. Sogar die Teppiche an den Wänden waren aus Gold und Silberfäden gewirkt. Nachdem sie zwölf Tische hatte decken lassen, lud sie ihn und die von ihm ausgewählten Freunde ein. Er war von dem prächtigen Anblick überwältigt. Aber sie lächelte ruhig und sagte, alles, was er sehe, sei ein Geschenk für ihn. Sie forderte ihn auf, auch am folgenden Tage mit seinen Freunden und Offizieren zu ihr zum Essen zu kommen. Bei dieser Gelegenheit bereitete sie ihm ein noch festlicheres Gastmahl. Die am ersten Tage verwendeten Geschirre waren im Vergleich mit den neuen ärmlich, und wieder schenkte sie Antonius alles ... Am vierten Tag ließ sie eine Geldsumme in Höhe eines Talents zum Kauf von Rosen verteilen. Der Fußboden der Bankettsäle wurde eine Elle hoch mit Blüten bestreut, und ein Netz von Girlanden bedeckte das Ganze.«[5]

Bei soviel Aufwand ist es kein Wunder, daß es Kleopatra in Tarsus gelang, einmal mehr den mächtigsten Mann des Römischen Weltreichs an sich zu fesseln. Doch war Antonius nur ein Opfer ihrer Verführungskünste? Da Dellius offiziell zu Kleopatra mit dem

Auftrag geschickt worden war, sie wegen ihrer angeblichen Unterstützung von Cassius zur Rechenschaft zu ziehen, hat man daraus bis heute gefolgert, Kleopatra sei als Beschuldigte nach Tarsus gesegelt und habe es dann durch ihre Verführungskünste und Prachtentfaltung verstanden, Antonius für sich zu gewinnen. Doch diese Version ist äußerst unwahrscheinlich. Dellius mußte sich nicht erst, wie es Plutarch darstellt, in Alexandria davon überzeugen, daß Kleopatra eine Frau sei, der Antonius nichts zuleide tun würde. Schließlich kannte Antonius Kleopatra schon seit fast eineinhalb Jahrzehnten. Er war der damals 14jährigen erstmals begegnet, als er ihren Vater 55 v. Chr. zusammen mit Gabinius auf den ägyptischen Thron zurückführte. Ob man der Behauptung, Antonius sei schon damals von der Schönheit der jungen Prinzessin tief beeindruckt gewesen, allzuviel Glauben schenken darf, sei dahingestellt. Aber Kleopatra hatte dann ja auch vom Herbst 46 v. Chr. bis zur Ermordung Caesars im Frühjahr 44 v. Chr. anderthalb Jahre in Rom an der Seite des Diktators gelebt. Da Antonius damals zum engsten Kreis um Caesar gehörte, dürfte er Kleopatra in dieser Zeit häufig begegnet sein. Man kann nicht so weit gehen, wie Thornton Wilder, der Antonius unterstellt, schon damals versucht zu haben, mit Kleopatra intime Beziehungen anzuknüpfen. Es ist im Gegenteil unwahrscheinlich, daß es Antonius gewagt hat, sich durch einen derartigen Versuch den unauslöschlichen Haß des allmächtigen Caesar zuzuziehen, obwohl bei einem Manne seines Schlages, besonders wenn er vom Alkohol beflügelt war, in dieser Hinsicht nichts unmöglich gewesen sein dürfte. Sicher ist dagegen, daß sich Antonius und Kleopatra seit diesen Tagen sehr gut gekannt haben. Wenn nun Dellius Kleopatra aufforderte, sich mit Antonius zu treffen, so dürfte er dabei nicht aus eigenem Antrieb, sondern im Auftrag seines Herrn gehandelt haben. Offensichtlich hatte die Begegnung mit Kleopatra in Rom bei Antonius einen so tiefen Eindruck hinterlassen, daß er sie wiederzusehen wünschte. Da es aber auch ein Antonius nicht wagen konnte, vor aller Öffentlichkeit zu zeigen, daß er Kleopatra zu seiner Geliebten machen wollte, mußte eben Kleopatras Verhalten während des Bürgerkriegs als reichlich fadenscheiniger Vorwand für die Mission von Dellius herhalten. Kleopatra hat dies, wie ihr ganzes Auftreten zeigt, durchschaut. Hätte sie es bei all ihrer Kühnheit sonst wagen können, die Einladung eines ihr feindlich gesonnenen Antonius auszuschlagen? Und welchen Grund hätte ein zürnender Antonius gehabt, ihre Einladung umgehend anzunehmen? Hätten zwischen Antonius und Kleopatra damals wirklich ernsthafte Spannungen bestanden, so hätte Antonius die Einladung schon aus Furcht vor einem Anschlag Kleopatras ausgeschlagen. Antonius war zwar im allgemeinen sehr unbekümmert, aber der Tag sollte noch kommen, an dem er sich vor den Giftanschlägen Kleopatras fürchtete. Eines zeigen sämtliche Schilderungen des Treffens von Tarsus ganz klar: Mit gegenseitiger Furcht und Mißtrauen sind sich Kleopatra und Antonius damals nicht gegenübergetreten. Kleopatras Reize müssen Antonius schon längst vor den Tagen von Tarsus gefesselt haben, und so nutzte er nun seine Macht, Kleopatra zu seiner Geliebten zu machen.

In diesem Zusammenhang gewinnt auch eine viel zu wenig beachtete Äußerung von Cassius Dio ihr eigentliches Gewicht. Noch während des Konfliktes mit den Caesarmördern lobten die Triumvirn die Bevölkerung von Tarsus, und Cassius Dio fährt fort: »Ebenso wurde Kleopatra, wegen der Unterstützung, die sie Dolabella gewährt hatte, das Recht zugebilligt, ihren Sohn als König von Ägypten zu bezeichnen.«[6] Dieser Sohn war aber kein anderer als Caesarion. Eine unbedeutende Maßnahme war diese Anerkennung Caesarions als rechtmäßiger Inhaber des ägyptischen Thrones gewiß nicht. Es darf hier nur daran erinnert werden, wieviel Zeit sich die Römer ließen, ehe sie Auletes gegen Bezahlung großer Bestechungssummen dieselbe Gunst gewährten. Um so mehr muß es überraschen, daß Octavian, der in Caesarion eine tödliche Bedrohung seiner eigenen politischen Stellung gesehen hat, zu dieser Aufwertung bereit war. Seinen Absichten und Interessen hat diese Maßnahme gewiß nicht entsprochen. Die Haltung Octavians in dieser Frage läßt sich nur damit erklären, daß er sich den Wünschen seines mächtigeren Kollegen Antonius beugen mußte. Dies zeigt aber, daß Antonius vor seinen Treffen mit Kleopatra in Tarsus die Interessen der ägyptischen Königin schon während des Bürgerkrieges nachdrücklich wahrgenommen hat, wobei ihn allerdings der Gedanke, Octavian damit zu ärgern und zu schaden, zusätzlich gereizt haben dürfte. Jedenfalls ist dieses Zeugnis von Cassius Dio ein weiterer Beweis dafür, daß sich Antonius bereits vor Tarsus Kleopatra eng verbunden fühlte.

Es ist daher nicht verwunderlich, daß sich die Kontakte zwischen Kleopatra und Antonius keineswegs auf politische Gespräche beschränkten. Wie schon nach ihrer ersten Begegnung mit Caesar wurde Kleopatra nun in Tarsus die Geliebte des mächtigsten Römers.

Doch wer war dieser Mann überhaupt, der nun mit seinen zweiundvierzig Jahren auf dem Höhepunkt seiner Macht stand? Wer war dieser Mann, der von seinen Legionären ebenso vergöttert wurde wie von einem Großteil der Bevölkerung Griechenlands und Kleinasiens, der mit rhetorisch und theatralisch glänzend inszenierten Auftritten die Massen in Raserei versetzen konnte und in den Tagen nach Caesars Tod alle seine Gegner an die Wand gespielt hatte? Wer war der Mann, der als blutjunger Offizier den rachsüchtigen Auletes gehindert hatte, unter der Bevölkerung Pelusiums ein Blutbad anzurichten, und seine geschlagenen Gegner mit einer Noblesse zu behandeln pflegte, die in jener Zeit ihresgleichen suchte? Eine Lichtgestalt? Beileibe nicht: Antonius war auch der Mann, der nach dem Tode Caesars die Staatsgelder mit einer Skrupellosigkeit sondergleichen an sich gebracht und zu einem beträchtlichen Teil für private Zwecke ausgegeben hatte. Er war auch der Verfasser jener zahllosen gefälschten Edikte des ermordeten Caesar, mit deren Hilfe er in Rom seinen Willen nach Belieben durchsetzte. Auch an seinen Händen klebte das Blut der schrecklichen Proskriptionen, und genauso groß wie seine Fähigkeit zu faszinieren, war seine Gabe, zu schockieren: Sich am Vormittag auf dem Forum vor versammeltem Volke angetrunken zu übergeben, haben ihm seine Freunde ebenso verübelt wie den äußerst zwielichtigen Erwerb der Villa des Pompejus. Schockierend für viele auch sein Umgang mit Personen, die, ob sie sich nun Schauspieler oder Sängerinnen nannten, vielfach nichts anderes waren als Strichjungen und Huren.

Eines jedenfalls ist sicher: Antonius war gewiß nicht, wie ihm später vielfach nachgesagt wurde, ein geistig und charakterlich etwas schlicht geratener Haudegen, der als Gefolgsmann Caesars mit viel Glück an die Spitze des Römischen Weltreichs gelangt ist. Der Wahrheit näher kamen schon jene Alexandriner, die von

Antonius als einem Mann mit zwei Gesichtern sprachen. Doch dürfte auch dies nicht die ganze Wahrheit sein: Antonius war ein Mann mit sehr, sehr vielen Gesichtern. Es ist wohl müßig, nach den Ursachen hierfür zu forschen. Ein Historiker hat einmal zu der Frage, ob man die außergewöhnliche Persönlichkeit Bismarcks mit seinem Elternhaus, und vor allem der unterschiedlichen gesellschaftlichen Herkunft seines altadligen Vaters und der bürgerlichen Mutter erklären könne, mit der Feststellung geantwortet, warum dann sein Bruder, der ja unter denselben Umständen aufgewachsen war, zeit seines Lebens ein völlig unbedeutender preußischer Landedelmann geblieben ist. Entsprechendes läßt sich auch von Antonius sagen, denn seine beiden Brüder Gajus und Lucius haben allenfalls in Ansätzen jene Fähigkeiten und Charakterzüge erkennen lassen, die Antonius im Guten wie im Bösen zu einer so ungewöhnlichen Persönlichkeit werden ließen. Aber manches vermag ein Blick auf seine Herkunft, seine Jugend und die Welt, in der er groß wurde, doch zu verraten:

Die Antonier gehörten wie etwa die Gracchen zu jenen alten stadtrömischen Plebejergeschlechtern, die gemeinsam mit den Aristokraten die Politik in Rom bestimmten. Der Großvater von Antonius väterlicherseits war einer der berühmtesten Redner seiner Zeit, dessen Gaben sich wohl auf den Enkel weitervererbt haben dürften. Sowohl er als auch der Großvater von Antonius mütterlicherseits, L. Julius Caesar, sind während der Gewaltherrschaft der Marianer umgebracht worden. Der vermutlich im Jahre 83 v. Chr. geborene Antonius hat diese Gewalttaten zwar nicht mehr selbst miterlebt, doch die Erinnerung daran lebte natürlich in der Familie fort und dürfte auf die Entwicklung des jungen Antonius nicht ohne Folgen gewesen sein, zumal er selbst noch Zeuge der Hinrichtung eines weiteren Familienmitgliedes werden sollte.

Möglicherweise hat das tragische Ende der beiden Großväter Antonius' Vater, er trug ebenfalls den Namen Antonius, veranlaßt, sich im politischen Leben zurückzuhalten. Aber er scheint schon von Natur aus kein kämpferischer Typ, sondern ein friedfertiger, hilfsbereiter Mensch gewesen zu sein, wie eine von Plutarch überlieferte Episode belegt: »Sein Vater Antonius mit dem Beinamen ›Creticus‹ erwarb sich durch Staatsgeschäfte eben nicht viel Ruhm und Beifall, war aber sonst ein edler und rechtschaffener Mann und äußerte besonders einen starken Hang zur Mildtätigkeit, wie man schon aus dieser einzigen Handlung ersehen kann. Weil er nicht viel Vermögen hatte, wurde er von seiner Gemahlin gehindert, seiner Menschenliebe freien Lauf zu lassen. Einmal nun kam einer seiner Bekannten zu ihm und bat ihn um Geld. Da er selbst nichts hatte, befahl er einem Bedienten, einen silbernen Becher mit Wasser zu füllen und ihm zu bringen, worauf er sich das Kinn benetzte, als wenn er sich scheren wollte. Kaum aber war der Bediente aus einer anderen Ursache entfernt worden, als er den Becher seinem Freunde übergab, mit dem Bedeuten, er möchte nur davon Gebrauch machen. Wegen dieses Bechers wurde nun unter dem Gesinde eine scharfe Nachsuchung gehalten, und da er sah, daß seine Frau, äußerst aufgebracht, jeden Bedienten einzeln wollte foltern lassen, gestand er ihr die ganze Sache und bat sie deshalb um Verzeihung. Diese seine Gemahlin war eine Julia, aus dem Hause des Caesar und verdiente den trefflichsten und tugendhaftesten Frauen an die Seite gesetzt zu werden.«[7]

Die Episode offenbart bei den Eltern Züge, die Antonius in ihrer Gegensätzlichkeit geerbt zu haben scheint. Auf der einen Seite der gutmütige und hilfsbereite Vater; auf der anderen Seite die energische, offensichtlich nicht sehr feinfühlige Mutter, die nicht zögerte, wegen eines verschwundenen Bechers sämtliche Sklavinnen und Sklaven ihres Hauses foltern zu lassen.

Im übrigen wirft die Geschichte wieder einmal ein recht düsteres Licht auf das Verhältnis der antiken Gesellschaft zu ihren Sklaven. Es gibt schon zu denken, daß selbst der für seine humane Einstellung bekannte Grieche Plutarch das Vorgehen der Mutter Antonius' gegenüber ihren Sklaven offenbar billigt und sich nicht scheut, sie als eine der trefflichsten und tugendhaftesten Frauen zu bezeichnen. Da drängt sich dann doch die Frage auf, in welcher Weise eigentlich weniger treffliche und tugendhafte Charaktere mit ihren Sklaven umgesprungen sein mögen. Man fühlt sich bei der hier zum Ausdruck kommenden Geringschätzung der Sklaven an die bereits zitierte Begründung Suetons für die Hinrichtung eines Römers erinnert: »Der Letztere hatte nicht nur Freigelassene und Sklaven Caesars auf die grausamste Weise hinmorden, sondern sogar die von Caesar zu den öffentlichen Spielen eingekauften wilden Tiere abschlachten lassen.«[8] Immerhin brachte es der sympathische Vater

Caesars doch noch bis zum Prätor und erhielt sogar ein außerordentliches Kommando zur Bekämpfung der Seeräuber, die wieder einmal die Küsten Italiens unsicher machten. Doch wurde er bei Kreta so gründlich geschlagen, daß ihn die Römer fortan spöttisch »Creticus« nannten. Ob diese Niederlage nur seine Schuld war, sei dahingestellt. Roms Legionäre kämpften, wie schon in anderem Zusammenhang ausgeführt, zu Wasser längst nicht so gut wie zu Lande. Doch Antonius' Vater half dies wenig. Er starb im Jahre 72 v. Chr. in allgemeiner Verachtung. Den Weg zur Weltherrschaft hat er jedenfalls seinem Sohn nicht in die Wiege gelegt.

Nach dem Tode von Antonius Creticus heiratete die Mutter einen Mann ganz anderen Schlages: Publius Lentulus war ein skrupelloser Machtpolitiker aus dem hochangesehenen Geschlecht der Cornelier, das mit Sulla und Cinna bereits zwei Gewaltherrscher hervorgebracht hatte. Eine Weissagung der sibyllinischen Bücher, wonach drei Cornelier dazu bestimmt seien, die unbeschränkte Macht über Rom auszuüben, bezog Lentulus auf sich.[9]

In seiner Jugend hatte sich Lentulus Sulla angeschlossen. Doch dies hielt den selbstbewußten jungen Mann nicht davon ab, sich gleichzeitig mit Sulla und dem römischen Senat anzulegen und obendrein noch die römischen Gerichte zu verhöhnen: »Zu den Zeiten des Sulla hatte er als Quästor viele öffentliche Gelder verschleudert und durchgebracht. Da Sulla darüber aufgebracht wurde und im Senat Rechenschaft von ihm forderte, trat er mit einer sorglosen und verächtlichen Miene auf und erklärte: ›Rechenschaft könne er nicht ablegen, aber er wolle sein Bein hinhalten‹, wie die Knaben zu tun pflegen, wenn sie im Ballspiel einen Fehler gemacht haben. Davon bekam er nun den Beinamen Sura, weil in der lateinischen Sprache das Bein oder die Wade Sura heißt. Bei einer anderen gegen ihn vorgebrachten Klage bestach er einige Richter, und da er bloß durch eine Mehrheit von zwei Stimmen losgesprochen wurde, sagte er, das dem einen von beiden Richtern gegebene Geschenk sei ein unnötiger Aufwand, denn ihm verschlage es nichts, wenn er auch nur durch eine Stimme mehr wäre losgesprochen worden.«[10] Soviel Hochmut sollte dann schließlich doch vor dem Fall kommen. Lentulus wurde zwar 71 v. Chr. sogar Konsul, doch im folgenden Jahr fiel er einer Säuberung zum Opfer und mußte sogar seinen Sitz im Senat räumen.

Lentulus ließ sich dadurch nicht besonders beeindrucken und glaubte weiterhin an seinen Stern und die Prophezeiung der sibyllinischen Bücher. Er trat nun mit Catilina in Verbindung, dem er sich nicht nur durch seine Herkunft überlegen fühlte. Es läßt sich nicht mehr genau ausmachen, wer von beiden eigentlich der Kopf der Bewegung war. Jedenfalls hielt Lentulus in Rom die Stellung, als die Sache kritisch wurde und Catilina sich zu seinem Heer nach Etrurien begab. Lentulus wurde schließlich verhaftet und am 5. Dezember 63 v. Chr. im Staatsgefängnis auf Veranlassung Ciceros, der damals Konsul war, hingerichtet. Antonius hat Cicero diese Hinrichtung nie vergessen. Es ist bezeichnend, daß er Cicero noch lange danach vorwarf, er habe den Leichnam des Lentulus erst herausgegeben, als seine Mutter Ciceros Frau darum gebeten habe. Ob dies den Tatsachen entspricht, ist umstritten, zeigt aber, wie sehr der Tod seines Stiefvaters Antonius beschäftigt hat. Zweifellos haben dessen Charakter und Machtstreben tiefe Spuren in seiner Persönlichkeit hinterlassen. Daß Lentulus kein Ausbund von Tugend war, dürfte Antonius wenig gestört, wahrscheinlich sogar imponiert haben, war er doch schon in seiner Jugend kein Kind von Traurigkeit:

»Antonius, der sich in seiner Jugend durch eine schöne Bildung auszeichnete, bekam mit Curio Umgang und Bekanntschaft, der für ihn eine wahre Pest war. Denn Curio, der selbst in allen Arten der Wollust ausschweifte, verleitete den Antonius ebenfalls, um ihn desto mehr zu kirren, zu Trinkgelagen, zum Umgang mit liederlichen Weibern und zu einem ungeheuren Aufwand. Dadurch zog sich dieser eine schwere, für sein Alter übertriebene Schuldenlast von zweihundertfünfzig Talenten zu. Curio verbürgte sich zwar für die ganze Schuld; wie es aber sein Vater erfuhr, jagte er den Antonius aus dem Hause. Dieser hielt es nun für kurze Zeit mit Clodius, dem Frechsten und Nichtswürdigsten unter den damaligen Demagogen, der durch seine ungestüme Heftigkeit den ganzen Staat in Verwirrung setzte.«[11]

Kurz, Antonius hatte damals Kontakt mit so ziemlich allen führenden römischen Tunichtguten seiner Epoche. So ist es dann auch nicht weiter verwunderlich, daß er riesige Schulden machte und sich schließlich gezwungen sah, vor seinen Gläubigern nach Griechenland zu fliehen.

Die Beziehungen von Antonius zu Curio sollten später noch Gegenstand heftiger Schmähungen von Cicero werden, der in seiner zweiten Philippika behauptete, die beiden hätten ein homosexuelles Verhältnis gehabt.[12] Nun war Curio bekanntermaßen homosexuell veranlagt, so daß eine derartige Verdächtigung zumindest dazu angetan war, dem Ruf von Antonius zu schaden. Andererseits sind Ciceros Angriffe auf Antonius in seinen »Philippikas« nicht eben von tiefer Wahrheitsliebe geprägt. Cicero sollte mit seinen Beschimpfungen sogar noch weiter gehen, indem er Antonius als »vulgare scortum«, als Prostituierten für jedermann bezeichnete. Aus diesem Vorwurf sollte Antonius auf wenig schöne Weise seine Lehren ziehen, denn er warf seinerseits später Octavian vor, sich Caesars Gunst durch homosexuellen Umgang mit ihm erworben zu haben.

Für Antonius sollte sich seine Flucht nach Griechenland als Glücksfall erweisen. Sein Spießgeselle Clodius, der Rom mit seinen Mörderbanden terrorisierte, wurde wenig später von Milo, einem anderen Bandenführer, erschlagen. Die Verteidigung in dem folgenden Mordprozeß übernahm Cicero, dessen Verteidigungsrede »Pro Milone« wohl zum Besten gehört, was auf diesem Gebiet jemals geleistet wurde. Allerdings hat Cicero diese Rede nie gehalten: Die Atmosphäre war in dem Prozeß derartig aufgeheizt, daß der eingeschüchterte Cicero nur ein schwaches Plädoyer zustande brachte. Milo wurde verurteilt und in die Verbannung nach Massilia (Marseille) geschickt. Cicero versuchte seinen Mandanten zu trösten, indem er ihm die nicht gehaltene Rede ins Exil nachschickte. In Griechenland kam Antonius zum erstenmal in enge Beziehung mit jener Kultur, die sein weiteres Leben so stark beeinflussen sollte. Er vervollkommnete nicht nur seine Sprachkenntnisse, so daß er sich fließend auf griechisch unterhalten konnte, sondern ließ sich auch rhetorisch ausbilden, wobei er sich dem asinischen Stil verschrieb, was Plutarch zu der Bemerkung veranlaßte, dieser Stil zeige große Ähnlichkeit mit dem Lebensstil von Antonius, da er emphatisch und hochmütig, aufgeblasen und von ungezügeltem Ehrgeiz sei.[13] Dies ist zumindest ein sehr hartes Urteil, denn der asinische Stil erfreute sich damals in Rom allgemein großer Beliebtheit. Vor allem aber widmete sich Antonius militärischen Übungen. Hier sah er zu Recht seine eigentliche Bestimmung, und er unternahm zudem alles, um jener Überlieferung gerecht zu werden, die die Herkunft der Antonier von Anteus, dem Sohn des Herkules, ableitete: »Der schön gewachsene Bart, die breite Stirn, die Krümmung der Nase, schien seinem Gesicht jenes männliche Ansehen mitzuteilen, welches man an den Gemälden und Bildsäulen des Herkules wahrnimmt. Man hatte auch eine alte Sage, daß die Antonier zu den Nachkommen des Herkules gehörten und von dessen Sohn Anteon abstammten. Und diese Sage, die schon durch seine körperliche Gestalt... einiges Gewicht erhielt, suchte er auch noch durch seine Kleidung zu bestätigen. Denn jedesmal, wenn er sich vor mehreren Leuten mußte sehen lassen, gürtete er das Unterkleid bis zu den Lenden auf, trug an der Seite einen großen Säbel und hüllte sich in einen dicken groben Mantel.«[14] Dieser Mantel sollte die Löwenhaut des Herkules darstellen.

Antonius blieb in Griechenland, bis ihm 55 v. Chr. Aulus Gabinius das Angebot machte, an jenem Feldzug teilzunehmen, der mit der Rückführung des Auletes auf den ägyptischen Thron endete. Hier begegnete er erstmals Kleopatra, die nun vierzehn Jahre später in Tarsus seine Geliebte wurde. Antonius war damals in zweiter Ehe mit Fulvia, der Witwe des Clodius, verheiratet. In erster Ehe hatte er seine Cousine Antonia, die Tochter des Antonius Hybrida, geheiratet. Vielleicht war es der Reichtum seines Schwiegervaters, der Antonius zu dieser Eheschließung veranlaßt hatte. Angeblich hatte sich dieser während der sullanischen Proskriptionen schamlos bereichert. Auch ansonsten war mit diesem Mann nicht viel Ehre einzulegen, wie schon sein Beiname Hybrida besagt, der nach Plinius dem Älteren die Bezeichnung für das Ferkel eines Hausschweins und eines Wildebers war.[15] Um 47 v. Chr. wurde diese Ehe, von der man nichts Näheres weiß, geschieden. Angeblich war Antonia den Verführungskünsten Dolabellas erlegen.

In zweiter Ehe heiratete Antonius dann mit Fulvia eine der außergewöhnlichsten Frauen jener Epoche. Sie war die Tochter von Marcus Fulvius, der wie die Antonier der plebejischen Oberschicht angehörte. Viel Ansehen scheint er jedoch – wie schon der erste Schwiegervater des Antonius – nicht genossen zu haben. Seine Zeitgenossen nannten ihn jedenfalls wegen seiner stotternden Sprechweise nur »bambalio«, den Stotterer. Die Römer waren in dieser Beziehung erbarmungslos, ärgerten sie doch selbst Cicero mit der Behauptung, daß sich sein Name von »cicer«, die Kichererbse, ableite.[16]

Fulvia, die Tochter des »bambalio«, war eine Frau, die sich nach Plutarchs berühmten Worten »weder um Wollarbeiten noch um Hauswirtschaft bekümmerte, auch sich nicht begnügte einen gemeinen Mann zu beherrschen, sondern einen Regent regieren und einen Feldherrn kommandieren wollte. Daher war Kleopatra der Fulvia für die Gewöhnung des Antonius an Weiberherrschaft noch das Lehrgeld schuldig; denn von ihr empfing sie ihn schon völlig gezähmt und abgerichtet, sich von Weibern regieren zu lassen.«[17]

Nun, so gezähmt und abgerichtet, wie Plutarch es hier darstellt, war Antonius gewiß nicht. Aber Fulvia muß in der Tat eine recht ungewöhnliche Frau gewesen sein. Sonst wäre es ihr sicher nicht gelungen, in ihren vorausgegangenen Ehen zwei der lasterhaftesten Feuerköpfe Roms an sich zu binden. Ihre beiden ersten Ehemänner, der berüchtigte Publius Clodius Pulcher und der nicht weniger ausschweifende Curio der Jüngere, hatten jedenfalls nicht das Naturell, sich an tugendhaft ihren Haushalt führenden Römerinnen zu erwärmen. Ganz gewiß brachte Fulvia aus diesen Ehen einige Erfahrungen mit, die ihr den Umgang mit Antonius erleichterten.

Ob Fulvia Antonius nur aus Ehrgeiz geheiratet hat, läßt sich schwer sagen. Doch scheint sie für Männer wie Clodius, Curio und Antonius eine Schwäche gehabt zu haben. Ganz gewiß aber hat Antonius sie geliebt und tat zu Beginn ihrer Ehe alles für sie. Dies nahm gelegentlich auch leicht makabere Formen an, so etwa, als er Caesar nach dessen Sieg in Spanien entgegenritt: Als sich darauf in Italien das Gerücht verbreitete, daß Caesar tot sei und die Feinde heranrückten, kehrte Antonius nach Rom zurück, »verkleidete sich aber in einen Sklaven und kam bei Nachtzeit in sein Haus, mit dem Vorgeben, daß er einen Brief von Antonius an die Fulvia zu überbringen hätte; worauf er in seiner Verkleidung zu ihr ins Zimmer geführt wurde. Fulvia wurde darüber unruhig und fragte, ehe sie den Brief empfing, ob Antonius noch lebe. Dieser reichte ihr stillschweigend den Brief hin, und wie sie anfing, ihn zu erbrechen und zu lesen, fiel er ihr um den Hals und bedeckte sie mit Küssen.«[18]

Doch Kleopatra verfügte offensichtlich über die Gaben, ihn Fulvia vergessen zu lassen. Bevor sie sich von Antonius in Tarsus trennte, lud sie ihn nach Ägypten ein, und Antonius folgte der Einladung nur zu gerne. Schon im Herbst 41 v. Chr. traf er sich in Alexandria erneut mit seiner Geliebten, um dort den ganzen Winter mit ihr zu verbringen. Kleopatra nutzte die Gunst der Stunde auf eine wenig schöne, aber für ihren Charakter nicht untypische Weise: So stiftete sie Antonius an, ihre Schwester Arsinoë, die sich immer noch im Tempel der Artemis bei Ephesos aufhielt, umbringen zu lassen. Dies wäre nun wirklich nicht nötig gewesen, denn die unglückliche Arsinoë war damals keine Gefahr für Kleopatra. Damit lebte von den fünf Kindern, die Auletes nachweislich gehabt hat, nur noch Kleopatra. Berenike, die älteste Tochter, war vom Vater hingerichtet worden, Arsinoë, die jüngste Tochter, auf Veranlassung ihrer Schwester ermordet worden. Ptolemäus XIII. war im Kampf gegen Kleopatra gefallen, und Ptolemäus XIV. ist sehr wahrscheinlich durch Kleopatra umgebracht worden. Ein nicht alltägliches Familienschicksal, aber bei den Ptolemäern, wie die Geschichte ihres Hauses zeigt, nichts Außergewöhnliches.

Schon eher verständlich als die Ermordung von Arsinoë ist die Hinrichtung jenes Serapion, der gegen den Willen Kleopatras einen Teil ihrer Flotte an Cassius übergeben und damit Hochverrat begangen hatte. Dasselbe Schicksal ereilte noch einige andere, die ebenfalls Kleopatras Zorn erregt hatten.

Vor diesem Hintergrund ist es kein Wunder, daß die antiken Autoren den Einfluß Kleopatras auf Antonius äußerst kritisch beurteilt haben. Appian bemerkt im Zusammenhang mit der Ermordung Arsinoës: »So schnell war aus Antonius ein anderer geworden, und diese Leidenschaft war für ihn Anfang und Ende der späteren Unglücksfälle.«[19] Plutarch äußert sich in seiner bemerkenswerten Darstellung der Persönlichkeit von Antonius noch deutlicher: »In seinem Charakter lag eine gewisse gutherzige Einfalt, und damit war noch ein ziemlich stumpfes Gefühl verbunden. Merkte er aber die begangenen Fehler, so zeigte er große Reue, gestand selbst denen, die darunter gelitten hatten, seine Schuld und übertrieb es sowohl in der Vergeltung als in der Bestrafung; doch schien er mehr im Wohltuen als im Strafen das Maß zu überschreiten. Seine Scherze und Spöttereien, die gewöhnlich sehr bissig waren, enthielten auch zugleich eine helfende Arznei. Denn es stand jedem frei, ihm die Spöttereien und Stichelreden zurückzugeben, und so gerne er über andere lachte, ebenso gern ließ er sich wieder auslachen. Dies war aber für ihn in vieler Hinsicht sehr nachteilig. Denn er bildete sich ein, daß Leute, die im Scherz sich so viele Freiheit nahmen, ihm wohl nicht im Ernste und bei wichtigen Angelegenheiten schmeicheln würden, und ließ sich daher durch ihre Lobsprüche leicht betören. Er dachte nicht daran, daß es Leute gibt, welche die Freimütigkeit wie eine scharfe Würze ihren Schmeicheleien beimischen und ihnen dadurch das Ekelhafte nehmen; die durch ihre Dreistigkeit und freie Zunge beim Bechern zu bewerken suchen, daß ihr Nachgeben, ihre Beipflichtung in wichtigen Geschäften nicht für Liebedienerei, sondern für Überzeugung durch höhrere Einsicht angesehen werden soll. Zu diesem dem Antonius natürlichen Charakter gesellte sich nun das letzte Übel, die Liebe der Kleopatra, welche nicht nur viele in ihm verborgen liegende und schlummernde Leidenschaften rege machte und bis zur Wut entflammte, sondern auch das wenige Gute und Heilsame, das jenen etwa noch die Waage halten mochte, vollends unterdrückte und vernichtete.«[20]

An diesen Urteilen mag vieles richtig sein. Gleichwohl ist anzumerken, daß Antonius auch vor seinem Verhältnis mit Kleopatra nicht eben ein Unschuldsengel war. Er hatte nicht nur, wie bereits erwähnt, die Proskriptionen, die ohne sein Zutun nicht möglich gewesen wären, mit zu verantworten. Auch für den Krieg mit Brutus und Cassius trägt in erster Linie Antonius die Verantwortung, weil er aus machtpolitischen Interessen eine durchaus mögliche Versöhnung mit den Caesarmördern ausschlug. Die Behauptung der antiken Autoren, Antonius habe sich von Kleopatra völlig vereinnahmen lassen, trifft in dieser Schärfe jedoch nicht zu. Vor allem bei dem Konflikt zwischen Kleopatra und ihrem Intimfeind Herodes dem Großen sollte sich noch sehr deutlich zeigen, daß Antonius nicht eben ein willfähriger Sklave Kleopatras war.

Allerdings ließ Kleopatra nichts unversucht, Antonius vollständig in ihren Bann zu schlagen. Sie war ständig an der Seite von Antonius und tat alles, um ihm den Aufenthalt in Alexandria so angenehm wie nur möglich zu machen. Bei den ausschweifendsten Gelagen war sie ebenso an seiner Seite wie bei den nächtlichen Streifzügen, die Antonius – häufig als Sklave verkleidet – durch Alexandria machte. Anders als später Harun el Raschid, der sich auf ähnliche Weise unters Volk gemischt haben soll, um sich ein Bild von dessen Sorgen und Nöten zu machen, scheinen Antonius und Kleopatra ihren Spaß daran gehabt zu haben, die Alexandriner bei ihrem Intimleben zu stören. Dies blieb nicht immer ohne Folgen. Plutarch berichtet in diesem Zusammenhang: »Wenn er des Nachts an den Türen und Fenstern gemeiner Leute herumging und sie in ihren Häusern foppte, trieb sie sich als Sklavin verkleidet mit ihm in den Straßen der Stadt umher; denn er selbst pflegte sich dann auf diese Art zu verkleiden. Daher kehrte er gewöhnlich mit Schmähungen überhäuft, auch wohl mit einer Tracht Prügel, nach Hause zurück.«[21] Nicht gerade standesgemäße Auftritte eines Paares, das sich ansonsten nur zu gerne mit der Aura der Göttlichkeit umgab.

Ob allerdings Kleopatra über diese und andere Ausschweifungen ihres Geliebten sehr glücklich oder dabei gar die treibende Kraft war, was vielfach angenommen worden ist, darf bezweifelt werden, wie eine weitere Episode belegt, die wir ebenfalls der Feder Plutarchs verdanken: »Als sich Antonius einmal mit Kleopatra mit dem Fischfang belustigte und über sein schlechtes Glück dabei sehr verdrießlich war, befahl er einigen Fischern, heimlich hinzuschwimmen, und schon vorher gefangene Fische an seine Angel zu binden und zog auf diese Art zwei- oder dreimal Fische herauf. Dies entging der Aufmerksamkeit der Ägypterin nicht; indes stellte sie sich, als wenn sie ihn wegen seiner Geschicklichkeit bewunderte, erzählte davon ihren Freunden und lud sie ein, am folgenden Tag Zuschauer dabei abzugeben. Es stiegen daher viele in die Fischerkähne; als aber Antonius die Angel geworfen hatte, befahl sie einem von ihren Leuten, eiligst hinzuschwimmen und einen pontischen Salzfisch an die Angel zu hängen. Antonius, der einen guten Fang getan zu haben glaubte, zog die Angel in die Höhe, und da hierüber, wie leicht zu denken, ein lautes Gelächter entstand, sagte Kleopatra: ›Überlaß du doch, Imperator, die Angelrute uns Königen von Pharus und Kanobus; dein Fang sind Städte, Könige und Länder.‹«[22]

Kein Zweifel, Caesars Traum von der Weltherrschaft lebte in Kleopatra fort. Sie sah mit Sorge, daß Antonius' Leichtlebigkeit nicht dazu angetan war, diesen Wunsch zu verwirklichen. Doch Antonius ließ sich von den Ermahnungen Kleopatras nicht sonderlich beeindrucken. Shakespeare hat Antonius die Worte in den

Mund gelegt, »im Orient läßt sich gut ruhen«. Und danach handelte Antonius zumindest in jenem Winter des Jahres 41 auf 40 v. Chr. in Alexandria. So hatte man damals einen Klub der Genossen vom unnachahmlichen Leben gegründet, dessen Mitglieder sich bei ihren allabendlichen Banketten an Raffinement und Prachtentfaltung zu übertreffen suchten. Selbstverständlich wurde auch im königlichen Palast ein ungeheurer Aufwand getrieben, von dessen Ausmaß Plutarch von seinem Großvater berichtet worden war: »Der Arzt von Philotas von Amplissa hat meinem Großvater Lamprias viel davon erzählt. Er befand sich nämlich gerade zu dieser Zeit in Alexandria, um Medizin zu studieren. Als junger Mensch ließ er sich von einem der königlichen Köche, mit denen er bekannt geworden war, überreden, die kostbare und prachtvolle Zubereitung der Tafel in Augenschein zu nehmen. Er wurde also in die Küche geführt, und da er hier außer vielen anderen Dingen acht wilde Schweine braten sah, wunderte er sich sehr über die Menge der Gäste. Der Koch aber sagte zu ihm lachend, Gäste wären so viele eben nicht, sondern höchstens zwölf, aber jedes aufgetragene Gericht müßte die höchste Vollkommenheit haben, die schon ein kleiner Augenblick vernichten könne. Denn es wäre ebensowohl möglich, daß Antonius gleich jetzt zu speisen verlangte, als daß er, nach den Umständen, noch eine Weile damit wartete, wenn es ihm einfiele zu trinken oder eine Unterredung ihn aufhielte. Aus dieser Ursache wäre nicht bloß eine, sondern mehrere Mahlzeiten angeordnet; denn die Zeit der Tafel ließe sich nie erraten.«[23]

Während Antonius an der Seite Kleopatras das Leben in vollen Zügen genoß, geriet – wie nicht anders zu erwarten – Octavian in Italien mit der Landverteilung an die Veteranen in größte Schwierigkeiten. Seine Aufgabe kam einer Quadratur des Kreises gleich. Den Veteranen waren von den Triumvirn, um sie für den Kampf gegen Brutus und Cassius anzuspornen, gerade die fruchtbarsten Gebiete versprochen worden. Die Betroffenen verlangten jedoch, die Lasten zu verteilen, oder aber entschädigt zu werden. Doch diese nur allzu berechtigte Forderung konnte Octavian beim besten Willen nicht erfüllen: »Geld war nicht vorhanden. So sammelten sich denn im einzelnen Jung und Alt sowie die Frauen mit ihren Kindern auf dem Forum oder in den Tempeln Roms und erklärten jammernd, sie hätten doch kein Verbrechen begangen, müßten aber jetzt, obwohl Italier, wie ein unterworfenes Volk Land und Herd verlassen.«[24] Octavian versuchte sie zu beruhigen, aber da er die Landzuweisungen nicht weiter hinausschieben konnte und über kein Geld für Entschädigungen verfügte, waren seine besänftigenden Worte für die Betroffenen nur ein schwacher Trost. Verschlimmert wurde die ohnehin schon kritische Lage noch durch Sextus Pompejus, der mit seinen Schiffen die Versorgung Italiens mit Getreide so erfolgreich unterband, daß es auch noch zu Hungersnöten kam.

Es ist unter diesen Umständen nicht verwunderlich, daß nun Lucius Antonius, der jüngere Bruder von Marcus und Konsul des Jahres 41 v. Chr., die Gelegenheit gekommen sah, Octavian den Todesstoß zu versetzen. Obwohl seinen Bruder an der ganzen Misere nicht weniger Schuld traf als Octavian, warf er sich nun plötzlich zum Fürsprecher der Enteigneten auf: »Er war der einzige, der sich der von Haus und Hof vertriebenen und nun bei jedem Machthaber um Schutz flehenden Bauern freundlich annahm und ihnen seine Hilfe zusagte, worauf auch jene seine Befehle auszuführen versprachen. Daher beschimpften ihn die Soldaten des Antonius und des Octavian, als arbeite er Antonius entgegen; ihn rügte auch Fulvia, als wolle er zu einem unpassenden Zeitpunkt einen Krieg entfachen, bis Manius auf böswillige Art bei ihr einen Sinneswandel herbeiführte. Er erklärte ihr nämlich, daß Antonius, sofern der Friede in Italien Bestand habe, bei Kleopatra bleiben werde, bei Ausbruch eines Krieges aber stracks zurückkehren werde. Weibliche Eifersucht veranlaßte nun Fulvia, Lucius in offene Feindschaft gegen Octavian hineinzutreiben.«[25]

Wer wirklich die treibende Kraft bei dem nun ausbrechenden Krieg war, läßt sich heute nicht mehr feststellen. Jener Manius, der Fulvia so geschickt in den Konflikt mit Octavian trieb, war von Antonius zu seinem Sachwalter in Italien bestimmt worden. Dies läßt nun doch Zweifel an der später verbreiteten Version aufkommen, daß der Kampf gegen Octavian ohne Wissen und Willen von Antonius begonnen wurde.

Octavian zog jedenfalls Konsequenzen: Als erstes ließ er sich von Fulvias Tochter Octavia scheiden. Schwer dürfte ihm dieser Schritt nicht gefallen sein. Die Ehe war ohnehin nur auf Betreiben der Soldaten bei der Begründung des Triumvirats im Jahre 43 v. Chr. als

Zeichen der Versöhnung zwischen Antonius und Octavian geschlossen worden. Octavian belagerte dann Marcus Antonius und Fulvia, die sich in Perusia, dem heutigen Perugia, verschanzt hatten, gemeinsam mit Agrippa so erfolgreich, daß diese bereits im Februar 40 v. Chr. kapitulieren mußten.

Octavian war damit Herr in Italien. Doch er vermied es, mit Antonius offen zu brechen. Dem besiegten Bruder des Antonius krümmte er kein Haar, sondern ernannte ihn sogar zum Prokonsul in Spanien, wo er dann allerdings verdächtig schnell starb. Auch gegen Fulvia zeigte er sich großzügig und erlaubte ihr, sich mit ihrem Gefolge nach Griechenland zu begeben. Auch diese Maßnahme dürfte nicht frei von Hintergedanken gewesen sein, denn das Verhältnis von Antonius und Kleopatra erschien ja vielen Römern gerade deshalb so verwerflich, weil Antonius in Italien noch eine rechtmäßige Gemahlin hatte. Der kühle Rechner Octavian dachte nun nicht daran, Antonius den Gefallen zu tun, ihn von diesem Problem zu befreien.

Viel härter traf es wieder einmal jene, die an dem ganzen Konflikt die geringste Schuld hatten. Zwar schonte Octavian die einfache Bevölkerung, ließ aber sämtliche dreihundert Senatoren der Stadt hinrichten. Nur ein einziger unter ihnen fand Gnade vor seinen Augen, weil er sich früher einmal für die Bestrafung der Caesarmörder eingesetzt hatte. Die um Gnade Flehenden fertigte Octavian mit den zwei Worten »moriendum est« (es muß gestorben werden) ab.[26]

Für Antonius bedeutete der Sieg Octavians in Italien einen schweren Schlag, zumal nun auch die Parther begannen, in Syrien einzufallen. Trotzdem trennte sich Antonius schon im März 40 v. Chr. von Kleopatra, um nach Italien zu eilen. Auf der Rückreise traf er Fulvia in Athen, die er mit Vorwürfen wegen ihres Verhaltens im perusinischen Krieg überschüttete. Auch wenn diese Vorwürfe nicht unberechtigt gewesen sein mögen, so war doch Antonius gewiß als letzter berechtigt, sie zu erheben. Wenn Antonius das Vorgehen seines Bruders und seiner Frau wegen Octavian tatsächlich als unglücklich empfand, so hätte es doch wohl nahe gelegen, sie dies nicht erst wissen zu lassen, als alles verloren war. Man hat das Verhalten von Antonius damit zu verteidigen versucht, daß er von den ganzen Vorgängen in Italien erst im Frühjahr

40 v. Chr. erfahren habe, weil diese Schiffsverbindung zwischen Italien und Ägypten im Winter unterbunden gewesen sei. Tatsache ist aber, daß Seereisen zwischen Ägypten und Italien im Winter damals mit großen Gefahren verbunden, aber keineswegs unmöglich waren. Herodes der Große sollte dies wenig später beweisen. Selbst wenn nicht jedes Schiff die winterliche Überfahrt überstand, so hatten doch sowohl Antonius als auch sein Bruder und Fulvia in Italien bei ihren damaligen Machtmitteln durchaus die Möglichkeit, auf dem Schiffswege Verbindung zu halten. Im übrigen hatte der Konflikt längst vor Wintereinbruch begonnen, so daß Antonius ohne weiteres die Möglichkeit gehabt hätte, sich über den Flächenbrand zu informieren, den sein Bruder und Fulvia im Westreich anzufachen begannen. Man kann sich daher des Verdachts nicht erwehren, daß Antonius seinen Bruder und seine Frau hier zu Sündenböcken für den unglücklichen Ausgang eines Unternehmens machte, dessen Erfolg er sich nur zu gerne auf die eigenen Fahnen geheftet hätte.

Fulvia starb nur wenige Monate nach dem Treffen in Athen verlassen in Sikyon. Zweifellos hat ihr unbezähmbarer Machtwille einiges zu dem Leid beigetragen, das jene Epoche durchleben mußte. Doch auch sie blieb davon nicht verschont. Ihr einsamer Tod nach dem vergeblichen Versuch, ihren Ehemann zurückzugewinnen, ist jedenfalls nicht ohne persönliche Tragik.

Wäre Antonius damals jener willfährige Liebhaber Kleopatras gewesen, als der er vielfach dargestellt worden ist, so hätte er eigentlich nach dem Tode Fulvias alles daran setzen müssen, eine Ehe mit Kleopatra herbeizuführen. Doch Antonius dachte, wie sich bald zeigen sollte, nicht daran. Er beugte sich der Erkenntnis, daß ihm eine solche Ehe nur schaden könne und entschied sich anders.

Seine Rückkehr nach Italien gestaltete sich schwierig. In Brundisium, dem heutigen Brindisi, verweigerten ihm Octavians Legionen die Landung. Auch dies ist ein Indiz dafür, daß Octavian, der es wissen mußte, Antonius durchaus nicht für so unschuldig an dem vorangegangenen Krieg hielt, wie dies einige Historiker getan haben. Antonius gelang es schließlich, weiter nördlich in Apulien an Land zu gehen. Octavian schickte ihm Agrippa mit Truppen entgegen, so daß sehr zum Unwillen der kriegsmüden Legionen beider Lager ein neuer Bürgerkrieg drohte. Besonders die Leute

Octavians verspürten keine Neigung, gegen den immer noch beliebten und als Feldherrn gefürchteten Antonius zu kämpfen, und schickten Abgesandte zu beiden Feldherrn. Ihr Vorstoß hatte Erfolg. Im Herbst 40 v. Chr. einigten sich Octavian und Antonius in Brindisi. Octavian erhielt den Westen und Antonius den Osten des Römischen Reichs. Als Grenze ihres Herrschaftsbereichs wurde das illyrische Skodari (Skutari) festgelegt. Lepidus durfte seine afrikanischen Provinzen behalten. Besonders wichtig für Antonius war, daß ihm das Recht zugestanden wurde, in Italien jene Truppen auszuheben, die er für den drohenden Krieg gegen die Parther so dringend benötigte. Zur Besiegelung des neuen Bündnisses willigte Antonius ein, Octavia, die Halbschwester Octavians, deren Mann vor wenigen Monaten gestorben war, zu heiraten. Der Jubel unter den Legionären beider Lager war grenzenlos, »und den ganzen Tag und die ganze Nacht hindurch tönten für jeden General unausgesetzt Heilrufe und Glückwünsche aus den Kehlen der Soldaten«.[27]

Wie Kleopatra diese Nachricht aufgenommen hat, ist nicht überliefert. Shakespeares Schilderung der Szene verliert vielleicht etwas von ihrer Wirkung in der Übersetzung durch August Wilhelm von Schlegel und Dorothea Tieck aus der ersten Hälfte des neunzehnten Jahrhunderts, könnte aber gleichwohl die Reaktion der temperamentvollen ägyptischen Königin sehr wirklichkeitsnah wiedergeben:

»BOTE — Fürstin! Fürstin! –

CLEOPATRA — Antonius tot? –
Sagst du das, Sklav, so mordst du deine Herrin: –
Doch meldst du ihn
Gesund und frei, nimm Gold, und hier zum Kuß
Die blausten Adern: eine Hand, die zitternd
Der Kön'ge Lippen küßten.

BOTE — Er ist wohl.

CLEOPATRA — Hier noch mehr Gold. – Doch, Mensch, wir sagen oft,
Wohl sei den Toten: wenn du's so gemeint,

Schmelz ich das Gold, das ich dir gab, und gieß es
In deinen gottverhaßten Schlund.

BOTE Oh, hört mich!

CLEOPATRA Nun wohl, ich will's –
Doch sagt dein Blick nichts Gutes. Wenn Anton
Frei und gesund – wozu die finstre Miene
Zu solcher frohen Post? Ist ihm nicht wohl,
Sollst du als Furie kommen, schlangumkränzt,
Und nicht in Mannsgestalt.

BOTE Wollt Ihr mich hören?

CLEOPATRA Ich möchte gleich dich schlagen, eh du sprichst;
Doch wenn du meldst, Anton sei wohl, er lebe,
Sei Caesars Freund und nicht von ihm gefangen,
Dann ström ein goldner Regen dir, ein Hagel
Von reichen Perlen.

BOTE Er ist wohl.

CLEOPATRA Recht gut.

BOTE Und Caesars Freund.

CLEOPATRA Du bist ein wackrer Mann!

BOTE Caesar und er sind größre Feund' als je.

CLEOPATRA Begehr ein Glück von mir!

BOTE Fürstin, und doch ...

CLEOPATRA Ich hasse dies ›und doch‹: es macht zu nichts
Den guten Vordersatz: Pfui dem ›und doch‹:
›Und doch‹ ist wie ein Scherg, dem hinterher
Ein arger Missetäter folgt. Ich bitt dich,

Gieß mir die ganze Botschaft in mein Ohr,
Das Schlimme und Gute. – Er ist Freund mit Caesar,
Gesund und frisch, sagst du, und sagst, in Freiheit?

BOTE — In Freiheit, Fürstin? Nein, so sagt ich nicht:
Octavia bindet ihn.

CLEOPATRA — In welchem Sinne?

BOTE — Als Ehgemahl.

CLEOPATRA — Ich zittre, Charmion.

BOTE — Fürstin, er ist Octavien vermählt.

CLEOPATRA — Die giftigste von allen Seuchen dir! *(Schlägt ihn.)*

BOTE — Geduld, o Königin!

CLEOPATRA — Was sagst du? Fort,
Elender Wicht! Sonst stoß ich deine Augen
Wie Bälle vor mir her; raufe dein Haar,
Lasse mit Draht dich geißeln, brühn mit Salz,
In Lauge scharf gesättigt.

BOTE — Gnädge Fürstin,
Ich meldete die Heirat, schloß sie nicht!

CLEOPATRA — Sag, ’s ist nicht so: ich schenke dir ein Land,
Daß du im Glücke schwelgest; jener Schlag
Sei Buße, daß du mich in Wut gebracht,
Und ich gewähre jede Gunst dir noch,
Die Demut wünschen mag.

BOTE — Er ist vermählt.

CLEOPATRA	Schurke, du hast zu lang gelebt... *(Zieht einen Dolch.)*
BOTE	Dann lauf ich – Was wollt Ihr, Fürstin, 's ist nicht mein Vergehn! *(Ab.)*
CHARMION	O Fürstin, faßt Euch! seid nicht außer Euch! – Der Mann ist schuldlos!
CLEOPATRA	Wie manch Unschuldigen trifft der Donnerkeil! Der Nil ersäuf Ägypten! Werdet Schlangen, Ihr sanftesten Geschöpfe! – Ruft den Sklaven; Bin ich auch toll, ich beiß ihn nicht. – Ruft ihn.
CHARMION	Er fürchtet sich vor dir.
CLEOPATRA	Ich tu ihm nichts. Ihr Hände seid entadelt, weil ihr schlugt Den Mindern als ich selbst: denn nur ich selbst Gab Ursach meinem Zorn. – Hieher denn, komm. *Bote kommt zurück* Obwohl es redlich ist, war's nimmer gut, Die schlimme Nachricht bringen: Freudenbotschaft Verkünd ein Heer von Zungen, doch die schlimme Mag selbst sich melden, wenn man sie empfindet.
BOTE	Ich tat nach meiner Pflicht.
CLEOPATRA	Ist er vermählt! Ich kann nicht mehr dich hassen, als ich's tu, Sagst du noch einmal Ja.
BOTE	Er ist vermählt.

CLEOPATRA Fluch über dich! So bleibst du stets dabei? –

BOTE Sollt ich denn lügen?

CLEOPATRA Oh, daß du es tätst!
Und wär mein halb Ägypten überschwemmt,
Ein Pfuhl für schuppge Nattern! Geh, entflieh.
Hättst du ein Antlitz wie Narziß, für mich
Schienst du ein Ungeheuer! – Er vermählt? –

BOTE Ich bitt Euch um Vergebung...

CLEOPATRA Er vermählt?

BOTE Zürnt nicht, daß ich Euch nicht erzürnen will;
Mich dafür strafen, was Ihr selbst verlangt,
Scheint höchst unrecht. – Er ist Octaviens Gatte.

CLEOPATRA Oh, daß dein Frevel dich zum Schurken macht,
Der du nicht bist! Weißt du's sicher? Fort!
Die Ware, die du mir von Rom gebracht,
Ist mir zu teuer; bleibe sie dir liegen
Und möge dich verderben. *(Bote ab.)*

CHARMION Faßt Euch, Hoheit.

CLEOPATRA Antonius zu erheben, schalt ich Caesarn...

CHARMION Oft, gnädge Fürstin.

CLEOPATRA Dafür lohnt er nun! –
Führt mich von hier!
Mir schwindelt, Iras, Charmion! – Es ist nichts!
Geh zu dem Boten, mein Alexas, heißt ihn
Octaviens Züge schildern, ihre Jahre,
Ihr ganz Gemüt; er soll dir nicht vergessen
Die Farbe ihres Haars: gib schnell mir Nachricht.
(Alexas ab)

Er geh auf immer! – Nein doch! liebe Charmion,
Wenn er auch Gorgo gleicht von einer Seite,
Ist von der andern er ein Mars. – Alexas
Soll melden mir, wie groß sie ist. Hab Mitleid,
Doch sag nichts, Charmion. – Führt mich in mein
Zimmer.«[28]

In der Tat muß die Nachricht von der bevorstehenden Eheschließung zwischen Antonius und Octavia auf die hochschwangere Kleopatra niederschmetternd gewirkt haben. Den ganzen Winter 41/40 v. Chr. hatte sie mit Antonius zusammengelebt und nach Fulvias Tod vielleicht gehofft, seine Frau zu werden. Selbst wenn sie eingesehen haben sollte – was im Lichte ihres späteren Verhaltens äußerst zweifelhaft ist –, daß Antonius sie nicht heiraten konnte, ohne seinem Ansehen bei seinen römischen Feinden und Freunden gleichermaßen zu schaden, so hat sie gewiß nicht damit gerechnet, daß Antonius nun ausgerechnet die Halbschwester Octavians heiratete, dem sie so sehr mißtraute. Ende 40 v. Chr. wurde Kleopatra dann Mutter von Zwillingen, denen sie später die beziehungsvollen Namen Alexander Helios und Kleopatra Selene gab.

Doch was immer Kleopatras Gefühle gewesen sein mögen, im ganzen Römischen Weltreich weckte die Hochzeit zwischen Antonius und Octavia, die ebenfalls Ende 40 v. Chr. in Rom gefeiert wude, die Hoffnung auf jenen Frieden, den zuletzt selbst die Legionäre der beiden Triumvirn herbeigesehnt hatten.

Freilich waren auch nicht alle Römer glücklich über diese Entwicklung. Zu ihnen zählte der »König zur See« Sextus Pompejus, der die Schiffahrtswege nach Italien beherrschte und so jederzeit die lebenswichtige Kornzufuhr unterbinden konnte. Er mußte nun befürchten, daß seine Macht durch die vereinten Kräfte der beiden Triumvirn gebrochen wurde. Er verschärfte seine Seeblockade, was die von ihm gewünschten katastrophalen Folgen hatte: »Die Einwohner Roms litten unter Hungersnot; denn die Kauffahrer des Ostens wagten sich aus Angst vor Pompejus und dem (von ihm besetzten) Sizilien nicht auf See und ebenso auch nicht die Händler des Westens, die Sardinien und Korsika fürchteten. Beide Inseln befanden sich ja in den Händen von Anhängern des Pompejus, und auch von dem gegenüberliegenden Afrika aus war nicht an Italien heranzukommen, da die nämlichen Flotten von zwei Seiten her das Meer beherrschten. Eine allgemeine Teuerung war die Folge, das Volk aber sah die Ursache davon im Streit zwischen den führenden Persönlichkeiten, schmähte sie daher und drängte auf einen Friedensschluß mit Pompejus. Octavian jedoch wollte auch unter solchem Druck nicht nachgeben, weshalb ihm Antonius riet, angesichts der Hungersnot mit Pompejus den Krieg rasch zu beenden.«[29]

Doch Octavian weigerte sich zunächst, den Vorschlag von Antonius zu befolgen und entschloß sich zum Kampf gegen Pompejus. Da es jedoch hierzu an dem erforderlichen Geld fehlte, sah sich Octavian gezwungen, durch ein Edikt von der verarmten Bevölkerung neue Steuern und Abgaben zu fordern. Dies führte zu Unruhen, die Octavian beinahe das Leben gekostet hätten: »In rasender Leidenschaft wurde das genannte Edikt vom Volk heruntergerissen; war es doch tief erbittert, daß die Triumvirn die öffentlichen Schatzkammern ausgeleert, die Provinzen geplündert, Italien selbst mit Kontributionen, Steuern und Beschlagnahmungen belastet, das Geld aber nicht für Kriege und auch nicht für die Ausweitung des Reiches, sondern zur Bekämpfung persönlicher Feinde und Mehrung eigener Macht verwendet hatten – weshalb es zu Proskriptionen, Mordtaten und infolgedessen zu einer schrecklichen Hungersnot kam –, jetzt aber wollten sie ihnen noch den Rest ihrer Habe rauben. Mit lautem Geschrei rotteten sich die Menschen zusammen, bewarfen jene, die mit ihnen nicht gemeinsame Sache machen wollten, mit Steinen und drohten, ihre Häuser auszuplündern und niederzubrennen. Schließlich befand sich die ganze Masse in wildem Aufruhr. Octavian aber begab sich mit seinen Freunden und einigen Leibwächtern mitten unter die Leute, um mit dem Volk Verbindung aufzunehmen und ihm den Urgrund seiner Beschwerden klarzustellen. Doch sobald ihn die Masse erblickte, begann sie ganz rücksichtslos mit Steinen auf ihn zu werfen und schämte sich nicht einmal, als er ihrem Angriff standhielt, ja sich ihnen sogar aussetzte und verwunden ließ. Antonius aber hörte von den Vorgängen und kam Octavian eilends zur Hilfe. Als er nun die Heilige Straße herablief, warf die Menge zwar nicht mit Steinen auf ihn – man hielt ihn nämlich einem friedlichen Abkommen mit Pompejus für zugetan –, forderte ihn jedoch zur Umkehr auf. Als er dem Verlangen nicht Folge leistete, bewarf man nun auch ihn, worauf er eine größere Zahl von Soldaten, die außerhalb der Mauern lagerten, in die Stadt beorderte... Nur unter Mühen konnte sich Antonius seinen Weg zum Forum bahnen, dort befreite er Octavian aus der jetzt ganz offensichtlichen Lebensgefahr und brachte ihn heil in sein Haus zurück.«[30]

Antonius hatte zu Pompejus längst nicht ein so gespanntes Verhältnis wie Octavian und strebte eine Beilegung des Konfliktes an. Mit Erfolg, denn 39 v. Chr. trafen sich Antonius, Octavian und Pompejus zu Verhandlungen am Kap Misenum bei Neapel. Pompejus brauchte sein Kommen nicht zu bereuen. Antonius und Octavian befanden sich in einer derartigen Zwangslage, daß sie gezwungen waren, ihm weitgehend Zugeständnisse zu machen. Pompejus wurde als rechtmäßiger Herrscher über Sardinien, Sizilien und Korsika sowie aller anderen Inseln, die sich in seinem Besitz befanden, anerkannt. Darüber hinaus sollte er auch die Peloponnes erhalten. Allen Verbannten, die sich zu Pompejus geflüchtet hatten und von diesem bereitwillig aufgenommen worden waren, wurde, soweit sie nicht wegen ihrer Teilnahme an der Ermordung von Caesar durch Senatsbeschluß und Gerichtsverfahren verurteilt worden waren, die Rückkehr nach Italien erlaubt und die Wiedererstattung eines Viertels ihres früheren Eigentums zugesichert. Allen übrigen Flüchtlingen, die nur aus Angst zu Pompejus geflohen waren, sollte mit Ausnahme des Hausrats – der ohnehin meist in alle Winde zerstreut war – das gesamte Eigentum zurückerstattet werden. Die zu Pompejus geflüchteten Sklaven wurden freigelassen, und allen Freien, die unter seiner Führung gedient hatten, sollte nach ihrer Entlassung aus dem Heer die gleiche Abfindung zugebilligt werden wie den Veteranen von Octavian und Antonius. Pompejus verpflichtete sich im Gegenzug zur Aufhebung der Seeblockade und Auflösung seiner Stützpunkte an der Küste Italiens, außerdem erklärte er sich bereit, keine entlaufenen Sklaven mehr bei sich aufzunehmen.

Traditionsgemäß wurde auch dieses Abkommen durch Eheschließungen besiegelt. Octavian heiratete Scribonia, eine Verwandte des Pompejus, und eine Tochter von Pompejus wurde mit Marcellus, einem Stiefsohn von Antonius und Neffen von Octavian, verlobt.

Doch so spannungsfrei, wie es hier den Anschein hat, waren die Beziehungen zwischen den Vertragsschließenden nicht, wie sich bei den abschließenden Banketten zeigen sollte: »Dann bewirteten die Machthaber einander, nachdem sie die Reihenfolge durch Los bestimmt hatten. Das erste Bankett gab Pompejus auf seinem Sechsruderer, der vertäut an der Mole lag; an den folgenden Tagen kam Antonius und Octavian an die Reihe, und zwar auch sie auf der Mole und in Zelten, angeblich damit alle an der Küste das Bankett erleben könnten, vielleicht aber zur besseren Sicherheit und um keinen Verdacht aufkommen zu lassen. So ankerten ihre Schiffe längsseits, die Leibwachen standen ringsum, und selbst die Teilnehmer am Festmahl waren heimlich mit Dolchen am Gürtel. Menodoros (ein Admiral von Pompejus, der Verf.) soll, während die Männer auf dem Schiff bewirtet wurden, Pompejus eine Botschaft zugesandt und ihn aufgefordert haben, die Männer zu überfallen, für das Verbrechen an seinem Vater und seinem Bruder Rache zu nehmen und unter Ausnützung der günstigen Gelegenheit die väterliche Herrschaft zurückzugewinnen; er selbst werde nämlich mit seinen Schiffen dafür sorgen, daß niemand entrinnen könne. Doch Pompejus gab eine Antwort, wie sie seiner Herkunft und Lage entsprach: ›Wenn doch Menodoros dies ohne mich getan hätte!‹ Denn ein Eidbruch passe für Menodoros, nicht aber für einen Pompejus.«[31] Dem einfachen Volk blieben diese Spannungen natürlich verborgen. Es sah in den Vereinbarungen von Misenum die Verwirklichung all seiner Friedenssehnsüchte und feierte den Ausgang des Treffens mit einer Begeisterung, die Antonius und Octavian veranlaßten, in Rom bei Nacht einzuziehen, um allzu überschwenglichen Freudenkundgebungen aus dem Wege zu gehen. Ihre bedeutendste künstlerische Gestaltung befand diese Sehnsucht in dem berühmten vierten Hirtengedicht (Ekloge) Vergils, das der Dichter dem Konsul des Jahres 40 v. Chr., Asinius Pollio, gewidmet hat, der als gemeinsamer Freund von Octavian und Antonius großen Anteil an der Versöhnung von Brindisi gehabt hatte. Seinen Erfolg feiert Vergil zu Beginn des Gedichts, dem er den vielsagenden Titel »Zeitenwende« gab, mit den überschwenglichen Worten:

»*Musen* Siziliens, laß uns Erhabneres nunmehr besingen.
Nicht einen jeden erfreun Tamarisken und niedrige Sträucher:
Wenn von Wäldern wir singen, so sei'n eines Konsuls sie würdig.
Schon kam das Ziel der Zeit, von dem die Sibylle einst raunte,
wiedergeboren beginnt ein neuer Kreis der Äone.
Schon kehrt die Jungfrau zurück, Saturns Regierung kehrt wieder,
schon wird ein neuer Sproß entsandt aus himmlischen Höhen.
Dieses Knaben Geburt beschirme, reine Lucina!
Er macht ein Ende der eisernen Zeit; eine goldene Menschheit
wird die Erde dann füllen: schon jetzt regiert dein Apollo.
Herrlich hebt dieses Zeitalter an, da du uns als Konsul,
Pollio, führst. Es beginnt der erhabenen Monate Reigen;
bleiben noch Spuren der früheren Frevel – sie werden
verschwinden
und von beständigem Grauen die Erde endlich befreien.
Göttliches Leben empfängt er jedoch: die Götter erschaut er
samt den Helden der Vorzeit, und sie auch werden ihn sehen. Er
wird
beherrschen die Welt, die des Vaters Tugend befriedet.«[32]

Man hat lange Zeit in dem Knaben, der über eine endlich befriedete, zum goldenen Zeitalter paradiesischer Unschuld zurückgekehrte Welt herrschen sollte, bereits eine Anspielung auf Christus sehen wollen. Hierzu hat einer der besten Kenner Vergils bemerkt: »Auch heute, da die Wissenschaft die christliche Ausdeutung der Ekloge einstimmig verworfen hat, spuken noch immer vage, – mystische Empfindsamkeiten, die dem Verständnis Vergils keineswegs zuträglich sind. Wenn auch unlängst ein frommer Schriftsteller es als ›ungehörig und widersinnig‹ bezeichnete, Vergil zu deuten nach seiner Vergangenheit und Gegenwart, nicht aber im Lichte der ›nahen Heraufkunft des Christentums‹ (von dem 100 Jahre nach Abfassung der 4. Ekloge noch nicht viel zu merken war), so verläßt man damit den Boden des Rationalen ...

Was wir mit Bestimmtheit wissen, ist, daß Pollio, dem das Gedicht gewidmet ist, bei oder kurz vor dessen Abfassung sein Amt antrat – also 40 vor Christus. Zu dieser Zeit hatten die Triumvirn, so schien es, den Frieden gebracht und ihn durch neue Ehen besiegelt. Marc Anton heiratete Octavians Schwester Octavia; Octavian heiratete die Scribonia, und auch die Gattin Pollios (der die beiden Mächtigen miteinander versöhnt hatte) erwartete ein Kind. Wessen Kind nun meinte der Dichter?

Sicherlich zielte er nicht auf einen Sohn Pollios – obwohl dieser Sohn später den schmeichelhaften Bezug in Anspruch nahm. Bei aller Anerkennung von Pollios Verdiensten war die Befriedung der Welt schwerlich ihm zuzuschreiben, noch kam er als Erzeuger eines Halbgottes in Frage. Es ist vielmehr mit der überwiegenden Meinung anzunehmen, daß Vergil, der ja den künftigen Entscheidungskampf zwischen Octavian und Antonius nicht voraussehen konnte, einen aus deren Ehen zu erwartenden Sohn im Auge hatte ...

Seit Generationen haben Parteienhader und Bürgerkrieg den Staat zerrissen. Der tiefen Friedenssehnsucht der Bürger hatten, mit vielen anderen, Lukrez und Cicero Ausdruck verliehen. Es ist diese Sehnsucht, die aus Vergils Idylle spricht: Mehr kann man in ihr nicht sehen, ohne Vergils Römertum zu verkennen und in unzulässiger Weise Späteres rückwärts zu projizieren.«[33] Letztlich wird man jedoch jenen Literaturwissenschaftlern Recht geben müssen, die meinen, die zahlreichen Bemühungen von Theologen, Philologen und Historikern um die Erklärung dieses Gedichtes hätten wenigstens die Tatsache als unbestreitbares Ergebnis herausgestellt, daß sich die 4. Ekloge vermutlich für immer einer Erläuterung entziehe, die allgemein anerkannt werden könne.[34]

Antonius blieb vom Frühjahr bis zum Herbst 39 v. Chr. an der Seite von Octavia in Rom, die ihm im Sommer eine Tochter schenkte. An Octavia, die zu Recht eine der liebenswertesten Frauengestalten der Antike genannt worden ist, hat es bestimmt nicht gelegen, daß Vergils Vision von einer besseren, friedlichen Welt zumindest in den folgenden Jahren nur schöne Poesie geblieben ist. Die damals 28jährige, sie war also ungefähr so alt wie Kleopatra, muß, nach allem, was wir von ihr wissen, eine außergewöhnlich schöne und kultivierte Frau gewesen sein. Zudem zeichnete sie eine tiefe Menschlichkeit aus. Jeder, der sie während der Proskriptionen um Hilfe bat, fand bei ihr ein offenes Ohr. Vielleicht war gerade diese Warmherzigkeit einer der Gründe, daß ihr in dieser Beziehung so anders gearteter, kühl berechnender Halbbruder Octavian sie aufrichtig liebte. In der Öffentlichkeit trat Octavia mit vornehmer Zurückhaltung auf und entsprach so ganz dem

Frauenbild der römischen Oberschicht. Eine andere Frage war es freilich, wie lange sie Antonius, der in der Vergangenheit Frauen eines ganz anderen Temperaments bevorzugt hatte, an sich fesseln würde. Doch zunächst war ihr Verhältnis ungetrübt. Auch zwischen Octavian und Antonius kam es in jenem Sommer 39 v. Chr. zu keinen größeren Spannungen, obwohl Antonius über die Entwicklung seit dem perusinischen Krieg nicht glücklich sein konnte.

Auf den ersten Blick hatte sich an den Machtverhältnissen zwischen den Triumvirn in den drei Jahren zwischen der Schlacht von Philippi und dem Treffen von Misenum wenig geändert. Octavian herrschte im Westen, Antonius im Osten, und der unbedeutende Lepidus behielt weiter seine afrikanischen Provinzen. Doch der Schein trog. Nach der Schlacht von Philippi war Antonius fraglos der mächtigste Mann im Römischen Reich. Während er unumschränkt in seinem Ostreich schalten und walten konnte, war sein Gegner Octavian kaum Herr im eigenen Haus. Diese schwache Stellung Octavians und die Hoffnung, ihn völlig vernichten zu können, war ja auch der eigentliche Grund für den perusinischen Krieg. Doch der Sieg Octavians änderte die Verhältnisse grundlegend. Mit diesem Erfolg wurde er zum unangefochtenen Herrn des Westreichs, und genau deshalb war Antonius trotz der Gefahr, die von den Parthern drohte, nach Italien zurückgekehrt. Er hatte Octavian wieder einmal gründlich unterschätzt und mußte nun versuchen, sich mit seinem gleichberechtigten Gegner zu arrangieren. Wieviel ihm daran gelegen war, zeigt seine Bereitschaft, Kleopatra fallen zu lassen, um durch die Heirat mit Octavia zu einem Ausgleich mit dem immer gefährlicher werdenden Herrn des Römischen Westreichs zu kommen. Ob dieser Ausgleich von Dauer sein würde, war schon wegen der charakterlichen Gegensätze beider Männer äußerst fraglich.

Der einzige gemeinsame Zug von Antonius und Octavian war ihr hemmungsloser Machtwille und vielleicht noch ihre Empfänglichkeit für die Reize des weiblichen Geschlechts. Tollkühne Manöver und Attacken, wie sie Antonius liebte, waren Octavians Sache nicht: »Nach seiner Ansicht vertrug sich mit dem Wesen des vollkommenen Feldherrn nichts weniger als Überstürzung und Unbesonnenheit. Daher zitierte er mit Vorliebe: ›Eile mit Weile‹, oder auf griechisch ›Vorsicht ziemt dem Heeresleiter mehr als toller

Wagemut‹, sowie auf lateinisch: ›Schnell genug geschieht, was ordentlich geschieht.‹ Überhaupt meinte er, auf eine Schlacht oder einen Krieg dürfe man sich nur dann einlassen, wenn offensichtlich die Hoffnung auf Erfolg größer sei als die Furcht vor Verlust. ›Denn‹, pflegte er zu sagen, ›die, welche einem kleinen Gewinn mit Gefahr eines großen Verlustes nachjagen, gleichen Leuten, welche mit einem goldenen Angelhaken angeln; reißt dieser ab, so ist sein Verlust ja durch keinen Fang zu ersetzen.‹«[35]

Auch in seinem privaten Leben war Octavian im Gegensatz zu dem großen Schwelger Antonius von fast asketischer Einfachheit. Bei seinen Mahlzeiten begnügte er sich meistens mit Schwarzbrot, Sardinen, Käse und Obst. Er trank, auch wenn er besonders guter Stimmung war, nie mehr als sechs Zehntel. Allerdings war diese Lebensweise wohl auch die Folge seiner schwächlichen Konstitution. Er litt unter allen möglichen Krankheiten, wie Fieber, Blasen-, Gallen-, Leberleiden, Hautausschlägen und Schreibkrämpfen. Wohl zu Recht hat seine Biographin Marion Giebel hierzu angemerkt: »Offenbar lag sein labiles vegetatives Nervensystem mit seiner Geistes- und Willenskraft in ständigem Konflikt, was sich in psychosomatischen Erkrankungen äußerte. Die Anstrengung, sich trotz seiner schwächlichen Physis vor dem Bild des caesarischen Übervaters bewähren zu müssen, verlieh der Person des jungen Octavians etwas Starres und Rollenhaftes.«[36] Möglicherweise liegt in diesem Bestreben, es Caesar gleich zu tun, auch der Schlüssel für die Brutalität, mit der Octavian gerade gegen ehemalige Gegner Caesars vorgehen konnte. Er schreckte zwar vor keiner Untat zurück, wenn sie seinen machtpolitischen Interessen diente, doch unnötiges Blutvergießen war im allgemeinen seine Sache nicht.

Es spricht viel dafür, daß Antonius in jener Zeit Octavia aufrichtig liebte und Kleopatra weitgehend aus seinem Herzen verdrängt hatte. Jedenfalls hätte Antonius in jenem Sommer 39 v. Chr. genügend Gründe gehabt, sich in den Vorderen Orient zu begeben, um mit Kleopatra Kontakt aufzunehmen. Denn dort überschwemmten die gefährlichen Parther fast sein gesamtes Reich. Doch Antonius überließ den Kampf gegen die gefürchteten Reiter seinen Feldherrn. Die Folgen waren verheerend, zumal die Parther viele kriegserfahrene Pompejaner und Anhänger von Brutus und Cassius in ihre Reihen aufgenommen hatten. Ihr Anführer war kein anderer als

Quintus Labienus, dessen Vater in Gallien Caesars bester General gewesen war und sich dann den Pompejanern angeschlossen hatte. Seine Truppen überrannten Syrien, erschlugen dort den von Antonius eingesetzten Statthalter und zwangen schon Ende 40 v. Chr. Jerusalem zur Kapitulation. Sein Herrscher, der Tetrarch Herodes, konnte sich nur mit knapper Not in die legendäre Bergfestung Masada retten. Auf der Suche nch Hilfe entschloß er sich, nach Rom zu gehen.

Sein Weg führte ihn über Ägypten, und so begegnete der damals 33jährige erstmals Kleopatra, mit der ihn später eine erbitterte Feindschaft verbinden sollte. Völlig spannungsfrei dürfte ihr Verhältnis von Anfang an nicht gewesen sein, denn Judäa war einst Bestandteil des Ptolemäerreiches gewesen. Dies lag zwar schon einige Zeit zurück, aber zwei Machtmenschen wie Kleopatra und Herodes hatten in dieser Hinsicht ein gutes Gedächtnis.

Der spätere Todfeind Kleopatras ist in die Geschichte eingegangen als der Kindermörder von Bethlehem und der Verantwortliche für die Enthauptung von Johannes dem Täufer. Beides ist unzutreffend: Die Hinrichtung von Johannes dem Täufer erfolgte auf Befehl des zweiten Sohnes von Herodes, der allerdings denselben Namen wie sein Vater trug, was natürlich zu Mißverständnissen und Fehldeutungen Anlaß geben kann. Auch der Kindermord von Bethlehem wird Herodes zu Unrecht angelastet. Die nach dem Apostel Matthäus (2, 16) auf Befehl von Herodes dem Großen vollzogene Ermordung aller Knaben unter zwei Jahren in und um Bethlehem, mit dem Zweck, den Jesusknaben aus der Welt zu schaffen, wird heute von fast allen mit der Materie vertrauten Historikern als ein durch keinerlei Tatsachen gedeckter Teil der christlichen Geburtslegende angesehen.

So kann es auch nicht verwundern, daß es zumindest in der Wissenschaft zu einer Revision des Herodesbildes kam, die Leopold von Ranke mit den noch eher zaghaften Worten einleitete: »Nicht ganz zu Unrecht ist Herodes in der Reihe der Beherrscher von Judäa als der Große bezeichnet worden.«[37] Entschieden weiter ging der große Althistoriker Walter Otto, der in seiner 1913 erschienenen grundlegenden Arbeit »Herodes. Ein Beitrag zur Geschichte des jüdischen Königshauses« zu dem Ergebnis kam, daß Herodes »nicht nur als Herrscher, sondern auch als Mensch zu den bemerkenswertesten Erscheinungen der hellenistischen Zeit, die wahrlich an bedeutenden Männern nicht arm ist«, gehört. Er bezeichnet Herodes als »das Muster eines geschmeidigen Diplomaten« und kommt nach der Feststellung, daß Herodes von allen jüdischen Königen nur noch David gleichgestellt werden könne, zu dem Ergebnis: »Er, der absolute Herrscher, war ein wahrhaft großer innerer König, der seinem Land einen fast dreißigjährigen Frieden und alle dessen Segnungen verschafft« hat.[38]

Freilich ist kein Historiker jemals auf den Gedanken gekommen, in Herodes dem Großen einen völlig von der Geschichte verkannten Menschen mit makellosem Charakter zu sehen: Wenn er auch mit dem Kindermord von Bethlehem und der Enthauptung von Johannes dem Täufer nichts zu tun hatte, so kannte er doch ansonsten keine Hemmungen im Kampf um die Macht, wie schon die Hinrichtung seiner Ehefrau Mariamme und zweier seiner Söhne allzu deutlich zeigt. Er mußte zur Behauptung seiner Machtstellung oft zu solchen Mitteln greifen, denn der spätere Alleinherrscher von Judäa hatte schon deshalb zahlreiche Feinde, weil er Nichtjude war. Sein Biograph, Gerhard Prause, führt hierzu treffend aus: »Herodes – und das blieb für sein ganzes Leben und Wirken von entscheidender Bedeutung – war kein Jude; er entstammte einer vornehmen, wohlhabenden und einflußreichen idumäischen Familie. Die Idumäer, die Edomiter der Bibel, ... lebten zunächst südlich des Toten Meeres und zogen dann in das südliche Judäa. Dort wurden sie – um 130 vor Christi – von dem Makkabäer Johannes Hyrkanos, dem regierenden Fürsten des Judäa-Israel unterworfen und zwangsweise zum Judentum bekehrt. Wie diese Bekehrung vor sich ging, ist ungewiß, und es bleibt fraglich, ob die Bekehrten vom Volk der Juden wirklich integriert wurden. Zwar galt nach rabbinischem Gesetz als Jude, wer von einer jüdischen Mutter stammte oder zum Judentum übergetreten war, aber andererseits ist es Herodes von den Juden immer wieder vorgehalten worden, daß er Idumäer und folglich eigentlich kein Jude war.«[39] Aber auch jene Juden, die bereit waren, die bekehrten Idumäer als Bestandteil ihres Volkes zu betrachten, dürften wenig Freude empfunden haben, daß ihr Staat von dem Angehörigen eines Stammes regiert wurde, den sie einst unterworfen hatten. Unter diesen Umständen ist es allein schon eine überragende Leistung, daß es Herodes gelang, seine

Stellung als Herrscher von Judäa 36 Jahre lang bis zu seinem Tode zu verteidigen. Er war ohne Frage neben Kleopatra die außergewöhnlichste nichtrömische Herrscherpersönlichkeit jener Epoche. Man bedient sich nur ungern des etwas abgegriffenen Bildes von jenen beiden Herrscherpersönlichkeiten, für die gemeinsam ihre Welt zu klein war. Gleichwohl muß man im Fall von zwei so machthungrigen Charakteren wie Kleopatra und Herodes sagen, daß sie doch sehr nahe aufeinander saßen und die Geschichte ihrer Herrschaftsgebiete zu viele konfliktträchtige Berührungspunkte aufwies, als daß sich zwischen ihnen ein reibungsloses Verhältnis hätte entwickeln können.

Ihre erste Begegnung ließ sich indessen gut an. Kleopatra nahm den Flüchtling freundlich auf. Sie soll ihm sogar den Oberbefehl über jene Kontingente angeboten haben, die sie damals zum Kampf gegen die Parther aufstellte. Dies ist zwar bezweifelt worden, aber gar nicht so unwahrscheinlich. Freilich wird man darin weniger eine von Mitleid geprägte Großzügigkeit der ägyptischen Königin sehen dürfen, als vielmehr einen raffinierten Schachzug Kleopatras: Was hätte denn Kleopatra Klügeres tun können, als dem Mann, dessen Herrschaftsgebiet sie – wie sich zeigen sollte – brennend gern ihrem Reich einverleiben wollte, eine führende Stellung in ihrem Staat einzuräumen und ihn sich damit nicht nur zu verpflichten, sondern zugleich zum Untertan zu machen. Zudem hätte sie sich etwaige Erfolge von Herodes gegen die Parther ohne weiteres auf ihre Fahnen heften können. Bei einem Mißerfolg von Herodes, dessen Format der scharfsichtigen Kleopatra kaum entgangen sein dürfte, war sie aber auch ihren gefährlichen Rivalen los.

Aber Herodes war nicht der Mann, sich so leicht in den Fallstrikken Kleopatras zu verfangen. Er wollte so schnell wie möglich nach Rom, dem Zentrum jener Weltmacht, die über sein Schicksal letztlich bestimmte. Trotz des herannahenden Winters – man sieht, Seefahrten von Alexandria nach Rom waren damals auch im Winter keine Unmöglichkeit – machte er sich auf den Weg und erreichte nach stürmischer Fahrt über Rhodos schließlich Brindisi. Als er von dort auf dem Landwege in Rom ankam, suchte er sofort Antonius auf. Die beiden waren sich schon während des Aufenthalts von Antonius im Vorderen Orient begegnet, und Antonius hatte damals, tief beeindruckt von der Intelligenz und der Kultur des jungen

Herodes, diesen zum Tetrarchen von Judäa ernannt. Antonius war auch jetzt bereit, Herodes zu unterstützen und verschaffte ihm Zugang zu Octavian. Auch Octavian empfing den Flüchtling mit offenen Armen, wobei diesem zweifellos die Tatsache zustatten kam, daß sein Vater Antipater im alexandrinischen Krieg zusammen mit Mithridates von Pergamon Caesar die den Kampf entscheidende Hilfe zugeführt hatte. So wurde die Mission von Herodes in eigener Sache zu einem glänzenden Erfolg. Bislang hatte er als Tetrarch in Judäa nur als Fürst zweiter Ordnung geherrscht. Nun setzten Antonius und Octavian beim Senat die Erhebung von Herodes zum König durch. Dies bedeutete für Herodes eine gewaltige Aufwertung. Vor allem stärkte es seine Stellung bei den Juden, denn 28 Jahre zuvor hatte Pompejus den Juden zu deren größten Empörung das Recht zur Führung des Königstitels abgesprochen. Ein Mann, dem es gelang, dieses Recht zurückzuholen, mußte selbst in den Augen der römerfeindlichen Juden an Gewicht gewinnen. Freilich war Herodes, wie Prause es formulierte, »ein König ohne Thron, ohne Land und ohne Geld«.[40] Aber er war König und zugleich der Mann des erklärten Vertrauens von Antonius und Octavian. Nach Kleopatras Geschmack ist diese Aufwertung ihres Nachbarn ganz gewiß nicht gewesen, was Antonius sicher gewußt hat. So zeigt die Behandlung von Herodes einmal mehr, wie wenig Antonius in dieser Zeit auf Kleopatra Rücksicht nahm.

Um so bemerkenswerter ist das Verhalten von Kleopatra in dieser Situation. Sie muß damals über die Reaktion von Antonius und über die Politik Roms insgesamt bitter enttäuscht und empört gewesen sein. Mit Rom und den Römern hatte Kleopatra ohnehin nie viel verbunden. Im Gegenteil! Von den meisten Römern wurde sie, wie hinlänglich bekannt, gehaßt, und sie selbst dürfte den arroganten Herren der Welt auch keine wohlwollenderen Gefühle entgegengebracht haben. Von allen Römern zählten für sie nur Caesar und Antonius. Doch Caesar war tot und Antonius hatte sie im Stich gelassen. Nach ihrer ganzen Herkunft aber war Kleopatra ein Kind des römerfeindlichen Hellenismus und – was im Augenblick noch mehr zählte – auch ein Kind des Orients. Schließlich war jene Kleopatra, die als erste Trägerin dieses Namens in die Ptolemäerdynastie einheiratete, nicht nur die Tochter eines griechischen Seleukidenherrschers, sondern auch eine Enkelin des persischen

Königs Mithridates von Pontus. Auch in der Folge war das Verhältnis der Ptolemäer zu den Herrschern des Ostens alles in allem wesentlich besser als ihre meist gespannten Beziehungen zu den Römern. Mußte sich Kleopatra unter diesen Umständen in ihrer damaligen Lage und angesichts der parthischen Erfolge über die Römer nicht die Frage nach einem Frontwechsel aufdrängen? Doch Kleopatra hat den naheliegenden und geradezu verführerischen Gedanken, mit den Parthern gemeinsame Sache gegen die Römer zu machen, offensichtlich nie ernsthaft erwogen. Im Gegenteil, sie rüstete trotz ihrer Enttäuschung über Rom Kontingente gegen die Parther aus.

Was hat Kleopatra zu dieser Haltung veranlaßt? Sicher war sie zu Antonius nicht so sehr in Liebe entbrannt, als daß sie ihm alles verzeihen und ihm beistehen wollte. Die Ptolemäerinnen haben sich zwar gelegentlich durch Haß- und Rachsucht zu unüberlegten Handlungen hinreißen lassen, doch es ist kein Fall bekannt, daß sie sich aus Liebe politisch geschadet haben, und gerade Kleopatra war nicht die Frau, mit dieser Tradition zu brechen.

Wenn Kleopatra den sich damals anbietenden Gedanken an eine Verbindung mit den Parthern verwarf und sich nicht nur neutral verhielt, sondern Rom weiterhin unterstützte, so kann diese Haltung nur ihrem politischen Kalkül entsprungen sein. Sie ließ sich durch die Erfolge der Parther nicht blenden. Die Parther waren zwar glänzende Krieger, die vor allem auf heimischem Gebiet fast unbezwingbar waren. Sie konnten auch mit ihren blitzartigen Reiterangriffen außerhalb ihres Reiches großartige Erfolge erzielen. Aber noch immer, wenn sie auf einen entschlossenen und wohlorganisierten Gegner trafen, gerieten die Völker des Orients bei ihren Angriffskriegen in Schwierigkeiten. Dies war schon bei den Angriffen der persischen Großkönige auf Griechenland so, als sie sich etwa bei den großen Schlachten von Marathon und Salamis vernichtende Niederlagen einhandelten. Auch der Sieg eines riesigen persischen Heeres nach tagelangem Kampf gegen 300 Spartaner in der Schlacht bei den Thermopylen ist nicht wegen der Leistung der Sieger, sondern – zu Recht – wegen des heldenhaften Widerstandes der Spartaner in die Weltgeschichte eingegangen. Als dann Alexander der Große seinerseits zum Gegenangriff gegen den Erbfeind überging, mußte sich sein gewiß nicht unfähiger Gegenspieler

Dareios I. auf dem Boden seines eigenen Reiches geschlagen geben. An der Fähigkeit der orientalischen Herrscher zu raschen und ihrem Unvermögen zu dauerhaften Triumphen hatte sich bis in die Zeit von Kleopatra nichts geändert. Mochte der berüchtigte Römerfeind Mithridates in Kleinasien 80000 Römer abschlachten lassen, so mußte er sich doch geschlagen geben, als Sulla gegen ihn Front machte, und 20 Jahre später war es dann Pompejus, der Mithridates in den Selbstmord trieb. Mochte auch Pakoros, der Sohn von Mithridates, in Kleinasien ähnlich wüten wie sein Vater und in Folge 22 Schlachten zum Teil auch gegen römische Einheiten gewinnen, als Caesar gegen ihn anrückte, war er, wenn auch nach einem äußerst dramatischen Schlachtverlauf, nach vier Stunden vernichtend geschlagen.

Sollte es diesmal ausgerechnet gegen einen Gegner mit den militärischen Fähigkeiten von Antonius anders kommen? Dieser weilte zwar noch im fernen Rom. Aber es war klar, daß Rom und Antonius die Erfolge der Parther in Kleinasien und dem Vorderen Orient niemals kampflos hinnehmen würden und der römische Gegenschlag früher oder später kommen mußte. Und niemand sah dies klarer als Kleopatra, die dank ihrer Erfahrung und politischen Intelligenz sich ein Urteil über die Stärken und Schwächen der Kontrahenten von morgen erlauben konnte. Ihr Verstand sagte ihr, daß es, wie immer sie fühlte, eine politische Torheit wäre, mit den Römern zu brechen. Viele Herrscher Kleinasiens und des Vorderen Orients haben sich damals anders entschieden. Doch Kleopatra war weit davon entfernt, denselben Fehler zu machen. Kleopatras Entscheidung als ein Zeichen politischen Genies zu werten, wäre sicher übertrieben. Ein Beweis für ihre Fähigkeit, auch in schwierigen Situationen unter Zurückstellung der eigenen Gefühle den Interessen ihres Reiches gerecht zu werden, ist ihr Verhalten in jenem Herbst 40 v. Chr. jedoch allemal.

Der Gegenschlag Roms ließ nicht lange auf sich warten. Bereits 39 v. Chr. vertrieb Ventidius Bassus die Parther aus Kleinasien. Labienus fand dabei den Tod, wobei umstritten ist, ob er in Gefangenschaft geriet und als Hochverräter hingerichtet oder aber auf der Flucht erschlagen wurde. Ein Jahr später trieb dann Bassus die Parther durch seinen Sieg in der Schlacht von Gindaros hinter ihre Grenzen zurück. Bei dieser Schlacht fand der Lieblingssohn des parthischen Großkönigs Orodes den Tod, was seinen Vater so sehr schmerzte, daß er auf den Thron verzichtete. Als Tag des Sieges wurde der 9. Juli 38 v. Chr. angegeben, also der 15. Jahrestag der vernichtenden Niederlage der Römer bei Karrhae.

Trotz der Erfolge von Bassus gibt das Verhalten von Antonius in dieser Zeit Rätsel auf. Spätestens nach der Einigung mit Sextus Pompejus im Frühjahr 39 v. Chr. hätte er wohl allen Anlaß gehabt, in sein von den Parthern überschwemmtes Ostreich zurückzukehren, was ihm auch ein Wiedersehen mit Kleopatra ermöglicht hätte. Doch Antonius blieb zunächst in Rom, wo er Pompejus, entgegen der Vereinbarung von Misenum, die Herausgabe der Peloponnes verweigerte. Pompejus nahm daraufhin wieder die Seeblockade Italiens auf. Möglicherweise handelte Antonius im Einvernehmen mit Octavian, denn dieser hatte nun, da sich die Ehe mit Scribonia, der Verwandten von Pompejus, politisch nicht auszahlte, einen Vorwand, seiner Frau den Scheidebrief zu schicken.

Octavian kam dies gerade recht, denn er war damals der Frau seines Lebens begegnet: Der sonst so nüchterne 25jährige Octavian hatte sich leidenschaftlich in die 19jährige Livia Drusilla verliebt. Livia entstammte dem hochangesehenen Patriziergeschlecht der Claudier und galt als eine der schönsten Römerinnen der Zeit. Doch die junge Dame war bereits mit dem römischen Aristokraten Tiberius Claudius Nero verheiratet und im 6. Monat schwanger. Gleichwohl drang Octavian mit aller Macht auf die Scheidung: »Die Pontifices, zu denen er gehörte, erklärten, ein Hindernis für eine neue Ehe liege nicht vor, da über die Vaterschaft des Claudius bei dem zu erwartenden Kind kein Zweifel bestehe. Die darauf im Januar 38 v. Chr. vollzogene Vermählung gab allen bösen Zungen in Rom hinreichend Stoff zum Klatsch. Fand sie doch im Hause des bisherigen Ehemannes Claudius statt, der nun als Brautvater auftrat. Bei dem festlichen Mahle lag Octavian mit Livia auf einem Speiselager, Claudius allein auf einem anderen. Eines der kleinen Spielkinder, die sich die Vornehmen in ihren Häusern zur Belustigung hielten – meist nach alexandrinischer Sitte als Amoretten gekleidet, Kleopatra hatte solche bei ihrer Begegnung mit Antonius in Tarsus um sich gehabt –, stellte sich da vor Livia und sagte vorlaut: ›Herrin, was tust du dort? Dein Mann liegt ja da drüben.‹ Drei Monate später gebar Livia den Drusus, ihren zweiten Sohn.

Octavian schickte das Kind korrekt dem früheren Gatten und gab dies der Öffentlichkeit bekannt. Trotzdem verfehlte das Publikum nicht, das neue Paar in Spottversen zu dem ›Dreimonatskind‹ zu beglückwünschen.«[41] Livia war trotz der eigenartigen Hochzeit eine Römerin alten Schlages, jedem Prunk und Luxus abhold. Wie Octavia beaufsichtigte sie, in erster Linie Hausfrau, ihre Dienerschaft beim Weben und Spinnen. Auf würdevolles Auftreten in der Öffentlichkeit legte sie großen Wert. Seneca bezeugte ihr später: »Sie war eine Frau, die ihren Ruf auf's sorgfältigste hütete. Im persönlichen Verkehr wußte sie hoch und niedrig zu gewinnen. Ihre Fürsprache galt bei Octavian, der sich oft mit ihr beriet, viel, zumal sie ihm später durch ihr persönliches Vorbild und ihre Mitarbeit auf den ihr zukommenden Gebieten half, den zerrütteten römischen Staat innerlich zu erneuern.«[42]

Dabei hat es Livia in ihrer 53 Jahre dauernden Ehe an der Seite Octavians gewiß nicht leicht gehabt. So nüchtern, um nicht zu sagen asketisch, Octavian in seiner sonstigen Lebensführung war, so wenig Hemmungen legte er sich in seinem Liebesleben auf. Manches von dem, was berichtet wird, war Verleumdung, insbesondere die Vorwürfe wegen seiner angeblichen Homosexualität. Aber Octavian war ein großer Frauenliebhaber und machte daraus auch kein Geheimnis. So berichtet Sueton: »Seine Liebschaften mit verheirateten Frauen stellen selbst seine Freunde nicht in Abrede; allerdings fügen sie zur Entschuldigung hinzu, hier sei nicht Wollust, sondern kluge Politik als Motiv im Spiele gewesen, um so leichter die Anschläge seiner Gegner durch ihre Frauen auszukundschaften. Marcus Antonius wirft ihm außer der überhasteten Verheiratung mit Livia auch noch die Geschichte mit der Frau eines ehemaligen Konsuls vor. Diese habe er in Gegenwart ihres Gatten aus dem Speisesaal ins Schlafzimmer geführt und darauf mit geröteten Ohrläppchen und in Unordnung gebrachter Frisur wieder zur Tafel zurückgebracht ... Seine Freunde hätte er, so wird ihm weiter vorgeworfen, als Kuppler benutzt. Sie mußten in seinem Auftrag verheiratete Frauen und erwachsene Jungfrauen zu diesem Zweck nackt in Augenschein nehmen, gleich als kauften sie diese bei dem Sklavenhändler Toranius. Auch schreibt ihm Antonius einmal in einem vertraulichen Brief, als er ihm noch nicht völlig entfremdet oder gar sein erklärter Feind war: ›Was hat zu deiner Sinnesänderung geführt? Etwa, weil ich bei der Königin schlafe? Sie ist meine Frau. Habe ich denn erst jetzt damit angefangen, vielmehr nicht schon vor neun Jahren? Und du selbst, schläfst du nur bei der Drusilla? Ich wette auf dein Leben, daß du, wenn du diesen Brief liest, bereits Tertulla oder Terentilla oder Rufilla oder Salvia Titisena oder alle zusammen gehabt hast. Kommt es denn überhaupt darauf an, wo und bei welcher man seine Lust befriedigt?‹«[43]

Doch noch waren sich die Triumvirn, um die Worte Suetons aufzugreifen, nicht so entfremdet, daß sie derartige Freundlichkeiten austauschten. Doch an der Hochzeit zwischen Livia und Octavian im Januar 38 v. Chr. haben Antonius und Octavia nicht teilgenommen. Antonius hatte zusammen mit Octavia im Herbst 39 v. Chr. endlich Rom verlassen. Doch bemerkenswerterweise begab sich Antonius wieder nicht nach Kleinasien oder in den Vorderen Orient, wo trotz der Siege von Ventidius Bassus ein neuer Parthereinfall drohte. Er zog es vor, für zwei Jahre das Leben mit Octavia in dem von ihm so geliebten Athen zu genießen und den Krieg gegen die Parther weiterhin Bassus zu überlassen: »Er überwachte lediglich die von den Truppenteilen eingehenden Meldungen und vertauschte wiederum das Auftreten eines Befehlshabers mit der schlichten Lebensform eines Privatmannes, indem er das viereckig geschnittene Pallium sowie attische Schuhe trug und keinen Andrang vor seiner Tür duldete. Gleichermaßen ging er ohne Abzeichen seiner Würde in Begleitung zweier Freunde und zweier Diener außer Haus und besuchte Diskussionen und Vorträge öffentlicher Lehrer. Seine Mahlzeiten nahm er auf griechische Weise ein, trieb zusammen mit den Griechen seine Leibesübungen und beteiligte sich vergnügt an ihren Festlichkeiten, gemeinsam mit Octavia, in die er, schon von Natur aus dem weiblichen Geschlecht sehr zugetan, ebenfalls ungemein verliebt war.«[44]

Die Athener taten alles, um Antonius bei Laune zu halten und feierten ihn mit zwei Kolossalstatuen als neuen Dionysos; allerdings verwendeten sie der Einfachheit halber zwei Statuen, die sie den früheren Königen Attalos und Eumenes von Pergamon gewidmet hatten und beschränkten sich darauf, die Inschriften zu verändern. Auch Octavia brauchte sich über mangelnde Aufmerksamkeit der Athener nicht zu beklagen. So vermählten diese ihren neuen Dionysos mit der Göttin Athene, wobei klar war, daß damit

Octavia der Stadtgöttin gleichgesetzt werden sollte. Dabei waren die Athener allerdings in ihrem Bestreben, Antonius zu Gefallen zu sein, weiter gegangen, als ihnen gut tat. Denn ihr »neuer Dionysos« erklärte unverblümt, die Braut nur annehmen zu wollen, wenn sie ihm eine reiche Mitgift in die Ehe bringe und verlangte von den verblüfften Athenern eine Million Drachmen. Ein Stadtherr hatte zwar noch die Geistesgegenwart, Antonius darauf hinzuweisen, daß selbst Zeus die Mutter des Dionysos ohne Mitgift zur Frau genommen habe. Er hatte damit jedoch nur den Erfolg, daß sich der »neue Dionysos« herbeiließ, die Zahlung der Mitgift in Raten zu bewilligen.

Natürlich konnte sich Antonius in dieser von Krisen geschüttelten Zeit nicht ohne Unterbrechung den Vergnügungen hingeben, und mit Beginn des Frühlings fand er auch seine alte Tatkraft wieder. Aus dem umgänglichen Privatmann wurde wieder der gefürchtete Herrscher des Ostens. Seine Residenz glich einem Heerlager, in dem er pausenlos Audienzen mit seinen höchsten Offizieren und den Gesandtschaften, die bislang hatten warten müssen, abhielt. Kein Zweifel, Antonius bereitete einen Krieg vor. Aber welchen? Im Westen hatte Pompejus Octavian derart in Schwierigkeiten gebracht, daß sich dieser gezwungen sah, Antonius zu einem Treffen nach Brindisi zu bitten. Antonius folgte der Einladung, aber es ist bezeichnend für das zwiespältige Verhältnis der beiden Triumvirn, daß Octavian nicht erschien. Möglicherweise glaubte er, durch große Erfolge Agrippas in Gallien ermutigt, nun doch nicht auf Antonius angewiesen zu sein. Jedenfalls kehrte Antonius unverrichteter Dinge wieder nach Athen zurück. Dort erhielt er die Nachricht, daß sein Feldherr Ventidius Bassus durch einen weiteren Sieg über die Parther diese nun endgültig hinter die Grenzen ihres Reiches zurückgedrängt hatte.

Bassus verzichtete jedoch darauf, die geschlagenen Parther – was eigentlich nahegelegen hätte – weiter zu verfolgen und vollends zu vernichten. Die Behauptung Plutarchs, Ventidius habe sich zu diesem Verzicht durchgerungen, weil er den Zorn des Antonius gefürchtet habe, ist zwar von dessen Biographen teilweise heftig bestritten worden, aber so abwegig nicht.[45] Jedenfalls hat Shakespeare den Vorgang zum Anlaß für einen Dialog genommen, der würdig ist, zitiert zu werden, weil der Dichter hier Bassus einige

Weisheiten in den Mund legt, die wohl zu allen Zeiten gelten und immer gelten werden:

»Silius Würdiger Ventidius!
Weil noch vom Partherblute raucht dein Schwert,
Folge den flüchtigen Parthern schnell durch Medien,
Mesopotamien und in alle Schluchten,
Wohin die Flucht sie trieb. Dann hebt dein Feldherr
Antonius auf den Siegeswagen dich
Und kränzt dein Haupt mit Lorbeern.

Ventidius Silius, Silius!
Ich tat genug. Ein Untergebner, merk es,
Glänzt leicht zu hell; denn wisse dies, o Silius: –
Besser nichts tun, als zuviel Ruhm erwerben
Durch tapfre Tat, wenn unsre Obern fern.
Caesar und Mark Anton gewannen stets
Durch Diener mehr als durch sie selber, Sossius,
Sein Hauptmann (der vor mir in Syrien stand),
Verlor, weil ihn zu schnell der Ruf erhob,
Den er erlangt im Umsehn, seine Gunst.
Wer mehr im Krieg tut, als sein Feldherr kann,
Wird seines Feldherrn Feldherr; und der Ehrgeiz,
Des Kriegers Tugend, wählt Verlust wohl lieber
Als Sieg, der ihn verdunkelt.
Ich könnte mehr tun, zu Antonius' Vorteil,
Doch würd's ihn kränken; und in seiner Kränkung
Verschwände mein Bemühn.«[46]

Bassus beschränkte sich darauf, gegen jene Reiche im römischen Kleinasien vorzugehen, die sich den Parthern angeschlossen hatten. Das Ziel dieser Strafexpedition war klar: Er wollte soviel Geld wie nur irgendwie möglich beitreiben. Folgerichtig machte sich Bassus zunächst an die Belagerung von Samosata, der Hauptstadt des für seinen Reichtum berühmten Königreiches Kommagene im nördlichen Syrien. Doch nun, nachdem die Entscheidung in Kleinasien und im Vorderen Orient gefallen war, erschien plötzlich Antonius auf dem Plan und übernahm das Kommando. Mit nicht eben glänzendem Erfolg: Während der in Samosata belagerte König bereits Bassus für einen Friedensabschluß 1000 Talente (5 Millionen Goldmark) angeboten hatte, mußte sich Antonius mit 300 Talenten (also 1 ½ Million Goldmark) zufrieden geben. Bassus wurde nach Rom zurückgeschickt und durfte sich damit trösten, im November 38 v. Chr. den einzigen Triumph zu feiern, der je einem Römer wegen seiner Erfolge gegen die Parther bewilligt worden ist.

Antonius kehrte nach Athen zurück, fest entschlossen, diese Scharte nun durch den schon seit Jahren geplanten Feldzug gegen die Parther vergessen zu machen. Doch dazu benötigte er Truppen aus Italien. Italien litt aber immer noch unter der Seeblockade von Sextus Pompejus. Antonius mußte sich fragen, ob Octavian unter diesen Umständen fähig und vor allem willens war, ihm die notwendigen Soldaten zu stellen. Um dies zu ergründen, setzte er im Frühjahr 37 v. Chr. mit 300 Schiffen nach Brindisi über. Der Empfang dort war nicht sehr verheißungsvoll. Wiederum verwehrte man ihm die Einfahrt in den Hafen. Erst durch die Vermittlung Octavias kam es dann in Tarent zu einem Treffen der beiden Triumvirn, das in scheinbarer Harmonie endete. Antonius erklärte sich bereit, Octavian zum Kampf gegen Pompejus 120 seiner besten Schiffe zu überlassen, während dieser im Gegenzug versprach, 20000 Mann für den Partherkrieg zur Verfügung zu stellen. Das bereits Ende 38 v. Chr. abgelaufene Triumvirat wurde um fünf Jahre verlängert. Zur Besiegelung des Abkommens wurde der älteste Sohn aus der Ehe von Antonius mit Fulvia mit der dreijährigen Tochter aus der Ehe Octavians mit seiner zweiten Frau Scribonia verlobt.

So gesehen ließ nichts vermuten, daß sich Antonius und Octavian zum letzten Mal in ihrem Leben gegenüberstanden. Antonius segelte von Tarent nach Korfu. Von dort schickte er Octavia nach Rom zurück. Sie war zum zweiten Mal von Antonius schwanger und sollte im folgenden Jahr Mutter einer weiteren Tochter werden. Antonius wollte ihr, wie er sagte, unter diesen Umständen nicht die Strapazen einer Überfahrt nach Kleinasien zumuten. Dies läßt sich hören, nur kann man fragen, warum Antonius dieser Gedanke erst auf Korfu und nicht schon in Tarent gekommen ist.

Jedenfalls sollte auch dies ein Abschied für immer sein. Denn von nun an spielte nur noch eine Frau eine Rolle im Leben von Antonius: Kleopatra.

DIE RENAISSANCE DER PTOLEMÄISCHEN DYNASTIE

Von Korkyra (Korfu) begab sich Antonius nach Antiochia. Dort schickte er – wie schon vor seiner Begegnung mit Kleopatra in Tarsus – einen seiner Vertrauten nach Alexandria, um Kleopatra zu sich zu bitten. War es nur Sehnsucht nach der einstigen Geliebten, die ihn zu diesem Schritt veranlaßt hat? Man zögert, sich hier bei einem so sprunghaften Charakter wie Antonius festzulegen. Doch in diesem Fall war es sicher nicht Liebe allein, die Antonius bewegte. Er hatte fast vier Jahre keinen Kontakt mit ihr gehabt. Diese lange Trennung läßt sich nicht mit Rücksichtnahme auf die Gefühle Octavias begründen. Antonius hatte auch während seiner Trennung von Kleopatra die Möglichkeit, sie wiederzusehen, ohne daß man ihm einen Vorwurf hätte machen können. Ägypten kam im Kampf gegen die Parther eine wichtige Rolle zu, so daß Antonius einen unverfänglichen Anlaß gehabt hätte, dieses Land aufzusuchen. Im Grunde genommen wäre es sogar seine Pflicht als Herrscher und Oberbefehlshaber des Römischen Ostreiches gewesen, sich während des Parthereinfalls zu den Brennpunkten des Geschehens, also auch nach Ägypten, zu begeben und nicht seine Zeit mit Feiern in Athen zu verbringen. Das Wenigste, was man unter diesen Umständen sagen kann, ist, daß er seine Leidenschaft für Kleopatra recht gut zu zügeln gewußt hat. Wenn er nun jedoch plötzlich Kleopatra zu sich holte, so muß dies neben dem Wunsch, sie wieder zu sehen, auch politische Gründe gehabt haben. Diese zu erahnen fällt nicht schwer:

Nach dem Vertrag von Tarent sollte Antonius für die 120 Kriegsschiffe, die er Octavian überlassen hatte, 20000 Legionäre erhalten. Doch die versprochene Hilfe Octavians blieb aus. Antonius, der in Italien über ausgezeichnete Verbindungen zu den führenden Militärs verfügte, dürfte sehr rasch erfahren haben, daß Octavian keinerlei Anstalten zur Entsendung irgendwelcher Truppen machte. In seiner Biographie über Augustus räumt dann auch Lord Tweedsmuir ein, daß sich Antonius bis zu dem Treffen in Tarent gegenüber Octavian stets viel zuverlässiger gezeigt habe als dieser gegen ihn.[1] Dies sollte sich nun fortsetzen, denn Octavian dachte nicht daran, Antonius die versprochenen Legionäre zur Verfügung zu stellen. Octavias ganze Vermittlungsbemühungen in Tarent hatten letztlich nur dazu geführt, daß Antonius um 120 seiner besten Kriegsschiffe ärmer war, ohne die geringste Gegenleistung erhalten zu haben. Seine nur zu verständliche Empörung hierüber dürfte auch der Grund für die brüske Trennung von Octavia gewesen sein, die zwar an dem Wortbruch Octavians unschuldig war, aber ihn durch ihre wohlgemeinte Vermittlung gleichwohl erst ermöglicht hatte.

Durch das Verhalten Octavians war Antonius nun gezwungen, nach anderen Hilfsquellen Ausschau zu halten. Dabei mußte sein Blick zwangsläufig auf das reiche Ägypten fallen. Es war daher nur ein Gebot politischer Vernunft, sich mit Kleopatra in Verbindung zu setzen.

Kleopatra zeigte sich, ganz gegen ihre sonstige Gewohnheit, nicht nachtragend und folgte der Einladung nach Antiochia. Sie hatte Antonius ohnehin nie völlig aufgegeben und ihn durch ihre Agenten sorgfältig beobachten und bearbeiten lassen. Dies beweisen einige recht merkwürdige Vorfälle. So berichtet etwa Plutarch von einem ägyptischen Wahrsager, der Antonius riet, sich von Octavian zu trennen: »Dieser sagte ihm, entweder der Kleopatra zu Gefallen, oder aus eigener Überzeugung, ganz freimütig, sein Glück, so groß und glänzend es auch sei, werde doch ganz von dem Octavians verdunkelt, und riet ihm daher, sich von dem jungen Manne soweit als möglich zu entfernen.« »Dein Genius«, setzte er hinzu, »fürchtet sich vor Octavians Genius. Er ist zwar stolz und hochfahrend, solange er allein ist; aber wenn sich jener nähert, wird er gleich furchtsam und demütig.« Diese Erklärung des Ägypters schien auch durch mehrere Vorfälle bestätigt zu werden. Man erzählt nämlich, daß wenn sie zum Scherz über irgendeine Sache das Los zogen oder miteinander Würfel spielten, Antonius jedesmal verloren habe. Oft ließen sie Hähne, oft auch zum Kampf abgerichtete Wachteln miteinander streiten, und da behielten die Octavians immer den Sieg. Und Antonius, der sich darüber insgeheim ärgerte und dem Ägypter immer mehr Glauben beimaß, reiste endlich aus Italien ab ...«[2]

Zum Zeitpunkt dieses Vorfalls lebte Antonius mit Octavia glücklich zusammen und hatte, zumindest nach außen hin, auch mit Octavian ein gutes Verhältnis. Somit mußte jeder Höfling, der einen solchen Ratschlag wagte, damit rechnen, sowohl bei Octavian, Antonius und Octavia in Ungnade zu fallen. Dies legt die Vermutung nahe, daß der Rat von einem Mann erteilt wurde, dem es auf das Wohlwollen der Mächtigen Roms nicht ankam, weil er in anderen Diensten stand.

Auch ein weiterer Vorfall deutet darauf hin, daß in Athen Agenten Kleopatras am Werke waren: Als die ganze Stadt Antonius und Octavia feierte, fanden sich plötzlich an den zu Ehren von Antonius aufgestellten Statuen Epigramme, die ganz eindeutig auf die Verbindung von Antonius mit Kleopatra anspielten. Natürlich können diese Epigramme auch das Werk eines Scherzboldes gewesen sein. Doch wer konnte ein Interesse an dieser Art von Scherzen haben? Die Römer im Gefolge von Antonius und Octavia sicher nicht. Aber auch die Griechen dürften wenig Neigung vespürt haben, anstelle der sanftmütigen Octavia die ebenso eigenwillige wie hochmütige Kleopatra herbeizuwünschen. Wendet man den römischen Satz, daß derjenige der Täter sei, dem die Tat nutze, auf den oder die Verfasser der Epigramme an, so führt die Spur eindeutig zu Kleopatra. Wie genau übrigens Kleopatra über die Vorgänge in Athen unterrichtet war, sollte sich zeigen, als sie sich Jahre später zusammen mit Antonius dort aufhielt und sorgfältigst darauf achtete, daß ihr genau dieselben Ehren zuteil wurden, wie sie Octavia gewährt worden waren.[3]

Wie bei Antonius stellt sich natürlich auch bei Kleopatra die Frage, ob dieses Interesse an der Person ihres einstigen Geliebten und die Bereitwilligkeit, die frühere Beziehung wieder aufzunehmen, auf ihre Liebe zu ihm zurückzuführen ist oder politischer

Natur war. Auch hier mag wie bei Antonius beides mitgespielt haben, doch fraglos waren es in erster Linie machtpolitische Interessen, die Antonius und Kleopatra in Antiochia zusammengeführt haben.

Sehr lange hat sich aber Antonius den Reizen der einstigen Geliebten nicht entziehen können. Dies sollte sich zeigen, als Antonius daran ging, die Machtverhältnisse im Osten neu zu ordnen. Hierzu hatte er zwar allen Anlaß: Da sich während des Parthereinfalls viele Fürsten und Städte auf deren Seite geschlagen hatten, mußte Antonius gegen sie vorgehen. Er konnte es sich angesichts seines bevorstehenden Feldzuges nicht erlauben, die Freunde seiner Feinde in seinem Rücken zurückzulassen. Es war für Antonius daher nur ein Gebot der Vernunft, die Helfer der Parther zu entmachten und an deren Stelle verläßliche Gefolgsleute zu setzen. Es war auch nur natürlich, daß Antonius dabei an Kleopatra dachte, zumal sie sich in Antiochia bereit erklärt hatte, die für den Feldzug notwendigen Schiffe zu bauen. Eine andere Frage ist indessen, ob sich die Großzügigkeit, mit der Antonius ganze Länder an Kleopatra vergab, noch mit politischen und militärischen Gründen rechtfertigen ließ. So erhielt Kleopatra den größten Teil der Levante, also die Länder um das östliche Mittelmeer, die sich von den Küsten Syriens und Kleinasiens nach Osten bis hin zum Euphrat erstrecken. Ein Teil dieser Gebiete war – wie etwa Syrien – bisher von römischen Statthaltern verwaltet worden. Unter römischer Verwaltung stand auch Ituräa, das Land zwischen dem Libanon und Antilibanon bis hin nach Accra. Pompejus hatte Ituräa 63 v. Chr. als Klientelstaat der römischen Provinz Syrien einverleibt. Um Unruhen zu vermeiden, ließ Antonius den ituräischen Priesterfürsten, der allerdings mit den Parthern gemeinsame Sache gemacht hatte, hinrichten. Weiter erhielt Kleopatra die reiche Dekapolis, einen Bund von zehn hellenistischen Städten, die im Ostjordanland zwischen dem Toten Meer und dem See Genezareth und im Westjordanland zwischen Galiläa und Sammaria lagen. Dieser Bund war 62 v. Chr. auf Veranlassung von Pompejus gegründet worden und ebenfalls römisches Territorium, wenngleich sich die Städte einer ausgeprägten Selbstverwaltung erfreuten.

Die Schenkungen an Kleopatra erstreckten sich bis nach Kilikien, der Küstenlandschaft im Südosten Kleinasiens, die seit 103 v. Chr.

römische Provinz war. Kleopatra verfügte durch diese Schenkungen mit einem Schlag über ein Gebiet von einer Größe, wie es die Ptolemäer nur in den Glanzzeiten ihrer Dynastie unter ihren größten Herrschern besessen hatten.

Welch große Bedeutung Kleopatra diesem Gebietserwerb beigemessen hat, zeigt die Tatsache, daß sie nun eine neue Zeitrechnung einführte. Neben der auch weiterhin üblichen Zählung ihrer Regierungsjahre setzte man auf Urkunden, Inschriften und zum Teil auch auf Münzen eine weitere Jahresangabe, die von dieser Länderschenkung an rechnete. So wurde ihr 16. Regierungsjahr, das im September 37 begann, zum ersten Jahr der neuen Ära ernannt. Es ist nur zu verständlich, daß sie ihren gewaltigen Gebietsgewinn als den Beginn einer neuen Epoche des Ptolemäerreiches wertete.

Die Weggabe von römischem Gebiet war natürlich nicht nach dem Geschmack der Römer und schockierte selbst die Anhänger von Antonius. Seine großspurige Erklärung, die Größe Roms zeige sich nicht darin, was es nähme, sondern in dem, was es vergäbe, war auch nicht dazu angetan, den allgemeinen Unmut seiner Landsleute zu beschwichtigen. Freilich hielt man sich mit allzu offener Kritik zurück. Kehrte Antonius aus dem Partherfeldzug als Triumphator zurück, so konnte man ohnehin kaum etwas gegen ihn unternehmen.

Moderne Historiker wie Volkmann und Grant haben die Gebietsschenkungen an Kleopatra damit zu begründen versucht, daß Antonius für seinen Partherfeldzug eine starke Zentralmacht in seinem Rücken benötigte und zudem ein Teil der Kleopatra überlassenen Gebiete über jene Wälder verfügte, deren Holz sie zum Bau ihrer Flotte benötigte.[4] Doch überzeugend ist diese Argumentation nicht: Konnten diese Gebiete Antonius unter Kleopatras Verwaltung wirklich wirkungsvoller unterstützen als ein von ihm eingesetzter vertrauenswürdiger römischer Statthalter mit seinem straffen Verwaltungsapparat? Roms Statthalter mit ihren Beamten und Legionären verstanden es ja im allgemeinen glänzend, aus den Provinzen das Letzte herauszupressen, so daß Antonius hierfür sicher nicht auf die Dienste Kleopatras und ihrer Beamten, die den Römern ohnehin nicht mit hingebungsvoller Begeisterung dienten, angewiesen war.

Für die politische Fragwürdigkeit dieser Schenkung ist es bezeichnend, daß selbst Volkmann, im Zusammenhang mit der umstrittenen Frage, ob Antonius damals Kleopatra geheiratet hat, anmerkt, »daß dieser Schritt damals vollzogen wurde, machen die politische Propaganda und die territoriale Vergrößerung des Ptolemäerreiches mehr als wahrscheinlich«.[5] Letztlich wird mit dieser Argumentation eingeräumt, daß sich die Schenkungen allenfalls durch die Tatsache rechtfertigen ließen, daß Antonius als Gemahl von Kleopatra doch Herr über die verschenkten Gebiete blieb. Gleichwohl ist es äußerst fraglich, ob Antonius Kleopatra damals geheiratet hat: Mit Wahrscheinlichkeit nicht. Wäre es zu einer Eheschließung gekommen, so hätte Kleopatra großes Interesse daran haben müssen, daß diese Tatsache in aller Welt bekannt wurde und diesen persönlichen Triumph mit dem entsprechenden Gepränge gefeiert. Jedoch die antiken Schriftsteller, die sonst jede Kleinigkeit der Beziehung zwischen Antonius und Kleopatra ausführlich schildern, erwähnen diese Hochzeit mit keinem Wort. Einziger Anhaltspunkt für eine solche Eheschließung ist die Behauptung Plutarchs, Antonius sei mit zwei Frauen verheiratet gewesen.

Doch Plutarch äußert sich zu dieser Frage widersprüchlich, denn er erwähnt – worauf noch einzugehen sein wird – in einem späteren Bericht, daß Kleopatra selbst bei ihren Höflingen nur als die Geliebte und nicht als die Ehefrau von Antonius galt. Nahrung hat den Gerüchten von einer Eheschließung in erster Linie ein bereits in anderem Zusammenhang erwähnter Brief gegeben, in dem Antonius an Octavian eine Formulierung verwendete, die sich mit den Worten übersetzen läßt: »Was hat zu deiner Sinnesänderung geführt? Etwa weil ich bei der Königin schlafe? Sie ist meine Frau.«[6] Doch über die Auslegung dieser Briefstelle streiten sich die Gelehrten bis heute, denn die von Antonius benutzten lateinischen Worte, »uxor mea est«, lassen auch eine ganz andere Deutung zu. Da die Römer kein Fragezeichen kannten, können die von Antonius verwendeten Worte auch bedeuten: »Ist sie etwa meine Frau?« Mit großer Wahrscheinlichkeit wollte Antonius genau dies zum Ausdruck bringen: Der Brief ist zu einem Zeitpunkt abgefaßt worden, als das Verhältnis zwischen Octavian und Antonius zwar gespannt, aber noch nicht auf seinem Tiefpunkt angelangt war. Antonius war damals noch mit Octavia verheiratet. Nun war bei den Römern nicht nur Bigamie, sondern auch die Ehe mit einer Nichtrömerin verboten. Wenn Antonius es schon für nötig befand, gegenüber Octavian sein Verhältnis mit Kleopatra zu verteidigen, so konnte er dies doch niemals mit dem Hinweis auf eine Eheschließung tun, die nach römischem Recht ungültig war. Außerdem zeigt der Inhalt des Briefes deutlich, daß Antonius trotz aller Polemik versuchte, Octavian zu besänftigen. Doch hierzu wäre sein Hinweis, daß er mit Kleopatra verheiratet sei, sicher das denkbar ungeeignetste Argument gewesen. Auch die weiteren Ausführungen in dem Brief machen klar, daß Antonius seinen umstrittenen Satz nur als rhetorische Frage gemeint haben kann. Dies zeigt deutlich der nachfolgende Satz: »Habe ich denn erst jetzt damit angefangen, vielmehr nicht schon vor neun Jahren? Und du selbst, schläfst du nur bei der Drusilla?« Diese Frage von Antonius, ob es denn Octavian mit der ehelichen Treue immer so genau nehme, kann doch in diesem Zusammenhang nur dann einen Sinn haben, wenn Antonius nicht mit Kleopatra verheiratet war. Ganz konsequent hält dann Antonius auch Octavian seine zahlreichen Freundinnen vor. Daß er die Schönheiten der römischen Damenwelt auch gleich alle namentlich kennt, zeigt, daß er zumindest in dieser Beziehung, trotz Kleopatra, nicht den Überblick über die Verhältnisse in seiner Vaterstadt verloren hat. Vermutlich ist Antonius bei der Abfassung seines Schreibens gar nicht der Gedanke gekommen, daß seine Worte »uxor mea est« als Eingeständnis einer Ehe mit Kleopatra gedeutet werden könnten. Mit ziemlicher Sicherheit hat diese Eheschließung, von der kein antiker Schriftsteller außer Plutarch auch nur das geringste zu berichten weiß, nie stattgefunden. Selbst wenn er Kleopatra – um seine Landsleute nicht zu schockieren – heimlich geheiratet hätte, würde er dieses Geheimnis sicher nicht ausgerechnet gegenüber Octavian gelüftet haben. Octavian hätte gewiß nicht versäumt, diese Nachricht propagandistisch auszuschlachten. Daß er dies nicht getan hat, erlaubt den Schluß, daß ihm wahrscheinlich genauso wenig wie Antonius der Gedanke kam, die Worte »uxor mea est« könnten als Eingeständnis einer Ehe mit Kleopatra gedeutet werden.

Den größten Ärger bei der Umorganisation des Römischen Ostreichs bekam Antonius ausgerechnet mit Kleopatra, die doch die Hauptnutznießerin seiner Maßnahmen war. Der Streit entzündete sich an Herodes und seinem Königreich Judäa. Dieser hatte trotz der Vertreibung der Parther zunächst nicht nach Jerusalem zurückkehren können. Während er in Rom um Unterstützung warb, hatten die Parther Antigonos, einen Angehörigen des alten jüdischen Königshauses der Hasmonäer, mit Unterstützung weiter Kreise der konservativen Juden, die sich mit dem Idumäer Herodes nicht abfinden wollten, auf dessen Thron geholt. Erst nach langen Kämpfen gelang es Herodes im Jahre 37 v. Chr. mit Hilfe römischer Legionen, Jerusalem zu erobern. Antonius ließ Antigonos, der in die Hände der Sieger gefallen war, hinrichten.

Kleopatra empfand das unabhängige Judäa inmitten ihres Herrschaftsgebietes als einen Pfahl in ihrem Fleische. Am liebsten hätte sie es den großen Herrschern ihrer Dynastie gleichgetan und Judäa in ihr Reich einverleibt. Doch Antonius widersetzte sich ihren Wünschen und ließ sich weder durch ihre Bitten noch sonstige Künste, mit denen sie diesen gelegentlich Nachdruck zu verleihen wußte, umstimmen. Kaum ein Historiker unterläßt in diesem Zusammenhang den Hinweis, die Haltung Antonius' in dieser Frage zeige, wie wenig er in seinen Entschlüssen von Kleopatra abhängig war. Aber man muß doch einschränkend hinzufügen, daß Antonius schon mit Schwachsinn hätte geschlagen sein müssen, wenn er sich ausgerechnet vor dem Partherfeldzug auch in dieser Frage den Wünschen Kleopatras gefügt hätte. Die meisten Juden haßten Kleopatra, und die Römer waren, wie fast überall, wo sie als Eroberer auftraten, auch nicht viel beliebter. Die Hinrichtung von Antigonos hatte große Teile des jüdischen Volkes auf das äußerste erbittert. Wenn Antonius nun auch noch Herodes fallenließ, so hätte er sich den einzigen Mann zum Feind gemacht, der fähig war, mit den Schwierigkeiten im jüdischen Staat fertig zu werden und für Ruhe zu sorgen. Aber gerade diese Ruhe hatte Antonius vor seinem Partherfeldzug dringend nötig. Bei der Eingliederung Judäas in das Ptolemäerreich mußte er jedoch zwangsläufig einen neuen Unruheherd schaffen, dessen Bekämpfung nicht nur die Kräfte Kleopatras, sondern den ganzen Partherfeldzug in Frage gestellt hätte. Wenn schon Herodes, der immerhin noch über eigene Streitkräfte verfügte, nur mit Hilfe römischer Legionen in Jerusalem einziehen konnte, dann war Kleopatra, die über keine Landstreitkräfte verfügte, sicher nicht in der Lage, mit dem vereinten Widerstand des jüdischen Volkes fertig zu werden. Die Juden haben den römischen Feldherrn mehr als einmal größte Schwierigkeiten bereitet. Genau damit mußte auch Antonius rechnen, wenn er nun die in Judäa verhaßte Kleopatra zur Herrscherin dieses Staates machen wollte. Deshalb gibt Kleopatras Forderung zu diesem Zeitpunkt zu einigen Fragen Anlaß. Auch wenn der Wunsch auf Eingliederung Judäas in das Ptolemäerreich aus ihrer Sicht verständlich erscheinen mag, muß ihr schließlich klar gewesen sein, daß ein solcher Schritt mit an Sicherheit grenzender Wahrscheinlichkeit Antonius hindern würde, alle verfügbaren Kräfte gegen die Parther einzusetzen. Selbst wenn sich Kleopatra mit der Existenz eines von ihr unabhängigen jüdischen Staates nicht abfinden wollte, so hätte es unter diesen Umständen nahe gelegen, dessen Vernichtung erst nach dem Partherfeldzug ins Auge zu fassen. Doch dies hat Kleopatra offensichtlich nicht gekümmert. So drängt sich doch die häufig gestellte Frage auf, ob Kleopatra an dem Partherfeldzug überhaupt ein großes Interesse gehabt hat. Die Frage ist umstritten, doch es spricht einiges dafür, daß sie diesem Feldzug zumindest mit zwiespältigen Gefühlen gegenüberstand. Ganz gewiß war sie den Parthern weniger feindlich gesinnt als jene Römer, die immer noch nicht die Katastrophe von Crassus bei Karrhae verwinden konnten. Doch Kleopatra hatten die Parther nichts getan. Im Gegenteil, die Ptolemäer waren in der Vergangenheit – wie bereits erwähnt – meist recht gut mit den Parthern ausgekommen. Dies lag vor allem daran, daß die Ptolemäer mit den Parthern kaum konfliktträchtige Berührungspunkte hatten, da zwischen beiden Reichen das Gebiet der Seleukiden wie ein Sperriegel lag. Zudem war Kleopatra selbst ja durch ihre Vorfahrin Kleopatra I. ein Abkömmling des parthischen Königshauses. Die natürlichen Feinde der Ptolemäer waren die Parther jedenfalls nicht, so daß Kleopatra die Begeisterung von Antonius für den bevorstehenden Feldzug schwerlich geteilt haben dürfte.

Im Gegenteil, sie konnte bei dem Feldzug nur wenig gewinnen, aber viel verlieren. Erlitt Antonius das gleiche Schicksal wie Crassus, so verlor sie den Mann, dem sie allein ihre Machtstellung verdankte und befand sich dann wieder in einer ähnlich schwierigen Lage wie nach der Ermordung Caesars. Kehrte Antonius als geschlagener Mann aus dem Feldzug zurück, so bedeutete dies für ihn einen gewaltigen Prestigeverlust, der natürlich auch die Stellung Kleopatras in Mitleidenschaft ziehen mußte.

Aber auch ein Sieg von Antonius war für Kleopatra nicht ungefährlich: Immerhin verfügten die Parther nach Rom über die stärkste Militärmacht der damaligen Welt. Genau aus diesem Grund wollte ja Antonius – wie Caesar vor ihm – über sie triumphieren. Aber es war doch äußerst fraglich, ob ein siegreicher Feldzug allein genügen würde, die Parther auf die Dauer in das Römische Ostreich einzugliedern. Selbst Caesar hatte ja gegen die Gallier fast zehn Jahre lang siegen müssen, um ihren Widerstand zu brechen. War auszuschließen, daß die Parther, auf deren Gebiet seit Alexander dem Großen kein fremdes Heer mehr gesiegt hatte, ähnliche Schwierigkeiten bereiten würden? Mit großer Wahrscheinlichkeit mußte die Eroberung des gewaltigen Partherreiches den Schwerpunkt des politischen und militärischen Handelns von Antonius zwangsläufig nach Osten verlagern und die Bedeutung von Ägypten mindern. Für Kleopatra bestand die Gefahr, daß Ägypten nicht nur geographisch in eine Randrolle gedrängt wurde, sondern auf Dauer wieder zu jener politisch einflußlosen Kornkammer herabsinken würde, die das Land bis zu ihrer Verbindung mit Caesar gewesen war. Aber selbst wenn Antonius wider Erwarten keine Schwierigkeiten mit den besiegten Parthern haben sollte, war es doch sehr fraglich, ob er auf schnellstem Wege zu Kleopatra zurückkehren würde. Mußte es den vom Erfolg beflügelten Feldherrn nicht reizen, wie Alexander der Große weiter nach Osten vorzustoßen? Daß dieser Gedanke damals in der Luft lag, belegt Plutarch mit dem Hinweis, der bevorstehende Feldzug von Antonius habe nicht nur die Inder in Furcht versetzt, sondern ganz Asien erschüttert.[7] Aber selbst wenn Antonius keine so weitreichenden Pläne gehabt haben sollte, bestand da nicht die Gefahr, daß er dem Glanz und dem Luxus der parthischen Residenzen genauso erliegen würde wie dem Zauber der griechischen Welt und des Vorderen Orients? Auch die Herrscher des Ostens wußten zu leben. Schließlich hatte schon Alexander der Große beim Betreten des Feldherrnzeltes von Dareios nach einem Augenblick der Verblüffung geäußert, jetzt wisse er endlich, was es heiße, wie ein König zu leben.

Kleopatra hatte also gewiß einige Gründe, dem geplanten Feldzug nicht mit größter Begeisterung entgegenzusehen. Nur solange sie mit Antonius zusammen war, konnte sie sicher sein, einen großen Einfluß auszuüben. Aber im Herzen von Antonius war Platz für viele Frauen. Er hatte gewiß Fulvia aufrichtig geliebt und sie doch sehr schnell in den Armen Kleopatras vergessen. Er hatte ganz gewiß auch Kleopatra in jenem Winter 41/40 v. Chr., den sie gemeinsam in Alexandria verbracht hatten, leidenschaftlich geliebt und doch nur wenige Monate nach ihrer Trennung Octavia geheiratet. Liebe war noch nie ein Pfand für Treue, und der ebenso sprunghafte wie leicht entflammbare Antonius war – wie Kleopatra aus Erfahrung wußte – schwerlich der Mann, von dem man in dieser Beziehung Wunder erwarten konnte. Wollte Kleopatra seiner sicher sein, so war es schon besser, ihn in ihrer Nähe zu haben. Auch die Parther verfügten über attraktive Prinzessinnen, und war es denn völlig auszuschließen, daß Antonius – wie Alexander der Große nach seinem Sieg über die Perser – sich zur Festigung seiner Stellung in dem eroberten Reich mit einer Angehörigen der besiegten Dynastie verheiraten würde?

Aber nicht nur persönliche, sondern auch politische Gründe mußten Kleopatra an dem Sinn des geplanten Feldzuges zweifeln lassen: Die Siege von Ventidius Bassus hatten im Partherreich zu so schweren Wirren geführt, daß Antonius von dieser Seite für absehbare Zeit keine Gefahr drohte. Natürlich konnte Antonius in dieser vorübergehenden Schwäche des Partherreiches einen zusätzlichen Anreiz sehen, jetzt gegen sie vorzugehen. Aber nicht nur die Parther, sondern auch das Römische Westreich befand sich damals in einer äußerst kritischen Lage. Dort hatten Octavian und Agrippa wieder einmal alle Hände voll zu tun, um sich der Seeblockaden und Angriffe von Sextus Pompejus zu erwehren. War es da nicht sinnvoller, diese Lage auszunützen? Wenn schon Krieg, so konnte Kleopatra mit gutem Grund argumentieren, dann nicht gegen die Parther, sondern gegen Octavian und Agrippa: Antonius war in Italien trotz – oder vielleicht wegen – aller Eskapaden, die er sich dort geleistet hatte, bei weiten Kreisen immer noch viel beliebter als der kühle Octavian, dem man sowohl die unpopuläre Landverteilung als auch die von Sextus Pompejus hervorgerufenen Hungersnöte anlastete. Zwar war Antonius für die in Bononia beschlossene Landverteilung ebenso wie für den Bruch des Vertrages von Misenum, der Pompejus zur Wiederaufnahme seiner Seeblockaden

5 Kleopatra
Marmorkopf, 30–11 v. Chr.
Berlin, Staatl. Museen Preußischer Kulturbesitz, Antikenmuseum

6 *Kaiser Augustus, Marmorstatue aus der Villa Livia, Kopie nach dem Original von 20/17 v. Chr., Rom, Vatikanische Museen*

veranlaßte, nicht weniger als Octavian verantwortlich. Doch als die Römer die Folgen dieser Maßnahmen zu spüren bekamen, war Antonius fern, so daß sie – wenn auch zu Unrecht – in Octavian den Hauptschuldigen für ihr Unglück sahen. Der Gedanke, gegen den sich in einer äußerst kritischen Lage befindenden Octavian jetzt vorzugehen, bot sich jedenfalls an.

Doch gleichwohl hat ein Teil von Kleopatras Biographen die Behauptung, Kleopatra sei gegen den Partherfeldzug gewesen, mit einer Schärfe bekämpft, als ob es darum gehe, Kleopatra gegen den Vorwurf des Verrats an der Sache von Antonius zu verteidigen. So hat etwa Grant zur Einstellung der Königin ausgeführt: »Der größte Ehrgeiz aller führenden Römer galt immer noch militärischen Lorbeeren, und in Parthien hatte Antonius Gelegenheit, jede Ruhmestat Octavians in anderen Teilen der Welt in den Schatten zu stellen. Die Annahme, Kleopatra habe die Ansicht nicht geteilt, ist falsch. Auch sie vertrat die überlieferte Überzeugung, daß Gebietserwerbungen und Angriffskriege edel und wünschenswert seien. Ihre eigene Politik der Wiederherstellung des alten Ptolemäerreiches in seinen früheren Dimensionen gründete sich auf diese Auffassung. Sie war mit Antonius der Meinung, daß die Parther die gefährlichsten Feinde seien. Schließlich hatte sie alle Hoffnung auf Antonius gesetzt, und Antonius konnte seine Stellung am besten dadurch festigen, daß er Octavian mit seinen Erfolgen übertraf.«[8]

Daran ist sicher richtig, daß Kleopatra an der Wiederherstellung des Ptolemäerreichs in seiner alten Größe brennend interessiert war. Doch dieses Ziel hatte sie nach den Gebietsschenkungen von Antonius weitgehend erreicht. Fraglos war sie auch fest entschlossen, jene Gebiete des einstigen Ptolemäerreichs, die sie nicht erhalten hatte, wie etwa Judäa, in ihre Hand zu bringen. Doch die Gebiete der Parther hatten die Ptolemäer nie besonders interessiert. Es entsprach auch nicht ptolemäischer Tradition, Gebietserwerbungen und Angriffskriege für edel und wünschenswert zu halten. Gerade in dieser Beziehung hatten sich selbst die kriegerischsten Ptolemäerherrscher immer eine weise Selbstbeschränkung auferlegt. Es darf in diesem Zusammenhang nochmals an die zutreffende Beurteilung der ptolemäischen Politik durch Theodor Mommsen erinnert werden, daß es zu den besonderen Vorzügen ihrer Politik gehörte, nicht nach Schatten zu greifen, sondern klare und erreichbare Ziele zu verfolgen. Die Weltherrschaft ist auch von den größten ptolemäischen Herrschern nie angestrebt worden.

Es mag sein, daß Kleopatra in dieser Frage unter dem Einfluß von Caesar und Antonius weitergehende und ehrgeizigere Pläne gehabt hat als ihre Vorfahren. Mit Sicherheit hätte sie sich nicht dagegen gewehrt, an der Seite von Antonius über die ganze Welt zu herrschen. Aber gerade dann mußte sie daran interessiert sein, daß Antonius seinen Gegenspieler Octavian ausschaltete, denn der Schlüssel zur Weltmacht lag immer noch in Rom und nicht in den parthischen Residenzen Ktesiphon und Ekbatana.

Doch Antonius griff Octavian nicht an. Scheute er den Bürgerkrieg? Hoffte er, Octavian werde auch ohne sein Zutun scheitern? Oder reizte ihn der Osten mehr als Rom? Man weiß es nicht. Jedenfalls blieb er seinem Plan eines Partherfeldzuges treu.

Die Aussichten für einen erfolgreichen Feldzug waren – wie bereits angedeutet – günstig: Nachdem sein Lieblingssohn Pakoros in der Schlacht von Gindaros gegen Ventidius Bassus gefallen war, hatte der parthische Großkönig Orodes abgedankt und einem anderen Sohn namens Phraates die Herrschaft übertragen. Zum Dank dafür ermordete Phraates seinen Vater, um zu verhindern, daß dieser die Thronfolge nochmals änderte. Um reinen Tisch zu machen, ließ Phraates dann gleich auch noch 20 Angehörige, die für die Thronfolge ebenfalls in Frage kämen, umbringen. So war es kein Wunder, daß viele parthische Adelige aus Furcht, dasselbe Schicksal zu erleiden, über die Grenzen des Landes nach Westen zu den Römern flohen. Unter ihnen befand sich auch Monaeses, einer der höchsten Würdenträger des Partherreiches. Antonius empfing die Geflohenen mit offenen Armen und ernannte Monaeses sogar zum Statthalter über drei nordsyrische Städte. Fraglos wollte er durch diese großzügige Behandlung, getreu dem römischen Grundsatz, »teile und herrsche«, noch weitere führende Parther zur Flucht veranlassen.

Auch ansonsten verlief zunächst alles nach Plan, wenn man von dem Ausbleiben der versprochenen Legionen Octavians absieht, die aber Antonius zu diesem Zeitpunkt ohnehin schon abgeschrieben haben dürfte. Zur Vorbereitung seines Zuges hatte Antonius bereits im Jahre 37 v. Chr. seinen Legaten Canidius Crassus nach Armenien geschickt, um dessen König Artasvedes zur Unterstützung der Römer zu bewegen. Artasvedes war zwar mit den Parthern verbündet, doch lag er mit seinem östlichen Nachbarn, dem ebenfalls mit den Parthern verbündeten medischen König, der sehr zum Leidwesen und zur Verwirrung der Historiker dieses Krieges ebenfalls Artasvedes hieß, im Streit. Da der Plan von Antonius die Eroberung Mediens vorsah, hoffte er, den armenischen König für seine Sache gewinnen zu können. Dieser ließ sich allerdings erst nach einer Niederlage gegen Canidius Crassus überzeugen, daß der richtige Platz für ihn in dem bevorstehenden Krieg an der Seite der Römer sei. Auf ähnliche Weise gelang es Crassus, auch die Stämme des Kaukasus zu einem Bündnis mit den Römern zu bewegen. Solchermaßen abgesichert hielten Antonius und Kleopatra im Frühjahr 36 v. Chr. im syrischen Zeugma eine imponierende Heerschau. Antonius verfügte über 60000 römische Legionäre, 10000 gallische und spanische Reiter. Seine orientalischen Hilfstruppen umfaßten 30000 Mann. Davon stellte allein der armenische König 7000 Fußsoldaten und 17000 jener Panzerreiter, die die gefährlichste Waffe der Parther waren.

Nachdem er sich von Kleopatra, die nach Ägypten zurückging, verabschiedet hatte, eröffnete Antonius Anfang Mai 36 v. Chr. seinen Feldzug. Plutarch berichtet, Antonius habe zuvor noch dem parthischen König durch Monaeses Frieden unter der Bedingung angeboten, daß er ihm die bei Karrhae erbeuteten römischen Feldzeichen und Fahnen und etwa noch lebende Gefangene ausliefere.[9] Monaeses hatte noch vor Beginn des Feldzuges Antonius gebeten, in das Partherreich zurückkehren zu dürfen, nachdem ihm Phraates alle »Gnade und Freundschaft« zugesichert hatte. Man würde gerne wissen, wie diese Zusicherungen ausgesehen haben mögen, die Monaeses veranlaßten, einem Mann zu vertrauen, der seinen eigenen Vater und 20 seiner nächsten Angehörigen kaltblütig umgebracht hatte. Da Phraates im weiteren Verlauf noch mehrfach versuchte, durch Parther, die sich als Römerfreunde ausgaben, Fallen zu stellen, drängt sich der Verdacht auf, daß auch Monaeses in Wirklichkeit ein parthischer Agent war. Aber auch das Friedensangebot von Antonius dürfte eine Falle gewesen sein. Wäre Antonius wirklich bereit gewesen, auf seinen Feldzug gegen die Übergabe der bei Karrhae erbeuteten römischen Feldzeichen und Fahnen sowie die Herausgabe noch etwa lebender Gefangener zu verzichten, so hätte er diesen Vorschlag nicht erst gemacht, als die mit ungeheuren Kosten verbundenen Kriegsvorbereitungen abgeschlossen waren. Wahrscheinlich wollte Antonius mit diesem Vorschlag nur seinen Legionären noch einmal drastisch vor Augen führen, daß es in diesem Feldzug darum gehe, Rache für die Schmach von Karrhae zu nehmen und Phraates in Versuchung führen, durch die Herausgabe der Siegestrophäen bei seinen eigenen Untertanen das Gesicht zu verlieren. Doch so einfach war Phraates nicht beizukommen. Er machte sich dann auch nicht einmal die Mühe, den Vorschlag von Antonius auch nur einer Antwort zu würdigen.

Wenn Monaeses wirklich als Agent seines Königs ins römische Lager gekommen sein sollte, so ist seine Mission ein Fehlschlag gewesen. Jedenfalls hat er den Feldzugsplan von Antonius nicht auskundschaften können, was darauf hindeutet, daß dieser ihm möglicherweise trotz des freundlichen Empfangs nicht traute. Jedenfalls gelang es Antonius, die Parther mit seiner Strategie völlig zu überraschen: Sie hatten fest damit gerechnet, daß Antonius von Zeugma aus über die alte Wüstenstraße durch Mesopotamien auf kürzestem Weg in das Partherreich vorstoßen wolle. Um ihn daran zu hindern, hatte Phraates seine Truppen nach Mesopotamien geworfen, wo sie östlich von Karrhae in einem Gebiet Stellung bezogen, das sich glänzend für den Einsatz ihrer Panzerreiter eignete. Doch Antonius dachte nicht daran, Phraates den Gefallen zu tun, sich in der Wüste zum Kampf zu stellen. Er marschierte von Zeugma nach Norden, um über Armenien und Medien die Parther von Osten, also im Rücken, anzugreifen. Möglicherweise ging der Plan für diesen kühnen Umfassungsmarsch noch auf Caesar zurück. Caesar war ja nur wenige Tage vor seinem geplanten Partherfeldzug ermordet worden. Da Antonius damals zu seinen engsten Beratern zählte und die meisten Papiere des Ermordeten an sich gebracht hatte, ist es durchaus denkbar, daß er auch Caesars Feldzugspläne gekannt hat und diese nun in die Tat umzusetzen versuchte. Aber auch wenn Antonius nicht der geistige Urheber dieses Planes gewesen sein sollte, so verriet sein Entschluß, ihn auszuführen, jene Vorliebe für gewagte militärische Aktionen, die ihn zum Liebling der römischen Legionäre gemacht hatte. Seine Marschroute war nicht nur viel länger als der Weg durch die Wüste, sondern führte auch durch Gebiete, in denen die Versorgung seines riesigen Heeres unmöglich schien. Wie gewagt Antonius' Unternehmen war, zeigt die Tatsache, daß die Parther offensichtlich nicht im entferntesten mit diesem Umfassungsangriff gerechnet haben, obwohl doch der Vorstoß von Canidius Crassus einen Fingerzeig in diese Richtung gab. Doch trotz dieses Vorstoßes hielten es die Parther offensichtlich für ausgeschlossen, daß Antonius erwägen würde, mit seinem Heer durch diese Gebiete zu marschieren. Antonius gelang es, diesen schwierigen Marsch ohne größere Schwierigkeiten durchzuführen. Bei Karana stießen die siegreichen Legionen des Canidius Crassus zu ihm. Gemeinsam setzten die Truppen ihren Marsch nach Phraata, der Hauptstadt des medischen Königreiches, fort. Allerdings kam das Heer langsamer voran, als es Antonius geplant hatte, weil der Troß mit den Belagerungsmaschinen, die auf 300 Wagen mitgeführt wurden, die Schnelligkeit des Vormarsches behinderte. Da die Zeit wegen des herannahenden Winters drängte, beschloß Antonius, sich von dem Troß zu trennen. Während er selbst mit seiner Hauptstreitmacht in Eilmärschen gegen Phraata vorrückte, sollte der Troß unter dem Schutz von zwei Legionen und der Reiterei des armenischen Königs Artasvedes nachkommen. Den Parthern war dies nicht entgangen. Sie griffen den Troß mit überlegenen Kräften an, vernichteten die beiden Legionen vollständig und verbrannten sämtliche Belagerungsmaschinen, darunter auch einen 24 Meter langen Widder. Artasvedes entkam mit seiner Reiterei und zog sich nach Armenien zurück. Antonius versuchte nach dieser Niederlage zwar verzweifelt, Phraata zu erobern, doch mußte er bald feststellen, daß dies ohne die Belagerungsmaschinen nicht möglich war. Zudem umzingelten die Parther das Belagerungsheer und erschwerten die Beschaffung von Lebensmitteln. Antonius versuchte daher, die Parther in einer offenen Feldschlacht zu schlagen. Doch diese wichen dem Kampf geschickt aus. Die Lage von Antonius wurde immer kritischer, da seine Soldaten nur noch unter größten Schwierigkeiten Lebensmittel beschaffen konnten. Aber auch Phraates hatte Probleme, »denn er wußte, daß die Parther sich eher zu allem anderen verständen, als zur Winterszeit im freien Feld zu bleiben und die damit verbundenen Beschwerlichkeiten auszuhalten; daher befürchtete er, daß, wenn die Römer ausharrten und standhielten, seine Truppen ihn am

Ende ganz im Stich lassen möchten, zumal da schon jetzt nach der Herbstnachtgleiche die Luft nebelig und düster zu werden begann. Deshalb ersann er folgende List.

Diejenigen Parther, die mit den Römern am meisten bekannt waren, mußten sich auf seinen Befehl bei Fütterungen und anderen Gelegenheiten nachgiebiger gegen sie beweisen, sie zuweilen etwas mitnehmen lassen und sie wegen ihrer Tapferkeit loben, daß sie als die erfahrensten Krieger von ihrem Könige mit allem Recht bewundert würden. Darauf kamen sie näher an das Lager, hielten mit ihren Pferden still und schalten Antonius, daß er dem Phraates, obgleich dieser es wünsche, nicht erlaube, einen Vergleich zu schließen und so viele tapfere Männer zu schonen; daß er vielmehr die ärgsten und schrecklichsten Feinde, den Winter und den Hunger, ruhig abwarten wollte, die es ihnen schwermachen würden, selbst unter Bedekkung der Parther zu entkommen.

Antonius, dem man solche Reden häufig hinterbrachte, wurde nun wieder mit Hoffnung belebt; doch schickte er nicht eher Gesandte an den König der Parther, bis er jene Barbaren, die so freundschaftlich taten, hatte befragen lassen, ob auch ihre Reden mit den Gesinnungen ihres Königs übereinstimmten. Da sie dies bejahten und ihm zuredeten, alle Vorsicht, alles Mißtrauen beiseite zu setzen, schickte er einige seiner Vertrauten ab und verlangte nochmals die Auslieferung der Fahnen und der Gefangenen, um nicht den Schein zu erwecken, als wenn er schon damit zufrieden wäre, sich durch die Flucht retten zu können. Der König der Parther antwortete, er sollte nur daran nicht weiter denken, versprach ihm aber Frieden und Sicherheit, wenn er sogleich abzöge, worauf Antonius wenige Tage danach aufbrach und den Rückzug antrat.«[10]

Damit war für Antonius der so großartig begonnene Feldzug verloren, noch ehe er parthisches Gebiet betreten hatte. Doch die Leiden seines Heeres waren längst nicht ausgestanden. Der 400 Kilometer lange Rückzug zur armenischen Grenze wurde zum Drama: Phraates dachte nicht daran, die Römer unbehelligt abziehen zu lassen. Schon am dritten Tage griffen die Parther an und konnten nur unter beträchtlichen Verlusten zurückgeschlagen werden. Zwei Tage später kam es dann noch schlimmer, als Flavius Gallus sich bei einem tollkühnen Angriff auf die Parther viel zu weit vorwagte. Er wurde umzingelt und sah sich gezwungen, im Hauptlager Hilfe anzufordern. Doch dort scheint man den Ernst der Lage nicht erkannt zu haben und beging einen schweren Fehler. Anstatt alle verfügbaren Kräfte ausrücken zu lassen, wurden Gallus immer nur kleine Einheiten zu Hilfe geschickt, die nicht in der Lage waren, das Blatt zu wenden. Erst Antonius rettete die Situation, indem er in aller Eile durch die Fliehenden hindurch den Eingeschlossenen mit schwerem Fußvolk zu Hilfe kam.[11]

Wie immer, wenn er unter schwerem Druck stand, zeigte sich Antonius von seiner besten Seite. Aber auch er konnte nicht verhindern, daß die Lage immer katastrophaler wurde, da die Parther nun fast täglich angriffen und die Beschaffung von Nahrungsmitteln beinahe unmöglich machten, so daß im Heer eine Hungersnot ausbrach: »Gerstenbrot verkaufte man gegen ein gleiches Gewicht Silber. Die Soldaten begnügten sich daher mit Wurzeln und Kräutern, und da sie nur wenige bekannte fanden, sahen sie sich genötigt, auch solche zu versuchen, die sie vorher noch nie gegessen hatten, gerieten aber an ein Kraut, das erst Wahnsinn und zuletzt den Tod bewirkte. Denn wer davon gegessen hatte, vergaß alles, kümmerte sich um nichts, und hatte kein anderes Geschäft, als jeden vorkommenden Stein zu bewegen und umzuwenden; dies tat er mit solchem Eifer, als ob er die wichtigste Arbeit zu verrichten hätte. Die ganze Ebene wimmelte von Soldaten, die zur Erde gebückt, die Steine herauswühlten und anderswohin legten. Darauf erfolgte ein Erbrechen von Galle und zuletzt der Tod, weil es auch an Wein fehlte, der noch das einzige Gegenmittel war.«[12] Unter diesen Umständen war es kein Wunder, daß schließlich zeitweise auch die Disziplin im römischen Lager zusammenbrach und ein Teil der Legionäre die Waffen gegen die eigenen Kameraden hob. Der Kampf drohte das ganze Heer aufzusplittern. Es hätte nicht viel gefehlt und sie hätten beinahe mit ihren eigenen Waffen für jene Katastrophe gesorgt, die herbeizuführen den Parthern bislang nicht gelungen war: »Denn sie ermordeten diejenigen, welche Gold oder Silber hatten, plünderten sie aus und raubten die von den Lasttieren getragenen Güter; ja endlich vergriffen sie sich sogar an dem Gepäck des Antonius, zerschlugen die kostbarsten Gefäße und Tische und teilten sie unter sich auf. Darüber verbreitete sich nun im ganzen Heere ein großes Getümmel und Verwirrung, weil man glaubte, daß durch einen Überfall der Feinde alles in die Flucht geschlagen und zerstreut wäre. Antonius selbst rief einen seiner Freigelassenen, die ihm zur Leibwache dienten, namens Rhamnus, und ließ ihn schwören, daß er ihn auf den ersten Befehl mit dem Degen durchbohren und den Kopf abhauen sollte, damit er weder den Feinden lebendig in die Hände fiele noch auch im Tode erkannt würde.«[13]

Doch Antonius erhielt gerade noch rechtzeitig die Nachricht von der wahren Ursache des Tumults und konnte schließlich die Ruhe wieder herstellen. Sonst pflegte Antonius bei weit geringeren Verstößen gegen die Disziplin die beteiligten Truppenteile zu dezimieren, also jeden zehnten Mann durch Los für die Hinrichtung zu bestimmen. Doch diesmal wagte er nicht, gegen die Unruhestifter vorzugehen. Nach qualvollen 27 Tagen erreichte das Heer endlich den Araxes, der die Grenze zwischen Medien und Armenien bildete. Daraufhin stellten die Parther ihre Angriffe ein.

Als Antonius seine Truppen inspizierte, mußte er feststellen, daß bei dem Feldzug 20000 Mann Fußvolk und 4000 Reiter umgekommen oder in die Gefangenschaft geraten waren. Doch damit nicht genug: Trotz der winterlichen Kälte und ständigem Schneegestöber gönnte Antonius seinen erschöpften Truppen keine Ruhe, sondern ließ den Rückzug in Eilmärschen fortsetzen, was noch einmal 8000 Mann das Leben kostete. Antonius selbst hielt sich während dieses Dramas nicht mehr bei seinem Heer auf, da er mit einem kleinen Gefolge nach Westen vorausgeeilt war, wo er in Leuke Kome zwischen Berytus (Beirut) und Sidon auf Kleopatra wartete. Doch Kleopatra blieb länger als erwartet aus. Folgt man Tarn und Charlesworth, so war dies Kleopatras Art, um Antonius klarzumachen, daß ihre Schätze ihm nicht für sinnlose Abenteuer zur Verfügung standen.[14] Aber möglicherweise hatte Kleopatra nicht mit einer so raschen Rückkehr ihres Helden gerechnet. Zudem war sie kurz zuvor Mutter eines weiteren Sohnes geworden, der nach dem berühmten Ptolemäus II. den Namen Ptolemäus Philadelphos erhielt. Antonius verbrachte die Zeit des Wartens mit Zechgelagen, die er immer wieder unterbrach, um in den Hafen zu eilen und nach Kleopatra Ausschau zu halten. Im Laufe des Januar 35 v. Chr. liefen dann schließlich ihre Schiffe im Hafen von Leuke Kome ein. In ihrem Namen wurden Geld und Kleidungsstücke an die geschlagenen Truppen verteilt. Böse Zungen behaupteten allerdings, Kleopatra habe lediglich Kleidungsstücke mitgebracht, das Geld habe dagegen Antonius aus eigenen Mitteln aufgebracht und nur vorgegeben, daß es von Kleopatra stamme.

Wie viele geschlagene Feldherren versuchte Antonius seine Niederlage als einen Erfolg auszugeben und schickte einen Bericht über seine Siege an den römischen Senat. Seine Version vom Verlauf des Feldzuges ist durch Plutarch überliefert: »Von der Stadt Phraata her waren die Römer 27 Tage lang marschiert und hatten die Parther in 18 Gefechten geschlagen; nur fehlten ihren Siegen immer der Nachdruck und die Vollständigkeit, weil sie die geschlagenen Feinde nie weit und kräftig genug verfolgen konnten. Daraus aber war am meisten klar, daß der Armenier Artasvedes den Antonius um den glücklichen Ausgang dieses Feldzuges gebracht hatte. Denn wären die 16000 Reiter, die er aus Medien wieder abführte, die nicht nur auf dieselbe Art wie die Parther gerüstet, sondern auch mit ihnen zu streiten gewohnt waren, bei dem Heer geblieben, so würden die Feinde, wenn sie von den Römern zurückgeschlagen und dann von jenen auf der Flucht verfolgt wurden, sich wohl nicht von der Niederlage sovielmal erholt und mit neuem Mute angegriffen haben.«[15]

Natürlich war der Hauptschuldige an dem Scheitern des Feldzuges nicht Artasvedes, sondern Antonius. Wie konnte er Artasvedes, der durch die Truppen des Canidius Crassus mit Gewalt zur Teilnahme an diesem Krieg gezwungen worden war, den Schutz der für den Erfolg des Feldzuges so wichtigen Kriegsmaschinen anvertrauen? Es war immer eine der größten Sorgen aller römischen Feldherrn, inwieweit sie sich auf die Loyalität ihrer nichtrömischen Hilfstruppen verlassen konnten. Meistens konnten sie es nicht. Deshalb wurden diese Verbände in der Regel so eingesetzt, daß ihnen ein Abfall unmöglich war. Was Antonius veranlaßt hat, von dieser Regel abzugehen, ist ein Rätsel. Auf jeden Fall war es auch ein schwerer Fehler, daß Antonius sich über den zeitlichen Ablauf des Feldzuges keine realistischen Gedanken gemacht hat. Offenbar hatte er bei der Vorbereitung des Feldzuges in dem warmen Klima Ägyptens vergessen, wie schwierig die Versorgung eines riesigen Heeres in dem winterlichen Asien sein würde. Sonst hätte er den Feldzug niemals erst im Mai beginnen können. Antonius ist sich dieses Fehlers offensichtlich bewußt geworden und hat ihn dann mit seinem verhängnisvollen Entschluß, den Troß zurückzulassen, zu korrigieren versucht. Diese Entscheidung ist zwar nicht unverständlich. Auch Alexander der Große hat sich des öfteren von seinem Troß getrennt, um so schneller voranzukommen. Doch hatte er den Troß immer mit so starken Kräften geschützt, daß es dem Gegner unmöglich war, diesem gefährlich zu werden. Auch ansonsten hatte Antonius mit seinen Entscheidungen – trotz aller Bravourleistungen beim Rückzug – keine glückliche Hand. Dies gilt vor allem für seinen Entschluß, das erschöpfte Heer auf dem Rückzug in Eilmärschen durch Armenien ziehen zu lassen und damit die Truppe einer Strapaze auszusetzen, die 8000 Mann das Leben kostete. Die Parther hatten zu diesem Zeitpunkt ihre Angriffe eingestellt, und der armenische König Artasvedes, der ja schon den viel schwächeren Kräften des Canidius Crassus nicht gewachsen gewesen war, hütete sich, das immer noch 60 000 Mann starke Heer anzugreifen. Antonius hätte seine Leute also ohne weiteres in Armenien überwintern lassen können. An Vorräten für die Versorgung der Truppen mangelte es jedenfalls trotz der Jahreszeit nicht. Plutarch bemerkte in diesem Zusammenhang ausdrücklich: »Auf dem Marsch durch das reiche Land erlaubten sie (die Soldaten) sich nach so langem Mangel den uneingeschränktesten Genuß.«[16] Und wenn Antonius schon seinem erschöpften Heer auch noch die Strapazen eines Gewaltmarsches durch Armenien zumutete, so hätte es ihm als Feldherr besser zu Gesicht gestanden, dieses schwierige Unternehmen selbst zu leiten, anstatt seine Tage an der Mittelmeerküste mit Zechgelagen zu verbringen.

Seit er vor nun fast 20 Jahren durch seine kühne Wüstendurchquerung und die rasche Einnahme Pelusiums den Erfolg des Feldzugs von Gabinius und die Rückkehr von Auletes auf den Ptolemäerthron ermöglicht hatte, war Antonius von Sieg zu Sieg geeilt. Nur einmal, bei Mutina, mußte er sich den überlegenen Kräften seiner Gegner beugen. Doch gleich danach hatte er durch den taktisch glänzenden Rückzug nach Gallien seinen Ruf als Heerführer wiederhergestellt. Nach seinen Siegen in der Doppelschlacht von Philippi galt Antonius als der beste Feldherr seiner Zeit. Wie konnte derselbe Mann nun bei dem Partherfeldzug durch sein eigenes Versagen in eine derartige Katastrophe schlittern? Die Freunde und

Feinde von Antonius standen gleichermaßen vor einem Rätsel. So konnte es nicht ausbleiben, daß man in seiner neu entflammten Leidenschaft für Kleopatra die Ursache für die verhängnisvollen Fehler sah. Es wurde behauptet, Antonius habe den Feldzug deshalb viel zu spät begonnen, weil er sich von Kleopatra nicht trennen konnte und habe sich dann zu völlig überstürzten Aktionen hinreißen lassen, um so rasch wie möglich zu ihr zurückzukehren. Wäre es nicht klüger gewesen, fragt man sich, nach dem viel zu spät begonnenen Feldzug das Heer in Armenien überwintern zu lassen und erst im nächsten Frühjahr in das feindliche Gebiet einzufallen? Es ist allerdings unwahrscheinlich, daß die Liebe von Antonius zu Kleopatra eine der Ursachen für sein Scheitern war. Möglicherweise ist der verhängnisvolle späte Beginn des Feldzugs einfach darauf zurückzuführen, daß die Vorbereitungen des Unternehmens mehr Zeit in Anspruch genommen haben, als Antonius ursprünglich vorsah.

Antonius selbst hat sich zu der Kritik an seinem Vorgehen, die ihm sicherlich zu Ohren gekommen ist, nicht geäußert. Er konnte es auch gar nicht, denn nach seiner Darstellung war er ja aus dem Feldzug als Sieger über die Parther in 18 Schlachten hervorgegangen.

Zur gleichen Zeit, als Antonius seine bisher bitterste Niederlage erlitt, feierte Octavian im Westen Triumphe. Nach dreijährigen Auseinandersetzungen war es seinem überragenden Feldherrn und Admiral Agrippa gelungen, am 2. September 36 v. Chr. Sextus Pompejus bei Naulochos vernichtend zu schlagen. Mit ganzen 17 Schiffen entkam Pompejus in den Osten. Damit war die Versorgung Roms und Italiens, die bisher immer wieder Anlaß zu schweren Unruhen gegeben hatte, auf Dauer gesichert. Noch im selben Jahr entmachtete Octavian auch Lepidus, der im Vertrauen auf seine 24 Legionen glaubte, Forderungen stellen zu können und den Besitz von Sizilien forderte. Doch Octavian hatte Sextus Pompejus nicht vernichten lassen, um nun die Versorgung Italiens dem wetterwendischen Lepidus anzuvertrauen. Der ansonsten so vorsichtige Octavian ließ es auf eine Machtprobe ankommen. Er begab sich kurz entschlossen in das Lager von Lepidus und brachte dessen Truppen dazu, sich ihm anzuschließen. Lepidus sah sich gezwungen, um Gnade zu bitten. Octavian erlaubte ihm, sich mit seinem als Triumvir angehäuften Vermögen ins Privatleben zurückzuziehen und beließ ihm sogar seine Stellung als Pontifex Maximus. Danach konnte Octavian der Zukunft gelassen entgegensehen: »Mit 27 Jahren verfügte Octavian über eine Macht, wie sie vorher außer Alexander und Julius Caesar niemand in der Geschichte besessen hatte. 43 Legionen standen unter seinem Befehl, eine riesige berittene Truppe und 600 Kriegsschiffe. Seine Regierung dehnte sich über den gesamten westlichen Teil des Imperiums aus – über Italien, Illyrien, die beiden Gallien und Spanien. Die caesarischen Veteranen jubelten ihm voller Begeisterung zu, aber auch die Zuneigung des römischen Volkes in allen seinen Ständen gehörte ihm.«[17]

Doch trotz seiner Erfolge gab sich Octavian bescheiden und erklärte, die Zeit der Bürgerkriege sei nach der Vernichtung von Pompejus beendet. Er sei nun bereit, seine Macht als Triumvir niederzulegen, wenn Antonius nach Beendigung des Partherfeldzuges dasselbe tue. Ganz Rom und Italien atmete auf, als Octavian mit so klaren Worten die Gefahr eines Bürgerkrieges mit Antonius ausschloß.

Wenig später erhielt Octavian dann die zum Sieg hochstilisierte Botschaft von dem Ausgang des Partherfeldzuges. Natürlich durchschaute Octavian den wahren Sachverhalt, doch verzichtete er darauf, die Niederlage Antonius' propagandistisch auszunutzen. Die Fäden der Netze, in denen er seine Gegner zu fangen pflegte, waren feiner gesponnen. Eine erste Kostprobe davon sollte nicht lange auf sich warten lassen: Scheinbar glücklich über den Sieg beantragte Octavian im Senat, zu Ehren des erfolgreichen Feldherrn die Errichtung von Statuen im Tempel der Eintracht, und Antonius das Ehrenrecht zu verleihen, mit seiner Frau und seinen Kindern dort speisen zu dürfen. Doch was sich wie eine großzügige Geste gegenüber dem geschlagenen Schwager ausnahm, war in Wirklichkeit ein geschickter Schachzug, um des Antonius' Ansehen in Rom und Italien zu mindern. Denn diese Ehrung wies doch recht deutlich darauf hin, daß Antonius seine Ehefrau Octavia verlassen hatte, um in Ägypten mit der unbeliebten Kleopatra zusammenzuleben. Allerdings zeigt auch diese Ehrung, daß Antonius damals nicht mit Kleopatra verheiratet gewesen sein kann. Nach einem solchen Affront hätte Octavian ganz andere Register der Propaganda gezogen und auf diese Ehrung verzichtet, die dann doch als ein reichlich peinlich wirkender Versuch erscheinen mußte, Antonius zur Rückkehr zu Octavia zu bewegen.

Antonius versuchte unterdessen, seinen angeschlagenen Ruf durch einen Feldzug gegen den armenischen König Artasvedes wieder herzustellen. Hier konnte Antonius sich seines Erfolges sicher sein, war es doch Canidius Crassus vor dem Partherfeldzug mit geringeren Kräften, als sie Antonius immer noch zur Verfügung standen, gelungen, den armenischen König zu besiegen. Wiederum zeigte sich Octavian gegenüber Antonius scheinbar von der besten Seite. Als sich die von dem Ausgang des Partherfeldzuges tief betroffene Octavia entschloß, zu Antonius zu eilen, billigte Octavian nicht nur diesen Plan, sondern gab ihr auch noch 2000 Legionäre sowie 70 Schiffe zur Unterstützung des Feldzuges nach Armenien mit. Die Nachricht von der bevorstehenden Ankunft Octavias in Ägypten versetzte Kleopatra in helle Aufregung: »Aus alledem konnte nun Kleopatra leicht erraten, daß Octavia es mit ihr aufzunehmen gedächte, und da sie befürchtete, diese Frau möchte wohl am Ende, wenn sie mit der Würde ihres Charakters und dem großen Gewichte Caesars einen gefälligen Umgang und Anhänglichkeit an Antonius verbände, unüberwindlich werden, und den Mann gänzlich an sich zu fesseln, so tat sie, als wenn sie in Antonius sterblich verliebt wäre und suchte ihren Leib durch spärliche Nahrung abzuzehren. Ihr Blick verriet, so oft Antonius sich ihr näherte, eine Art von Entzückung; ging er aber weg, so sah sie ihm schmachtend und niedergeschlagen nach. Auch brauchte sie die Kunst, manchmal weinend zu erscheinen, wischte aber die Tränen geschwind ab und verbarg sie, als wenn sie es den Antonius nicht wollte merken lassen. Dies Spiel trieb sie besonders, als derselbe im Begriff war, sich aus Syrien zum König der Meder zu begeben.

Jetzt nahmen sich auch die Schmeichler ihrer an, schalten auf den Antonius und nannten ihn einen harten, gefühllosen Mann, der keine Bedenken trüge, ein Weib hinzuopfern, das einzig und allein an ihm hinge. Octavia, sagten sie, wäre bloß aus politischem Interesse um ihres Bruders willen mit ihm vermählt worden, und genösse den Vorzug, seine Gemahlin zu heißen. Kleopatra hingegen, die Königin eines so großen Volkes, hieße bloß Antonius' Geliebte und hielte auch nicht einmal diesen Namen unter ihrer

Würde, solange es ihr vergönnt wäre, ihn zu sehen und in seiner Gesellschaft zu sein; aber eine Trennung von ihm würde sie ganz gewiß nicht überleben können.«[18]

Die Frage, ob Kleopatras Schmerz angesichts der bevorstehenden Ankunft Octavias gespielt oder echt war, läßt sich natürlich nicht mit Sicherheit beantworten. Aber was immer die Motive für ihr Verhalten gewesen sein mögen, die Schilderung des hier zitierten Plutarch zeigt, wie wenig sich Kleopatra der Treue Antonius' sicher war. Außerdem macht auch sie klar, daß Antonius damals selbst am ptolemäischen Hof nicht als Ehemann Kleopatras galt, sonst hätten ihm deren Höflinge nicht vorhalten können, daß sich Kleopatra mit der Rolle einer Geliebten an seiner Seite zufrieden gäbe.

Aber gerade weil Antonius mit Octavia verheiratet war und in Ägypten lediglich mit seiner königlichen Mätresse zusammenlebte, erlaubte Octavian seiner Schwester, sich mit Legionären und Schiffen zu Antonius zu begeben. Octavian freilich ging es bei dem ganzen Unternehmen nicht um eine Aussöhnung Octavias mit Antonius. Vielmehr sah er hier eine glänzende Möglichkeit, mit Antonius den einzigen Gegenspieler, der ihm noch gefährlich werden konnte, weiter in das politische Abseits zu drängen. Was sich in den Augen der Römer wie eine Geste der Versöhnungsbereitschaft und verwandtschaftlicher Fürsorge ausnahm, war in Wirklichkeit eine elegant verschleierte Provokation. In Tarent hatte Octavian Antonius versprochen, ihm für die überlassenen Schiffe 20000 Legionäre zur Verfügung zu stellen. Doch während Octavian mit den Schiffen Antonius' seinen Sieg gegen Sextus Pompejus erfocht, mußte Antonius den Partherfeldzug ohne die versprochenen Legionäre antreten. Wahrscheinlich hätte ihre Anwesenheit die Niederlage von Antonius auch nicht verhindert, aber dies ändert natürlich nichts an der Tatsache, daß Antonius über den Wortbruch seines Schwagers empört war. Es mußte seinen Groll nur noch steigern, wenn ihm Octavian nun als angebliche Unterstützung für den bevorstehenden Feldzug ganze 2000 Mann und 70 Schiffe schickte. An Schiffen mangelte es ihm dank Kleopatras ägyptischer Flotte nicht. Im übrigen waren diese Schiffe für einen Kampf im armenischen Bergland wirklich die denkbar ungeeignetste Waffengattung. Antonius mußte diese Unterstützung als Hohn empfinden, und so befahl er der unglücklichen Octavia, die sich damals in Athen aufhielt, nach Rom zurückzukehren. Octavia fügte sich dieser Bitte und hatte noch die Größe, Antonius die Legionäre und Schiffe zu schicken.

Damit war eingetreten, was der klarsichtige Octavian vorhergesehen und gewollt hatte. Das Band mit Antonius war nun in aller Öffentlichkeit zerschnitten, und Octavian zögerte keinen Augenblick, dies propagandistisch zu nutzen, indem er Antonius als das willenlose Opfer der Verführungskünste Kleopatras darstellen ließ. Es ist bezeichnend, daß damals in Italien Trinkbecher gefertigt wurden, die Antonius mit Herkules verglichen, der ja auch zum Sklaven der Omphale geworden war: »Da sah man Herakles, wie er auf seinem von Kentauren gezogenen Wagen saß, aber er trug ein Frauengewand, Dienerinnen begleiteten ihn, die eine hielt den Sonnenschirm über ihn, eine zweite trug einen Becher. Andere brachten dem Helden Wollkorb und Spindel. Demgegenüber hatte Omphale das Löwenfell des Herakles umgeworfen, sie hielt in der Linken eine schwere Keule und reckte die Rechte nach dem Becher betäubenden Weines. Die Rollen waren vertauscht, so sollte die Welt Antonius und Kleopatra sehen.«[19]

Doch Octavia hielt Antonius, dem sie 36 v. Chr. eine zweite Tochter geboren hatte, die Treue. Nach Rom zurückgekehrt, widersetzte sie sich der Aufforderung Octavians, die Villa Antonius' zu verlassen. Sie sorgte nicht nur liebevoll für ihre eigenen Kinder, sondern nahm sich auch der Kinder von Antonius und Fulvia an. Alle Freunde Antonius', die mit irgendwelchen Sorgen und Wünschen zu ihr kamen, empfing sie bereitwillig und setzte sich sogar bei Octavian für sie ein. Doch mehr als die ganze Propaganda Octavians und seiner Anhänger schadete Antonius gerade die bewunderungswürdige Haltung Octavias, über deren Wirkung Plutarch zu Recht urteilte: »Allein eben dadurch fügte sie gegen ihre Absicht dem Antonius großen Schaden zu, denn er wurde wegen der an einer solchen Frau verübten Ungerechtigkeit allgemein verhaßt.«[20]

Auch den Freunden Antonius' drängte sich nach der brüsken Zurückweisung Octavias die Frage auf, ob er nicht tatsächlich dem Einfluß Kleopatras vollständig erlegen war. Die Frage ist unter den Historikern bis heute umstritten. War Antonius Wachs in den

Händen von Kleopatra geworden, wie manche Geschichtsschreiber behaupteten, oder trifft die gegenseitige Auffassung von Bengtson zu, der zu dieser Frage geäußert hat: »Antonius aber war vor eine schwerwiegende Entscheidung gestellt. Daß diese zugunsten der Kleopatra – und gegen Octavia – ausfiel, wird niemanden überraschen, denn Antonius hatte sich, zumindest seit dem Vertrag von Tarent im Jahre 37, auf den Osten festgelegt. Unter dieser Voraussetzung werden all seine Entschlüsse verständlich, und was als Unrecht gegen Octavia erscheint, ist eine politische Entscheidung, zu der sich Antonius gezwungen sah. Denn was hätte er tun können, wenn er auf Kleopatra verzichtete! Wollte er sich mit der zweiten Stelle im Imperium Romanum begnügen? Wollte er sich kampflos der Führung des sehr viel jüngeren Caesar unterstellen, den er niemals für voll genommen hatte? Der Historiker sieht sich hier zu der Bemerkung veranlaßt, daß auch ein anderer in der Lage von Antonius sich kaum anders entschieden hätte.«[21]

Genau wie Bengtson vertritt auch Kleopatras Biograph Hans Volkmann die Auffassung, daß Antonius gar keine andere Wahl hatte, als sich für Kleopatra und gegen Octavia zu entscheiden: »In Wahrheit ließen die politischen Hintergründe Antonius kaum eine andere Wahl. Dazu bedurfte es keines berechneten Theaterspiels der Kleopatra, das Antonius doch leicht hätte durchschauen können. Gerade weil diese Szenen unnötig waren, erscheinen sie als Ausdruck echter Verzweiflung um so glaubhafter. Die Spannung dieser Jahre, der Fehlschlag in Parthien, die Möglichkeit, wie schon einmal aus dem politischen Spiel ausgeschaltet zu werden, machen es verständlich, daß die ehrgeizige Frau mit ihren Nerven zusammenbrach. Zweifellos hatte sie damit Antonius die Entscheidung erleichtert, aber auch nicht mehr. Denn die Rückkehr zu Octavia hätte für Antonius einen Bruch mit Kleopatra bedeutet und die materielle Hilfe Ägyptens stark in Frage gestellt. Die von Octavia mitgeführte Unterstützung bot nicht im entferntesten genügend Ersatz. An eine ersprießliche Zusammenarbeit mit Octavian war kaum zu denken. Das Schicksal des Lepidus zeigt deutlich, daß Octavian sich seiner Partner, wo nur möglich, entledigte. Er hatte sich bereits in Rom eine staatsrechtlich und moralisch begründete Stellung geschaffen, gegen die Antonius sich nur mit den Machtmitteln des Ostens behaupten zu können glaubte. Übertrieben war jedenfalls das Geschwätz all derer, die Antonius als bereits völlig dem Bann Kleopatras verfallen darstellen.«[22]

Folgt man dem Urteil von Bengtson und Volkmann, so war die Entscheidung von Antonius für Kleopatra und gegen Octavia ein wohlüberlegter und im Ergebnis richtiger politischer Entschluß. Nach dem übereinstimmenden Urteil beider Autoren kann keine Rede davon sein, daß sich Antonius in dieser Situation von seinen Gefühlen für Kleopatra leiten ließ oder gar, wie es die Propaganda Octavians behauptete, als ihr willenloser Sklave gehandelt hat. Nun zählen die Biographie Volkmanns über Kleopatra und Bengtsons über Antonius zu den wissenschaftlich fundiertesten Arbeiten über jene Epoche. Aber gerade die unbestritten hervorragende fachliche Kompetenz beider Autoren gibt Anlaß, sich mit ihrer Argumentation gründlich auseinanderzusetzen: Die Entscheidung Antonius' für Kleopatra im Jahre 35 v. Chr. hatte ja nicht nur den endgültigen Bruch mit Octavia zur Folge, sie ist vor allem auch der Beginn seines offenen Konflikts mit Octavian. Antonius muß sich über die Tragweite dieser Entscheidung bewußt gewesen sein, und so gibt es kaum einen geeigneteren Schlüssel für die Beurteilung seines Verhältnisses zu Kleopatra als sein Verhalten in dieser Situation. Schließt man sich der Auffassung von Bengtson und Volkmann an, so war Antonius eben nicht Wachs in den Händen Kleopatras. Doch dies ist äußerst fragwürdig. Wenn es tatsächlich zutreffen sollte, daß sich Antonius damals vernünftigerweise gar nicht anders entscheiden konnte, so stellt sich unweigerlich die Frage, wie denn diese Abhängigkeit von der Macht Kleopatras zustande gekommen ist. Immerhin war Ägypten vor Kleopatras Thronbesteigung ein politisch völlig einflußloses, von Rom abhängiges Land. Dies änderte sich erst, als Kleopatra dann die Geliebte Caesars wurde. Aber nach dessen Ermordung versank das Ptolemäerreich wieder weitgehend in die alte Bedeutungslosigkeit, die allenfalls dadurch gemildert wurde, daß Kleopatra als Mutter von Caesars Sohn und Befehlshaberin einer beträchtlichen Flotte den Kontrahenten im römischen Bürgerkrieg nicht völlig gleichgültig sein konnte. Aber wirklichen Einfluß konnte Kleopatra erst wieder nach ihrer Begegnung mit Antonius in Tarsus erlangen. Doch ebenso reizvoll, wie sich die Schilderung dieser Begegnung durch die antiken Autoren und eine dichterische Ausgestaltung durch Shakespeare lesen, so schonungslos legen sie die wirklichen Machtverhältnisse offen. Kleopatra erschien auf Befehl von Antonius in Tarsus. Alles, was sie seiner Macht entgegenzusetzen hatte, war der verschwenderische Luxus des ptolemäischen Hofes und ihre Reize, die sie ja nach Plutarch dadurch unterstrich, daß sie zu der Begegnung »so gekleidet, wie man Venus zu malen pflegt«, erschien. Da sie damit bei Antonius den gewünschten Erfolg hatte, konnte sie vom Herbst 41 bis zum Frühjahr 40 v. Chr. für kurze Zeit als seine Geliebte immerhin im Römischen Ostreich eine ähnliche Rolle spielen wie zuvor an der Seite Caesars. Doch kaum hatte Antonius sie verlassen, sank sie wieder zu derselben Bedeutungslosigkeit herab wie die vielen von Rom abhängigen Klientelherrscher. Dies sollte sich erst im Jahr 37 v. Chr. ändern, als Antonius zu ihr zurückkehrte. Doch zu diesem Zeitpunkt war Antonius nicht nur der unangefochtene Herrscher des Römischen Ostreichs, sondern auch der mächtigste Mann im Römischen Reich. Seine Stellung war jedenfalls viel stärker als die Octavians, der seine ganzen Kräfte aufbieten mußte, um mit den Seeblockaden von Sextus Pompejus und den dadurch hervorgerufenen Unruhen in Rom und Italien fertig zu werden. Wenn aber Antonius nur zwei Jahre später – um die Thesen von Bengtson und Volkmann aufzugreifen – von Kleopatra so vollkommen abhängig war, daß er sich gezwungen sah, ihretwegen nicht nur Octavia zurückzuweisen, sondern auch mit dem immer gefährlicher werdenden Octavian offen zu brechen, so kann man die Behauptung, Kleopatra habe einen verhängnisvollen Einfluß auf ihn ausgeübt, schwerlich nur als böswillige Propaganda abtun. Wenn Antonius, der 37 v. Chr. im Römischen Ostreich noch allmächtig war, zwei Jahre später vollkommen auf die Unterstützung Kleopatras angewiesen war, so kann dies doch nur bedeuten, daß Kleopatra ihm machtpolitisch das Heft aus der Hand genommen hatte. Aber war dies wirklich der Fall? Die Antwort auf diese Frage kann nur Nein lauten: Trotz seiner Verluste in dem Partherfeldzug verfügte Antonius über genügend Legionen, um im Römischen Ostreich zu tun und zu lassen, was er wollte. Nichts hätte ihn daran hindern können, Kleopatra vollständig zu entmachten. Mit einem solchen Schritt hätte er zwar eingestehen müssen, daß die riesigen Landschenkungen an Kleopatra ein politischer Fehler waren, aber seine römischen Anhänger wären gleichwohl über eine solche

Entwicklung glücklich gewesen, und Octavian hätte aus dieser Wendung seiner Politik auch kein Kapital schlagen können. Antonius hätte mit einer Entmachtung Kleopatras Octavian die gefährlichste Waffe aus der Hand genommen, deren sich dieser in dem sich nun anbahnenden Konflikt bedienen sollte.

Wie immer man die Dinge sehen mag, von zwei Dingen eines, entweder ist Antonius in den Jahren 37 bis 35 v. Chr. tatsächlich von Kleopatra so abhängig geworden, daß er ohne ihre Unterstützung politisch nicht mehr überleben konnte, oder er hat sich – was tatsächlich der Fall gewesen sein dürfte – aus freiem Willen 35 v. Chr. für sie und gegen Octavian und Octavia entschieden. Welcher Version man auch Glauben schenken mag, beide belegen gleichermaßen, daß die Behauptung seiner Gegner, er stehe ganz unter dem Einfluß Kleopatras, jedenfalls nicht nur leeres Gerede war.

DER KONFLIKT ZWISCHEN KLEOPATRA UND HERODES DEM GROSSEN

Als Kleopatra im Jahre 37 mit dem Versuch gescheitert war, Antonius zur Eingliederung Judäas in das Ptolemäerreich zu überreden, lag es bei einer Frau ihres Zuschnitts auf der Hand, daß sie sich mit diesem Fehlschlag nicht abfinden würde. Um sie einigermaßen zu besänftigen, hatte Antonius damals Herodes veranlaßt, Kleopatra seine reichen Balsam- und Dattelplantagen bei Jericho zu überlassen. Herodes hatte schon andere Stürme erlebt, als daß ihn der Verlust von deren Ernteerträgen sonderlich erschüttern konnte. Viel gefährlicher als die wirtschaftliche Seite seines Zugeständnisses war indessen die Tatsache, daß Kleopatra nun die Möglichkeit hatte, ägyptische Beamte in die Nähe von Jerusalem zu entsenden. Verständlicherweise verspürte Herodes keine Neigung, seiner gefährlichsten Feindin einen Stützpunkt in der unmittelbaren Nachbarschaft seines Machtzentrums einzuräumen. Wer konnte ihm denn schon die Gewährleistung geben, daß Kleopatra nur harmlose Fachleute für Landwirtschaft in die Plantagen von Jericho entsenden würde? Um dieser Gefahr zu begegnen, bot Herodes Kleopatra an, die Plantagen durch eigene Leute abzuernten und verbürgte sich für einen so hohen Ertrag, daß Kleopatra den Vorschlag wohl oder übel annehmen mußte, wenn sie sich nicht verdächtig machen wollte.

Kleopatras erster Versuch, in Judäa Fuß zu fassen, war damit gescheitert. Natürlich übersandte Herodes die versprochenen Gelder mit größter Pünktlichkeit, um Kleopatra keinen Vorwand für

Beschwerden bei Antonius zu geben. Für Kleopatra bedeutete diese Regelung nur einen schwachen Trost. Sie war ja schließlich nicht Königin eines verarmten Reiches, die über jede neue Einnahmequelle glücklich sein mußte. So wartete sie sehnsüchtig darauf, ihren verhaßten Gegenspieler doch noch ausschalten zu können. Zwei Jahre später glaubte sie ihre Stunde gekommen.

Um seine Stellung bei den einflußreichen konservativen jüdischen Kreisen zu festigen, hatte Herodes im Jahre 37 Mariamme[1], eine Angehörige der alten makkabäisch-hasmonäischen Dynastie geheiratet. Deren ebenso heldenhafter wie weitgehend erfolgreicher Widerstand gegen die ptolemäischen und seleukidischen Machtgelüste – es sei hier nur an den berühmten Makkabäer-Aufstand des Jahres 167 erinnert – umgab ihren Namen mit dem charismatischen Glanz, dem auch ihre Entmachtung durch Pompejus im Jahre 63 keinen Abbruch tat. Doch diese Ehe sollte nicht zu der erhofften Aussöhnung mit den Herodes feindlichen Kräften führen, sondern nur Stoff für neue Auseinandersetzungen und Dramen liefern, deren berühmteste literarische Umsetzung wir der Feder Friedrich Hebbels verdanken, nämlich das 1848 erschienene Trauerspiel »Herodes und Mariamne«. Da die Hasmonäer bis zu ihrer Entmachtung durch Pompejus als Hohepriester zugleich auch die höchsten geistlichen Würdenträger ihres Volkes waren, forderten sie nun dieses Amt von Herodes. Hierfür bot sich vor allem Aristobulos, der Bruder von Mariamme, an. Doch Herodes übertrug es weder ihm noch einem anderen Angehörigen des alten sadduzäischen Adels. Vielmehr verlieh er diese Würde einem völlig unbedeutenden Juden namens Ananel, von dem man nicht einmal wußte, ob er aus Babylonien oder Ägypten stammte. Dies wiederum brachte einen Großteil der Juden gegen ihn auf. Noch schlimmer aber war der Haß, den sich Herodes in seiner eigenen Familie zuzog. Denn mit der Ernennung von Ananel nahmen die endlosen Streitereien im Herodesclan ihren Anfang, die schließlich zu blutigen Tragödien führen sollten. Zwar konnte Herodes die Übergehung von Aristobulos damit begründen, daß dieser noch nicht das für dieses Amt erforderliche Alter von 18 Jahren hatte, doch war das Argument nicht dazu angetan, seine Gegner zu besänftigen. Besonders empört war Alexandra, die Mutter von Aristobulos und Mariamme. Folgt man dem jüdischen Historiker

Flavius Josephus, so hat sie ausgerechnet Kleopatra, die Todfeindin des Herodes, gebeten, sich für ihren Sohn bei Antonius einzusetzen. Dies ist zwar umstritten, eines aber steht fest: Der Druck auf Herodes wurde so groß, daß er sich gezwungen sah, zwei Jahre später Aristobulos zum Hohepriester zu ernennen, obwohl dieser mit seinen 17 Jahren immer noch nicht das vorgegebene Mindestalter aufwies. Er sollte es auch nicht mehr erreichen, denn wenig später schied der junge Mann unter so mysteriösen Umständen aus dem Leben, daß Kleopatra nun einmal mehr die Gelegenheit gekommen sah, zum entscheidenden Schlag gegen Herodes auszuholen. Obwohl Kleopatra in der Vergangenheit auch nicht gerade durch besonders liebevollen Umgang mit ihren Familienangehörigen aufgefallen war, beschuldigte sie nun voller Empörung Herodes des Mordes an Aristobulos. Nicht ohne guten Grund, wenn man dem jüdischen Historiker Flavius Josephus glauben darf:

»Unterdessen fiel das Laubhüttenfest ein, das bei uns mit größter Feierlichkeit begangen wird. Herodes ließ die Festtage vorbeigehen und gab sich während derselben mit dem Volk den Vergnügungen hin; doch ward bei dieser Gelegenheit sein Neid noch ganz besonders zur Ausführung des geplanten Verbrechens gedrängt. Denn als der Jüngling Aristobulos, damals siebzehn Jahre alt, zum Altar getreten war, um nach der Vorschrift des Gesetzes zu opfern, und in seinem hohepriesterlichen Gewande die religiösen Zeremonien getreu dem Ritus vollzog, auch in seiner hervorragenden Größe und Schönheit wie in seiner edlen Gestalt seine vornehme Abkunft zeigte, hatte die ganze Volksmenge ihr Wohlgefallen an ihm und rief sich die herrlichen Taten seines Großvaters Aristobulos ins Gedächtnis. Und überwältigt von ihren Gefühlen, jauchzte sie ihm freudig zu, brachte ihm Segenswünsche dar und ließ überhaupt eine solche Begeisterung für ihn zutage treten, daß es ratsamer gewesen wäre, den Dank für die früher empfangenen Wohltaten mit Rücksicht auf Herodes weniger laut auszudrücken. Denn gerade infolge dieser Vorgänge beschloß Herodes, seinen Anschlag gegen den Jüngling bald ins Werk zu setzen. Als er daher nach dem Feste von Alexandra nach Jericho zum Mahle geladen war, suchte er durch Schmeicheleien den Jüngling an einen stillen Ort zu locken und stellte sich dann, als wollte er sich mit ihm in jugendlichen Spielen ergötzen. Da es aber an dem Ort sehr heiß war, gingen sie, ermattet vom Spiel, beiseite und traten an die Fischteiche, die in beträchtlicher Größe die Anlagen umschlossen und bei der Hitze angenehme Kühlung gewährten. Zunächst nun sahen sie einigen ihrer Freunde zu, wie diese in dem Wasser schwammen, und als sich dann der Jüngling auf Zureden des Herodes gleichfalls unter sie mischte, tauchten ihn die Freunde des Herodes, welche dieser entsprechend beauftragt hatte – es dämmerte bereits – unter dem Schein des scherzhaften Spiels unter und ließen ihn nicht mehr eher los, als bis sie ihn ertränkt hatten. So kam Aristobulos im blühenden Alter von nicht achtzehn Jahren um's Leben, nachdem er nur ein Jahr lang die Hohepriesterwürde bekleidet hatte.«[2]

Ob es sich bei dem geschilderten Vorfall wirklich um einen Mord oder um einen Unglücksfall handelte, ist umstritten.[3] Für die Mutter des Aristobulos war es jedoch keine Frage, daß ihr Sohn einem Anschlag von Herodes zum Opfer gefallen war. Sie wandte sich deshalb, wie Josephus berichtet, wiederum an Kleopatra, und Kleopatra bestürmte Antonius und brachte ihn dahin, nun Herodes vorzuladen, damit er sich vor ihm wegen des Mordverdachtes rechtfertige. Herodes wagte es nicht, sich diesem Befehl zu widersetzen und erschien, vermutlich im Frühjahr 35, vor Antonius, der sich damals in Laodicäa, dem heutigen Lattakia, zur Vorbereitung seines armenischen Feldzuges aufhielt.

Doch wiederum gelang es Herodes, sein Haupt aus der Schlinge zu ziehen, die Kleopatra so bereitwillig geknüpft hatte. Antonius dachte nicht daran, den einzigen Mann, der ihm Ruhe in Judäa garantierte, zu entmachten. Genau wie vor dem Partherfeldzug wollte er auch jetzt vor dem Armenienfeldzug seine Kräfte doch lieber schonen. Herodes konnte wohlbehalten nach Judäa zurückkehren.

Freilich ging Kleopatra auch diesmal ebensowenig leer aus wie schon bei ihrem ersten Versuch, Herodes vor dem Partherfeldzug zu entmachten. Ob allerdings Antonius Herodes damals gezwungen hat, Kleopatra die Hafenstadt Gaza zu überlassen, ist umstritten. Die antiken Quellen ergeben hier keine Klarheit. Während Grant die Auffassung vertritt, Kleopatra habe damals den Gazastreifen erhalten, soll nach Prause die Übergabe erst zwei Jahre später stattgefunden haben.[4] Für die Auffassung von Prause dürfte sprechen, daß Herodes seinerzeit in einem Brief äußerte, »Kleopatra habe weiter nichts zu erwarten, da Antonius, um ihre Forderungen zu befriedigen, ihr Coelesyrien geschenkt und damit bewirkt habe..., daß sie auf das Königreich Judäa keinen Anspruch mehr erhebe«.[5] Allerdings läßt auch dieser Satz die Möglichkeit offen, daß Herodes nur gegen den Verzicht auf Gaza von Antonius die Zusage erhalten hat, weiterhin König eines von dem Ptolemäerreich unabhängigen Judäa zu bleiben. Wenn er in diesem Zusammenhang nicht auf den Verzicht von Gaza eingegangen ist, könnte dies auch ein Versuch gewesen sein, die Schilderung seines Erfolges nicht durch die Erwähnung seiner Gegenleistungen zu schmälern.

Mit Sicherheit erhielt jedoch Kleopatra das Recht, die reichen Bitumenvorkommen des Nabatäerkönigs Malchos auszubeuten. Auch wenn Herodes davon nicht unmittelbar betroffen war, konnte er doch nicht über eine Entscheidung glücklich sein, die zur Folge hatte, daß nun Kleopatra im benachbarten Nabatäa Fuß faßte. Doch Herodes fand wie schon bei der Vergabe seiner Erträge aus den Plantagen bei Jericho eine recht elegante Lösung: er bot Kleopatra an, ihre Rechte für die riesige Summe von 200 Talenten abzukaufen. Da zwischen Malchos und Herodes trotz verwandtschaftlicher Beziehung ein gespanntes Verhältnis bestand, sah Kleopatra in diesem Angebot eine günstige Gelegenheit, die beiden Herrscher noch weiter zu entzweien, und nahm an. Doch Herodes, der wohl der Meinung war, es genüge schon, Kleopatra zum Feind zu haben, verpachtete die Ausbeutung der Bitumenvorkommen kurzerhand an ihren einstigen Besitzer Malchos weiter.

Damit hatte Herodes aus dieser Situation das Beste gemacht, was unter den gegebenen Umständen möglich war: er hatte Kleopatras Einfluß in einem weiteren benachbarten Reich verhindert und sich zudem den Nabatäerkönig zu Dank verpflichtet, da dieser durch die Übertragung der Pachtrechte weder jüdische noch ptolemäische Beauftragte in seinem Land dulden mußte. Malchos sollte den ihm von Herodes erwiesenen Dienst später schlecht danken, aber man kann sich des Eindrucks nicht erwehren, daß Herodes einer der wenigen Männer war, die für sich in Anspruch nehmen durften, Kleopatra gewachsen zu sein und sie auch gelegentlich zu überspielen.

Jedenfalls konnte Herodes hochzufrieden nach Jerusalem zurückkehren: Er hatte in Laodicäa nicht nur seinen Kopf gerettet, sondern auch seine Stellung als König von Judäa gefestigt. Bedenkt man das Schicksal der vielen anderen, die durch den Haß Kleopatras von Antonius vernichtet worden sind, so war dies fraglos ein glänzender Erfolg.

Kleopatra blieb nach der Abreise von Herodes noch einige Zeit bei Antonius und reiste dann über Judäa nach Alexandria zurück. Natürlich bereitete Herodes der Geliebten von Antonius einen glänzenden Empfang. Doch dies hielt Kleopatra, wenn man dem Bericht von Flavius Josephus Glauben schenken will, nicht davon ab, Herodes eine gefährliche Falle zu stellen:

»Kleopatra war oft mit Herodes zusammen und versuchte, in sexuelle Beziehung mit dem König zu treten, denn sie war es von Natur aus gewöhnt, sich auf diesem Gebiet keine Zurückhaltung aufzuerlegen. Vielleicht empfand sie auch wirklich eine gewisse Leidenschaft für ihn oder, was wahrscheinlicher ist, sie wollte ihn, wenn er ihr Gewalt antat, in eine Falle locken. Kurz gesagt, sie gab sich den Anschein, von Wollust überwältigt zu sein. Aber Herodes war schon lange kein Freund der Kleopatra mehr, denn er wußte, wie gehässig sie im allgemeinen war und hatte diesmal jeden Grund, sie besonders zu verachten, wenn sie aus purer Wollust so weit ging. Und wenn sie ihm solche Angebote machte, um ihm eine Falle zu stellen, dann wollte er ihr etwas antun, bevor sie ihm etwas antun konnte.

Deshalb ging er auf die Vorschläge nicht ein, sondern beriet sich mit seinen Freunden über die Frage, ob er sie töten sollte, solange sie sich in seiner Gewalt befand. Er sagte, er wolle auf diese Weise viele Übel beseitigen, die durch ihre Bosheit schon entstanden waren oder in Zukunft noch entstehen würden. Zugleich, so meinte er, würde er damit dem Antonius einen Gefallen tun, denn nicht einmal ihm würde sie die Treue halten, wenn er eines Tages gezwungen sein sollte, sie um ihre loyale Unterstützung zu bitten. Aber seine Freunde hinderten ihn an der Ausführung seines Plans. Sie wiesen darauf hin, daß es erstens nicht der Mühe wert sei, sich in die Gefahr zu begeben, in die dieser ernste Schritt ihn bringen könnte, und baten ihn dringend, nicht voreilig zu handeln. Zweitens, sagten sie, werde Antonius ein solches Vorgehen nicht billigen, obwohl man ihm die Vorteile, die es bringen würde, sehr gut vor Augen halten könnte. Bei dem Gedanken, man habe sie ihm mit

Gewalt und durch Verrat genommen, würde seine Liebe nur noch stärker aufflammen und man würde keinen glaubhaften Vorwand finden, ein Attentat gegen die Frau unternommen zu haben, die unter allen zur Zeit Lebenden die höchste Stellung einnahm. Welches auch die damit verbundenen Vorteile seien, man würde sie im Zusammenhang mit der Tatsache sehen, daß er auf die Haltung des Antonius keine Rücksicht genommen habe. Ein solches Vergehen würde, wie man unschwer erkennen könne, seinem Thron und seiner Familie unvorstellbares Unglück bringen... Indem sie den König mit solchen Argumenten erschreckten und ihm klar machten, welche Gefahren mit diesem Versuch verbunden seien, hielten sie ihn davon ab, ihn auszuführen.«[6]

Dieser Bericht von Flavius Josephus soll zwar auf die Darstellung des Herodes in seinen später verfaßten autobiographischen Erinnerungen zurückgehen.[7] Doch völlig zu Recht merkte Grant hierzu zweifelnd an: »Nun ist zwar denkbar, daß Kleopatra tatsächlich ein solches Manöver mit dem Hintergedanken versucht hatte, um im Erfolgsfall das Gerücht verbreiten zu können, die Initiative wäre von Herodes ausgegangen, eine gute Gelegenheit, ihn bei Antonius in Mißkredit zu bringen. Doch alles in allem scheint es eher wahrscheinlich, daß Herodes das Verhalten von Kleopatra mißdeutet hatte: Möglicherweise ist seine Behauptung lediglich eine Fehlinterpretation ihres berühmten weiblichen Charmes, den sie in Gesellschaft meisterhaft hervorkehren konnte. Es ist gut möglich, daß er eine spielerisch dahingeworfene Bemerkung fälschlicherweise auf sich bezog und sie dann auf so unritterliche Weise kolportierte.«[8] In der Tat ist es äußerst unwahrscheinlich, daß Kleopatra versucht hat, Herodes zu verführen, denn dies hätte wahrscheinlich seinen Tod bedeutet. Herodes hatte zwar hoffen können, daß ihm Antonius die Ermordung von Aristobulos nicht weiter nachtragen würde. Die Nachricht einer Verführung Kleopatras hätte Antonius fraglos weniger gelassen aufgenommen. Gleichwohl konnte Kleopatra nicht das geringste Interesse haben, Herodes auf diese Weise zu vernichten. Und selbst ihr wäre es schwer gefallen, sich bei Antonius als das unschuldige Opfer der Verführungskünste von Herodes darzustellen. Sie konnte unter diesen Umständen nun wirlich kein

Interesse daran haben, wegen ihrer Feindschaft zu Herodes ihre Beziehung zu Antonius aufs Spiel zu setzen.

Völlig unwahrscheinlich ist auch die Behauptung von Josephus, Herodes habe mit dem Gedanken gespielt, Kleopatra ermorden zu lassen. Er bedurfte gewiß nicht erst des Rates seiner Freunde, um zu erkennen, daß er sich mit der Ermordung Kleopatras den unversöhnlichen Haß von Antonius zuziehen würde, der ihn Thron und Kopf kosten konnte. Herodes hat seine autobiographischen Erinnerungen, auf denen der Bericht von Josephus beruht, zu einer Zeit verfaßt, als sich die augusteische Propaganda bemühte, Kleopatra als Hure und den bösen Geist von Antonius darzustellen. Damals konnte es besonders für einen ehemaligen Schützling von Antonius, wie Herodes es nun einmal war, nur von Nutzen sein, Kleopatra in einem möglichst ungünstigen Licht darzustellen. Dies ist Herodes mit seiner Schilderung des Besuchs von Kleopatra in Jerusalem glänzend gelungen. Fraglos ist seine Darstellung ein geschickter Versuch, sich bei Octavian ins rechte Licht zu setzen. Mehr als eine Rechtfertigungsschrift war dieser Bericht des mit allen Wassern – und nicht immer mit den saubersten – gewaschenen Herodes wirklich nicht. Josephus schließt denn auch seine Schilderung mit den Worten: »Anstatt sie ermorden zu lassen, überschüttete er sie mit Geschenken und brachte sie auf den Weg nach Ägypten.«[9] Dies dürfte der einzige Satz in Flavius Josephus' Bericht gewesen sein, der den Tatsachen entsprach.

DIE SCHATTEN DER ZUKUNFT

Doch nicht nur die Haltung von Antonius in dem Konflikt zwischen Kleopatra und Herodes, auch das Schicksal von Sextus Pompejus macht deutlich, daß Kleopatras Einfluß auf die Politik von Antonius Grenzen gesetzt waren. Pompejus war nach seiner schweren Niederlage gegen Agrippa bei Naulochos mit den Trümmern seiner Flotte nach Osten ausgewichen. Der siegreiche Agrippa hatte auf eine Verfolgung von Pompejus verzichtet, obwohl ihm eine Vernichtung dieses Unruhestifters, der noch über ganze 17 Schiffe verfügt haben soll, ohne weiteres möglich gewesen wäre. Auf den ersten Blick erscheint diese Entscheidung nur schwer verständlich. Taktiker von Geblüt, die Octavian und Agrippa nun einmal waren, sahen es anders. Der wirkliche Grund für ihr Verhalten findet sich bei Appian: »Octavian verzichtete auf eine Verfolgung des Pompejus und verbot dies auch anderen. Entweder hütete er sich, in das Gebiet des Antonius als einen fremden Herrschaftsbereich einzudringen, oder er wollte die weitere Entwicklung abwarten, was Antonius mit Pompejus anfangen werde, um dann im Falle unbilligen Verhaltens einen Grund zum Streit zu bekommen; seit langem schon hegten nämlich beide den Verdacht, daß Herrschsucht sie nach Beseitigung anderer Rivalen gegenseitig in Konflikt bringen werde.«[1] Schüchternheit in der Verfolgung seiner machtpolitischen Interessen zählte zu den Schwächen Octavians gewiß nicht. Wäre ihm etwas an der endgültigen Vernichtung von Pompejus gelegen, so hätte er sie befohlen. Das Eindringen in das

Hoheitsgebiet von Antonius konnte man zur Not ja mit dem Übereifer Agrippas oder irgendeines nachgeordneten Offiziers entschuldigen.

In den vergangenen Jahren hatte kein Mann – auch nicht Antonius – Octavian größere Schwierigkeiten bereitet als Sextus Pompejus. Aber war es klug, sich durch dessen Beseitigung den Unmut seiner Anhängerschaft zuzuziehen, die trotz aller Seeblockaden immer noch erstaunlich groß war? Sollten doch Antonius und Kleopatra sehen, wie sie mit diesem Mann zurechtkamen: Fast zehn Jahre hatte Pompejus nach der Niederlage der Pompejaner im spanischen Bürgerkrieg die römische Welt in Atem gehalten. Dabei verfügte er nicht wie seine Gegner über zahlreiche Machtbasen und römische Kerntruppen. Einige Inseln und altgediente Pompejaner bildeten die Grundlage seiner Macht, die Sextus Pompejus mit Hilfe von Piraten, entlaufenen Sklaven und sonstigen bindungslosen Desperados zu jener fürchterlichen Waffe geschmiedet hatte, die ihm die Triumvirn trotz ihrer weit überlegenen Kräfte lange Zeit vergeblich zu entwinden suchten. Im Gegenteil: Unter dem Druck des römischen Volkes sahen sich Antonius und Octavian beim Treffen von Misenum gezwungen, gewaltige Zugeständnisse für ihren Frieden mit Pompejus zu machen. In gewisser Weise erinnert Sextus Pompejus an Sertorius, der ebenfalls mit weit unterlegenen Kräften dank seiner überragenden Fähigkeiten die Mächtigen Roms jahrelang in Atem gehalten hatte.

Aber auch nach seiner Niederlage gegen Agrippa gab sich Pompejus nicht geschlagen. Er war 40 Jahre alt, und ein Mann seines Formats konnte hoffen, daß die Niederlage von Naulochos für ihn nicht das Ende bedeutete. In Kleinasien gelang es ihm in kürzester Zeit, im Herrschaftsbereich von Antonius eine beachtliche Streitmacht aufzustellen. Gleichzeitig nahm er mit Antonius Verbindung auf. Doch als er die Nachricht von dem mißglückten Ausgang des Partherfeldzuges erhielt, entschloß sich Pompejus zu einem verhängnisvollen Doppelspiel:

»Da er aber von einer Niederlage des Antonius hörte und das Ereignis gerüchteweise übertrieben dargestellt wurde, gefiel er sich in Hoffnungen, als könne er entweder, wenn Antonius tot sei, dessen Herrschaft übernehmen oder, wenn er zurückkehren sollte, mit ihm teilen. Dauernd mußte er an Quintus Labienus denken, der vor gar nicht langer Zeit Asien überrannt hatte. Während er diesen Überlegungen nachhing, erhielt er die Kunde von Antonius' Heimkehr nach Alexandria. So sandte Pompejus, in Verfolgung seiner beiden Pläne, Unterhändler dorthin, um sich ihm zur Verfügung zu stellen und als Freund und Helfer anzubieten. In Wirklichkeit versuchte er freilich nur, Antonius' Verhältnisse auszukundschaften. Gleichzeitig schickte er heimlich andere Beauftragte nach Thrakien und in den Pontos zu den dortigen Fürsten, um sich eine Fluchtmöglichkeit durch den Pontos nach Armenien zu eröffnen, wenn er seine Absichten bei Antonius nicht erreichen sollte. Er nahm auch mit den Parthern Verbindung auf; hoffte er doch, daß sie für den Rest des Krieges gegen Antonius gerne einen römischen General und besonders den Sohn des Pompejus Magnus bei sich aufnehmen würden. Im übrigen setzte er seine Schiffe wieder instand und übte die darauf befindlichen Soldaten ein, indem er das eine Mal vorgab, dies aus Furcht vor Octavian zu tun, ein anderes Mal, damit Antonius unterstützen zu wollen. Sobald Antonius von der Ankunft des Pompejus hörte, stellte er M. Titius zum Feldherrn gegen ihn; er solle sich Schiffe und Truppen aus Syrien beschaffen und, wenn Pompejus feindliche Absichten hege, ihn nachdrücklich bekriegen, ihn aber ehrenvoll behandeln, wenn er sich Antonius unterwerfe.« [2]

Doch Pompejus war nicht bereit, sich Antonius bedingungslos zu ergeben. Noch während man unterhandelte, kam es zum Kampf zwischen Pompejus und den Generalen von Antonius. Pompejus fiel dabei in die Hände von Titius, der ihn umbringen ließ. Die Frage, ob er auf Befehl von Antonius gehandelt hat, ist bis heute umstritten. Auch die einzig antike Quelle über die Vorgänge, der Bericht Appians, der zugleich eine bemerkenswert faire Würdigung dieser tragischen Gestalt ist, läßt die Frage offen:

»Er war der noch überlebende Sohn des Pompejus Magnus und hatte schon in früher Jugend seinen Vater und noch als ganz junger Mann den Bruder verloren. Nach ihrem Tode hatte er sich lange Zeit verborgen gehalten und in Spanien heimlich als Räuber betätigt, bis er sich als Pompejus' Sohn zu erkennen gab und viele Leute daraufhin bei ihm zusammenströmten und er ganz offen auftreten konnte. Nach dem Tod des Gajus Caesar führte er Krieg mit aller Kraft, sammelte ein starkes Heer, dazu Schiffe und Geld, besetzte

Inseln und machte sich zum Herrn des westlichen Meeres. Über Italien verhängte er Hungersnot und zwang so seine Gegner zum Abschluß von Verträgen, wie er sie wünschte. Was aber das Wichtigste war, zur Zeit der Proskriptionen wurde er der zutiefst gebeugten Stadt zum Helfer: Er rettete viele vornehme Persönlichkeiten, die es ihm verdankten, daß sie später noch in ihrem Vaterlande leben konnten. Doch von der Gottheit irgendwie verblendet, griff er niemals seine Gegner an, wiewohl ihm das Schicksal günstige Gelegenheit dazu bot, sondern beschränkte sich auf die Verteidigung. Nach solch einer Laufbahn war nun Pompejus in die Gefangenschaft geraten. Titius aber nahm seine Soldaten in den Dienst des Antonius und ließ Pompejus in seinem vierzigsten Lebensjahr zu Milet ermorden. Er tat dies entweder aus eigenem Entschluß, weil er Pompejus wegen einer früheren Beleidigung zürnte und die spätere Wohltat nicht dankte, oder im Auftrag des Antonius. Einige überliefern, Plancus, nicht Antonius habe den Befehl erteilt, und meinen damit jenen Plancus, den Statthalter von Syrien, welcher die schriftliche Vollmacht besaß, bei dringenden Fällen im Namen des Antonius zu unterzeichnen und sich seines Siegels zu bedienen. Einige glauben auch, daß Plancus mit Wissen des Antonius unterschrieben habe, der sich wegen des Namens Pompejus und mit Rücksicht auf Kleopatra, die um seines Vaters Magnus willen dem Pompejus wohlgesinnt war, zu unterschreiben schämte. Andere wieder vertreten die Auffassung, daß Plancus gerade wegen dieser Tatsachen ganz von sich aus die Weisung gegeben habe. Er wollte angeblich dadurch verhindern, daß Pompejus mit der Unterstützung der Kleopatra das günstige Verhältnis zwischen Octavian und Antonius störe.«[3]

Auch wenn der hier zitierte Bericht Appians die Frage offen läßt, ob Pompejus auf Veranlassung von Antonius ermordet wurde, so wirft er ein aufschlußreiches Licht auf dessen Beziehung zu Kleopatra. Nach Appian hat sich Kleopatra für Pompejus eingesetzt, weil sie ihm wegen ihres und dessen Vater wohlgesinnt war. Dies klingt überzeugend: Immerhin hatte Magnus Pompejus Kleopatras Vater Auletes in Rom Gastfreundschaft gewährt. Dann war Pompejus nach seiner Niederlage bei Pharsalos nach Ägypten geflohen, weil er glaubte, mit der Dankbarkeit des ptolemäischen Königshauses rechnen zu können. Dies sollte sich zwar als ein verhängnisvoller

Irrtum erweisen, aber Kleopatra hatte mit seiner Ermordung nichts zu tun, im Gegenteil: Die Mörder von Pompejus Magnus waren ihre Todfeinde gewesen. Aber Dankbarkeit allein dürfte sicher nicht der einzige Grund Kleopatras gewesen sein, sich für Sextus Pompejus einzusetzen. Denn war dieser Mann, dessen Vater und Bruder im Kampf gegen Caesar den Tod gefunden hatten, mit seinen hervorragenden Fähigkeiten als Flottenbefehlshaber nicht ein Geschenk des Himmels für den Kampf gegen Caesars Stiefsohn Octavian und Agrippa?

Doch letztlich nutzte auch Kleopatras Fürsprache nichts mehr, um das sorgsam eingefädelte Komplott zu verhindern. Nach seiner Ankunft im Römischen Ostreich war Sextus Pompejus von den Offizieren des Antonius noch mit äußerster Zurückhaltung empfangen worden, und niemand hatte es gewagt, irgendetwas gegen ihn zu unternehmen. Keiner wollte durch einen voreiligen Schritt den Zorn des Antonius auf sich laden. Schon gar nicht Plancus, der offensichtlich dann den Mordbefehl gegeben hat. Plancus sollte sich noch als Opportunist und Verräter übelster Sorte erweisen. Da er wußte, daß Kleopatra sich bei Antonius für Sextus Pompejus eingesetzt hatte, wäre er der letzte gewesen, diesen Befehl zu geben, wenn er sich nicht der Rückendeckung durch Antonius völlig sicher gewesen wäre. Fraglos hat Plancus diesen Befehl mit Wissen von Antonius unterschrieben, der, wie Appian berichtet, wegen des Ansehens von Pompejus und mit Rücksicht auf Kleopatra nicht als Hauptverantwortlicher für diese Entscheidung in Erscheinung treten wollte.

Damit werfen die Vorgänge um den Tod des Pompejus auch ein bezeichnendes Licht auf das Verhältnis zwischen Antonius und Kleopatra. Antonius war, wie sein Todesbefehl zeigt, durchaus nicht der willige Sklave Kleopatras, aber er ging Konflikten mit seiner Geliebten doch nach Möglichkeit aus dem Wege. Man fühlt sich hier an jene Episode erinnert, als der Vater von Antonius alles daransetzte, die Weggabe eines kostbaren Bechers vor seiner Frau zu verheimlichen.

Ganz klar ist indessen nicht, was Antonius veranlaßt hat, entgegen dem Rat Kleopatras den fähigsten Gegner seines Todfeindes Octavian beseitigen zu lassen. Sicher waren dessen Kontakte mit den Parthern gegen die Interessen von Antonius gerichtet. Möglicherweise fürchtete Antonius auch, durch eine wohlwollende Behandlung des Pompejus Octavian einen Vorwand zum offenen Kampf gegen ihn zu liefern. Wie das Verhalten von Antonius noch zeigen sollte, wollte er jedoch diesen Kampf im Gegensatz zu Kleopatra nicht.

Octavian seinerseits war natürlich hochzufrieden, daß es Antonius übernommen hatte, Sextus Pompejus zu beseitigen, und sparte nicht mit lobenden Worten. Doch als in Rom die Erinnerung an die Schrecken der Seeblockaden verblaßte, begann sich auch das Bild von Pompejus zu wandeln. Seine Familie hatte in Rom immer über einen beträchtlichen Anhang verfügt, und viele begannen sich jetzt wieder zu erinnern, daß Sextus Pompejus jeden Proskribierten, der bei ihm Schutz suchte, bereitwillig aufgenommen hatte. Sein Mörder Titius wurde auch später bei den öffentlichen Spielen in Rom ausgepfiffen. Doch Octavian verstand es, selbst diesen Stimmungswandel für sich zu nutzen. Er bezeichnete die Hinrichtung von Pompejus als eine unnötige Grausamkeit und verwies darauf, mit welcher Milde er den entmachteten Lepidus behandelt hatte.

Antonius dürfte dieser Stichelei Octavians kaum Beachtung geschenkt haben. Ihn trieb der Wunsch, durch einen militärischen Erfolg den unglücklichen Partherfeldzug so schnell wie möglich vergessen zu machen. Doch einen neuen Angriff gegen diesen Gegner konnte er unmittelbar nach seiner schweren Niederlage nicht wagen. Daher entschloß er sich, gegen Artasvedes von Armenien vorzugehen. Außer einem sicheren Sieg bot der Feldzug die Möglichkeit, den armenischen König wegen seines angeblichen Verrates öffentlich als den Hauptschuldigen für das Scheitern des Partherfeldzuges darzustellen. Um Artasvedes in Sicherheit zu wiegen, schickte Antonius Quintus Dellius mit dem Auftrag zu diesem, ihm eine Verlobung zwischen der vierjährigen Tochter des Königs und dem sechsjährigen Alexander Helios vorzuschlagen. Während Dellius und Artasvedes verhandelten, stieß Antonius nach Westarmenien vor. Von dort bat er Artasvedes unter dem Vorwand zu sich, mit ihm die Pläne für einen Partherfeldzug ausarbeiten zu wollen. Artasvedes verspürte indessen keine Neigung, sich in das Hauptquartier von Antonius zu begeben, und zog es vor, in seiner 600 km entfernten Hauptstadt Artaxata zu bleiben. Doch als Antonius nach gewaltigen Eilmärschen vor Artaxata auftauchte, blieb ihm nichts anderes übrig, als sich in das Lager von Antonius zu begeben. Dort wurde er mit allen Ehren empfangen. Doch als er sich weigerte, seine in zahlreichen Festungen lagernden Schätze herauszugeben, ließ Antonius ihn, seine Frau und zwei seiner Söhne festnehmen. (Nur der älteste Sohn von Artasvedes entging diesem Schicksal. Sein Versuch, die Römer aus Armenien zurückzudrängen, scheiterte jedoch, und nach einer verlorenen Schlacht mußte er zu den Parthern fliehen.) Antonius stieß daraufhin bis zur medischen Grenze vor, überschritt sie aber nicht, da der medische König zu den Römern überging. Zwischen diesem und dem parthischen König Phraates war es bei der Verteilung der Beute nach dem zurückgeschlagenen Angriff von Antonius zum Streit gekommen. Die Gefangennahme des ihm verfeindeten armenischen Königs dürfte dem Meder die Entscheidung zum Frontwechsel noch zusätzlich erleichtert haben. Zur Besiegelung der neuen Verbindung wurde der sechsjährige Alexander Helios nun mit der Tochter des medischen Königs verlobt. Außerdem verpflichtete sich Antonius, dem Meder gegen die Parther beizustehen. Antonius konnte hochzufrieden sein. Armenien und seine Reichtümer waren fest in seiner Hand, und der medische König war sein Verbündeter. Damit hatte sich das Blatt nach dem verlorenen Partherfeldzug in weniger als zwei Jahren gründlich gewendet. Nun lag selbst ein erfolgreicher Partherfeldzug wieder im Bereich des Möglichen.

In Alexandria kostete Antonius seinen Erfolg voll aus: Wie ein römischer Triumphator fuhr er hinter dem Zug der Gefangenen, der von dem mit silbernen Ketten gefesselten armenischen König, dessen Frau und seinen beiden Söhnen angeführt wurde, durch Alexandria zu Kleopatra, die den siegreichen Feldherrn inmitten einer riesigen Menschenmenge auf einem vergoldeten Thron erwartete. Doch nicht alles verlief nach Wunsch. Orientalischer Sitte gemäß hätten sich die Besiegten nun demütig vor Kleopatra auf den Boden werfen und um Gnade flehen müssen. Doch weder Artasvedes noch sein Gefolge dachten daran, Kleopatra diesen Gefallen zu tun. Die Gefangenen zeigten vor den Augen der verblüfften Alexandriner eine bewundernswerte Haltung. Sie flehten weder um Gnade noch warfen sie sich Kleopatra zu Füßen, »obwohl man sie vielfältigem Zwang aussetzte oder durch eine

Menge Hoffnung dazu bestimmen wollte, sondern redeten Kleopatra nur mit ihrem Namen an«.[4]

Zur Ehre von Antonius und Kleopatra muß allerdings angemerkt werden, daß man auf die Hinrichtung der Gefangenen verzichtete, wie dies bei den Triumphzügen in Rom – man denke nur an das furchtbare Ende von Jugurtha und Vercingetorix – der Fall war. Kleopatra und die Alexandriner hatten allen Grund, mit Antonius zufrieden zu sein. Antonius schenkte Kleopatra die gesamte Kriegsbeute und veranstaltete eine rauschende Siegesfeier, bei der selbst die verwöhnten Alexandriner auf ihre Kosten kamen. Damit nicht genug, ließ sich Antonius wenige Tage später zu einem Schritt hinreißen, der weitreichende Folgen haben sollte:

»Er ließ nämlich das Volk im Gymnasium zusammenkommen, wo auf einer silbernen Bühne zwei goldene Throne, einer für ihn, der andere für Kleopatra und einige niedrigere für seine Söhne aufgestellt waren. Hier erklärte er zuerst die Kleopatra zur Königin von Ägypten, Zypern, Afrika und Coelesyrien, so daß Caesarion, der für einen Sohn des älteren Caesar galt, weil dieser die Kleopatra geschwängert hatte, an der Regierung teilnehmen sollte. Sodann ernannte er auch seine eigenen Söhne von der Kleopatra zu Königen der Könige; für Alexander bestimmte er Armenien, Medien und die Länder Phönikien, Syrien und Kilikien. Zugleich ließ er den Alexander in medischer Kleidung, zu welcher die Tiara (die Tiara war der Kopfputz der alten persischen Könige; der Verf.) und die Kitaris gehört, den Ptolemäus aber in Stiefeln, in der Chlamys und dem Kausias, um den ein Diadem gebunden war, auftreten. Denn dies war die Tracht der auf Alexander den Großen folgenden Könige, jenes aber die der Meder und Armenier. Nachdem die Söhne ihre Eltern umarmt und geküßt hatten, umgab den einen eine aus Armeniern, den andern eine aus Makedoniern bestehende Leibwache.«[5]

Man mag auf den ersten Blick geneigt sein, in der ganzen Zeremonie eine das Lächerliche streifende Demonstration der Neigung von Antonius und Kleopatra zur pompösen Selbstdarstellung zu sehen. Doch das war sie nicht, zumindest nicht nur: Wie immer man zu den Äußerlichkeiten stehen mag, dieser in die Geschichte als die »Schenkungen von Alexandria« eingegangene Akt war Ausdruck und Besiegelung des größten politischen Triumphes, den Kleopatra feiern konnte. Neben den Ereignissen, aber auch den Folgen dieses Tages sinken die umfangreichen Gebietsschenkungen von Antonius an Kleopatra im Jahre 37 fast zur Bedeutungslosigkeit herab. Trotz aller territorialen Gewinne war Kleopatra damals nur Herrscherin von Antonius' Gnaden. Antonius konnte sich jederzeit eines anderen besinnen und alle Maßnahmen wieder rückgängig machen. Die erschreckte Reaktion Kleopatras auf die Nachricht von der bevorstehenden Ankunft ihrer Rivalin Octavia – ganz gleich, ob ihr Schmerz echt oder gespielt war – zeigt nur allzu deutlich, wie sehr sich Kleopatra selbst damals der Schwäche und Fragwürdigkeit ihrer Stellung bewußt war. Doch die Auswirkungen der Schenkungen von Alexandria konnte auch ein Antonius nicht mehr rückgängig machen.

Die Proklamation Caesarions zum Mitregenten Kleopatras war eine offene Herausforderung Octavians. Gewiß, Kleopatra hatte Caesarion schon unmittelbar nach dem mysteriösen Tod ihres Bruders Ptolemäus XIV. im Jahre 44 zum Mitregenten erhoben. Aber die Maßnahme der aus Rom geflohenen ägyptischen Klientelkönigin Kleopatra waren eine, die des römischen Feldherrn und Beherrschers des Römischen Ostreichs, Antonius, eine ganz andere Angelegenheit. Die Erhebung von Caesarion zum Mitregenten durch Kleopatra im Jahre 44 ist zumindest von den meisten Caesarianern als romfreundlicher Akt empfunden worden. Doch als Antonius diese Regentenstellung Caesarions zehn Jahre später mit der ausdrücklichen Begründung bestätigte, daß dieser Caesars Sohn sei, machte er Octavian das Recht streitig, sich als Erbe Caesars auszugeben und griff damit die Grundlagen seiner politischen Stellung an. In der Tat sind sich heute alle Historiker darüber einig, daß dieser Schritt von Antonius die Ursache für den gewaltsamen frühen Tod Caesarions gewesen ist.

Richtete sich die Bestätigung Caesarions als Mitregent Kleopatras nur gegen Octavian, so war die Thronerhebung von Alexander Helios und Ptolemäus Philadelphos ein unverhüllter Angriff gegen die Weltmacht Rom. Die beiden Kinder waren zwar als Söhne von Antonius Halbrömer. Aber über ihnen stand nach dem ausdrücklichen Willen Antonius' Kleopatra als »Königin der Könige«. Damit stellte Antonius eindeutig die Alexander Helios und Ptolemäus verliehenen riesigen Gebiete von Syrien, Kilikien, Phönikien, Armenien, Medien und – das allerdings noch zu erobernde Partherreich – unter ptolemäische Oberherrschaft. Es war klar, daß die Verwirklichung dieser Absicht das Ende des Oströmischen Reiches bedeutet hätte. Bezeichnenderweise ließ Kleopatra unmittelbar nach der Proklamation ihrer beiden Söhne Münzen mit der Aufschrift prägen: »Kleopatra Königin der Könige und ihrer Söhne, die Könige sind«.[6]

Kleopatra hatte allen Grund zum Triumph. Im Alter von 35 Jahren herrschte sie über ein größeres Reich als die bedeutendsten Ptolemäer vor ihr. Auch Antonius hatte sein Ziel mit dieser Machtdemonstration erreicht: er war der vergötterte Liebling der Massen von Alexandria, und bei den Völkern des Ostens genoß sein Name wieder höchstes Ansehen. Seine Macht und sein Territorium waren nach der Eroberung Armeniens und dem Bündnis mit dem medischen König größer als je zuvor. Niemals hatte ein Römer im Osten über größere Gebiete geherrscht als Antonius im Jahre 34.

Die römischen Massen kochten vor Wut, als sie von den triumphalen Feierlichkeiten in Alexandria hörten. Natürlich verübelte man es Antonius nicht, daß er seinen Erfolg auskostete. Zu Recht hat Volkmann jedoch angemerkt: »Daß er aber den staunenden Alexandrinern einen förmlichen Triumph vorführte und in dessen Mittelpunkt Kleopatra stellte, war unerhört und konnte mit Recht als Absage an Rom und den Westen aufgefaßt werden. Nach alter Sitte war der Triumph der Dankzug des siegreichen Feldherrn und seines Heeres hinauf zum Tempel des Jupiter Optimus Maximus auf dem Kapitol. Auch Ventidius Bassus hatte kürzlich in Rom seinen Triumph über die Parther begangen. Wenn Antonius stattdessen in Alexandria triumphierte, so wurde damit der Anspruch Roms, Hauptstadt des Imperiums zu sein, beiseite geschoben, Alexandria als gleichberechtigt anerkannt.«[7]

Dem ist zwar entgegengehalten worden, daß es sich bei dem Siegeszug durch Alexandria um keinen römischen Triumph gehandelt habe, da Antonius nicht als römischer Feldherr, sondern als Dionysos aufgetreten sei und das Ganze somit den Charakter einer religiösen Prozession gehabt habe.[8] Doch die römischen Massen waren zu solch feinsinnigen Unterscheidungen nicht fähig und wollten es auch gar nicht sein. Aus ihrer Sicht hatte Antonius sie um jene spektakuläre Zurschaustellung gedemütigter Besiegter und die mit den Triumphzügen verbundene Bewirtung gebracht. In ihren Augen war dies ein unverzeihliches Vergehen, gleichgültig ob Antonius nun als römischer Feldherr oder als Dionysos gekleidet durch Alexandria zog.

Viel schlimmer für Antonius war indessen, daß die römische Oberschicht nicht weniger empört reagierte. Bei ihr genoß Antonius noch immer große, ja sogar wachsende Sympathien. Viele hatten längst erkannt, daß der eiskalte Rechner Octavian dem Einfluß ihrer Familien weit gefährlicher werden konnte als der temperamentvolle Antonius mit all seinen Schwächen und Fehlern. Für sie wäre die Entmachtung Octavians durch Antonius das kleinere Übel gewesen. Aber was sollte man von einem Mann halten, der eine ägyptische Konkubine zur Königin der Könige des Ostens erhob, ihr reihenweise römische Provinzen schenkte, offensichtlich monarchistische Tendenzen zeigte und als griechischer Gott verkleidet durch die Lande zog? Nicht nur bei den Römern lösten die Vorgänge in Alexandria Empörung aus. Antonius hatte ja mit einem Schlage eine ganze Reihe römischer Klientelherrscher zu Fürsten dritter Klasse und Untertanen der Ptolemäer gemacht, indem er ihre Gebiete Caesarion, Alexander Helios und Ptolemäus unterstellte. Und was sollte erst der bisher unabhängige Artasvedes von Medien sagen, der den sechsjährigen Alexander Helios als König vorgesetzt bekam, der seinerseits wiederum im Rang unter Kleopatra stand? Praktische Auswirkungen hatte dies im Augenblick zwar nicht, denn keinem der Kinder wurde die Regentschaft über die ihm verliehenen Gebiete anvertraut. Aber mit einer Kleopatra als »Königin der Könige« im Hintergrund gaben die Maßnahmen von Antonius doch Anlaß zu Sorgen und Befürchtungen. Dankbar konnten im Osten allenfalls die Parther sein: Da Antonius auch ihr Gebiet »großzügigerweise« Alexander Helios unterstellt hatte, waren sie jedenfalls frühzeitig über seine Pläne informiert worden.

Man kann nur rätseln, was Antonius sich bei den »Schenkungen von Alexandria« gedacht hat. Jedenfalls war es ihm mit diesem Schritt – was nun auch beinahe schon ein Kunststück ist – gelungen, fast die gesamte damalige Welt vor den Kopf zu stoßen. Von Kleopatra und ihrem Anhang abgesehen, konnte sich nur einer so richtig über die »Schenkungen von Alexandria« freuen:

»Marcus Antonius' Verhalten kam Octavian gerade recht, zumal er ihm vielerlei vorzuwerfen hatte: Die Besetzung Ägptens, ohne daß er eine Vollmacht dazu besaß, die Hinrichtung des Sextus Pompejus, die Rom schwer verstimmt hatte, seine entwürdigende Handlungsweise gegenüber Octavia und die Verteilung römischen Bodens an Fremde. Vor allem aber trug man ihm nach, daß er das Andenken Julius Caesars durch die Anerkennung Caesarions entehrt hatte. Trotzdem waren viele Senatoren auf seiner Seite – wie überhaupt in der römischen Gesellschaft eine alte Vorliebe für Marcus Antonius bestand. Kleopatra genoß indessen keinerlei Sympathien. Daß eine Frau, und dazu noch eine Frau des Ostens, sich anmaßte, römische Truppen zu kommandieren und über römisches Land zu herrschen, verletzte den Bürgerstolz. Außerdem fürchtete man seit langem das Gespenst eines Übergewichts des Ostens und eine Verlegung der Macht vom Tiber an den Nil. Die leidenschaftlichen Verse der Dichter jener Zeit sind ein lebendiger Beweis für solche Befürchtungen. Für Octavian galt es, diese Angst zu schüren und auszunutzen. Und da Marcus Antonius jetzt an den Bau einer Flotte ging, konnte der letzte Kampf zwischen beiden nicht mehr fern sein.«[9]

Natürlich versuchten Antonius und seine Anhänger, sich gegen die Propaganda Octavians zu wehren. Sie hatten zwar einen schweren Stand, aber noch war die Sache von Antonius auch im Weströmischen Reich längst nicht verloren. Doch Octavian war fest entschlossen, aus »den Schenkungen von Alexandria« jene Waffe zu schmieden, die es ihm erlaubte, Antonius zu vernichten. In dieser Situation verfiel er auf einen ebenso einfachen wie wirkungsvollen Schachzug: Anstatt seinen immer noch populären Schwager Antonius und dessen römische Anhänger anzugreifen, ging seine Propaganda immer stärker dazu über, Kleopatra als die Ursache allen Übels darzustellen. War denn Antonius nicht nur noch Wachs in den Händen Kleopatras? Kleopatra aber war seit ihrem Aufenthalt in Rom an der Seite Caesars persönlich und als Vertreterin des orientalischen Königtums verhaßt. Gegen ihre Person konnte man den Zorn der Massen viel leichter aufpeitschen als gegen den einstigen Volksliebling Antonius. Darum drängte die Propaganda Octavians Kleopatra immer mehr als die eigentliche Gegnerin und Urheberin des ganzen Konflikts in den Vordergrund.

So wurde Caesars einstiger General Gajus Oppius veranlaßt, in einer Schrift zu behaupten, Kleopatra habe Caesarion fälschlicherweise als Sohn Caesars ausgegeben. Ein anderer Autor zählte in einem Pamphlet alle Kunstschätze auf, die Antonius für Kleopatra geraubt und nach Alexandria geschickt habe. Calvisius, ein Freund Octavians, behauptete im römischen Senat, daß Antonius bei einem Gastmahl in Gegenwart vieler Personen nach einer Wette aufgestanden sei und Kleopatra die Füße gerieben habe. Außerdem habe Antonius der Bevölkerung von Ephesus gestattet, Kleopatra in seiner Gegenwart als ihre Herrscherin zu begrüßen. Munatius Plancus, einem der engsten Vertrauten und höchsten Offiziere von Antonius, wurde vorgeworfen, während eines Banketts vor Kleopatra und den übrigen Gästen in der Rolle des Meergottes Glaukos einen Tanz aufgeführt zu haben, bei dem sein ganz nackter Körper mit blauer Farbe bemalt gewesen und er mit einem angebundenen Fischschwanz auf allen vieren vor den Gästen herumgekrochen sei.

An Geschichten dieser Art herrschte damals in Rom kein Mangel. Doch sind diese Berichte und Histörchen gerade in ihrer Belanglosigkeit aufschlußreich: Rom und seine Gastmähler waren auch zu Zeiten Octavians nicht immer ein Hort unschuldiger Vergnügungen. Wenn daher ein Freund Octavians, ohne sich lächerlich zu machen, vor dem römischen Senat gegen Antonius den Vorwurf erheben konnte, Kleopatra in ausgelassener Stimmung einmal die Beine massiert zu haben, so zeigt dies nur allzu deutlich, in welchem Maße der Name Kleopatra für viele Römer ein Reizwort gewesen sein muß. Zugleich machen diese Episoden aber auch klar, wie schwer sich Octavian damals bei seinen Versuchen tat, die Popularität von Antonius zu schmälern.

Antonius fühlte sich dann auch noch stark genug, gegen Octavian den offenen Kampf um die Vorherrschaft im Westreich aufzunehmen. Den geeigneten Augenblick hierzu sah er gekommen, als die beiden Konsuln des Jahres 32 ihr Amt antraten. Sowohl Gnaeus Domitius Ahenobarbus als Gajus Sosius waren erklärte Anhänger von Antonius. Der temperamentvolle Sosius benutzte sofort seine Antrittsrede, um Antonius in den höchsten Tönen zu loben und Octavian scharf anzugreifen. Octavian hatte mit diesem Angriff von Sosius gerechnet und es nicht nur vorgezogen, der Sitzung fernzubleiben, sondern auch Rom zu verlassen.[10] Octavians Interessen nahm der Volkstribun Nonius Balbus wahr, der die gegen Octavian gerichteten Anträge von Sosius mit seinem Veto zu Fall brachte. Immerhin hatte Octavian auf diese Weise genügend Zeit, in Ruhe seine Erwiderung auf die Vorwürfe von Sosius auszuarbeiten. Darauf kehrte er nach Rom zurück und berief seinerseits den Senat ein. Doch es war für die angespannte Lage bezeichnend, daß sich Octavian nur in Begleitung von Legionären und bewaffneten Parteigängern in den Senat wagte. Die Gegner Octavians schwiegen aus Furcht vor seinen Bewaffneten.

Doch diese Machtdemonstration hatte Octavians Gegner stärker beeindruckt, als ihm selbst lieb sein konnte. Denn nicht nur die beiden Konsuln, sondern 300 der insgesamt 900 Senatoren flüchteten aus Rom zu Antonius nach Ephesus. Die Flucht eines Drittels des römischen Senats zeigt, über welch starken Anhang dieser auch damals noch in Rom verfügte und brachte Octavian in eine heikle Lage.

Die Anwesenheit der beiden Konsuln und eines Großteils des römischen Senats bot Antonius die ausgezeichnete Möglichkeit, seinen Gegner mit den Waffen des Staatsrechts zu bekämpfen. Schon Pompejus hatte 48 nach seiner Flucht aus Rom vor dem heranrückenden Caesar erklärt, die rechtmäßige Regierung Roms befinde sich dort, wo sich die Konsuln und der Senat aufhielten. »Nach dieser staatsrechtlichen Auffassung war der Staat, die res publica jetzt im Lager des Antonius... Ein geschickter Politiker hätte damals noch Octavian mit einem... Gegenrom und weiteren juristischen Feinheiten erhebliche Schwierigkeiten machen können, zumal Antonius in Italien noch viele Sympathien auch in den Kreisen der dort angesiedelten Veteranen besaß. Ein solcher Schritt hätte ihm in römischen Augen eine offiziell beglaubigte Rechtsgrundlage gegeben, wie sie später Octavian durch die überraschende Form seiner Kriegserklärung gewann. Antonius hat diese Möglichkeit nicht genügend ausgenützt, da er kein Verständnis für die innere Kraft hatte, die in dem Romgedanken, in seiner Tradition und seinen staatsrechtlichen Formen steckte.

In diesem Versagen des Antonius wirkte sich der Einfluß Kleopatras aus. Ein Streit um die Legitimität mit den Mitteln des römischen Staatsrechts hätte natürlich die Ausschaltung oder zumindest ein zeitweiliges Zurücktreten Kleopatras verlangt.«[11]

Aus diesem Grund forderten damals viele Anhänger von Antonius, Kleopatra aus dem Lager von Ephesus nach Ägypten zurückzuschicken. Ihr Wortführer war kein Geringerer als der Konsul Domitius Ahenobarbus. Antonius konnte sich dem Gewicht ihrer Argumente nicht verschließen und schlug Kleopatra tatsächlich vor, sich nach Ägypten zurückzuziehen und dort das Ende des Krieges abzuwarten. Doch Kleopatra, die für den Krieg 200 Schiffe, 20000 Talente und umfangreiche Lebensmittel für das Heer zur Verfügung gestellt hatte, war entschlossen, nicht zu weichen. Durch große Geldzuwendung veranlaßte sie Canidius Crassus, der vor dem Partherfeldzug den armenischen König Artasvedes besiegt hatte, sich bei Antonius für sie zu verwenden. Crassus begab sich daraufhin zu Antonius und brachte vor, »es sei weder billig, diese Frau von dem Kriege abzuweisen, die so viele Beiträge dazu gebe, noch vorteilhaft, die Ägypter, einen so ansehnlichen Teil seiner Seemacht, dadurch in Mutlosigkeit zu versetzen; überdies begreife er auch nicht, welchem unter allen den Königen, die sich bei seiner Armee befänden, Kleopatra an Einsicht und Klugheit nachstehe, da sie lange genug ein so großes Reich für sich selbst beherrscht und durch den langen Umgang mit ihm die wichtigsten Geschäfte zu betreiben gelernt habe.«[12] Antonius ließ sich – vielleicht nur allzu gerne – von Canidius Crassus überzeugen, und Kleopatra durfte bleiben.

Daraufhin entsandten die in Rom verbliebenen Anhänger des Antonius mit Geminius einen ihrer Gesinnungsgenossen nach Ephesus, um Antonius erneut zu bewegen, Kleopatra nach Ägypten zurückzuschicken. Doch auch er scheiterte: »Geminius fuhr also nach Griechenland, war aber bald der Kleopatra verdächtig, die ihn für einen Unterhändler der Octavia ansah. Daher wurde er bei der Tafel immer geneckt und zum Schimpf unten angesetzt. Dies ließ er sich alles gefallen und wartete nur auf eine geeignete Gelegenheit, mit Antonius allein zu sprechen. Als man ihn einmal während der Tafel aufforderte, sich über die Absicht seiner Ankunft zu erklären, sagte er, sein Antrag setze Nüchternheit voraus; nur dies eine wisse er, er möchte nüchtern oder trunken sein, daß gewiß alles gut gehen werde, wenn sich Kleopatra nach Ägypten begebe.

Darüber wurde nun Antonius zornig, Kleopatra aber erwiderte: ›Du hast wohl daran getan, Geminius, daß du die Wahrheit auch ohne Folter gestanden hast.‹ Bald darauf schlich sich Geminius davon und ging nach Rom zurück. So verdrängten die Schmeichler der Kleopatra noch viele andere Freunde des Antonius . . .« [13]

Doch damit nicht genug, veranlaßte Kleopatra Antonius im Sommer des Jahres 32 noch zu einem weiteren verhängnisvollen Entschluß. Als sich beide in Athen aufhielten, gelang es der Königin, Antonius zu überreden, sich von Octavia scheiden zu lassen. Als ob er seine Landsleute nun noch vollends vor den Kopf stoßen wollte, schickte Antonius einige seiner Leute mit dem Befehl nach Rom, Octavia aus seinem Haus zu werfen. Weinend kam Octavia dem Befehl nach, nahm aber gleichwohl auch die Kinder von Antonius aus seiner zweiten Ehe mit Fulvia, die sich mit Ausnahme des ältesten Sohnes bei ihr aufhielten, mit sich und sorgte weiterhin für sie. Auch wenn Antonius in der Vergangenheit über Octavias Rolle an seiner Seite nicht immer glücklich gewesen sein mag, so war diese Scheidung und vor allem die rüde Form, in der sie vollzogen wurde, ein schwerer politischer Fehler. Besser konnte Antonius die Behauptung Octavians, er sei der willfährige Sklave Kleopatras, nicht bestätigen, und zu Recht hat Hans Volkmann hierzu angemerkt: »Kleopatras Sieg als Frau war zugleich ihre Niederlage als Politikerin. Zumindest in diesem Fall hatte sie das Gefühl für das Maß des Erreichbaren verloren. Schon erzählte man, ihr Lieblingsschwur laute: ›So wahr ich da einst noch auf dem Kapitol Recht sprechen werde!‹ Warum sollte man solche und ähnliche furchtbare Behauptungen nicht glauben, wenn die Königin sie mit ihren herrischen Taten und Ansprüchen bestätigte? Selbst die Freunde des Antonius ergriff zum Teil Unzufriedenheit und das Gefühl, das unter solchen Umständen begonnene Unternehmen könne nicht gut enden. Der Überlauf zum Gegner begann.« [14]

Einer der ersten, der von Antonius zu Octavian überging, war Quintus Dellius, jener »Wechselreiter der Bürgerkriege«, der es bislang noch immer verstanden hatte, im rechten Augenblick die Fronten zu wechseln. Doch weit schlimmer war es, daß nun auch Lucius Munatius Plancus und sein Neffe Marcus Titius zu Octavian flohen. Beide hatten als Zeugen das Testament von Antonius unterschrieben und es in seinem Auftrag bei den vestalischen Jungfrauen in Rom hinterlegt. Ihr Bericht über den Inhalt des Testaments veranlaßte Octavian zu einem ungewöhnlichen Schritt: Obwohl die Vestalinnen und die ihnen anvertrauten Schriftstücke unverletzlich waren, forderte Octavian die Herausgabe des Dokuments. Die Vestalinnen lehnten jedoch diese Forderung ab. Daraufhin begab sich Octavian persönlich in ihr Heiligtum und brachte das Testament mit Gewalt an sich. Mit diesem Angriff auf die göttlichen Rechte der Vestalinnen zog sich Octavian zwar zunächst den Zorn vieler Römer zu, doch dieser verflog rasch, als der Inhalt des Testaments bekannt wurde: »Die darin niedergelegten Bestimmungen waren nämlich tatsächlich von der Art, daß das doch ganz gesetzwidrige Vorgehen Caesars ihm von seiten der Bürger nicht den mindesten Tadel eintrug; denn Antonius hatte bestätigt, daß Caesarion wirklich von Caesar abstamme, hatte außerdem seinen aus der Verbindung mit der Ägypterin entsprossenen Kindern einige Riesengeschenke gemacht und schließlich angeordnet, daß seine Leiche an ihrer Seite in Alexandria beigesetzt werden solle. Voll Erbitterung darüber glaubten nun die Römer, daß auch all das andere, was an Gerüchten umlief, der Wahrheit entspreche: Daß er im Falle eines Sieges ihre Stadt an Kleopatra verschenken und den Sitz der Macht nach Ägypten verlegen werde. Und das erfüllte die Bürger mit solchem Zorn, daß nicht allein seine Gegner und jene, die zwischen beiden Parteien standen, sondern selbst seine engsten Freunde ihn hart tadelten.«[15] In Rom hatte das Ansehen von Antonius seinen Tiefpunkt erreicht. Selbst seine treuesten Anhänger wagten es jetzt nicht mehr, sich öffentlich für ihn einzusetzen. Seine Gegner dagegen überboten sich in immer neuen und immer abenteuerlicheren Beschuldigungen. Besonders tat sich dabei Munatius Plancus hervor, der Antonius erst vor kurzem verlassen hatte. Als er sich wieder einmal in nicht endenwollenden Schmähungen des Antonius erging, rief ihm der römische Senator Coponius zu: »Beim Herkules, Antonius muß viel seit jenen Tagen angestellt haben, nach deren Ablauf du ihn verlassen hast.«[16] Doch Antonius nützten solche Worte wenig. Er war nach der Veröffentlichung des Testaments in Rom ein politisch erledigter Mann.

Die Historiker rätseln noch heute, was Antonius veranlaßte, dieses Dokument im Machtbereich von Octavian zu hinterlegen.

Daher konnte die Frage nicht ausbleiben, ob das Testament nicht etwa eine Fälschung war. So vertritt etwa Grant die Auffassung: »Wahrscheinlich hat Octavian diese Klausel erfunden, um seinen Rivalen in Mißkredit zu bringen. Die Bestimmung, die er jedoch am stärksten betonte, betraf die Beisetzung des Antonius in Ägypten. Das würde in Rom auf entschiedenste Ablehnung stoßen. All die alten Gerüchte würden wieder aufleben, die man schon zu Lebzeiten Caesars gehört hatte und nach denen es einen Plan gab, die Hauptstadt des Imperiums in den Osten, in die Heimat der exotischen Kleopatra zu verlegen. Doch Antonius kann kaum so töricht gewesen sein, ein derart belastendes Dokument in Rom zu hinterlegen. Er hätte nicht angenommen, daß es bei den vestalischen Jungfrauen sicher sei. Er war sich auch der Tatsache bewußt, daß man aus Testamenten politisches Kapital schlagen konnte, denn er selbst hatte eine ganze Reihe von Papieren gefälscht, die man angeblich nach Caesars Tod in dessen Archiven gefunden hatte. Daß Antonius bei den Vestalinnen ein Testament hinterlegt hat, ist wahrscheinlich, denn sonst hätte Octavians Behauptung, er habe es fortgenommen, allzu leicht widerlegt werden können. Der Inhalt entsprach jedoch sicher nicht dem, was Octavian bekanntgab. Wir wissen nicht, ob Antonius wirklich in Ägypten beerdigt werden wollte. Er hatte dort die besten Jahre seines Lebens mit Kleopatra zugebracht. Aber er war und blieb ein Römer. Wahrscheinlich hat sein Testament über diese Frage gar nichts enthalten.« [17]

Dem ist von Volkmann entgegengehalten worden: »Wahrhaftig, das Testament gab in seiner unbekümmerten Offenheit der Propaganda Octavians unschätzbaren Auftrieb und Krönung seiner geheimsten Wünsche. Es kam im rechten Augenblick zum Vorschein, und gerade deshalb drängt sich dem Historiker unserer Tage der Verdacht einer wohl überlegten Fälschung auf. Aber es findet sich in unserer Überlieferung, in der doch auch die Stimmen aus dem Lager des Antonius, die Propaganda gegen Octavian, zu Worte kommen, nicht die leiseste Andeutung, die zu einer solchen Annahme berechtigt. Wir müssen uns mit der unbegreiflichen Tatsache abfinden, daß Antonius mit der Niederschrift und Aufbewahrung des Testaments einen unverzeihlichen Fehler beging, wie ihn Kleopatra sich mit ihrem Vorgehen gegen Octavia hatte zuschulden kommen lassen.

Kleopatras Verhalten ist immerhin noch verständlich; in ihr brachte für den Augenblick die Frau alle Überlegungen der Politik zum Schweigen. Aber Antonius durfte, wenn er als Politiker handeln und sich mit Octavian messen wollte, niemals ein so belastendes Schriftstück in Rom, im Bereich seines Gegners hinterlegen.«[18]

Immerhin steht sowohl für Grant als auch für Volkmann außer Frage, daß Antonius ein Testament bei den vestalischen Jungfrauen hinterlegt hat. Alles andere ist völlig unwahrscheinlich. Hätte sich Octavian darauf beschränkt, ein nicht vorhandenes Testament von Antonius herstellen zu lassen, so würde er mit Sicherheit niemals behauptet haben, dieses Dokument sei bei den vestalischen Jungfrauen aufbewahrt worden. Diese Behauptung hätte sich – wie Grant zutreffend bemerkt – sehr leicht widerlegen lassen. Vor allem aber würde sich Octavian, der sich durch seine Propaganda immer als wahrer Beschützer der alten römischen Traditionen verherrlichen ließ, niemals ohne Not dem Vorwurf ausgesetzt haben, die nach römischer Auffassung als heilig geltenden Rechte der Vestalinnen zu verletzen. Wie sehr Octavian vor einem solchen Vorwurf zurückschreckte, zeigt die Tatsache, daß dies der einzige Fall in seinem langen politischen Leben gewesen ist, in dem er ganz bewußt in aller Öffentlichkeit gegen religiöse römische Gebräuche verstieß.

So bleibt die Frage, welchen Inhalt das von Antonius hinterlegte Testament wirklich gehabt hat: War der von Octavian veröffentlichte Text echt, oder, wie Grant vermutet, eine Fälschung? Volkmanns Feststellung, daß der veröffentlichte Inhalt nach den uns vorliegenden antiken Quellen niemals von Antonius oder einem seiner Anhänger bestritten worden ist, spricht fraglos gegen eine Fälschung. Aber auch die besten Indizien sind noch lange keine ausreichenden Beweise. Aus den antiken Quellen weiß man, daß Octavian das Testament zunächst für einige Zeit an sich genommen hatte, ehe er es veröffentlichte. Angeblich geschah es nur, um seinen Inhalt zu prüfen. Aber zweifellos hätte Octavian in dieser Zeit die Möglichkeit zu einer Fälschung gehabt. Octavian mußte mit keinen Schwierigkeiten rechnen, wenn er das Testament in seinem entscheidenden Punkt, dem Wunsch des Antonius, in Alexandria neben Kleopatra bestattet zu werden, fälschte. Schlimmstenfalls mußte Octavian befürchten, daß Antonius diese Anordnung be-

streiten würde. Dann stand jedoch immer noch Aussage gegen Aussage. Doch selbst diese Gefahr war gering: Antonius konnte diese Verfügung, selbst wenn er sie gar nicht getroffen hatte, niemals in aller Öffentlichkeit bestreiten, ohne damit Kleopatra tief zu verletzen. Dies war aber beim damaligen Einfluß Kleopatras auf Antonius so wenig wahrscheinlich, daß sich der kühle Rechner Octavian kaum durch die Furcht vor einem Dementi dieser Klausel durch Antonius von einer Fälschung hätte abhalten lassen.
Gleichwohl ist eine Fälschung Octavians völlig unwahrscheinlich. Hätte er sich zu einer Fälschung entschlossen, so wäre er mit Sicherheit wesentlich raffinierter vorgegangen: Im Grunde genommen besagt die umstrittene Verfügung über die Beisetzung von Antonius neben Kleopatra in Alexandria genau das Gegenteil dessen, was die Propaganda Octavians daraus gemacht hat. Gerade diese Verfügung bezeugt sehr eindrucksvoll, daß sich Antonius damals eben nicht von Rom abgewandt hatte und schon gar nicht daran dachte, die Hauptstadt des Reiches von Rom nach Alexandria zu verlegen. Wenn Antonius diese seine testamentarische Bitte bei den Vestalinnen in Rom hinterlegte, so zeigt dies doch nur, daß auch nach seiner Vorstellung Rom das Zentrum des Römischen Reiches bleiben sollte. Hätte er tatsächlich die Absicht gehabt, Alexandria zur neuen Hauptstadt zu machen, so wäre es doch völlig sinnlos gewesen, diese Verfügung von Alexandria zu den Vestalinnen nach Rom zu schicken. Sollte Alexandria nach seinen Vorstellungen das Zentrum des römischen Weltreiches werden, so war dort wohl der richtige Platz für die Aufbewahrung seines Testaments. Ganz offensichtlich ist Antonius der Gedanke überhaupt nicht gekommen, daß sein spezieller Wunsch als Beweis für seine grundsätzliche Feindschaft gegen die Vaterstadt ausgelegt werden konnte. Dies erklärt dann auch die zunächst so rätselhaft erscheinende Tatsache, daß er keine Bedenken hatte, das Testament im Machtbereich Octavians zu hinterlegen.

Es bedurfte erst des diabolischen Geschicks Octavians, Inhalt und Bedeutung dieser Verfügung vor den Römern mit Erfolg in ihr Gegenteil zu verkehren. Nach diesem propagandistischen Meisterstück erschien nun Antonius immer mehr als der willfährige Geliebte der gefährlichen Kleopatra. In der Folge herrschte in Rom jene Stimmung, die ein späterer Historiker mit den Worten umschrieben hat, die Römer hätten außer Hannibal keinen einzigen Menschen mehr gefürchtet als die ägyptische Königin Kleopatra.

Octavian konnte nun zur Tat schreiten: Im Herbst 42 schleuderte er im römischen Kriegstempel der Bellona einen in frisches Blut getauchten Speer nach Osten. Dies war die alte Form der römischen Kriegserklärung. Doch der Feind im Osten war nur Ägyptens Königin Kleopatra, nicht Antonius. Octavian hatte seine Versicherung vom Jahre 36, es werde keine Bürgerkriege mehr geben, nicht vergessen. Es konnte zwar kein Zweifel bestehen, daß der eigentliche Gegner Antonius war. Aber Octavian hatte sein Wort gehalten – und was für ihn ungeheuer wichtig war – die meisten Weströmer glaubten ihm, daß sich der bevorstehende Kampf gegen Kleopatra richte. Fraglos war dies ein meisterhafter taktischer Zug, dessen Wirkung Octavian noch unterstrich, indem er allen Parteigängern des Antonius, die bereit waren, zu ihm überzugehen, volle Straffreiheit zusicherte. Noch geschickter konnte man den bevorstehenden Entscheidungskampf schwerlich vorbereiten.

AKTIUM

Es ist bezeichnend, daß es Octavian und nicht Antonius war, der den Entscheidungskampf zwischen beiden in aller Form eröffnet hatte. Betrachtet man ihr Verhalten in den vergangenen drei Jahren, so stellt sich die Frage, seit wann Antonius überhaupt mit einer ernsthaften Auseinandersetzung gerechnet hat. Sicher, in der Literatur ist immer wieder von dem unausweichlich bevorstehenden Entscheidungskampf die Rede. In der Tat deuteten die Ereignisse der letzten Jahre darauf hin, daß es zwischen Antonius und Octavian zum offenen Konflikt kommen würde. Ganz offensichtlich hat Octavian dies auch so gesehen und sich bewußt auf eine derartige Auseinandersetzung vorbereitet. Dies zeigt insbesondere sein militärisches Vorgehen in den Jahren 35 bis 33. Octavian war in dieser Zeit bemüht, das nördlich an den Herrschaftsbereich von Antonius angrenzende Gebiet an der ostadriatischen Küste, also des heutigen Jugoslawien, fest in seine Hand zu bekommen. Mit aller Macht kämpfte er deshalb die Japyden im kroatischen Bergland und die dalmatischen Illyrer nieder. Ende 33 hatte er sein Ziel erreicht. Welche Bedeutung er diesen Kämpfen beimaß, zeigt die Tatsache, daß er unter Einsatz seines Lebens in vorderster Front kämpfte. Für Antonius, der sich unbedenklich in jedes Kampfgetümmel stürzte, wäre dies nichts Besonderes gewesen. Doch Octavian war in dieser Beziehung, wie wir von Sueton wissen, völlig anders geartet: »Auswärtige Kriege hat Augustus persönlich überhaupt nur zwei geführt, als junger Mann einen in Dalmatien und einen gegen die

Kantabrer. In dem dalmatischen Feldzug wurde er sogar verwundet; in der einen Schlacht wurde er von einem Schleuderstein am rechten Knie getroffen, in der zweiten erlitt er bei dem Einsturz einer Brücke Verletzungen an einem Schenkel und beiden Armen. Alle übrigen Kriege ließ er durch seine Unterfeldherrn führen.«[1] Notwendig war dieser persönliche Einsatz Octavians in Dalmatien sicher nicht gewesen. Auch hier standen ihm genügend militärische Führer zur Verfügung, die ohne weiteres mit den dortigen Stämmen fertiggeworden wären. Ganz offensichtlich ist es Octavian hier darum gegangen, sein Ansehen bei den Legionären im Hinblick auf die bevorstehenden Ereignisse zu vergrößern. Unter diesen Umständen ist die Feststellung erlaubt, daß Octavian offensichtlich die Bedeutung des Entscheidungskampfes mit Antonius schon Jahre vor Aktium erkannt und danach gehandelt hat.

Ganz anders Antonius: Man hat den Eindruck, daß er die Absichten seines Gegenspielers entweder nicht zur Kenntnis genommen hat oder sie jedenfalls nicht ernst nehmen wollte. Darauf deutet vor allem die Tatsache hin, daß er im Jahre 33 in Medien zu finden ist, wo er mit dessen König Artasvedes über einen Partherfeldzug verhandelt. Auch die ganzen Truppenbewegungen von Antonius in dieser Zeit zeigen, daß er nicht an einen Kampf mit Octavian, sondern an einen neuen Partherfeldzug dachte. Was Antonius zu dieser Fehleinschätzung der Pläne Octavians veranlaßt hat, ist nicht ganz klar. Aber wahrscheinlich hatte er einmal mehr Octavian gründlich unterschätzt und geglaubt, daß dieser es nicht wagen würde, ihn anzugreifen. Zu dieser Fehleinschätzung mag beigetragen haben, daß Antonius über das Vorgehen Octavians im Westreich nur unzulänglich unterrichtet war. Jedenfalls sollte sich sehr bald deutlich zeigen, daß Antonius damals nicht gerade über den besten Nachrichtendienst verfügte. Er scheint sich erst im Laufe des Jahres 32 der drohenden Gefahr bewußt geworden zu sein und seine für den Partherfeldzug bestimmte Truppe gegen Octavian in Marsch gesetzt zu haben.

In diesem Zusammenhang ist vielfach behauptet worden, Antonius habe 32 eine glänzende Möglichkeit versäumt, Octavian zu vernichten. Zur Finanzierung seiner Aufrüstung hatte Octavian damals in Italien eine allgemeine Steuer erhoben. Jeder Freie mußte ein Viertel seines Einkommens und jeder Freigelassene gleich den achten Teil seines Vermögens opfern. Wenn man sich dazu vergegenwärtigt, daß es gerade die Römer als eines ihrer vornehmsten Rechte ansahen, im Gegensatz zu den unterworfenen Völkern keine Steuern entrichten zu müssen, kann man sich unschwer vorstellen, welchen Sturm der Entrüstung die Maßnahme Octavians hervorrief. Dies hat Plutarch zu der Bemerkung veranlaßt: »Aus diesem Grunde rechnet man die Verzögerung des Krieges unter die größten Fehler, die Antonius begangen hat. Denn dadurch ließ er Octavian Zeit, sich gehörig zu rüsten und die ausgebrochenen Unruhen zu stillen, da die Leute zwar über die Erpressung tobten, aber nachdem sie das geforderte Geld einmal hergegeben hatten, sich bald wieder beruhigten.«[2] Die Feststellung Plutarchs klingt auf den ersten Blick so überzeugend, daß sie von vielen Historikern übernommen worden ist. Aber so einleuchtend sie scheint, so fragwürdig ist sie in der Sache. Zunächst muß man feststellen, daß die Schilderung und Bewertung militärischer Ereignisse Plutarchs Stärke nicht waren. Ihn interessierten die großen geschichtlichen Persönlichkeiten. Doch bei der Beschreibung militärischer Einzelheiten konnte es neben sonstigen Ungenauigkeiten schon einmal vorkommen, daß Plutarch, wie etwa bei seinem Bericht über Pharsalos, von zwei völlig verschiedenen und durch mehrere Tage getrennten Gefechten als einer Schlacht berichtet. So wertvoll Plutarch sonst als Quelle ist, seine Äußerungen zu militärischen Vorgängen müssen mit Vorsicht genossen werden. Dies gilt auch für die Behauptung, Antonius habe 32 die Möglichkeit gehabt, Octavian in Italien zu vernichten. Was immer sich im einzelnen damals abgespielt haben mag, bleibt doch festzuhalten: Unter Garantie haben Octavian und seine Berater vorausgesehen, daß seine Steuererhebung nicht gerade auf Begeisterung stoßen würde. Mit Sicherheit haben sie sich auch die Frage gestellt, ob Antonius aus etwaigen Unruhen Kapital schlagen könne. Offensichtlich kamen sie jedoch zu dem Ergebnis, daß es Antonius nicht wagen würde, nach Italien überzusetzen. Ob dies daran lag, daß die Truppen von Antonius noch zu weit im Osten standen oder aber die Streitkräfte Octavians stark genug waren, einen Landungsversuch abwehren zu können, sei zunächst dahingestellt. Entscheidend ist, daß sowohl Antonius als auch Octavian und Agrippa zu dem übereinstimmenden Ergebnis gekommen sind, daß ein Angriff von

Antonius gegen Octavian auch bei etwaigen Unruhen in Italien keine Aussicht auf Erfolg haben würde. Wer hatte nun recht? Octavian, Agrippa und Antonius, die besten Kenner der damaligen Situation oder Plutarch? Die Frage stellen, heißt sie beantworten. Antonius hat, was auch immer dazu geschrieben worden ist, im Jahre 32 kaum leichtfertig die Möglichkeit verspielt, Octavian zu vernichten.

Wie wenig 32 mit einem Angriff von Antonius auf Italien zu rechnen war, zeigt sich schon an der Tatsache, daß er seine Truppen erst im Herbst dieses Jahres in die Winterquartiere nach Griechenland verlegt hat und diese dort selbst im Frühsommer des folgenden Jahres noch nicht vollzählig eingetroffen waren. Seine Verbände waren zuvor größtenteils in Kleinasien stationiert, so daß Antonius, selbst wenn er es gewollt hätte, gar nicht in der Lage gewesen wäre, Octavian und Agrippa in Italien anzugreifen. Dies dürfte dann auch der Grund für Octavian gewesen sein, den durch die Erhebung seiner Steuern hervorgerufenen, wohleinkalkulierten Unruhen gelassen entgegenzusehen.

Eine andere Frage ist, ob Antonius Italien angegriffen hätte, wenn ihm dies militärisch möglich gewesen wäre. Das eigene Vaterland zum Kriegsschauplatz zu machen, ist immer eine heikle Sache. Man darf in diesem Zusammenhang daran erinnern, wie schwer sich Caesar mit seinem Entschluß getan hat, den Rubikon zu überschreiten. Doch Antonius war nicht Caesar; zudem war seine damalige Lage nicht mit der Caesars am Rubikon zu vergleichen. Caesar mußte damals nach Rom marschieren, wenn er sich nicht in die Rolle eines rebellischen Abenteurers abdrängen lassen wollte. Doch Antonius war als Herr des Römischen Ostreichs zur Behauptung seiner Macht nicht gezwungen, sein Vaterland und seine Vaterstadt Rom mit Krieg zu überziehen. War es zudem nicht viel klüger, die Auseinandersetzung mit Octavian und Agrippa im eigenen Machtbereich auszutragen?

Wie auch immer: Jedenfalls entschied sich Antonius für eine strikt defensive Taktik. Diese Maßnahme hätte ihm sicher den allgemeinen Beifall der Nachwelt eingetragen, wenn sie von Erfolg gekrönt gewesen wäre. Immerhin überließ er damit seinem Gegner alle Schwierigkeiten des Aufmarschs und langer Nachschubwege. Der unbestreitbare Nachteil dieser Taktik lag darin, daß Antonius gezwungen war, die riesigen Küstengebiete seines Imperiums von der Kyrenaika über Ägypten und Kleinasien bis hin nach Griechenland zu sichern. Den Schwerpunkt seiner Verteidigungsstellung bildete die westgriechische Küste, an der er zwei Drittel seiner Flotte und nicht weniger als 19 seiner 30 Legionen zusammengezogen hatte. Die restlichen 11 Legionen wurden von Antonius in Ägypten und Syrien stationiert. Ob diese Zersplitterung seiner Kräfte klug war, ist mit guten Gründen bezweifelt worden. Schließlich konnten Octavian und Agrippa mit ihren in Brindisi und Tarent zusammengezogenen Kräften nicht in diese Gebiete vorstoßen, ohne Italien den in Griechenland stationierten Kräften ihres Gegners preiszugeben. Aber vermutlich war Antonius der Auffassung, daß seine 19 Legionen in Griechenland zur Abwehr eines Angriffs von Octavian und Agrippa ausreichen würden, zumal seine Kräfte noch durch mehrere von ihm abhängige Klientelkönige verstärkt wurden.

Antonius fühlte sich seiner Sache so sicher, daß er Herodes, der ihm mit einem beträchtlichen Aufgebot zu Hilfe eilte, wieder zurückschickte. Ursache für diese Maßnahme war Kleopatra. Genau wie vor den Feldzügen des Antonius gegen die Parther und den armenischen König Artasvedes konnte es sich Kleopatra auch in diesen schicksalsschweren Tagen nicht versagen, gegen Herodes zu intrigieren. Ihre Motive hat Gerhard Prause in seiner Herodesbiographie ebenso schonungslos wie überzeugend offengelegt: »Zwar bat Kleopatra diesmal nicht um das Reich des Herodes, aber immerhin um Idumäa. Antonius hat – wie in den Jahren zuvor – nichts davon hören wollen, doch ließ er die Königin auch dieses Mal nicht ganz leer ausgehen; es scheint, daß er ihr die wichtige Stadt Gaza schenkte. Auf Kosten ihres Nachbarn Herodes hatte Kleopatra also schon einiges erreicht. Und sie intrigierte weiter. Als Herodes seinem Freund Antonius gegen Octavian mit einem großen Truppenaufgebot zu Hilfe eilen wollte und bereits auf dem Wege zu ihm war, brachte sie Antonius dazu, Herodes wieder umkehren zu lassen: Statt am Feldzug gegen Octavian teilzunehmen, sollte Herodes mit seinen Truppen gegen den Nabatäerkönig vorgehen, weil Kleopatra von diesem die ihr zustehenden Pachtgelder nicht erhalten hatte. Höchstwahrscheinlich ging es aber Kleopatra bei dieser Aktion weniger um den Pachtzins, den sie ja in diesem Falle gar nicht von Malchos, sondern eigentlich von Herodes als dem Zwischenpächter hätte bekommen müssen, als vielmehr um die Möglichkeit, daß Juden und Araber sich bei dieser kriegerischen Auseinandersetzung erschöpften und schließlich für Ägypten eine leichte Beute sein würden.«[3] Wahrscheinlich lag Kleopatra auch daran, Herodes von Antonius fernzuhalten, um zu verhindern, daß dieser auf Antonius, der ihm ohnehin große Sympathien entgegenbrachte, einen noch stärkeren Einfluß gewinnen konnte. Als ein Zeichen von Klugheit und Weitsicht kann man dieses Verhalten Kleopatras in jenen schicksalsträchtigen Wochen auch dann nicht werten, wenn man berücksichtigt, daß Herodes ein äußerst gefährlicher Gegenspieler und vielleicht der einzige Mann war, der ihr bei Antonius gefährlich werden konnte. Welch starken Einfluß Herodes damals auf Antonius ausgeübt hat, belegen übrigens seine eigenen Worte, als er wenig später seinem Unmut über den Nabatäer Malchos freien Lauf ließ: »Wer hat sie denn (die Nabatäer), als sie in Gefahr standen, ihre Freiheit zu verlieren und in die Knechtschaft der Kleopatra zu fallen, aus ihrer Gefahr befreit? Nur meine guten Beziehungen zu Antonius waren die Ursache, daß ihnen damals nichts Schlimmeres widerfuhr, zumal Antonius nichts tat, was uns hätte Argwohn einflößen können. Als er dann Kleopatra Teile unseres beiderseitigen Gebietes schenken wollte, habe ich auch in dieser Sache die ganze Sorge auf mich genommen, uns durch reiche Geschenke Frieden verschafft, die ersten 200 Talente selbst gezahlt und für weitere 200 Talente, die dem Land auferlegt waren, die Bürgschaft übernommen. Und doch haben uns die Araber hierin nicht ihr Wort gehalten.«[4]

Aber nicht nur bei der Zurückweisung von Herodes, sondern auch in ihrem sonstigen Verhalten zeigten sich Antonius und Kleopatra von einer an Verblendung grenzenden Selbstsicherheit. So fanden sie zur Vorbereitung des alles entscheidenden Kampfes auch noch, wie Plutarch berichtet, Zeit, glänzende Feste zu veranstalten: »Während sich die Macht in Ephesus versammelte, fuhren sie nach Samos, wo sie die Zeit mit Vergnügungen und Lustbarkeiten hinbrachten. Denn so wie allen Königen, Fürsten und Tetrarchen, allen Völkern und Städten zwischen Syrien, dem mäotischen See, Armenien und Illyrien anbefohlen worden war, die Kriegsbedürfnisse einzuschicken und zu überbringen, ebenso war auch allen

Theaterkünstlern und Lustigmachern auferlegt sich nach Samos zu verfügen. Während also beinahe der ganze Erdkreis ringsherum von Seufzern und Wehklagen ertönte, erschallte diese einzige Insel viele Tage hintereinander von Flöten und Saitenspiel, so daß die Theater beständig angefüllt waren und die Chöre immerfort miteinander um die Wette stritten. Jede Stadt schickte einen Ochsen, um an den Opfern und Festen teilzunehmen, und die Könige suchten einander in Gastmählern und Geschenken zu übertreffen. Daher wurde auch überall davon gesprochen, was wohl Leute, die schon die Zurüstung zum Krieg mit solcher Pracht feierten, nun erst als Sieger bei der Feier ihres Siegesfestes tun würden.«[5]

Natürlich kann man sich bei dieser so offen zur Schau getragenen Siegesgewißheit fragen, ob sie nicht ein Teil dessen war, was man heute als psychologische Kriegsführung bezeichnen würde. Doch ist dies bei einem Charakter wie Antonius wenig wahrscheinlich. Hierauf verstand sich Octavian sehr viel besser, der Antonius, wie Cassius Dio berichtet, brieflich aufforderte, »er solle sich entweder so weit vom Meere zurückziehen, als ein Tagesritt zu Pferde ausmache, und ihn ungefährdet unter der Bedingung landen lassen, daß es innerhalb von fünf Tagen zu einer Schlacht komme, oder er solle seinerseits unter den gleichen Voraussetzungen nach Italien übersetzen. Octavian rechnete selbstverständlich nicht damit, daß irgendetwas dabei herauskommen werde – Antonius jedenfalls schüttete sich vor Lachen über ihn aus und meinte: ›Wer wird bei irgendwelchem Vertragsbruch zwischen uns den Schiedsrichter machen?‹ –, er erwartete sich vielmehr von seinem Vorgehen, daß er damit seinen Soldaten Mut, dem Gegner aber Schrecken einflößen werde.«[6]

Im Vertrauen auf die Stärke seiner Verteidigungsstellung überließ Antonius Octavian und Agrippa die Initiative. Ganz offensichtlich glaubte er, daß ihm sein Gegner weder zu Lande noch zur See gefährlich werden konnte. Er hatte für den Kampf insgesamt 19 seiner 30 Legionen mit einer Gesamtstärke von 100000 Mann nach Griechenland geschickt, während Octavian über etwa 80000 Legionäre verfügte. Die Reiterei dürfte mit 1200 Mann auf beiden Seiten gleich stark gewesen sein. Ein genauer Überblick über die Zahl der Schiffe, denen in der Auseinandersetzung eine entscheidende Rolle zufallen sollte, ist allerdings schwierig, weil die antiken

Quellen hier gelegentlich eher verwirren als Klarheit schaffen. Sie bringen die Gesamtzahl der Octavian und Antonius zur Verfügung stehenden Seestreitkräfte von 600 Schiffen mit der Zahl der zum Kampf angebotenen Schiffe durcheinander; zudem ist auch die Unterscheidung von Kampf- und Transportschiffen nicht immer eindeutig möglich. So dürften insbesondere die 200 Schiffe Kleopatras größtenteils zur Versorgung der Streitkräfte von Antonius mit Nachschub aus Ägypten und Syrien bestimmt gewesen sein. Nach den grundlegenden Forschungen Kromayers dürfte Antonius über 300 bis 350 und Octavian über 400 bis 450 Kriegsschiffe verfügt haben. Bei den Schiffen von Antonius handelte es sich allerdings um jene Großkampfschiffe, mit denen Agrippa bei Naulochos Sextus Pompejus vernichtend geschlagen hatte. Dagegen hatte sich Agrippa diesmal für kleinere, aber äußerst schnelle und wendige Schiffe entschieden.[7]

Sobald das Wetter im Frühjahr 31 größere Unternehmungen zuließ, begann Agrippa mit seinen Operationen. Durch überfallartige Vorstöße gelang es ihm immer wieder, den Flottenbasen von Antonius an der griechischen Küste erheblichen Schaden zuzufügen. Doch noch folgenreicher als diese Nadelstiche war die Einnahme der messenischen Hafenstadt Methone am nordwestlichen Ende der Peloponnes. Ihr Befehlshaber, König Bocchus von Mauretanien, fand dabei den Tod. Damit hatte sich Agrippa eine glänzende Ausgangsbasis verschafft, die Versorgungsschiffe aus Ägypten und Syrien abzufangen. Zudem erleichterte es die Einnahme von Methone Octavian, zu einem zweiten schweren Schlag gegen Antonius auszuholen. Ohne den geringsten Widerstand konnte er mit seinem gesamten Heer an Korfu vorbeisegeln und in Griechenland bei Toryne an Land gehen. Toryne lag nur 200 Kilometer nördlich von Aktium, dem Hauptquartier von Antonius, auf das nun Octavian in Eilmärschen vorrückte. Aus welchen Gründen Antonius mit seiner Flotte keinen Versuch gemacht hat, Octavian an der Landung in Toryne zu hindern, ist bis heute umstritten: Wollte er die Landung gar nicht verhindern, weil er hoffte, daß er Octavian in einer Landschlacht auf griechischem Boden schlagen und damit den ganzen Kampf erfolgreich beenden könnte?[8] Dies ist zwar möglich, aber dann stellt sich doch die Frage, warum Antonius im Jahre zuvor Korfu als nördlichsten Stützpunkt seiner

Verteidigungslinie ausgebaut hatte. Wahrscheinlicher ist, daß Antonius von der Bedrohung seiner Versorgung aus Ägypten und Syrien durch Agrippa so in Anspruch genommen war, daß ihm das Manöver Octavians entgangen ist und die These Bengtsons der Wirklichkeit am ehesten entsprechen dürfte: »Von einer Aufklärung auf seiten des Antonius war nicht die Rede, vielmehr wurde der Gegner erst bemerkt, als seine Flotte bereits den Kanal von Korkyra (Korfu) mit Kurs nach Süden durchfahren hatte und dem Antonius berichtet wurde, Octavian habe sich in den Besitz von Toryne gesetzt. Im Hauptquartier des Antonius machte sich Unruhe bemerkbar, man hatte das Gefühl, hier etwas versäumt zu haben.«[9] Bezeichnend für diese Stimmung ist auch das reichlich gequälte Wortspiel, mit dem Kleopatra die Nachricht aufnahm. Da Toryne der griechische Begriff für Quirl und Schöpfkelle ist, versuchte sie das Ganze mit den Worten herunterzuspielen: »Was ist es denn eben für ein Unglück, wenn Octavian auf einem Quirl sitzt.«[10] Vielleicht hat sich dieser Scherz aus Kleopatras Mund etwas geistvoller angehört, als er sich heute ausnimmt. Doch konnten weder die verschiedenen Thesen über die Motive und Ziele der einzelnen Beteiligten noch Kleopatras Scherze über die Tatsache hinwegtäuschen, daß nun Octavian und Agrippa völlig das Gesetz des Handelns an sich gerissen hatten. Während Octavian von Norden her auf dem Landwege gegen Aktium vorrückte, zeigten sich bereits die Schiffe von Agrippa vor dem Hauptquartier von Antonius.

Obwohl der Verlauf der Kämpfe bei Aktium in seinen Grundzügen bekannt ist, sind viele Einzelheiten ungeklärt. Aktium, das Hauptquartier von Antonius, ist eine flache, sandige Landzunge im Nordwesten der griechischen Landschaft Akarnien, die mit ihrer Südspitze an jener Wasserstraße liegt, die das offene Meer mit dem Golf von Ambrakia verbindet. Diese Wasserstraße ist an ihrer schmalsten Stelle nur 600 Meter von der gegenüberliegenden Halbinsel Prevezza getrennt und ließ sich daher glänzend verteidigen, so daß Antonius den breiten Golf von Ambrakia als einen ideal zu schützenden Hafen für seine Flotte nutzte. Doch die Wahl dieses Ortes hatte neben Vorzügen auch Nachteile, wie der Bericht von Cassius Dio deutlich macht: »Diese Wasserstraße zieht sich in einem langen, dabei gleichmäßig schmalen Laufe dahin, und sie selbst sowie all die vor ihr gelegenen Meeresteile bieten eine vorzügliche Gelegenheit, dort Anker zu werfen und sich auf die Lauer zu legen. Die Streitkräfte des Antonius hatten nun diesen Punkt vorweg in Besitz genommen, Türme auf beiden Seiten der Mündung errichtet und auf den dazwischen liegenden Gewässern in Abständen Schiffe stationiert, so daß Aus- und Einfahrten in Sicherheit geschehen konnten. Die Mannschaften selbst lagerten auf der anderen Seite ... auf einer ebenen, weiten Fläche, die sich aber mehr für einen Kampf als den eben erwähnten Zweck eignete. Dies war dann auch der Hauptgrund, daß die Leute nicht nur während des Winters, sondern vielmehr noch im Laufe des Sommers unter Krankheit litten.«[11]

Trotz der günstigen Verteidigungsstellung versuchte Agrippa den Durchbruch zum ambrakischen Golf, den Antonius nur mit einer Kriegslist abwehren konnte: »Antonius geriet, als die feindliche Flotte mit Anbruch des Tages gegen ihn anrückte, in Furcht, sie möchte sich seiner von Mannschaft entblößten Schiffe bemächtigen; daher stellte er die Ruderer wie Soldaten bewaffnet bloß zum Schein auf die Verdecke, ließ dann die Ruder zum Gebrauche fertig in die Höhe binden und die Schiffe mit dem Vorderteile gegeneinandergekehrt sich in den Eingang der Meeresenge stellen, als wenn sie zur Schlacht völlig bereit und gefaßt wären.«[12] Es gibt wohl kein Dokument, das deutlicher als diese Zitatstelle belegt, wie sehr Antonius von der Schnelligkeit des Vorgehens seines Gegners überrascht worden ist. Während es Agrippa schon wagte, selbst in die schmale Durchfahrt zum ambrakischen Golf einzudringen, hatte Antonius offensichtlich noch nicht einmal genügend Leute, um diese leicht zu verteidigende Stellung halten zu können.

Als Octavian am Ort des Geschehens eintraf, ließ er sein Hauptlager auf einem 150 Meter hohen Hügel auf der Aktium gegenüberliegenden Halbinsel Prevezza bei Mikalitzi aufschlagen und zu einer uneinnehmbaren Festung ausbauen, deren Versorgung vom Meer her durch lange Mauern bestens gesichert wurde. Antonius ließ seinerseits, nachdem er endlich über genügend Streitkräfte verfügte, einen Teil seines Heeres nach Prevezza übersetzen und nur drei Kilometer von dem Lager Octavians ein zweites Lager mit dem Ziel errichten, diesen zu einer offenen Schlacht herauszufordern. Doch Octavian dachte nicht daran, ihm diesen Gefallen zu tun. Er hatte gute Gründe, Antonius die Schlacht zu verweigern. Die Zeit arbeitete eindeutig für ihn. Die Seeblockade von Agrippa setzte Antonius von Tag zu Tag mehr zu. Außerdem machten sich mit fortschreitender Jahreszeit immer mehr die bereits von Cassius Dio angedeuteten Nachteile des Sumpfklimas von Aktium bemerkbar. Die Legionäre des Antonius, durch die ungenügende Versorgung ohnehin schon geschwächt, erkrankten immer häufiger und wurden Opfer von Seuchen.

Der Kampf entwickelte sich zu einem Stellungskrieg. Antonius versuchte zwar verzweifelt, die Seeblockade Agrippas zu brechen, aber er hatte dessen überragenden Fähigkeiten nichts Gleichwertiges entgegenzusetzen. Es ist durchaus vorstellbar, daß sich Antonius in jenen Wochen gefragt hat, ob es so überaus klug war, Sextus Pompejus, entgegen dem Rat von Kleopatra, enthaupten zu lassen. Die Folgen der Überlegenheit von Octavian und Agrippa ließen nicht lange auf sich warten. Der Galaterkönig Amyntas benutzte eine Übung, um mit seinen 2000 Reitern auf die Seite Octavians zu wechseln. Ihm folgte Deiotaros, der Herrscher des bedeutenden kleinasiatischen Fürstentums Paphlagonien. Andere, wie der Senator Postumius und Jamblichos, ein arabischer Scheich, wurden hingerichtet, weil Antonius sie ebenfalls des Verrats verdächtigte. Doch es sollte noch schlimmer kommen. Kein Geringerer als Domitius Ahenobarbus, der Konsul des Jahres 32, Schwager und einer der engsten Vertrauten von Antonius, wechselte das Lager. Antonius war darüber tief erschüttert, schickte Ahenobarbus aber gleichwohl sein ganzes Gepäck und die Sklaven nach (sehr zum Zorn seiner Feindin Kleopatra, die nach Cassius Dio auch der Grund für den Entschluß von Ahenobarbus war, sich von Antonius zu trennen[13]). Ahenobarbus starb wenig später an einem Fieber, so als ob er sich, wie Plutarch sich ausdrückt, »nach der Entdeckung seines Verrats eines anderen besonnen hätte«.[14]

Für Antonius war dies sicher ein schwacher Trost. Nicht nur ihm muß es zu denken gegeben haben, daß ihn mit Ahenobarbus nun schon einer der Treuesten der Treuen verließ. Jedenfalls reifte in der hochsommerlichen Hitze des Jahres 31 bei ihm und seinen führenden Offizieren die Erkenntnis, daß unbedingt etwas geschehen müsse, wenn man nicht in dem Würgegriff der Blockade durch Octavian und Agrippa jammervoll zugrundegehen wollte.

Über die zu wählende Taktik konnte man sich jedoch kaum einigen. Sollte man versuchen, mit allen noch verfügbaren Kräften die Seeblockade von Agrippa zu sprengen oder aber mit dem Landheer abziehen? Über diese Frage kam es zu einer heftigen Auseinandersetzung zwischen Kleopatra und Canidius Crassus, dem Oberbefehlshaber des Landheeres. Crassus hatte sich, wie bereits ausgeführt, erfolgreich für Kleopatra bei Antonius eingesetzt, als Ahenobarbus und andere führende Offiziere gefordert hatten, sie nach Ägypten zurückzuschicken. Doch nun sprach auch er sich gegen einen weiteren Verbleib Kleopatras im Lager aus: »Auch Canidius, der die Landtruppen anführte, änderte bei der drohenden Gefahr seine Meinung, und gab ihm (Antonius) den Rat, die Kleopatra nach Haus zu schicken, sich nach Thrakien oder Makedonien zu wenden und es auf eine Schlacht zu Lande ankommen zu lassen, zumal Dikomenes, der König der Geten, ihm mit einem großen Heer beizustehen versprochen hätte. Es sei gar keine Schande, sagte er, wenn sie Octavian, dem der sizilische Krieg eine große Übung im Seewesen verschafft hätte, die See räumten; aber seltsam würde es sein, wenn Antonius, der im Landkriege die größte Erfahrung besäße, statt von der starken und trefflich gerüsteten Armee Gebrauch zu machen, seine Macht auf die Schiffe verteilte und sie unnützerweise verwendete.« [15]

Doch Crassus fand diesmal bei Antonius kein Gehör, denn Kleopatra setzte sich mit dem Vorschlag durch, »man solle die strategisch wichtigsten Punkte an Besatzungen übergeben, während der Rest zusammen mit Antonius und ihr nach Ägypten abfahre. Sie war zu dieser Ansicht unter dem Eindruck erschrekkender Vorzeichen gekommen: Schwalben bauten um ihr Zelt und auf dem Flaggschiff, auf dem sie fuhr, Nester; Milch und Blut tropften aus Bienenwachs; auch ihre beiden Statuen in Göttergestalt, welche die Athener auf der Akropolis aufgerichtet hatten, wurden durch Blitzschläge in das Theater hinuntergeschleudert. Infolge dieser Vorzeichen und der darauf zurückgehenden Entmutigung des Heeres, aber auch wegen der dort herrschenden Krankheit wurde Kleopatra selbst ängstlich und steckte mit ihrer Furcht auch Antonius an. Sie wollten indessen nicht heimlich oder gar offen, so als befänden sie sich auf der Flucht, davonfahren und damit noch die Bundesgenossen in Angst versetzen. Daher gaben

7 Die sterbende Kleopatra
Gemälde von Arnold Böcklin, 1878
Basel, Öffentliche Kunstsammlung, Kunstmuseum

8 Kleopatra mit ihrem Sohn zu Besuch in Rom
Liz Taylor als Kleopatra in dem Film »Cleopatra«, 1963

sie sich den Anschein, wie wenn sie zu einer Seeschlacht rüsteten, um dann gleichzeitig, sofern sie auf Widerstand stoßen sollten, die Ausfahrt zu erzwingen. Sie wählten aus diesem Grunde zuerst die besten Fahrzeuge aus und verbrannten die übrigen, da ja die Zahl der Seeleute durch Tod und Fahnenflucht zurückgegangen war; sodann ließen sie bei Nacht alles, was sie an kostbarstem Besitz hatten, heimlich an Bord schaffen.«[16] Zu dem von Cassius Dio erwähnten »kostbarsten Besitz« gehörte auch die gesamte Kriegskasse. Dies zeigt, daß Antonius und Kleopatra nicht mehr die Absicht hatten, an Land zurückzukehren, denn sonst hätten sie die Kriegskasse nicht der Gefahr eines Schiffsuntergangs ausgesetzt. Der Entschluß für eine Seeschlacht stieß bei den meisten Römern auf Unverständnis. So soll ein mit Narben überdeckter alter Hauptmann dem an ihm vorübergehenden Antonius zugerufen haben: »Ach Imperator, warum verzweifelst du an diesen Wunden, an diesem Degen, daß du auf schlechtes Holz deine Hoffnung gründest? Ägypter und Phönikier mögen zur See fechten, uns aber gebt das Land, wo wir gewohnt sind, festen Fußes zu streiten und entweder zu sterben oder die Feinde zu besiegen.«[17]

Ob diese Worte eines einfachen Offiziers historisch sind, sei dahingestellt. Entscheidend ist, daß sie durchaus gefallen sein können, weil die Vorbereitungen für ein Seegefecht trotz aller Geheimhaltungsbemühungen einem Großteil der Mannschaften nicht verborgen sein konnten. Selbst wenn Octavian und Agrippa nicht, wie Cassius Dio andeutet, über die endgültige Entscheidung des Kriegsrats für ein Seegefecht unterrichtet gewesen sein sollten, so waren sie doch über den Plan von Antonius und Kleopatra zumindest in seinen Grundzügen unterrichtet und hatten genügend Zeit, sich ihre eigene Taktik zurechtzulegen.

Im Grunde genommen enthüllen die ganzen Vorbereitungsmaßnahmen für dieses Seegefecht aber auch, wie sehr Antonius die Blockade durch Octavian und Agrippa zugesetzt hatte. Von seinen ursprünglich 300 Kriegsschiffen verfügte Antonius noch über 220, von denen er 50, um sie nicht in die Hände des Gegners fallen zu lassen, verbrennen ließ. Das Motiv für diese Maßnahme ist umstritten. So wurde vermutet, daß diese Schiffe für die geplante Überfahrt nach Ägypten nicht taugten. Aber wenn die Schiffe tatsächlich in einem so schlechten Zustand gewesen sein sollten, daß sie sich für die Fahrt auf hoher See nicht einmal mehr herrichten ließen, so wäre es wohl kein großer Schaden gewesen, sie dem Gegner in die Hände zu geben. Dann wäre jedoch die Entscheidung, sie verbrennen zu lassen, unverständlich, denn diese nun wirklich nicht geheimzuhaltende Maßnahme von Antonius war ganz gewiß nicht geeignet, die ohnehin angeschlagene Moral seiner Leute zu heben. Sehr wahrscheinlich waren die Schiffe daher noch durchaus brauchbar, doch Antonius dürfte nicht in der Lage gewesen sein, sie mit der notwendigen Besatzung zu versehen: Plutarch berichtet, seine Kapitäne seien gezwungen gewesen, ihre Schiffe mit Wanderern, Eseltreibern, Schnittern und unreifen Jünglingen zu bemannen.[18] Auf die ihm verbliebenen 170 Schiffe ließ Antonius 20000 Mann Fußvolk und 2000 Bogenschützen als Kampftruppen bringen. Fraglos hat Antonius für diese alles entscheidende Operation die besten Kräfte seiner Landstreitmacht herangezogen, da er plante, den bevorstehenden Kampf möglichst wie ein Landgefecht auszutragen. Bevor er am 2. September mit einer Flotte vor den Sund von Aktium ausrückte, »fuhr Antonius auf einem leichten Fahrzeug überall herum, und ermahnte die Soldaten, bei der Schwere der Schiffe, ebenso wie zu Lande, festen Fußes zu streiten; den Steuerleuten aber rief er zu, sie sollten mit ihren Schiffen, als ob sie vor Anker lägen, den Angriff der Feinde ohne die geringste Bewegung aushalten«.[19]

Tatsächlich hätte Antonius eine gute Chance gehabt, die gegnerische Flotte aufzureiben oder zumindest schwer zu schwächen, wenn sie mit ihren leichten Schiffen die dicht gedrängte Kette der schweren Schlachtschiffe, Festungen gleich, angegriffen hätten. »Sie waren außerordentlich groß und stark und hatten acht bis zehn Reihen Ruder. In der Mitte ragten sie drei Meter über die Wasserlinie empor, Heck und Bug lagen noch höher. Auf dem Deck waren in hohen Türmen schwere Wurfmaschinen postiert. Diese Schiffskolosse führten einen starken Sporn und waren ringsum mit einem hölzernen Gürtelpanzer geschützt. Sie waren fast unangreifbar, hatten aber den Fehler aller Großkampfschiffe, sie waren schwer beweglich.«[20] Ganz anders die Schiffe von Agrippa: »Er, der eben noch mit den Großkampfschiffen seine Siege erfochten hatte, ließ plötzlich kleine schnelle Fahrzeuge bauen, ihren Namen, Liburnen, trugen sie nach den Schiffen der räuberischen Illyrier. Im

Höchstfall hatten sie drei Reihen Ruder, oft nur eine, waren etwas über dreißig Meter lang und bei einem Tiefgang von nur eineinviertel Meter nicht ganz fünf Meter breit. Ihre Besatzung belief sich einschließlich der Soldaten auf 120 Mann. Diese kleinen Kreuzer waren verhältnismäßig schnell und leicht herzustellen. Es kam alles auf die Art des Seekrieges an, ob sich diese Umstellung bewähren sollte. Die in der Geschichte des Seekriegs oft gestellte Frage, ob die großen Kampfschiffe oder die kleinen, beweglichen Einheiten den Sieg verbürgen, war wieder einmal zu lösen.«[21] Doch Octavian und Agrippa dachten nicht daran, Antonius anzugreifen und hielten mit ihren Liburnen gehörigen Abstand zu den Großkampfschiffen. So lagen sich beide Flotten den ganzen Morgen des 2. September unbeweglich gegenüber. Gegen Mittag hielt es Caelius Sosius, der Befehlshaber des linken Flügels von Antonius, nicht mehr länger aus und fuhr dem Feind entgegen. Doch dieser stellte sich wiederum nicht zum Kampf, sondern zog seine Schiffe in scheinbarer Flucht auf das hohe Meer zurück. Antonius blieb nach diesem Vorstoß von Sosius, um die Einheitlichkeit seiner Schlachtlinie zu wahren, nichts anderes übrig, als Sosius zu folgen. Nachdem Octavian und Agrippa durch ihre Fluchtbewegung die gegnerische Flotte weit genug aufs Meer hinausgelockt hatten, wendeten sie plötzlich und nutzten nun ihre zahlenmäßige Überlegenheit zu einem Umfassungsangriff. Um diesen abzuwehren, wurde Antonius gezwungen, auch seine Schlachtlinie auszudehnen. Dies hatte zur Folge, daß die großen Schlachtschiffe bald die Verbindung verloren. Hierauf hatten Octavian und Agrippa gewartet. Nun konnten sie die Überzahl und große Beweglichkeit ihrer Flotte voll ausspielen. Mit Erfolg, wie sich der plastischen Schilderung von Cassius Dio entnehmen läßt: »Die Kampfesweise der zwei Parteien war nicht die gleiche, vielmehr pflegten die Caesarianer, die über kleinere und schnellere Schiffe verfügten, vorzustürmen und den Feind zu rammen; um keinen Schaden zu erleiden, trugen die Fahrzeuge auf allen Seiten Panzerung. Versenkten sie ein Schiff, war es gut so, andernfalls stießen sie, ehe es zum Nahkampf kam, zurück und stürzten sich entweder überraschend wieder auf den Gegner oder ließen von ihm ab und wandten sich anderen zu; hatten sie dann auch diesen, soweit es in der Kürze der Zeit geschehen konnte, einigen Schaden zugefügt, nahmen sie Kurs auf neue und immer neue Objekte, alles in dem Bestreben, daß ihr Angriff ein Schiff möglichst unerwartet treffe. Denn da sie die weit tragenden Feindgeschoße ebenso wie den Nahkampf fürchteten, ließen sie weder bei der Anfahrt noch bei der unmittelbaren Begegnung viel Zeit verstreichen, sondern fielen ihre Widersacher ganz plötzlich an, so daß deren Bogenschützen gar nicht mehr in Tätigkeit treten konnten, verursachten gewisse Schäden oder stifteten auch Verwirrung, doch nur so viel, um nicht lange festgehalten zu werden, und zogen sich dann außer Schußweite zurück. Die Leute des Antonius hingegen versuchten, die anfahrenden Schiffe mit einem dichten Hagel von Steinen und Pfeilen zu überschütten und eiserne Enterhaken auf die Angreifer zu werfen. Und wenn sie feindliche Fahrzeuge zu fassen bekamen, gewannen sie die Oberhand, wo dies aber mißlang, wurden ihre eigenen Schiffe beschädigt, so daß die Besatzung den Tod in den Wellen fand, oder sie verloren mit den Bemühungen, einer solchen Havarie zu entgehen, kostbare Zeit und waren so den Angriffen von anderen Schiffen her mehr ausgesetzt; in dem nämlich zwei oder drei Schiffe sich gleichzeitig auf ein und dasselbe Fahrzeug stürzten, hatten die einen freie Hand, nach Möglichkeit Schaden anzurichten, während die angegriffenen Schiffe alles über sich ergehen lassen mußten.«[22] In dem stundenlangen Kampf verschlechterte sich die Lage der Flotte von Antonius immer mehr. Seine unbeweglichen Kolosse waren nicht in der Lage, einmal erkämpfte Vorteile zu nutzen, da sich der Gegner meist schnell genug aus der Reichweite ihrer Geschosse bringen und sich zu neuen Angriffen formieren konnte.

Als die Situation immer bedrohlicher wurde, nutzte Kleopatra eine günstige Gelegenheit, ihre 60 Schiffe, die hinter der Flotte von Antonius gelegen und nicht in den Kampf eingegriffen hatten, durch die Reihe der kämpfenden Schiffe zu steuern und mit aller Kraft nach Süden, nach Ägypten, zu segeln.

Antonius reagierte auf diese Fluchtbewegung, wie Plutarch berichtet, ebenso rasch wie folgenschwer: »Hier zeigte nun Antonius recht deutlich, daß er sich weder durch die Überlegung eines Feldherrn, noch die eines Mannes, ja nicht einmal durch seinen eigenen Verstand regieren und leiten ließ; sondern wie jemand scherzweise gesagt hat, daß die Seele des Verliebten in einem fremden Körper lebe, wurde er von jenem Weibe fortgezogen, nicht anders, als ob er mit ihr zusammengewachsen wäre und ihr in allen Bewegungen folgen müßte. Kaum sah er das Schiff der Kleopatra absegeln, als er alles vergaß und selbst diejenigen, welche für ihn stritten und starben, verriet und im Stich ließ. Bloß in Gesellschaft des Syrers Alexander und eines gewissen Scellius bestieg er ein anderes Schiff von fünf Ruderreihen und eilte jener Frau nach, die ihn schon ins Verderben gestürzt hatte und nun seinen Untergang vollständig machen wollte.

Als Kleopatra ihn von Ferne kommen sah, gab sie von ihrem Schiff aus ein Signal. Er fuhr also an dasselbe hin und wurde an Bord genommen; aber ohne sie zu sehen oder sich von ihr sehen zu lassen, ging er ganz allein nach dem Vorderteile, setzte sich stillschweigend in Gedanken versunken nieder und hielt den Kopf mit beiden Händen... So brachte er, es sei nun aus Zorn oder aus Scham gegen die Kleopatra, drei Tage ganz allein auf dem Vorderteile des Schiffes zu, bis er bei Tänarus anlegen ließ. Hier brachten die Kammerfrauen der Kleopatra erst eine Unterredung zwischen beiden zustande, und dann beredeten sie sie auch, wieder miteinander zu speisen und zu schlafen.«[23]

Unterdessen tobte der Kampf noch weiter. Die Flucht des Antonius war den meisten seiner Kampfgefährten entgangen, und diejenigen, denen die Octavianer die Nachricht von dieser Flucht zuriefen, konnten sie nicht glauben. Die Antonianer wehrten sich so hartnäckig, daß Octavian, um ihren Widerstand zu brechen, sich gezwungen sah, Feuer einzusetzen (obwohl er dies zunächst abgelehnt hatte), um die gegnerische Flotte möglichst vollständig in seine Hände zu bekommen. Die Folgen waren für die Antonianer furchtbar: »Von vielen Seiten zugleich stürzten die Angreifer auf ihre Opfer, beschossen sie mit Brandpfeilen, warfen mit ihren Händen an Lanzen befestigte Fackeln und schleuderten mit Hilfe von Maschinen aus der Ferne sogar etliche Töpfe voll von glühenden Kohlen und von Pech, auf die feindlichen Schiffe... Die Verteidiger versuchten, die Feuerbrände, so wie sie einzeln kamen, abzuwehren... Als sie sich nun in diesem Bemühen unterlegen sahen, warfen sie ihre dicken Mäntel und die Toten auf die Brandstelle; das dämpfte für einige Zeit das Feuer, und man konnte an ein Nachlassen glauben, doch dann schlugen die Flammen, zumal auch ein heftiger Wind einfiel und gerade dem Brennstoff neue Nahrung lieferte, höher denn je empor. Solange nur ein Teil des Schiffes brannte, stellten sich Männer an den betreffenden Platz und sprangen sogar darauf, um die Holzplanken teils abzubauen, teils zu zerstreuen. Und die einen warfen die brennenden Stücke ins Wasser, andere wieder auf ihre Gegner, in der Hoffnung, ihnen ebenfalls vielleicht einen Schaden zuzufügen. Andere schließlich begaben sich zu dem noch heilen Schiffsteil und machten dort mehr denn je von den Eisenkrallen und den langen Speeren Gebrauch, um ein feindliches Schiff an das ihrige zu binden und, wenn möglich, hinüberzuwechseln oder, sollte das nicht gelingen, dieses ebenfalls in Brand zu stecken. Als aber keine Feinde mehr nahe genug kamen – sie nahmen sich ja gerade davor in acht – und das Feuer die ringsumlaufenden Bordwände ergriff und auf den Schiffsboden sich hinabfraß, da erlitten sie alle das schlimmste Schicksal: Die einen, und zwar besonders die Matrosen, erstickten schon, ehe sich ihnen noch die Flamme näherte im Rauch, während die anderen gerade mitten im Feuermeer wie in Öfen gebraten wurden. Weitere starben in ihrer Rüstung, als diese sich erhitzte. Wieder welche warfen, ehe ihnen noch dieses widerfuhr oder als sie schon halb verbrannt waren, ihre Waffen weg und ließen sich von den Feindgeschossen verwunden oder sprangen ins Meer, wo sie ertranken. Manche gingen auch, von den Streichen ihrer Gegner getroffen, in den Wellen unter... Angesichts solcher Leiden fanden nur jene ein erträgliches Ende, die ehe noch ein solches Schicksal sie ereilte, sich entweder gegenseitig töteten oder Selbstmord begingen. Sie brauchten ja keine Qual zu erdulden, verbrannten vielmehr als Leichen mit ihrem Schiff zusammen wie auf einem Scheiterhaufen.«[24]

So endete die Schlacht von Aktium am späten Nachmittag des 2. September 31 mit einem wahrhaft höllischen Inferno. Nach der Niederlage in dieser Seeschlacht verlor Antonius auch sein Landheer, das lange Zeit nicht glauben wollte, von Antonius so schmählich im Stich gelassen worden zu sein: »Um die Flucht des Antonius wußten nur sehr wenige, und denen, welche davon hörten, kam das Gerücht anfangs unglaublich vor, daß er 19 noch unbesiegte Legionen und 12000 Mann Reiterei sollte im Stich gelassen haben, als wenn er nicht schon oft das Glück in beiden Fällen versucht, und in einer Menge von Kämpfen und Schlachten mit dem Wechsel der

Dinge vertraut geworden wäre. Die Soldaten äußerten eine große Sehnsucht nach ihm und erwarteten immer, daß er bald von irgendeiner Seite zum Vorschein kommen sollte; ja sie bewiesen so viel Treue und Mut, daß sie, obgleich an seiner Entweichung nicht mehr zu zweifeln war, noch sieben Tage beisammen blieben und alle ihnen von Octavian gemachten Anträge ausschlugen. Endlich aber, als auch der Feldherr Canidius bei Nachtzeit entwichen war und das Lager verlassen hatte, da sie sich nun von allen verlassen und sogar von ihren Anführern verraten sahen, mußten sie sich doch dem Sieger ergeben.«[25] Octavian machte den Legionären das Angebot, sie in seine Verbände aufzunehmen. Die meisten nahmen an.

DIE FOLGEN VON AKTIUM

Natürlich hat das Drama von Aktium eine Reihe von Fragen zu dem Verhalten von Antonius und Kleopatra aufgeworfen. Umstritten war vor allem, ob Kleopatra mit ihrer Flucht während der Schlacht Antonius verraten hatte. Zahlreiche Historiker des 19. Jahrhunderts haben dies bejaht. Heute wird diese Ansicht – soweit ersichtlich – kaum noch von einem ernstzunehmenden Kenner jener Epoche vertreten. Mit guten Gründen: Viel zu deutlich sind die Belege dafür, daß Kleopatra und Antonius bei Aktium das gemeinsame Ziel verfolgten, nach Ägypten durchzubrechen, so daß man in ihrer Flucht keinen Verrat an den Plänen von Antonius sehen kann. Die Verbrennung der Schiffe, die Mitnahme der großen Segel, die Einschiffung der Kriegskasse vor der Schlacht, die Einschiffung von Kleopatra mit ihrem gesamten Gefolge und ihren Schätzen sprechen für die Richtigkeit des Berichtes von Cassius Dio, daß in dem entscheidenden Kriegsrat vor der Schlacht tatsächlich beschlossen worden ist, den Durchbruch nach Ägypten zu versuchen.

Freilich hat auch ein Teil jener Historiker, die Kleopatra von dem Verdacht eines Verrats an Antonius freisprechen, gegen sie den Vorwurf erhoben, bei der Flucht entweder bewußt verabredungswidrig oder zumindest kopflos gehandelt zu haben. Doch läßt sich dieser Vorwurf schon deshalb nicht aufrechterhalten, weil uns die Abreden zwischen Kleopatra und Antonius nicht bekannt sind. Gewiß hat es solche gegeben, aber ebenso sicher ist, daß sie von einer ganz anderen Lage ausgegangen sind, als sie Kleopatra zum Zeitpunkt ihres Durchbruchmanövers am Nachmittag des 2. September 31 vorfand. Schließlich war an diesem Tag aus der Sicht von Antonius und Kleopatra buchstäblich alles schiefgelaufen, was schieflaufen konnte. Dies hatte am Morgen begonnen, als Octavian und Agrippa eben nicht wie von Antonius erhofft zum Angriff übergingen, und sich am Mittag fortgesetzt, als der linke Flügel von Antonius vorpreschte, ihn damit zu dem verhängnisvollen Entschluß zwang, nachzuziehen und so die Verbindung zwischen seinen Schlachtschiffen erst zu lockern und dann aufzugeben. Auch der Verlauf der danach beginnenden Kämpfe zwischen den schweren Schlachtschiffen von Antonius und den gegnerischen Liburnen hat sicher nicht den Hoffnungen entsprochen, die Antonius in den von ihm gewählten Schiffstyp setzte, sondern allenfalls seine schlimmsten Befürchtungen bestätigt. Was hatten nach dieser Serie von Fehlschlägen noch Abreden für eine Bedeutung, die von ganz anderen Voraussetzungen ausgegangen waren? Sollte Kleopatra etwa das Ende der sich abzeichnenden Niederlage von Antonius' Flotte abwarten, die ihr ein Entkommen unmöglich gemacht hätte? Von einem Verrat Kleopatras an Antonius kann hier sicher nicht die Rede sein.

Eine ganz andere Sache ist indessen die Beurteilung der Rolle Kleopatras bei den Vorgängen, die zu der verhängnisvollen Schlacht geführt haben: sie hatte Octavian als Vorwand für seinen Kampf gegen Antonius gedient. Hätte es unter diesen Umständen nicht nahe gelegen, diesem geschickten Schachzug Octavians damit zu begegnen, daß sie sich von Antonius zeitweise trennte und nach Ägypten zurückzog? Nicht ohne Grund haben die höchsten Offiziere von Antonius unter Anführung von Ahenobarbus sowie der aus Rom entsandte Geminius und zuletzt auch Canidius Crassus darauf gedrängt, Kleopatra aus dem Feldlager zu entfernen und damit Octavian die moralische Legitimation für seinen Kampf gegen Antonius zu entziehen. Auch Antonius selbst war sich der Berechtigung dieser Forderung bewußt, wie die Tatsache zeigt, daß er Kleopatra auf Drängen von Ahenobarbus aufforderte, sich nach Ägypten zu begeben. Daß er sich umstimmen ließ, war vielleicht der verhängnisvollste Fehler seines Lebens. Er erlaubte damit Kleopatra, eine wenig glückliche Rolle zu spielen. Man kommt an der

Feststellung nicht vorbei, daß Kleopatra, ohne es zu wollen, nach Agrippa die schärfste Waffe Octavians in seinem Kampf gegen Antonius gewesen ist: Kleopatra hatte vor Aktium kaum eine Gelegenheit ausgelassen, Antonius und sich selbst zu schaden. Wenn sie sich schon, aus welchen Gründen auch immer, von Antonius nicht trennen wollte, so hätte es doch nahe gelegen, sich mehr Zurückhaltung aufzuerlegen. Ihre Antwort auf die Forderung von Geminius, sie nach Ägypten zurückzuschicken, »du hast wohl daran getan, Geminius, daß du die Wahrheit auch ohne Folter gestanden hast«, war für jeden Römer eine offene Provokation. Nach römischem Recht war es verboten, einen römischen Bürger zu foltern. Welchen Eindruck mußte es da machen, wenn sich nun eine ägyptische Klientelkönigin großmütig herabließ, auf die Folterung eines Römers zu verzichten? Man wird es sicher auch nicht – um es vorsichtig auszudrücken – als Zeichen von Klugheit werten können, daß Kleopatra Antonius veranlaßt hat, den ihm zu Hilfe eilenden Herodes mit seinem Aufgebot zurückzuschicken, als Antonius nicht einmal genügend Leute besaß, um den schmalen Golf von Ambrakia verteidigen zu können.

Da bekanntlich, wie der britische Feldmarschall Montgomery einmal gesagt hat, nichts den Erfolg ersetzt, würde auch das eigenwillige Verhalten Kleopatras heute vermutlich in einem anderen Licht gesehen, wenn Antonius die Schlacht bei Aktium gewonnen oder zumindest nicht verloren hätte. Doch auch hier hat Kleopatra eine verhängnisvolle Rolle gespielt. Die Entscheidung von Antonius, auf Drängen von Kleopatra und entgegen dem Rat von Canidius Crassus, den Kampf mit Octavian und Agrippa zur See aufzunehmen, wird zwar von vielen Historikern heute positiv beurteilt. Aber hier sind nun doch Fragezeichen angebracht, da die Begründung für diese Auffassung auf sehr schwachen Beinen steht. Kern dieser These ist, daß die Landstreitkräfte von Antonius zu diesem Zeitpunkt nicht mehr einsatzfähig gewesen seien. Daran mag richtig sein, daß das Heer von Antonius unter dem Sumpfklima Aktiums erheblich gelitten hatte. Aber allzusehr kann die Kampfkraft des Heeres dadurch nicht geschwächt worden sein: Wie bereits erwähnt, hatte Antonius Teile seines Heeres von Aktium nach Prevezza übergesetzt, um dort Octavian eine Landschlacht anzubieten. Octavian hat diese Herausforderung nicht angenommen. Mitleid mit dem erbarmungswürdigen Zustand der gegnerischen Streitkräfte dürfte sein Motiv kaum gewesen sein. Und ein so erfahrener Mann wie Canidius Crassus hätte sich wohl nicht für einen Rückzug des Heeres ausgesprochen, wenn er überzeugt gewesen wäre, von den ihm nacheilenden Kräften Octavians vernichtet zu werden. Wäre es unter diesen Umständen nicht das Sinnvollste gewesen, die Landstreitkräfte und die ohnehin kümmerliche Flottenbesatzung durch das herbstliche Griechenland, das in dieser Jahreszeit keine Versorgungsprobleme aufwarf, zurückzuziehen? Oswald Spengler hat einmal geäußert: »Antonius hätte bei Aktium gewinnen sollen!« [1] Darüber kann man geteilter Auffassung sein. Aber sicher ist, daß Antonius besser daran getan hätte, wenn er entgegen dem Rat Kleopatras bei Aktium keine Seeschlacht gewagt hätte.

Kein Mensch war sich des Versagens von Antonius besser bewußt als er selbst. Die drei Tage, die er nach der Niederlage von Aktium auf dem Schiff Kleopatras stumpf vor sich hinsinnend verbrachte, beweisen dies nur zu deutlich. Nach seiner schweren Niederlage im Partherfeldzug hatte Antonius immerhin noch die Kraft aufgebracht, sich Ausschweifungen hinzugeben. Auch wenn man dies nicht gerade als eine besondere Ruhmestat bezeichnen kann, ist es doch bezeichnend, daß Antonius nach Aktium auch hierzu keine Lust mehr hatte. Er war ein gebrochener Mann. Immerhin hätte er noch die Chance gehabt, sein Landheer zu retten, das er unerklärlicherweise dem Untergang preisgab. Völlig zu Recht hat Volkmann in diesem Zusammenhang die Frage aufgeworfen: »Angesichts des treuen Ausharrens des Landheeres drängt sich die Frage auf, ob Antonius nicht bei dem einmal beschlossenen Rückzug zweckmäßiger gehandelt hätte, wenn er statt des Canidius das Kommando des Landheeres selbst übernommen und die Leitung der Seeschlacht einem seiner Offiziere überlassen hätte. Auf diese Weise wäre jedenfalls die Armee gerettet worden. Eine derartige Verteilung der Befehlsgewalt ist in dem Kriegsrat wohl deshalb überhaupt nicht erwogen worden, weil sie eine Trennung des Antonius und der Kleopatra vorausgesetzt hätte. Dies war, wie der Verlauf der Schlacht zeigte, für Antonius undenkbar.« [2] Wie sehr sich Antonius damals aufgegeben hatte, beweist ein Bericht Plutarchs über das Verhalten von Antonius, als er in Tänarus vor Anker ging: »Da er selbst im Begriff war, von Tänarus nach Afrika hinüberzufahren, suchte er ein Frachtschiff aus, welches mit vielem Geld und mit einer Menge kostbarer königlicher Gerätschaften von Gold und Silber beladen war und übergab es seinen Freunden, mit dem Befehl, diese Sachen unter sich zu verteilen und dann auf ihre Rettung bedacht zu sein. Da sie sich indessen weigerten und in Tränen ausbrachen, tröstete er sie auf eine gütige und liebreiche Art und bewog sie durch Bitten, sich zu entfernen. Auch schrieb er an Theophilus, seinen Geschäftsführer in Korinth, daß er diesen Männern Sicherheit verschaffen und sie so lange verbergen sollte, bis sie eine Aussöhnung mit Octavian bewirken könnten.«[3] In Paranaition trennte sich Antonius von Kleopatra. Kleopatra segelte eiligst nach Ägypten, weil sie fürchten mußte, daß die Nachricht von dem Ausgang der Schlacht von Aktium zu Aufständen führen würde. Um den wahren Sachverhalt zu verschleiern, bekränzte sie ihre Schiffe, als hätten sie gesiegt, und ließ ihre Begleitung Siegeshymnen anstimmen. Doch so einfach war die Wahrheit nicht aus der Welt zu schaffen. Die Nachricht von der Niederlage bei Aktium hatte ihre Gegner längst auf den Plan gerufen, und Kleopatra sah sich gezwungen, mit zahlreichen Hinrichtungen Ruhe zu schaffen. Ihr Widerstandswille war ungebrochen. Sie zog nicht nur die Güter aller Hingerichteten ein, sondern ließ auch fast sämtliche Tempelschätze plündern, um sich Mittel für eine neue Rüstung zu verschaffen. Um sich die Unterstützung des medischen Königs zu sichern, ließ sie, mit der ihr in Machtfragen eigenen Skrupellosigkeit, dessen ehemaligen Gegner, den vor drei Jahren gefangengenommenen Artesvedes von Armenien enthaupten und seinen Kopf an den medischen Hof bringen. Der Meder nahm, was blieb ihm anderes übrig, den Kopf zwar entgegen, wertete die Geste aber als ein Zeichen der Schwäche. Eine Fehleinschätzung der Lage war dies gewiß nicht.

Über Mangel an Hiobsbotschaften konnten sich Antonius und Kleopatra damals nicht beklagen. Der Oberbefehlshaber der für die Verteidigung Ägyptens so wichtigen Kyrenaika, Pinarius Scarpus, ging mit seinen vier Legionen zu Octavian über. Boten, die Antonius zu ihm geschickt hatte, ließ Scarpus hinrichten und ebenso einige seiner Offiziere, die diese Maßnahmen kritisiert hatten. Als Antonius von dem Verlust der Kyrenaika erfuhr, hegte er Selbstmordgedanken. Einer der wenigen ihm verbliebenen Freunde hielt ihn von deren Verwirklichung ab. Es war ausgerechnet jener Lucilius, der sich nach der Schlacht von Pharsalos, um die Flucht von Brutus zu decken, selbst als Brutus ausgegeben hatte, und als er vor Antonius geführt wurde, noch die Kühnheit besaß, ihm die Worte entgegenzuschleudern: »Brutus ist nicht gefangen, und Tugend wird auch niemals zur Gefangenen und Schlechtigkeit werden. Ich habe diese Soldaten da getäuscht, und so stehe ich nun vor dir!« Antonius hatte damals die Noblesse besessen, die für seine Legionäre peinliche Situation mit den Worten zu überspielen: »Ihr habt mir damit keine schlechtere, vielmehr eine bessere Beute eingebracht als ihr glaubt, wie auch ein Freund besser ist als ein Feind.« Menschenkenntnis war die Stärke von Antonius nicht. Doch in diesem Falle hatte er recht behalten. Lucilius sollte ihm in seinen bittersten Stunden Beistand leisten.

Doch mehr als Trost konnte auch Lucilius seinem geschlagenen Freund nicht spenden. Wie schon der Statthalter der Kyrenaika wechselte nun auch der in Syrien von Antonius eingesetzte Statthalter Quintus Didius die Front. Auch Herodes entschloß sich, seinen ehemaligen Wohltäter Antonius fallenzulassen. Ermöglicht hatte ihm diesen Schritt ausgerechnet seine Gegenspielerin Kleopatra: »Denn wenn er, wie er es beabsichtigt hatte, an der Seite seines Freundes Antonius gegen Octavian gekämpft haben würde, dann wäre ein Frontwechsel kaum möglich gewesen; so schlug ihm die Intrige der Kleopatra, die ihn stattdessen in den Krieg gegen die Araber gehetzt hatte, jetzt zu seinem Vorteil aus.«[4]

Man hat es Antonius als ein Zeichen von Schwäche ausgelegt, daß ihm nach diesen Nachrichten offensichtlich alles gleichgültig war. Er zog sich in ein einsames Haus in der Hafenmole von Alexandria zurück, das er nach dem Namen des berühmten Menschenfeindes Timon, der zur Zeit von Sokrates und Aristophanes in Athen von sich reden gemacht hatte, Timoneion nannte. Aber war es letztlich nicht auch ein Zeichen von Reife, daß Antonius die Aussichtslosigkeit seiner Lage erkannte und auf Kämpfe verzichten wollte, in denen er nichts mehr gewinnen konnte?

Und doch tauchte noch einmal so etwas wie ein Hoffnungsschimmer am Horizont auf. Während sich Antonius in Alexandria dem dumpfen Schmerz über seinen sicheren Untergang hingab, kam plötzlich die Nachricht, daß es in Italien unter den Legionären Octavians zu Unruhen gekommen sei. Während Octavian nach Aktium damit begonnen hatte, das riesige Ostreich von Antonius neu zu ordnen, hatte sich unter seinen Veteranen in Italien die Befürchtung breitgemacht, bei der Verteilung der Kriegsbeute nicht entsprechend ihrer Verdienste berücksichtigt zu werden. Die Unruhen waren so schwer, daß nicht einmal der nach Italien zurückgesandte Agrippa in der Lage war, die Ruhe wiederherzustellen. Octavian blieb nichts anderes übrig, als die Neuorganisation des Ostreichs aufzuschieben und nach Italien zurückzueilen.

Noch einmal begann man in Alexandria zu hoffen. Kleopatra war ohnehin auch nach Aktium nicht in die dumpfe Resignation von Antonius verfallen. Sie hatte damals den nicht einmal abwegigen Plan gefaßt, nach Indien zu fliehen, wohl in der Hoffnung, dort irgendwie ein neues Reich gründen zu können. Da jedoch der Kanal vom Nil zum Roten Meer völlig versandet war, wollte sie die hierfür nötigen Schiffe auf dem Landweg zum Roten Meer schleppen lasen. Doch Herodes und Octavians syrischer Statthalter hatten die Bewohner der Felsenstadt Petra angestiftet, die Schiffe zu verbrennen. Nachdem ihr dieser Ausweg verbaut worden war, hatte Kleopatra mit dem Gedanken gespielt, in Spanien die dortigen Bergvölker zum Kampf gegen Octavian aufzurufen. Aber dies war wirklich bereits ein reiner Verzweiflungsakt. Wie sollten diese Bergvölker, die auch in der Vergangenheit letztlich immer den Römern unterlegen waren, ausgerechnet der Macht Octavians gefährlich werden?

Gleichwohl gelang es Kleopatra noch einmal, Antonius aus seiner Lethargie zu reißen. So erneuerte man den alten »Klub der Unnachahmlichen« und taufte ihn in den Verein »derer vom gemeinsamen Tod« um. Aber auch wenn dessen Mitglieder wieder ihre Schwelgereien und extravaganten Vergnügungen aufnahmen, so spiegelte diese Umbenennung doch nur die verzweifelte Stimmung wider, die damals in Alexandria herrschte.

Doch viel folgenreicher als der neu entfachte Festtaumel war ein anderer Schritt von Kleopatra und Antonius: Denn um den Fortbestand der ptolemäischen Dynastie zu sichern, wurde Caesarion, bereits jetzt Kleopatras Mitregent, für volljährig erklärt, Antyllos, der älteste Sohn von Antonius aus der Ehe mit Fulvia, wurde mit der römischen Männertoga bekleidet und damit ebenfalls mündig gesprochen. »Weder Antonius noch Kleopatra bedachten offensichtlich, daß sie beiden Kindern mit dieser Mündigkeitserklärung ein sicheres Todesurteil aussprachen, denn Octavian konnte als Sieger keine Kronprätendenten am Leben lassen.«[5] Wenn Octavian überhaupt noch einen Anlaß gebraucht hätte, um in Ägypten klare Verhältnisse zu schaffen, so hatten ihn Kleopatra und Antonius mit dieser Maßnahme geliefert.

DER LETZTE AKT

Es ist durchaus denkbar, daß Kleopatra und Antonius sogar gehofft haben, durch die Stärkung der Stellung von Caesarion und Antyllos Octavian besänftigen zu können. Dies wäre dann freilich einer der vielen Irrtümer gewesen, die ihnen in diesem Machtkampf unterlaufen sind. Es mag verständlich sein, daß sie Octavian in der Vergangenheit oft unterschätzt hatten. Aber es ist nur schwer begreiflich, daß sie nach Aktium noch auf ein Entgegenkommen Octavians hofften.

Vieles, was nach Aktium geschehen ist, gibt Rätsel auf. War dies nun das Ende zweier völlig amoralischer Menschen, die sich zum Schluß gegenseitig nach dem Leben trachteten oder zweier großer Liebender? Kennzeichnend für die zwiespältigen Gefühle, die das Verhalten von Antonius und vor allem von Kleopatra hervorgerufen hat, sind die berühmten Worte von Heinrich Heine über Kleopatra: »Sie liebt und verrät zu gleicher Zeit. Es ist ein Irrtum zu glauben, daß die Weiber, wenn sie uns verraten, auch aufgehört haben, uns zu lieben. Sie folgen nur ihrer angeborenen Natur...« [1] Doch weder Heine noch die vielen anderen Künstler können ein wirklichkeitsnahes Bild von den damaligen Ereignissen vermitteln. Dasselbe gilt auch für die Historiker; die bedeutendsten von ihnen waren zugleich die ersten, die dies eingestanden haben. Mit letzter Sicherheit wird sich wohl nie klären lassen, was sich zwischen Antonius und Kleopatra damals abgespielt hat. Ist es denn überhaupt wahrscheinlich, daß zwei so vielschichtige, widerspruchsvolle und leidenschaftliche Charaktere gerade damals streng nach den Gesetzen der Logik vorgingen, nach denen sie ohnehin nicht mehr viel zu erhoffen hatten? Machtpolitisch hatten sie Octavian nach Aktium nichts mehr entgegenzusetzen. Verzweifelt suchten sie nach einem Ausweg: Sie schickten reiche Geschenke an Octavian und Bestechungsgelder an die Männer seiner Umgebung, weil sie, wie Cassius Dio berichtet, hofften, irgendeiner von ihnen könnte sich für einen Mord an Octavian gewinnen lassen.[2] Dieses Vorgehen entsprach alter Ptolemäertradition. Octavian hatte ähnliches schon in jungen Jahren zu Zeiten Ciceros erlebt und wußte sich zu schützen. Die Bestechungsgelder wurden zwar bereitwillig entgegengenommen. Doch keiner der Bestochenen dachte daran, Octavian zu ermorden.

Nachdem dieser Versuch fehlgeschlagen war, übersandte Kleopatra ihre Kroninsignien an Octavian und teilte ihm mit, sie sei bereit, abzudanken, wenn er ihren Söhnen die Herrschaft über Ägypten ließe. Antonius ließ Octavian wissen, daß er bereit sei, sein weiteres Leben als Privatmann in Ägypten, oder falls dieses nicht ginge, in Athen zu fristen. Möglicherweise haben Antonius und Kleopatra auch damals Caesarion und Antyllos deshalb für volljährig erklären lassen, um Octavian von der Ernsthaftigkeit ihrer Rücktrittspläne zu überzeugen.

Octavian kümmerte all dies wenig. Er nahm die von Kleopatra übersandten Kroninsignien entgegen und begann ein diabolisches Doppelspiel: »Während er Antonius überhaupt nicht antwortete, teilte er Kleopatra öffentlich mit, er werde, wenn sie die Waffen niederlege und der Königswürde entsage, sein weiteres Vorgehen in ihrer Sache überdenken.«[3] Angeblich soll er Kleopatra sogar die Zusicherung gegeben haben, daß er sie, wenn sie Antonius beseitige, begnadigen und im Besitz ihres Reiches belassen werde. Kleopatra lehnte es ab, sich zu diesem Angebot Octavians auch nur zu äußern. Nach zwei weiteren Vermittlungsversuchen – Antonius hatte seinen Sohn Antyllos und Kleopatra den Lehrer ihrer Kinder zu Octavian entsandt – bot Antonius an, freiwillig aus dem Leben zu scheiden, wenn Kleopatra hierdurch gerettet würde. Dies mag heroisch klingen, aber Antonius selbst rechnete wohl nicht ernsthaft damit, daß Octavian auf sein Angebot eingehen würde. Wie konnten er und Kleopatra eigentlich hoffen, von Octavian nach

Aktium überhaupt irgendwelche ernsthaften Zusagen zu erhalten? Beide hatten Octavian durch die Behandlung seiner Halbschwester Octavia zutiefst beleidigt. Selbst wenn Octavian alle persönlichen Rachegefühle zurückgestellt hätte und bereit gewesen wäre, Milde walten zu lassen, so wäre ihm dies aus staatspolitischen Gründen unmöglich gewesen: Er hatte Kleopatra in feierlicher Form den Krieg erklärt. Seine Propaganda war seit Jahren bemüht, Kleopatra als gefährliche Feindin des Weströmischen Reiches darzustellen. Fast 100000 Römer waren zu ihrer Bekämpfung in den Krieg gezogen, und ein erheblicher Teil von ihnen hatte in diesem Kampf sein Leben lassen müssen. Konnte Octavian unter diesen Umständen mit der Erklärung an die Öffentlichkeit treten, alles sei so schlimm nicht gewesen und Kleopatra in Wirklichkeit eine Frau, die man durchaus weiter gewähren lassen könne? Dies wäre Octavian beim größten Wohlwollen gegen Kleopatra nicht möglich gewesen. Und für Antonius, den eigentlichen Gegner, konnte nichts anderes gelten. Wer bot schließlich Octavian die Gewähr, daß ein Mann wie Antonius sein künftiges Leben tatsächlich als friedlicher Bürger in Ägypten oder Athen bis ans Ende seiner Tage fristen würde? Keiner konnte für dessen dauernde Friedfertigkeit die Gewähr übernehmen. Nicht einmal er selbst. Er war, wie Bengtson zu Recht bemerkt hatte, eben kein Lepidus.

Für Octavian stand fest, daß er Antonius und Kleopatra vernichten mußte. Sein einziges Ziel bei den ganzen Verhandlungen mit Kleopatra war es gewesen, in ihr gewisse Hoffnungen wach zu halten. Der Grund hierfür findet sich bei Plutarch, der in diesem Zusammenhang berichtet: »Die Anträge des Antonius verwarf Octavian geradezu, der Kleopatra aber ließ er antworten, sie könne auf seine Billigkeit sicher rechnen, wenn sie den Antonius aus dem Wege räumen oder vertreiben wolle. Zugleich schickte er seinerseits einen seiner Freigelassenen namens Thyrsus an sie ab ... Da jedoch dieser Mann länger und öfter als andere mit ihr sprach und vorzügliche Ehre genoß, erregte er Verdacht bei Antonius, der ihn greifen und auspeitschen ließ und dann an Octavian zurückschickte, wobei er schrieb, Thyrsus habe durch sein höhnisches und geringschätziges Benehmen ihn, der wegen seiner Unfälle ohnehin sehr reizbar gewesen wäre, zum Zorne gereizt.« »Wenn dich«, setzte er hinzu, »das Vorgefallene verdrießt, du hast ja meinen Freigelassenen Hipparchus, den laß du immerhin aufhängen und peitschen, damit wir einander nichts vorzuwerfen haben.«[4] Seinen Sarkasmus hatte Antonius jedenfalls noch nicht verloren.

Im Frühjahr des Jahres 30 begann Octavian mit der Eroberung Ägyptens. Obwohl mit ernsthaftem Widerstand kaum mehr zu rechnen war, ging Octavian, ganz wie es bei Feldzügen seine Art war, nicht das geringste Risiko ein. In einem Zangenangriff näherten sich seine Legionen unter Cornelius Gallus von Westen der Cyrenaika, wo dieser als erstes die Schlüsselstellung Paranaition einnahm. Noch einmal raffte sich Antonius auf und eilte Gallus entgegen, um dessen Truppen, wie Cassius Dio berichtet, möglichst kampflos auf seine Seite zu ziehen. Als Antonius vor den Mauern von Paranaition sich an die Legionäre von Gallus wandte, mußte er erleben, daß die Zeit der Volksreden vorüber war, denn Gallus hatte den Truppen Befehl erteilt, mit allen Instrumenten gleichzeitig zu blasen und verhinderte so, daß irgend jemand Antonius verstehen konnte.[5] Als Antonius dann mit den ihm verbliebenen Kräften einen Angriff auf Paranaition wagte, scheiterte er kläglich. Das Ganze war ohnehin nur ein Akt der Verzweiflung: Glaubte Antonius im Ernst zu einem Zeitpunkt, als fast alle seine einstigen Gefolgsleute bemüht waren, noch rechtzeitig zu Octavian überzulaufen, dessen Truppen zu einem Frontwechsel überreden zu können? Auch wenn Gallus auf sein Militärkonzept verzichtet hätte, wäre diesem Versuch von Antonius, das Blatt noch zu wenden, sicher kein großer Erfolg beschieden gewesen. Mit Paranaition war die letzte westliche Verteidigungsbastion Ägyptens gefallen, und Antonius blieb nur übrig, sich als geschlagener Mann nach Alexandria zurückzuziehen. Doch Gallus rückte nach.

Wenig später nahm dann Octavian mit Pelusium auch die östliche Grenzfestung Ägyptens ein. Ob die Festung durch Verrat in seine Hände gefallen ist, ist bis heute nicht geklärt.[6] Sehr schwer dürfte die Eroberung seinen Legionären nicht gefallen sein. Die Verteidiger von Pelusium leisteten jedenfalls so geringen Widerstand, daß später von einem Verrat Kleopatras an Antonius gesprochen wurde. Octavian stieß nun ungehindert nach Alexandria vor. In der dreihundertjährigen Geschichte der Ptolemäerherrscher waren Octavian und Gallus – mit Ausnahme des Seleukidenherrschers Antiochos VI. – die ersten feindlichen Feldherren, die mit ihren Heeren ägyptisches Kernland betreten konnten. Eine Tatsache, die jeden weiteren Kommentar zu der damaligen militärischen Lage erübrigt.

Als Octavian mit seinen Legionen vor Alexandria ankam, machte Antonius einen Ausfall und schlug dessen Reiterei, die wohl angesichts des sicheren Sieges keine Lust verspürt haben dürfte, Kopf und Kragen zu riskieren, in die Flucht. Voller Stolz eilte er in den Palast und stellte Kleopatra einen Legionär vor, der sich durch besonderen Mut ausgezeichnet hatte. Kleopatra schenkte ihm einen goldenen Brustpanzer und Helm. Doch der Legionär wechselte noch in derselben Nacht zu Octavian über.

Noch einmal raffte sich Antonius zu einer großen Geste auf, indem er Octavian zum Zweikampf herausforderte. Doch Octavian ließ ihm nur kühl antworten, Antonius stünden viele Wege zum Tode offen. Daraufhin ließ Antonius mit Wurfgeschossen Flugblätter in das Lager Octavians schleudern und jedem Überläufer eine hohe Belohnung versprechen. Octavian ergriff eines dieser Flugblätter, verlas es vor versammeltem Heer und machte damit allen deutlich, wie wenig noch von einem solchen Gegner zu fürchten war, der glaubte, auf derartige Mittel zurückgreifen zu müssen.

Nach diesen Fehlschlägen faßte Antonius den Entschluß zum alles entscheidenden Gefecht. Doch an einen glücklichen Ausgang glaubte er selbst nicht mehr, wie sein Verhalten am Abend vor der Schlacht zeigte: »Beim Abendessen befahl er, wie man sagt, den Bediensteten, ihm reichlich einzuschenken und aufzutragen, denn es wäre ungewiß, ob sie dies morgen noch tun könnten oder anderen Herren aufwarten müßten, ob er selbst nicht entseelt in ein Nichts verwandelt daliegen würde. Da er seine Freunde darüber weinen sah, erklärte er, er werde sie nicht mit in den Kampf führen, in welchem er mehr einen rühmlichen Tod als Sieg und Rettung zu finden hoffe.«[7]

Vergeblich sucht man in diesem Zusammenhang eine Nachricht über Kleopatra. Aber offensichtlich hatte sie, die doch sonst bei derartigen Anlässen immer an der Seite von Antonius zu finden war, an diesem Gelage nicht mehr teilgenommen. Vermutlich war sie damit beschäftigt, ihre Flucht aus Alexandria vorzubereiten. Die düstere Stimmung in ganz Alexandria gibt wiederum ein Bericht Plutarchs über die angeblichen Vorgänge in jener Nacht wieder: »In der folgenden Nacht, ungefähr um Mitternacht, als durch die ganze

Stadt, aus Furcht und Erwartung des bevorstehenden Schicksals, die tiefste Stille und Niedergeschlagenheit herrschte, ließ sich, so erzählt man, plötzlich eine zusammenstimmende Musik von allerhand Instrumenten und ein Volksschrei verbunden mit Jauchzen und satyrischen Tänzen hören, nicht anders als wenn eine lärmende Prozession von Bacchanten auszöge. Dieser Zug schien fast mitten durch die Stadt zu dem Tor, das zum feindlichen Lager führte, hinauszugehen, und das Getümmel, wie es eben am stärksten war, in dieser Gegend verschwinden. Leute, die über diese Erscheinung nachdachten, vermuteten, daß der Gott, welchem Antonius sich immer am meisten hätte gleichstellen und zum Muster nehmen wollen, jetzt gänzlich von ihm gewichen sei.«[8] Am Morgen des folgenden Tages ließ Antonius seine Schiffe gegen die römische Flotte in See stechen. Er selbst stellte sich, von der vorangegangenen Zecherei noch angeschlagen, mit seinem Fußvolk und der Reiterei am Strand auf. Doch die Moral seiner Leute war nicht besser als die ihres Anführers. Seine Schiffe segelten der Flotte Octavians entgegen und hoben die Ruder zum Gruß, den Octavians Schiffe erwiderten. Darauf vereinigten sich beide Flotten und gingen gemeinsam zum Angriff auf Alexandria über. Als die Reiterei von Antonius dies sah, machte sie sich schleunigst auf die Flucht. Auch die Fußsoldaten von Antonius leisteten unter diesen Umständen kaum noch Widerstand. Antonius zog sich ebenfalls nach Alexandria zurück und schrie, »er sei von Kleopatra an die verraten worden, mit denen er um ihretwillen Krieg geführt habe«.[9] Doch was sollte der Vorwurf des Verrats in dieser Lage schon bedeuten: Die Behauptung von Antonius, von Kleopatra verraten worden zu sein, traf mit Sicherheit nicht zu. Antonius hatte zu diesem Zeitpunkt – wie er selbst nur zu gut wußte – keine Möglichkeit mehr, den Kampf gegen Octavian zu gewinnen. Man darf annehmen, daß sich Octavian und die römische Flotte nur deshalb zum Kampf gestellt haben, weil sie sich ihrer Überlegenheit bewußt waren. Was gab es da noch viel zu verraten? Denkbar ist allenfalls, daß Kleopatra ihre Flotte ermutigt hat, sich nicht auf eine sinnlose Schlacht einzulassen. Aber konnte Antonius, der seine besten Freunde nicht mit in die Schlacht genommen hatte, weil er sie, wie er selber sagte, schonen wollte, Kleopatra hieraus einen Vorwurf machen und von Verrat sprechen? Es gehört ganz gewiß nicht zu den größten

Ruhmestaten von Antonius, daß er hier bewußt eine Flotte in den Kampf geschickt hat, die im Ernstfall dem Untergang geweiht war. Die Elite dieser Flotte bestand aus den Männern, die Antonius aus Aktium herausgeschleust hatte. Aber diese Männer wußten auch über das Verhalten von Antonius bei Aktium Bescheid. Damals hatte er ohne einen militärisch zwingenden Grund Flotte und Truppe verlassen. Ein Mann wie er muß eigentlich wissen, daß er auf diese Kräfte nicht mehr setzen konnte. Dies als einen Verrat Kleopatras darzustellen, läßt sich im Grunde genommen nur noch mit der Erregung eines Mannes erklären, der wußte, daß er endgültig ausgespielt hatte.

Kleopatra floh auf die Nachricht der kampflosen Niederlage von Antonius in ihr Grabmal, das sie sich bei Alexandria hatte errichten lassen. Von dort entsandte sie einen Boten zu Antonius, der ihm mitteilen mußte, sie habe Selbstmord begangen. Antonius, der dies glaubte, riß sich seinen Harnisch vom Leib und rief: »Kleopatra, mich schmerzt es nicht, deiner beraubt zu sein, aber es tut mir wehe, daß ich, ein so großer Feldherr, von einem Weibe an Mut mich übertroffen sehen muß!« [10]

Antonius hatte einen treuen Sklaven namens Eros, der ihm schon vor langer Zeit, vermutlich während des Partherfeldzuges, hatte versprechen müssen, ihn auf seinen Wunsch zu töten. Nun forderte ihn Antonius auf, dieses Versprechen zu erfüllen. Eros zog auch den Degen, holte aus, wandte aber dann sein Gesicht von Antonius und tötete sich selbst. Als Antonius dies sah, rief er: »Recht so, mein guter Eros, du vermochtest nicht, es selbst zu tun, lehrst mich aber wenigstens, was ich zu tun habe.« [11] Die Wunde, die er sich zufügte, war aber nicht tödlich, so daß er in seinem Blute liegend und sich vor Schmerzen windend die Umstehenden bat, ihm den Tod zu geben. Doch diese verließen einer nach dem anderen das Zimmer.

Kleopatra muß von diesen Vorgängen unterrichtet worden sein. Denn einige Zeit später erschien ihr Geheimschreiber Diomedes mit dem Auftrag, Antonius zu ihrem Grabmal zu bringen. Antonius befahl daraufhin seinen Dienern, ihn so rasch wie möglich zu Kleopatra zu tragen. Als er dort angekommen war, kam es zu dramatischen Szenen: Kleopatra öffnete die Falltür des Grabmals nicht, »erschien aber oben an einem Fenster, ließ Seile und Taue herab, und nachdem Antonius daran war gebunden worden, zog sie ihn mit Hilfe zweier Weiber, den einzigen, die sie in das Grabmal genommen hatte, in die Höhe. Die, welche zugegen waren, versicherten, daß sie nie einen rührenderen Anblick als diesen gehabt hätten, da Antonius, der mit Blut bespritzt und mit dem Tode ringend hinaufgezogen wurde, immer die Hände nach ihr ausstreckte und so eine ziemliche Zeit in der Schwebe hing. Denn für die Weiber war dies keine so leichte Arbeit, sondern Kleopatra mußte sich mit beiden Händen unter großen Anstrengungen und Verzerrungen des Gesichts an dem Seile anklammern, während die Untenstehenden sie durch Zurufen ermunterten und die Angst mit ihr teilten.«[12] Über das, was dann in dem Grabmal geschah, ist man auf Vermutungen angewiesen. Plutarch berichtet: »Als sie ihn nun genommen und auf ein Bett gelegt hatten, riß sie (Kleopatra, der Verf.) über ihn ihre Kleider auf, schlug und zerfleischte mit den Händen ihre Brust, wischte ihm mit dem Gesichte das Blut ab, nannte ihn bald ihren Herrn, bald ihren Gemahl, bald Imperator und vergaß aus Jammer über sein Unglück ihr eigenes. Antonius stillte ihre Klagen und verlangte Wein zu trinken, entweder weil ihm dürstete, oder weil er dadurch sein Leiden desto geschwinder zu endigen hoffte. Als er getrunken hatte, ermahnte er sie, auf ihre Rettung bedacht zu sein, sofern es ohne Schande geschehen könnte, und sich unter Octavians Freunden namentlich dem Proculejus anzuvertrauen; ihn sollte sie wegen des letzten Glückswechsels nicht beklagen, sondern eher wegen des vielen Guten, das ihm zuteil geworden, glücklich preisen, da er den verbreitetsten Ruhm und die größte Macht besessen hätte, auch nun eben auf keine schimpfliche Art als Römer von einem Römer überwunden worden wäre.«[13]

Doch Plutarchs Darstellung der letzten Stunden des Antonius ist von namhaften Historikern angezweifelt worden. So hat Bevan hierzu angemerkt: »Plutarch liefert einen pathetischen Bericht über die letzten Worte der Liebenden, aber man muß sich vergegenwärtigen, daß ihre Chancen, mit Octavian doch noch zu einer erträglichen Regelung zu kommen, möglicherweise besser erscheinen konnten, wenn Antonius aus dem Wege geräumt wurde und Kleopatra schon zuvor versucht hatte, Antonius in den Selbstmord zu treiben.[14] Kleopatra von diesem Mordverdacht freizusprechen, hat ihr Biograph Hans Volkmann mit den Worten versucht: »Vielleicht kann Kleopatras Schritt mit einem edleren Grund erklärt werden. Antonius hatte in diesen Monaten mehrfach von einem Selbstmord gesprochen, aber Kleopatra mochte seinen Versicherungen nicht glauben, sie wußte, wie sehr er an ihr hing, und als er aus dem letzten Kampf zurückkehrte, in dem er die Gelegenheit, als Soldat zu fallen, nicht mehr gesucht hatte, wollte sie ihm durch die Nachricht ihres Todes den unumgänglichen Entschluß erleichtern, in würdiger Haltung ein Leben zu beenden, das er durch sein eigenes Versagen verwirkt hatte.«[15] Doch auch Volkmann war sich der Schwäche seiner ohnehin sehr vorsichtig formulierten Verteidigung Kleopatras bewußt, denn er fährt fort: »Man mag gegen diese Auffassung einwenden, warum Kleopatra ihm nicht zugleich in den Tod gefolgt sei. Die Sorge um ihre Kinder scheint sie zunächst von diesem Schritt abgehalten zu haben. Die Hoffnung, ihr Los durch eine Unterredung mit dem Sieger zu mildern, aber auch ihr fester Wille, nicht ihr eigenes Leben in Unehre zu fristen, bestimmen und verklären ihre letzten Tage.«[16] Volkmann mag damit recht haben. Aber man kann, ohne den überlieferten Tatsachen Gewalt anzutun, nicht ausschließen, daß Kleopatra im Interesse ihrer Kinder und des Fortbestandes ihrer Dynastie Antonius – den Octavian ohnehin auf irgendeine Weise hätte beseitigen lassen – nicht nur bewußt in den Selbstmord getrieben, sondern auch seinen Tod herbeigeführt hat. Zumindest die Tatsache, daß Kleopatra und ihre Begleiterinnen Antonius unter schwersten Mühen in das Grabmal hinaufgezogen, aber dessen Begleiter nicht eingelassen haben, gibt in diesem Zusammenhang zu denken. Man muß allerdings einräumen, daß sich das Verhalten Kleopatras auch mit ihrer Furcht erklären läßt, durch die Begleiter von Antonius gefangengenommen und an Octavian ausgeliefert zu werden. Antonius starb am 1. August des Jahres 30. Es war derselbe Tag, an dem Octavian in Alexandria einzog.

Bereits nach dem mißglückten Selbstmordversuch Antonius' war ein Höfling mit dessen blutigem Degen zu Octavian geeilt, um ihm die Nachricht vom Tod seines Gegners zu überbringen. Wenig später überbrachte ihm ein Bote Kleopatras die Todesnachricht. Octavian schickte daraufhin Proculejus ab, um zu verhindern, daß Kleopatra ebenfalls Selbstmord beging. »Er stand«, wie Plutarch berichtet, »wegen der Schätze in Besorgnis, und betrachtete es als die vornehmste Zierde seines Triumphs, wenn er die Kleopatra mit aufführen könnte.«[17] Kleopatra ließ begreiflicherweise auch Proculejus nicht in ihr Grabmal ein. Sie verhandelte mit ihm durch die verschlossene Tür des Mausoleums und forderte, daß Octavian die Herrschaft über Ägypten ihren Söhnen überlasse. Proculejus tat alles, um sie in dieser Hoffnung zu bestärken und kehrte eilends zu Octavian zurück. Ihm war nicht entgangen, daß Kleopatra und ihre Frauen offensichtlich vergessen hatten, die Öffnung, durch die sie Antonius in das Grabmal gezogen hatten, wieder zu schließen. Am nächsten Tag kam er mit Cornelius Gallus zurück. Während Gallus mit Kleopatra wiederum an der verschlossenen Eingangstür verhandelte, stieg Proculejus mit einigen Legionären über eine Leiter in das Grabmal ein. Kleopatra bemerkte ihn erst, als er unmittelbar vor ihr stand. In ihrer Verzweiflung versuchte sie noch einen Dolch zu ziehen, um Selbstmord zu begehen. Doch Proculejus entwand ihr die Waffe. Damit war eingetreten, was Kleopatra mehr als den Tod gefürchtet hatte: Sie war in der Gewalt der Römer.

Kleopatra hat zwölf Tage in römischer Gefangenschaft gelebt, ehe sie eines Todes starb, dessen Einzelheiten nie geklärt worden sind, und daher auch zu den verschiedensten Vermutungen und Theorien Anlaß gegeben haben. So ist der bekanntesten Version ihres Selbstmordes durch Schlangenbiß sogar der Verdacht entgegengesetzt worden, Octavian habe Kleopatra töten lassen. Diese Behauptung läßt sich – so gewagt sie scheinen mag – nicht einfach als Ergebnis der übersteigerten Phantasie eines Gelehrten abtun. Immerhin hat Octavian nachweislich sowohl Caesarion als auch Antyllos umbringen lassen. Wenn aber Octavian schon vor der Beseitigung dieser beiden Jugendlichen nicht zurückschreckte, dürfte er kaum moralische Skrupel gehabt haben, mit Kleopatra ebenso zu verfahren.

Gleichwohl scheint sich Octavian für einen anderen Weg entschieden zu haben. Über den Tod von Kleopatra sind nur die Darstellungen von Cassius Dio und Plutarch erhalten. Nicht mehr erhalten ist dagegen der Bericht, den Olympus, ihr Leibarzt, über die letzten Tage Kleopatras verfaßt hat. Schon zu Zeiten von Cassius Dio scheint diese Schrift nicht mehr erhalten gewesen zu sein, denn er erwähnt sie mit keinem Wort. Dagegen beruft sich Plutarch bei seiner Schilderung des Todes von Kleopatra ausdrücklich auf Olympus.[18] Aber auch Olympus war nicht Zeuge des Todes von Kleopatra und kann hierzu nur die verschiedenen Gerüchte wiedergeben, die damals im Umlauf waren. Gerade dies verleiht seinen übrigen Angaben ihren besonderen Wert. Wäre es Olympus mit seiner Schrift darum gegangen, die Neugierde seiner Leser zu befriedigen oder irgendeiner Legendenbildung Vorschub zu leisten, hätte er gewiß in aller Ausführlichkeit Kleopatras Tod geschildert. Wenn er hierauf verzichtet hat, so zeigt dies, daß es ihm um eine wahrheitsgetreue Wiedergabe jener dramatischen Tage ging. Man kann daher davon ausgehen, daß der auf Olympus beruhende Bericht Plutarchs in seinen wesentlichen Teilen den Tatsachen entspricht. Eine andere Frage ist, ob dies auch für die Bewertung dieser Ereignisse durch Plutarch zutrifft. Aber dazu später.

Octavian behandelte die gefangene Kleopatra mit bemerkenswerter Großzügigkeit. So entsprach er Kleopatras Bitte, Antonius beisetzen zu dürfen, der dann von ihr, wie Plutarch berichtet, »mit königlicher Pracht beerdigt wurde, da sie die Erlaubnis erhielt, alles was sie wollte, dazu zu gebrauchen«.[19] Mit aller Wahrscheinlichkeit erfolgte die Beisetzung in jenem Grabmal, das Kleopatra nach ihrer Flucht aus Alexandria aufgesucht hatte. Danach kehrte Kleopatra in ihren Palast zurück. Natürlich stand sie unter römischer Bewachung. Aber auch diese wurde sehr großzügig gehandhabt. So verzichtete Octavian nicht nur darauf, Kleopatras vertraute Dienerinnen Iris und Charmion aus ihrer Umgebung zu entfernen, sondern erlaubte ihr auch, weiterhin Kontakt mit der Außenwelt zu unterhalten.

Doch Octavians Verhalten konnte Kleopatra nicht beruhigen. Außer dem Schmerz über den Verlust von Antonius quälte sie die Sorge um das Schicksal ihrer Kinder, den Fortbestand der ptolemäischen Dynastie und der furchtbare Verdacht, Octavian wolle sie in seinem Triumphzug dem römischen Pöbel zur Schau stellen. Wie so oft nach schweren Schicksalsschlägen scheint auch bei Kleopatra der eigentliche Schock über ihre endgültige Niederlage, Antonius' Tod sowie ihre ungewisse Zukunft erst Tage nach den tragischen Ereignissen eingetreten zu sein. Jedenfalls erlitt sie in Alexandria, wie sich aus dem Bericht Plutarchs, der auf den Mediziner Olympus zurückgeht, ergibt, einen physischen und psychischen Zusammenbruch: »Bei der großen Trauer und den vielen Schmerzen, die sie leiden mußte – denn ihre Brust war vom Schlagen ganz entzündet und voll schwärender Wunden – fiel sie noch in ein heftiges Fieber, und diesen Vorwand ergriff sie mit Vergnügen, um sich aller Nahrung zu enthalten und auf diese Art ihrem Leben ungehindert ein Ende zu machen. Ihr Leibarzt war Olympus; diesem entdeckte sie ihre wahre Absicht, und bediente sich seines Rats und seiner Beihilfe, um ihre Auszehrung zu bewirken, wie Olympus selbst erzählt, der die Geschichte dieser Ereignisse herausgegeben hat.«[20]

Angesichts der Berichte Plutarchs über die Beisetzung von Antonius durch Kleopatra und die Schwere der Wunden, die sie sich aus Verzweiflung über seinen Tod zugefügt hat, kommen doch starke Zweifel auf, ob der teilweise so scharfsinnig begründete Verdacht, Kleopatra habe Antonius verraten und letztlich seinen Tod herbeigeführt, begründet ist. Beides konnte doch nur allenfalls dann einen Sinn haben, wenn sich Kleopatra von Antonius nach dessen Tod in aller Form losgesagt hätte. Zwar sollte sie noch später in einem Augenblick tiefster Verzweiflung gegenüber Octavian versuchen, ihr Verhalten in den vergangenen Jahren unter Hinweis auf ihre Furcht vor Antonius zu rechtfertigen. Dies ändert aber nichts an der Tatsache, daß sie sich unmittelbar nach dem Tod von Antonius zu ihm bekannt hat. Man muß unter diesen Umständen einräumen, daß der zunächst wenig überzeugend klingende Versuch Volkmanns, Kleopatra habe möglicherweise Antonius durch die Nachricht von ihrem Tode zum Selbstmord veranlassen wollen, um ihm einen ehrenvollen Tod zu ermöglichen, an Gewicht gewinnt. Schließlich hatte Octavian auf die Bitte von Antonius, ihn als Privatmann in Ägypten oder Athen leben zu lassen, überhaupt nicht geantwortet. Wenn aber Octavian auf dieses Angebot nicht eingegangen ist, obwohl es ihm weitere Kampfhandlungen erspart hätte, konnte dies nur bedeuten, daß Antonius in den Augen Octavians sein Leben verwirkt hatte. So könnte es durchaus sein, daß Kleopatra, trotz und wegen ihrer Liebe zu Antonius, in dessen Selbstmord die einzige Möglichkeit sah, ihm ein schlimmeres Ende zu ersparen.

Bemerkenswert an der Schilderung von Plutarch ist auch die Feststellung, Kleopatra habe geplant, »sich aller Nahrung zu enthalten und auf diese Art ihrem Leben ungehindert ein Ende zu machen«.[21] Dies läßt nur den Schluß zu, daß Kleopatra der Auffassung war, Octavian wolle sie am Leben erhalten, um sie in seinem Triumphzug in Rom mitzuführen. Daß diese Befürchtung nicht unbegründet schien, zeigt das Verhalten Octavians. Als er den Verdacht schöpfte, Kleopatra wolle Selbstmord begehen, setzte er sie, wie Plutarch berichtet, »durch allerlei Drohungen wegen ihrer Kinder in solche Furcht, daß sie ihren Leib, wie man nur wollte, pflegen ... ließ«.[22]

Wenig später kam es dann im Palast der Ptolemäer zu der ersten und einzigen Begegnung zwischen Octavian und Kleopatra. Über den Verlauf der Begegnung gibt es Berichte von Cassius Dio und Plutarch, »die in ihrer gegensätzlichen Art noch einmal die beiden Bilder zeichnen, in denen Kleopatra bis zum heutigen Tage in der geschichtlichen Erinnerung lebt«.[23] In der Darstellung von Cassius Dio erscheint Kleopatra als die große Verführerin, die, prachtvoll gekleidet, versuchte, Octavian in den Bann ihrer körperlichen Reize zu ziehen und ihn durch ihre gemeinsame Verbindung mit Caesar zu gewinnen suchte. Dabei soll sie in dem ganzen Raum Büsten Caesars aufgestellt und dessen Liebesbriefe verlesen haben: »So«, behauptet Cassius Dio, »richtete sie immer wieder ihre Augen auf Caesar, beklagte ihr Los in klangvoller Sprache und ließ sich in schmelzenden Tönen vernehmen. So konnte man einmal hören: ›Wozu nützen mir, Caesar, diese Briefe da?‹ Dann wieder: ›In diesem Manne bist du doch für mich lebendig!‹ Und wiederum: ›Wär ich doch vor dir gestorben!‹ Und nochmals: ›Wenn ich aber ihn habe, habe ich dich!‹«[24]

Diese romanhafte Darstellung von Cassius Dio beruht vermutlich auf dem Werk des mit Octavian befreundeten römischen Historikers Titus Livius, der nicht Augenzeuge der Vorgänge in Alexandria gewesen ist. Ganz anders und in seiner Wirklichkeitsnähe viel bedrückender liest sich der vermutlich auf Olympus zurückgehende Bericht Plutarchs: »Sie lag eben ganz schlecht gekleidet auf einem Ruhebett. Bei seinem Eintritt sprang sie im bloßen Unterkleid auf und warf sich mit äußerst verstörtem Haar und Gesicht, mit zitternder Stimme und verweinten Augen ihm zu Füßen; auch waren auf ihrem Busen noch jene vielen Spuren von ihrer Zerfleischung sichtbar, und überhaupt schien sich ihr Körper nicht besser zu befinden als ihr Geist. Indessen war der ihr eigene Reiz, jenes kecke Vertrauen auf ihre Schönheit noch nicht ganz verloschen, sondern schimmerte trotz ihrer traurigen Lage immer noch von innen durch und verriet sich auch durch ihre Mienen und Bewegungen des Gesichts.

Als Octavian sie nötigte, sich wieder hinzulegen und sich neben sie setzte, begann sie eine Art von Rechtfertigung und suchte das Geschehene mit der Notwendigkeit und der Furcht vor Antonius zu entschuldigen. Octavian aber widerlegte sie Punkt für Punkt.«[25]

Es wurde bereits angedeutet, daß Plutarchs Schilderungen der Vorgänge, die zum Tode von Kleopatra geführt haben, eine äußerst wertvolle Quelle sind, es aber äußerst fraglich ist, ob er in der Beurteilung der von ihm geschilderten Ereignisse immer eine besonders glückliche Hand hatte. Dies gilt vor allem für seine Auffassung, Octavian habe Kleopatra unbedingt von einem Selbstmord abhalten wollen, um sie in seinem Triumphzug mitführen zu können. Die Geschichte hat dieses Urteil weitgehend geteilt, gleichwohl sind Zweifel angebracht.

Eigenartigerweise hat – soweit ersichtlich – nie jemand in Frage gestellt, welches Interesse Octavian an dieser Demütigung Kleopatras haben konnte. Der Sieg über Antonius und Kleopatra bedeutete für Octavian die von ihm so beharrlich angestrebte Alleinherrschaft über das römische Weltreich und damit den größten Triumph seines Lebens. Als solchen hat ihn auch Octavian empfunden, wie die Tatsache zeigt, daß er diesen Sieg zum Anlaß genommen hat, den Monat seines Einzugs in Alexandria nach seinem höchsten Ehrentitel »Augustus« zu benennen. Man weiß, welche tiefe Verehrung Octavian seinem Stiefvater Caesar entgegengebracht hat, ohne dessen Testament sein Aufstieg überhaupt nicht möglich gewesen wäre. Konnte Octavian in der Stunde seines höchsten Triumphes auch nur das geringste Interesse daran haben, Kleopatra, die immerhin vier Jahre an der Seite Caesars in Rom residiert hatte, dem Hohn und Spott des römischen Pöbels preiszugeben? Die Demütigung Kleopatras mußte zugleich auch den toten Caesar treffen. Octavian ist zeit seines Lebens ein Förderer der »mos maiorum« (der altrömischen Sitten) gewesen, zu deren hervorstechendsten Merkmalen der Kult der Ahnenverehrung zählte. Kann man ernsthaft glauben, daß Octavian die Absicht hatte, gerade demjenigen seiner Ahnen, dem er alles verdankte – und damit auch sich selbst – zu schaden?

Zudem gab es noch einen weiteren Grund, Kleopatra nicht im Triumphzug mitzuführen: Octavian hatte sich bei seiner Unterredung mit Kleopatra davon überzeugen können, daß seine Gefangene eine psychisch und physisch gebrochene Frau war. Der Glanz und die Ausstrahlung der einstigen Geliebten von Caesar und Antonius waren für immer erloschen. Doch Octavians Propaganda hatte seit Beginn seines offenen Kampfes gegen Antonius mit nur allen denkbaren Mitteln versucht, Kleopatra als eine diabolische Gestalt und die größte Bedrohung des Römischen Westreichs darzustellen. Wäre es unter diesen Umständen klug gewesen, eine völlig zusammengebrochene und Mitleid erregende Kleopatra im Triumph durch Rom zu führen? Sicher hätten sich nicht wenige Römer gefragt, ob es denn eine so große Heldentat war, diese Frau niederzuringen. Im Gegensatz zu vielem, was geschrieben worden ist, wird man die Behauptung wagen dürfen, daß Octavian nicht das geringste Interesse hatte, Kleopatra als Zierde seines Triumphzugs durch Rom zu führen. Doch einer lebenden Kleopatra dies zu ersparen, war ihm unmöglich. Dazu war gerade nach der Darstellung von Octavians Propaganda zu viel römisches Blut durch Kleopatras Schuld vergossen worden. Die Römer verlangten nach ihrer Zurschaustellung und ihrem Tod. Octavian konnte – selbst wenn er es gewollt hätte – Kleopatra nicht begnadigen, ohne sich in den Augen der Römer unglaubhaft zu machen.

Für Octavian war daher klar, daß Kleopatra sterben mußte, und dies am besten vor seinem Triumphzug. Dies erklärt auch ihre scheinbar so großzügige Behandlung nach ihrer Gefangennahme. Kleopatra hatte ebenso wie Antonius in der Vergangenheit wiederholt von Selbstmord gesprochen und bei ihrer Gefangennahme versucht, Selbstmord zu begehen. Octavian war dies bekannt. Wäre ihm wirklich daran gelegen gewesen, Kleopatra in seinem Triumphzug mitzuführen, so hätte es doch nahegelegen, sie schärfstens bewachen zu lassen. Es wäre ihm ein leichtes gewesen, Kleopatra unter die Obhut zuverlässiger römischer Legionäre zu stellen und ihr jeden Kontakt mit der Außenwelt unmöglich zu machen. Nichts dergleichen hat Octavian getan. Er beschränkte sich darauf, ihr eine Flucht unmöglich zu machen. Angesichts dieses Verhaltens stellt sich doch die Frage, ob es Octavians größte Sorge war, Kleopatra von einem Selbstmord abzuhalten. Die Tatsachen sprechen dagegen.

Auf die Nachricht, Kleopatra wolle ihrem Leben durch Auszehrung ein Ende bereiten, ließ Octavian sie zwar wissen, daß dies ihre Kinder zu büßen hätten. Doch die Sorge um das Leben Kleopatras kann schwerlich die Ursache für dieses energische Vorgehen gewesen sein. Spätestens jetzt hätte es doch nahe gelegen, Kleopatra schärfer überwachen zu lassen. Aber dies geschah nicht. Offensichtlich hatte sich aber dieser Selbstmordversuch von Kleopatra herumgesprochen, so daß Octavian einschreiten mußte, um sich nicht dem Verdacht auszusetzen, Kleopatras Teilnahme am römischen Triumphzug vereitelt zu haben. Doch ein Beweis für die Ernsthaftigkeit seiner Absicht, Kleopatra am Selbstmord zu hindern, ist dieses Verhalten Octavians nicht.

Octavian kannte Kleopatras Befürchtungen, die Shakespeare in die Worte gefaßt hat:

»Nun, was denkst du, Iras?
Du als fein ägyptisches Püppchen, stehst
In Rom zur Schau wie ich: Handwerkervolk,
Mit schmutzgem Schurzfell, Maß und Hammer, hebt
Uns auf, uns zu besehn; ihr dicker Hauch,
Widrig von ekler Speis, umwölkt uns dampfend
Und zwingt zu atmen ihren Dunst.«[26]

Wie sehr Octavian den Tod Kleopatras anstrebte, macht auch die Schilderung Plutarchs von Octavians Unterredung mit ihr deutlich. Er wahrte zwar die Form. Aber Kleopatras Versuch einer Verteidigung ihres Verhaltens widerlegte er, wie Plutarch es ausdrückt, »Punkt für Punkt«. Ansonsten machte er ihr Versprechungen, die bei genauer Betrachtung des Textes von Plutarch an Zynismus nichts zu wünschen übrig ließen. Kein Wort über die Zukunft ihrer Dynastie, kein Wort über die Zukunft ihrer Kinder, kein verbindliches Wort über ihre eigene Zukunft.

Um sicher zu gehen, schickte Octavian wenig später seinen Vertrauten Dolabella zu Kleopatra. Plutarch berichtet mit der ihm eigenen Gutgläubigkeit: »Unter Octavians Freunden befand sich Cornelius Dolabella. Dieser war Kleopatra nicht abgeneigt, und auf ihre Bitten tat er ihr damals den Gefallen, daß er ihr heimlich melden ließ, Octavian werde zu Lande durch Syrien zurückkehren und habe beschlossen, sie mit ihren Kindern in drei Tagen nach Rom zu schicken.«[27] Nach diesem Gespräch wußte Kleopatra, was sie zu tun hatte. Sie bat, noch einmal das Grab von Antonius aufsuchen zu dürfen. Ihre letzten Worte am Sarg von Antonius sind nicht überliefert worden, aber deshalb um so glaubhafter:

»Teuerster Antonius, neulich begrub ich dich mit diesen noch freien Händen, jetzt bringe ich dir das Todesopfer als eine Gefangene unter genauer Bewachung, daß ich diesen sklavischen, zum Triumph über mich aufbewahrten Körper ja nicht durch Tränen und Schläge mißhandle. Erwarte keine andern Ehrenbezeichnungen oder Totenopfer; dies sind die letzten Worte, die Kleopatra dir bringt. Im Leben hat uns nichts voneinander trennen können; aber im Tode müssen wir noch allem Anschein nach den Ruheplatz vertauschen. Du, ein Römer, liegst hier begraben, und ich Unglückliche werde mein Grab in Italien finden, den einzigen Anteil, den ich an deinem Land nehme. Doch wenn die Götter daselbst nur einige Macht und Stärke noch besitzen – die hiesigen haben uns verraten – so gib mich, deine Gemahlin, nicht lebend preis, laß es nicht geschehen, daß in mir über dich triumphiert werde, unter tausend Übeln, die mich treffen, keines so schwer und empfindlich ist, als die kurze Zeit, die ich ohne dich gelebt habe.«[28]

Kleopatra schmückte nach diesen Worten ihren Sarg. Anschließend verfaßte sie ein versiegeltes Schreiben an Octavian und bat Ephraditos, den Octavian mit der Überwachung Kleopatras beauftragt hatte, ihr Schreiben an Octavian zu überbringen. Der naheliegende Gedanke, daß Ephraditos von Octavian bevollmächtigt gewesen sein könnte, ihr versiegeltes Schreiben zu erbrechen, scheint ihr nicht gekommen zu sein. Jedenfalls fürchtete sie diese Möglichkeit nicht. Ephraditos, der doch angeblich von Octavian beauftragt war, mit allen Mitteln einen Selbstmord Kleopatras zu verhindern, tat auch nichts dergleichen. Im Gegenteil, obwohl ihm genügend Untergebene zur Verfügung standen, den Brief Kleopatras an Octavian überbringen zu lassen, verließ er selbst seinen Posten, um Kleopatras Schreiben Octavian auszuhändigen. Erstaunlicherweise hat ihn Octavian dafür nie zur Rechenschaft gezogen.

Als Octavian Kleopatras Schreiben in Händen hielt, wußte er, daß sie Selbstmord begangen hatte. Angeblich wollte er ihr noch Hilfe leisten, indem er ihr Psylli zur Hilfe schickte. Psylli war die Bezeichnung für jene Schlangenbändiger, die über die Kunst verfügten, aus Wunden das Gift von Schlangen zu saugen, ohne selbst dabei Schaden zu nehmen. Daß Octavian sofort vermutete, Kleopatra habe sich durch eine Giftschlange töten lassen, gehört zu den weiteren Merkwürdigkeiten und Ungereimtheiten im Zusammenhang mit ihrem Tode.

Wie und warum Kleopatra starb, ist bis heute ungeklärt. Schon in der Antike gab es darüber die verschiedensten Vermutungen. Plutarch berichtet in diesem Zusammenhang, ein einfacher ägyptischer Bauer habe Kleopatra einen Korb gebracht, in dem, unter Feigen und Blättern versteckt, eine giftige Schlange verborgen gewesen sei. Bemerkenswert für das angebliche Interesse Octavians, Kleopatra am Leben zu erhalten, ist die Tatsache, daß die römischen Wachen diesen Mann offensichtlich ohne Kontrolle zu Kleopatra ließen. Schließlich konnte man in diesem Korb nicht nur Giftschlangen, sondern noch viel leichter andere Giftmittel verbergen.

Zu den mysteriösen Umständen des Todes von Kleopatra läßt sich nur eines mit Bestimmtheit feststellen: Wenn Octavian und den mit der Bewachung Kleopatras beauftragten Wachmannschaften wirklich daran gelegen gewesen wäre, einen Selbstmord Kleopatras zu verhindern, so konnten sie sich nicht ungeschickter anstellen. Auch der Unmut Octavians über den Tod Kleopatras scheint sich in Grenzen gehalten zu haben. Angeblich bedauerte er zwar, nun Kleopatra nicht mehr in seinem Triumphzug mitführen zu können. Doch ließ er Kleopatras Leichnam, wie sie es in ihrem Abschiedsbrief gewünscht hatte, neben Antonius beisetzen.

Mit Kleopatra starben ihre beiden Sklavinnen Iras und Charmion. Als Octavians Legionäre auf die Nachricht vom Selbstmord Kleopatras – man fragt sich, was eigentlich ihre Wachen in dieser Zeit gemacht haben – endlich eintrafen, fanden sie die Leiche Kleopatras auf einem goldenen Bett liegend. Von den beiden Sklavinnen lag Iras tot zu Füßen Kleopatras. Charmion wand sich in Krämpfen, hatte aber noch die Kraft, auf den wütenden

Ausruf eines Legionärs: »Das ist schön, Charmion!«, zu antworten: »Freilich das Allerschönste, wie es sich für eine Enkelin so vieler Könige schickt.«[29]

Mit Kleopatras tragischem Tod endete die 300jährige Herrschaft der Ptolemäer über Ägypten. Die Bedeutung des Landes zeigte sich indessen noch in der Stunde seines Niedergangs, denn Octavian unterstellte Ägypten unmittelbar seiner persönlichen Verwaltung. Keinem römischen Senator war es erlaubt, Ägypten ohne seine Erlaubnis zu betreten.

Doch mit dem Ende dieses Kampfes hörte das Blutvergießen nicht auf. Den ältesten Sohn von Antonius und Fulvia, der den Namen seines Vaters trug und im Volksmund Antyllos hieß, ließ Octavian hinrichten. Dem zweiten Sohn aus dieser Ehe, Julius Antonius, geschah nichts. Doch zwei Jahre vor Christi Geburt ließ ihn Octavian enthaupten, weil er an den Ausschweifungen von Julia, der Tochter Octavians, lebhaften Anteil genommen hatte und im Verdacht stand, sich zum Regenten aufschwingen zu wollen. Caesarion erlitt dasselbe Schicksal wie Antyllos. Kleopatra, die dies befürchtet hatte, hatte ihn mit seinem griechischen Lehrer Rhodon an das Rote Meer geschickt, damit er von dort aus nach Indien fliehen könne. Doch Rhodon überredete seinen Schützling unter dem Vorwand, Octavian wolle ihm die Herrschaft über Ägypten anvertrauen, zur Rückkehr nach Alexandria. Octavian ließ auch ihn hinrichten. Angeblich soll er sich zunächst über dessen Schicksal nicht sicher gewesen sein und sich erst entschieden haben, als ihm der Philosoph Areius entgegenhielt, »Vielkaiserei frommt nicht.«[30]

Glücklich konnten sich dagegen die Kinder von Kleopatra und Antonius schätzen. Kleopatra Selene, Alexander Helios und Ptolemäus Philadelphos nahm Octavia, die von Octavian so verehrte Halbschwester, bei sich auf und sorgte für sie liebevoll. Octavian verheiratete später sogar Kleopatra Selene mit dem hochkultivierten König von Mauretanien, Juba II. Die Spur ihrer Brüder Alexander Helios und Ptolemäus Philadelphos verliert sich im Dunkel der Geschichte. Kleopatras Tod setzte somit dem Fortbestand des Ptolemäerreichs ein unumkehrbares historisches Ende.

ANHANG

ANMERKUNGEN

PROLOG

1 vgl. hierzu Becher, insbesondere 43–46, 63–88, 117, 141, 142
2 Volkmann, Kleopatra, 222ff. Dieses Werk ist stets gemeint, wenn nur der Name Volkmann zitiert wird.
3 Grant, Kleopatra, 17
4 vgl. hierzu Buchan (Lord Tweedsmuir), 76

HERKUNFT UND AUFSTIEG DER PTOLEMÄER

1 Zur Herkunft und dem Geburtsjahr von Ptolemäus I.: Bengtson, Herrschergestalten des Hellenismus; Bevan, 20ff.; Bouché-Leclercq 1, 2ff.; Jouguet, Histoire de la nation égyptienne, III, 8ff.
2 Plutarch, Alexander der Große, 9
3 Plutarch, a. a. O., 10
4 Plutarch, a. a. O., 10
5 Bouché-Leclercq 1, 3
6 vgl. im einzelnen Bouché-Leclercq 1, 4ff.
7 Bengtson, a. a. O., 16; Bouché-Leclercq 1, 7ff.
8 Grant, Von Alexander bis Kleopatra, 16
9 vgl. Bouché-Leclercq 1, 146

ÄGYPTEN UND DIE DYNASTIE DER PTOLEMÄER

1 zu den Einzelheiten: Bevan, 8ff.
2 Friedell, 120
3 vgl. hierzu Bevan, 15
4 Der Einmarsch römischer Truppen 55 v. Chr. unter Gabinius und Marcus Antonius bleibt hier außer Betracht, weil er auf Veranlassung eines ptolemäischen Königs erfolgte.
5 Mommsen, 348
6 Grant, Von Alexander bis Kleopatra, 53
7 Bevan, 147
8 Friedell, 111
9 Genaue Angaben über die ohnehin schwankende Einwohnerzahl liegen natürlich nicht vor; aber vgl. Jouguet, L'Impérialisme Macedonien et l'Hellenisation de l'Orient, 146ff.
10 vgl. Bevan 22ff.
11 vgl. hierzu Diodor bei Mahaffy, 32
12 Bevan, 23; Bouché-Leclercq 1, 24; während Bengtson in »Herrschergestalten des Hellenismus«, 23, davon ausgeht, daß Ptolemäus die Nachfolge erst auf dem Diadochentreffen in Triparadisos angetragen wurde.
13 Bevan, 23
14 Hirtius, Der Alexandrinische Krieg, 1. Kapitel
15 vgl. Grant, Mittelmeerkulturen der Antike, 249
16 Grant, Mittelmeerkulturen der Antike, 248
17 bei Volkmann 17
18 vgl. Bevan, 133
19 zu den Einzelheiten: Bouché-Leclercq 1, 113–121
20 Jouguet, L'Impérialisme Macédonien et l'Hellenisation de l'Orient, 335
21 Manches ist hier unklar. So weiß man nicht, ob sich Ptolemäus von Eurydike scheiden ließ. Strittig ist auch, ob Berenike eine Zofe Eurydikes oder aber die Großnichte Antipaters war.
22 Strack, 190ff.
23 Bevan, 54
24 Arsinoë dürfte damals etwa 40 Jahre alt gewesen sein.
25 Bengtson, Herrschergestalten des Hellenismus, 117
26 Strack, 83ff.
27 Droysen, Geschichte des Hellenismus, 3, 267; Strack, 86
28 Holm IV, 237, 260; ähnlich Mahaffy, 141
29 vgl. Bevan, 192ff.

30 Im Gegensatz zu von Wertheimer, 53
31 vgl. Bevan, 195 ff.
32 Mommsen, 347, 348
33 Polybios bei Bouché-Leclercq 1, 288
34 vgl. Bevan, 227 ff.
35 vgl. Bouché-Leclercq 1, 353 ff.
36 Bouché-Leclercq 1, 384
37 Strack, 2
38 Strack, 105–148, insbes. 123 ff.
39 Strack, Vorwort IX, X
40 Justin bei Bouché-Leclercq 2, 62
41 Diodor bei Bouché-Leclercq 2, 73

KLEOPATRAS VATER

1 von Wertheimer, 67
2 Cicero, De lege agraria, zit. bei Bouché-Leclercq 2, 130
3 Sueton, Caesar, 1
4 Mommsen, 653 ff.
5 von Wertheimer, 15 ff.
6 Mommsen, 747
7 zu Tryphaena: Bevan, 346 ff., Lindsay 2, Volkmann, 42 ff.
8 Bouché-Leclercq 2, 179
9 Plutarch, Antonius, 87; vgl. auch Bengtson, Antonius, 12 ff.
10 G. B. Shaw, bei Volkmann 42 und in etwas anderer Übersetzung in Shaw »Caesar und Kleopatra«, 158
11 Lucan, Pharsalia, 10. Gesang, Verse 111–126
12 Kallixenos von Rhodos, zit. bei Hamdorf, 16, 17
13 Hamdorf, 17
14 Hamdorf, 36
15 Jünger, 20, 21
16 vgl. Bevan, 357; Grant, Kleopatra, 37
17 So bei Grant, Kleopatra, 123
18 bei Bevan, 348 ff.
19 Plutarch, Caesar, 5
20 Plutarch, Caesar, 5
21 vgl. Mommsen, 754 ff.; Walter, 42
22 Plutarch, Cato der Jüngere, 36
23 bei Volkmann, 49
24 bei Volkmann, 51

BEGINN DER HERRSCHAFT KLEOPATRAS

1 zu den Einzelheiten vgl. Volkmann, 55
2 vgl. Bouché-Leclercq 1, 182
3 Grant, Kleopatra, 72
4 Grant, Kleopatra, 72
5 Horaz I, 37
6 Properz III, 11, 30; Cassius Dio, 51, 12
7 Grant, Kleopatra, 80, hält es für möglich, daß Kleopatra schon 79 aus Alexandria fliehen mußte.
8 Plutarch, Pompejus, 77
9 vgl. hierzu Plutarch, Pompejus, 79

CAESAR

1 Caesar, Bürgerkrieg, 3, 106
2 Plutarch, Caesar, 48
3 Cassius Dio, 42, 7
4 Appian, 89
5 Caesar, Bürgerkrieg, 3, 112
6 Sueton, Caesar, 7 und 8
7 Mommsen, 769
8 Sueton, Caesar, 49
9 Sueton, Caesar, 51
10 Oppermann, 47
11 Sueton, Caesar, 22
12 Sueton, Caesar, 22
13 Sueton, Caesar, 24
14 Sueton, Caesar, 30
15 Plutarch, Caesar, 39
16 Plutarch, Pompejus, 67
17 Plutarch, Pompejus, 67
18 Plutarch, Pompejus, 67

CAESAR UND KLEOPATRA

1 Plutarch, Caesar, 47, 48
2 Beer, de, 6, 53
3 Caesar, Der Gallische Krieg IV, 13
4 Sueton, Caesar, 50

5 Plutarch, Cato der Jüngere, 24
6 Plutarch, Brutus, 5
7 Sueton, Caesar, 51
8 Sueton, Caesar, 45
9 Cassius Dio, 42, 34
10 Plutarch, Antonius, 27
11 Grant, Kleopatra, 96
12 Bouché-Leclercq 2, 180
13 vgl. Grant, Kleopatra, 96 und Volkmann, 218ff.
14 Volkmann, 219
15 Es bestehen aber auch Zweifel, ob die Büste Kleopatra darstellt, vgl. Volkmann, 219
16 Friedell, 203
17 Friedell, 203
18 Hultsch, 108
19 Sueton, Caligula, 36
20 Caesar, Bürgerkrieg 3, 107, 108
21 Caesar, Bürgerkrieg 3, 109
22 Cassius Dio, 35, 3
23 Lucan, Pharsalia, 10. Gesang, 127ff.
24 Frischauer, 1, 75
25 Friedell, 200

DER ALEXANDRINISCHE KRIEG

1 Caesar, Bürgerkrieg, 3, 109. Kap.
2 Caesar, Bürgerkrieg, 3, 110. Kap.
3 vgl. »Der Alexandrinische Krieg«, 3. Kap. »Der Alexandrinische Krieg« bildet den Anfang des sogenannten »Corpus Caesarianum«, das den Alexandrinischen, Afrikanischen und Spanischen Krieg umfaßt. Als Verfasser des »Alexandrinischen Krieges« gilt Caesars General und Vertrauter Aulus Hirtius. Umstritten, daher anonym, ist die Person des Autors des »Afrikanischen« und »Spanischen Krieges«.
4 Hirtius, Der Alexandrinische Krieg, 2
5 Caesar, Bürgerkrieg, 3. Buch, 111
6 Caesar, Bürgerkrieg, 3. Buch, 112
7 Hirtius, Der Alexandrinische Krieg, 6
8 Hirtius, Der Alexandrinische Krieg, 7
9 Hirtius, Der Alexandrinische Krieg, 12
10 Plutarch, Caesar, 49. Kap.
11 Hirtius, Der Alexandrinische Krieg, 23
12 Hirtius, Der Alexandrinische Krieg, 24
13 vgl. Volkmann, 68
14 Sueton, Caesar, 52. Kap.
15 Appian bei Bouché-Leclercq 2, 215
16 vgl. Volkmann, 70
17 Grant, Kleopatra, 117
18 Hirtius, Der Alexandrinische Krieg, 33. Kap.
19 Bouché-Leclercq 2, 219

KLEOPATRA, ROM UND DIE RÖMER

1 Cassius Dio, 42, 43
2 vgl. Grant, Kleopatra, 71
3 Volkmann, 73
4 Bevan, 366; Bouché-Leclercq 2, 217
5 vgl. Volkmann 70ff.
6 Sueton, Caesar, 52
7 so auch Volkmann, 74
8 Grant, Kleopatra, 123
9 Sueton, Caesar, 52
10 Plutarch, Marcus Antonius, 82
11 Hirtius, Der Alexandrin. Krieg, 41
12 Hirtius, Der Alexandrin. Krieg, 41
13 vgl. Appian II, 88; Volkmann, Sullas Marsch auf Rom, 88
14 Plutarch, Marcus Antonius, 10
15 Plutarch, Marcus Antonius, 9
16 Cassius Dio, 52, 50
17 Mommsen, 951
18 Mommsen, 952
19 Appian II, 92ff.
20 Mommsen, 950
21 Anonym, Der Afrikanische Krieg
22 Sueton, Caesar, 59
23 Plutarch, Caesar, 52
24 Anonym, Der Afrikanische Krieg, 124
25 Sueton, Caesar, 66
26 Anonym, Der Afrikanische Krieg, 82
27 Anonym, Der Afrikanische Krieg, 86
28 Mommsen, 956
29 Mommsen, 958
30 vgl. Mommsen, 958

31 Sueton, Caesar, 75
32 Plutarch, Caesar, 53
33 bei Volkmann, Sullas Marsch auf Rom, 64
34 vgl. Appian II, 134 u. Oppermann, 130
35 Cassius Dio, 43, 4
36 Oppermann, 147
37 Cassius Dio, 43, 19
38 Appian II, 101
39 Cassius Dio, 43, 42
40 Grant, Kleopatra, 125
41 von Wertheimer, 164
42 Cassius Dio, 43, 27
43 Thornton Wilder, Die Iden des März, 83ff.
44 Cicero, Briefe an Atticus, 15, 17
45 Anonym, Der Spanische Krieg, 29
46 Appian II, 104
47 Anonym, Der Spanische Krieg, 31
48 Anonym, Der Spanische Krieg, 32
49 Anonym, Der Spanische Krieg, 42
50 in Anlehnung an Irmscher, 272ff.
51 Zu den Einzelheiten siehe Sueton, Caesar, 44, und Plutarch, Caesar, 63
52 vgl. Sueton, Caesar, 41
53 vgl. Sueton, Caesar, 80
54 Plutarch, Caesar, 56
55 Sueton, Caesar, 78
56 Appian II, 106, 107ff.
57 Cassius Dio, 44, 7
58 Sueton, Caesar, 77
59 Grimal, 93
60 Frischauer 1, 223
61 Polybios bei Frischauer 1, 223
62 Plutarch, Tiberius Gracchus, 9
63 Grimal, 17
64 vgl. Plutarch, Tiberius Gracchus, 5
65 Grimal, 110, 128
66 Volkmann, Sullas Marsch auf Rom
67 Grimal, 143
68 Montesquieu bei Dahlheim, 9
69 Cicero, Briefe an Atticus, 13, 58
70 Plutarch, Caesar, 19
71 Sueton, Caesar, 55
72 Dahlheim, 172ff.
73 Oppermann, 153ff.
74 Plutarch, Caesar, 60
75 Plutarch, Caesar, 61
76 Dahlheim, 185ff.
77 Dahlheim, 189
78 Plutarch, Brutus, 10
79 Plutarch, Marcus Antonius, 13
80 Dahlheim, 191ff.
81 Appian II, 117
82 Cicero, Briefe an Atticus 14, 8
83 Mommsen, 969

KLEOPATRA ZWISCHEN DEN FRONTEN DES RÖMISCHEN BÜRGERKRIEGS

1 Cicero, Briefe an Atticus XIV, 20, 2, S. 967
2 Sueton, Caesar, 50
3 Bengtson, Herrschergestalten des Hellenismus, 295
4 Schweizer, 96–98
5 so etwa Bengtson, Herrschergestalten des Hellenismus, 295
6 Tarn/Charlesworth, 62
7 Voller Wortlaut des Erlasses bei Lindsay, 127ff.
8 vgl. hierzu Volkmann, 87
9 Appian II, 124
10 Appian II, 128, 129
11 Cassius Dio, 44, 34
12 Appian II, 144ff.
13 Bengtson, Antonius, 83, 84
14 Plutarch, Antonius, 15
15 Kahrstedt, 354
16 Cicero, Briefe an Atticus, 15, 14
17 Cicero, Briefe an Atticus, 15, 14
18 bei Giebel, Antonius
19 Appian IV, 2ff.
20 Appian, IV, 5
21 Shakespeare, Julius Caesar, 4. Akt, 1. Szene
22 zit. bei Beer, de, 6, 53
23 Appian IV, 63
24 Appian IV, 74
25 Appian, IV, 113
26 Appian, IV, 129
27 Appian, IV, 129
28 Plutarch, Antonius, 22 und Sueton, Augustus, 13
29 Giebel, 23
30 Sueton, Augustus, 13
31 Bengtson, Antonius, 152

ANTONIUS

1 Plutarch, Antonius, 24
2 Bouché-Leclercq, 2, 234
3 Plutarch, Antonius, 25 ff.
4 Shakespeare, Antonius und Cleopatra, 2. Akt, 2. Szene
5 Sokrates von Rhodos, zitiert bei Grant, Kleopatra, 165, 166
6 Cassius Dio
7 Plutarch, Antonius, 1 ff.
8 Sueton, Caesar, 75
9 Cicero, 3. Rede gegen Catilina, 9
10 Plutarch, Cicero, 17
11 Plutarch, Antonius, 2
12 Cicero, 2. Philippische Rede, 3
13 Plutarch, Antonius, 2
14 Plutarch, Antonius, 2
15 zit. bei Chamoux, 24
16 vgl. hierzu Chamoux, 18
17 Plutarch, Antonius, 10
18 Plutarch, Antonius, 10
19 Appian
20 Plutarch, Antonius, 24 ff.
21 Plutarch, Antonius, 29
22 Plutarch, Antonius, 29
23 Plutarch, Antonius, 28
24 Appian V, 12
25 Appian V, 14
26 Sueton, Augustus, 15
27 Appian V, 64
28 Shakespeare, Antonius und Cleopatra, 2. Akt, 5. Szene
29 Appian V, 67
30 Appian V, 67
31 Appian V, 73
32 Vergil, Hirtengedichte, 4. Ekloge
33 Harry C. Schnur in Vergil, Hirtengedichte, 47 ff.
34 Johannes und Maria Götte in Vergil, Sämtliche Werke, 406
35 Sueton, Augustus, 25
36 Giebel, 31 ff.
37 Ranke, zit. bei Prause, 26
38 Otto zit. bei Prause, 25
39 Prause, 33 f.
40 Prause, 104
41 vgl. hierzu Volkmann, 110 ff.
42 Seneca bei Volkmann, 111
43 Sueton, Augustus, 69
44 Appian V, 76
45 vgl. etwa Bengtson, Antonius, 181; Chamoux, 269 ff.
46 vgl. Shakespeare, Antonius und Cleopatra, 3. Akt, 1. Szene

DIE RENAISSANCE DER PTOLEMÄISCHEN DYNASTIE

1 Buchan, Augustus, 84, 85
2 Plutarch, Antonius, 33
3 vgl. Volkmann, 118
4 Volkmann, 119 ff.; Grant, Kleopatra, 189 ff.
5 Volkmann, 117
6 Sueton, Augustus, 69
7 Plutarch, Antonius, 37
8 Grant, Kleopatra, 205
9 Plutarch, Antonius, 37
10 Plutarch, Antonius, 40
11 Plutarch, Antonius, 42
12 Plutarch, Antonius, 47
13 Plutarch, Antonius, 47
14 Tarn/Charlesworth, 115
15 Plutarch, Antonius, 49
16 Buchan, Antonius, 89
17 Plutarch, Antonius, 53
18 Volkmann, 134, 135
19 Plutarch, Antonius, 54
20 Plutarch, Antonius, 96
21 Bengtson, Antonius, 209
22 Volkmann, 135, 136

DER KONFLIKT ZWISCHEN KLEOPATRA UND HERODES DEM GROSSEN

1 Mariamme entspricht dem hebräischen »Miriam«. Hebbels Schreibweise »Mariamne« ist ein Korruptel späterer Handschriften (vgl. Prause, 12)
2 Flavius Josephus, zit. bei Grant, Herodes, 106 ff.
3 zweifelnd vgl. Prause, 120; während Grant, Herodes, 108, von einem Mord ausgeht.

4 vgl. Prause, 353 und Grant, Kleopatra, 217
5 zit. bei Prause, 136
6 Flavius Josephus bei Grant, Kleopatra, 224ff.
7 Grant, Herodes, 112
8 Grant, Herodes, 113
9 Josephus bei Grant, Kleopatra, 225

DIE SCHATTEN DER ZUKUNFT

1 vgl. Appian V, 127 u. Volkmann, 139
2 Appian V, 133ff.
3 Appian V, 143ff.
4 Cassius Dio, 49, 40
5 Cassius Dio, 50, 2
6 vgl. Grant, Kleopatra, 236
7 Volkmann, 141
8 vgl. bei Grant, Kleopatra, 226
9 Buchan, 98
10 Cassius Dio, 50, 3
11 Volkmann, 156ff.
12 Plutarch, Antonius, 56
13 Plutarch, Antonius, 59
14 Volkmann, 161
15 Cassius Dio, 50, 3
16 vgl. Grant, Kleopatra, 266ff.; Volkmann, 164
17 Grant, Kleopatra, 266ff.
18 Volkmann, 163

AKTIUM

1 Sueton, Augustus, 20
2 Plutarch, Antonius, 58
3 Prause, 156
4 zit. bei Prause, 157
5 Plutarch, Antonius, 56
6 Cassius Dio, 50, 9
7 Kromayer, Hermes 34, 1–45 und »Antike Schlachten IV«, 632ff.
8 Tarn/Charlesworth, 150
9 Bengtson, Antonius, 233
10 Plutarch, Antonius, 62
11 Cassius Dio, 50, 12
12 Plutarch, Antonius, 63
13 Cassius Dio, 50, 13
14 Plutarch, Antonius, 63
15 Plutarch, Antonius, 64
16 Cassius Dio, 50, 15
17 Plutarch, Antonius, 65
18 Plutarch, Antonius, 62
19 Plutarch, Antonius, 66
20 Volkmann, 172
21 Volkmann, 173
22 Cassius Dio, 50, 34
23 Plutarch, Antonius, 67ff.
24 Cassius Dio, 50, 34ff.
25 Plutarch, Antonius, 69

DIE FOLGEN VON AKTIUM

1 Spengler bei Volkmann, 214
2 bei Volkmann, 183ff.
3 Plutarch, Antonius, 68
4 Prause, 160
5 Volkmann, 189

DER LETZTE AKT

1 Heinrich Heine, 1110
2 Cassius Dio, 51, 6
3 Cassius Dio, 51, 8
4 Plutarch, Antonius, 74
5 vgl. Cassius Dio, 51, 9
6 zu der Einverleibung Ägyptens in das Römische Reich vgl. Augustus »Res gestae«, 32
7 Plutarch, Antonius, 76
8 Plutarch, Antonius, 76
9 Plutarch, Antonius, 77
10 Plutarch, Antonius, 77
11 Plutarch, Antonius, 77
12 Plutarch, Antonius, 78
13 Plutarch, Antonius, 78
14 Bevan, 381
15 Volkmann, 195
16 Volkmann, 195
17 Plutarch, Antonius, 79
18 Plutarch, Antonius, 83

19 Plutarch, Antonius, 83
20 Plutarch, Antonius, 83
21 Plutarch, Antonius, 83
22 Plutarch, Antonius, 83
23 Volkmann, 198 ff.
24 Cassius Dio, 51, 12
25 Plutarch, Antonius, 84
26 Shakespeare, Antonius und Cleopatra, 5. Akt, 2. Szene
27 Plutarch, Antonius, 85
28 Plutarch, Antonius, 85
29 Plutarch, Antonius, 86
30 Plutarch, Antonius, 82

LITERATUR

Appian von Alexandria Römische Geschichte, Zweiter Teil, Die Bürgerkriege, Stuttgart, 1989
Augustus Res Gestae, Stuttgart, 1986
Balsdon, D. Die Frau in der römischen Antike, München 1982
Barwick, K. Caesars Bellum civile, Berlin 1951
Becher, I. Das Bild der Kleopatra in der Griechischen Geschichte, Berlin 1966
Bell, de, G. Hannibal, München 1977
Bengtson, H. Herrschergestalten des Hellenismus, München 1975
Bengtson, H. Marcus Antonius, München 1977
Bengtson, H. Philipp und Alexander der Große, München 1985
Benoist-Méchin Kleopatra, Frankfurt 1980
Bevan, E. A History Of Egypt Under The Ptolemaic Dynasty, London 1927
Bouché-Leclercq, A. Histoire des Lagides, 4 Bände, Aalen 1978
Bradford, E. Cleopatra, London 1971
Bridge, A. Theodora, München, 1980
Buchan, J. (Lord Tweedsmuir), Augustus, Herrsching 1988
Caesar Sämtliche Werke, Essen o. J.
Chamoux, F. Marcus Antonius, Gernsbach 1986
Cicero Attikus-Briefe, München 1976
Cicero Philosophische Schriften, Auswahl, Stuttgart o. J.
Cicero Vier Reden gegen Catilina, Stuttgart 1970
Dahlheim, W. Julius Caesar, München 1987
Dio, Cassius Römische Geschichte, Zürich/München 1987
Domaszewski, A. von Geschichte der römischen Kaiserzeit, Leipzig 1922
Droysen, J. G. Geschichte Alexanders des Großen, Zürich o. J.
Droysen, J. G. Geschichte des Hellenismus, Basel 1952
Durant, W. Das klassische Griechenland, München 1977
Elgood The Ptolemies of Egypt, London 1948
Fraser, P. M. Ptolemaic Alexandria, Oxford 1973
Friedell, E. Kulturgeschichte Ägyptens und des Alten Orients, München 1982
Frischauer Knaurs Sittengeschichte der Welt, Band I, München 1968
Giebel, M. Augustus, Hamburg 1984
Görlitz, W. Kleopatra, Hamburg 1936
Grant, M. Herodes der Große, Bergisch Gladbach 1982
Grant, M. Kleopatra, Bergisch Gladbach 1988
Grant, M. Mittelmeerkulturen der Antike, München 1981
Grant, M. Von Alexander bis Kleopatra, Bergisch Gladbach 1984
Grimal, P. Der Aufbau des Römischen Reichs, Band III, Frankfurt 1966
Hamdorf, F. W. Dionysos-Bacchus, München 1986
Heine, H. Werke, Salzburg o. J.
Hirtius, A. Der Alexandrinische Krieg
Holm Griechische Geschichte, Band IV
Horaz Oden (Carmine), Band I
Irmscher, J. Lexikon der Antike, München 1987
Jouguet, P. L'Egypte Ptolemaique 330–30 avant Jésus Christ, in: Histoire de la Nation Egyptienne, Paris 1933
Jouguet, P. L'Imperialisme Macédonien et l'Hellenisation de l'Orient, Paris 1926
Jünger, E. Annäherungen, München 1990

Kahrstedt, U. Geschichte des griechisch-römischen Altertums, München o. J.
Kerschensteiner, J. Platon und der Orient, Stuttgart 1945
Konzelmann, G. Der Nil, München 1988
Kromayer, J. Antike Schlachtfelder, 4. Band, Berlin 1924–1931
Leifer, W. Hellas im deutschen Geistesleben, Stuttgart, Zürich, Salzburg o. J.
Lewandowski, H. Römische Sittengeschichte, Stuttgart o. J.
Lindsay, J. Cleopatra, London 1973
Lucanus, M. Pharsalia, Berlin und Stuttgart o. J.
Ludwig, E. Kleopatra, Hamburg 1960
Mahaffy, J. P. The Empire of the Ptolemies, London–New York 1895
Manniche, L. Liebe und Sexualität im alten Ägypten, Zürich und München 1988
Mommsen, Th. Römische Geschichte, 1954
Montet, P. Ägypten, Stuttgart 1982
Oppermann, H. Caesar, Hamburg 1969
Plutarchs vergleichende Lebensbeschreibungen, Leipzig o. J.
Prause, G. Herodes der Große, Stuttgart 1990
Properz, S. Ausgabe von E. A. Barber, Oxford 1953
Ranke, L. Weltgeschichte, Berlin 1940
Schweizer, Gerhard Die Janitscharen, Salzburg 1984
Shakespeare, W. Antonius und Cleopatra, 1979
Shakespeare, W. Julius Caesar, 1979
Shaw, G. B. Caesar und Kleopatra, Zürich o. J.
Someroy, S. Frauenleben im klassischen Altertum, Stuttgart 1985
Stahr, A. Cleopatra, Berlin 1864
Sueton, G. Caesarenleben, Stuttgart 1952
Tarn/Charlesworth Oktavian, Antonius und Kleopatra, München 1967
Vergil Sämtliche Werke, München 1972
Vergil Hirtengedichte (Eklogen), Stuttgart 1988
Volkmann, H. Kleopatra, München 1953
Volkmann, H. Sullas Marsch auf Rom, München 1958
Walter, Gérard César, Verviers, 1969
Weber, C. Sklaverei im Altertum, München 1988
Wertheimer, O. Kleopatra, Wien 1930
Wieacker, F. Vom Römischen Recht, Stuttgart 1961
Xenakis, F. O Mann Cleopatra, München 1989

REGISTER

BILDNACHWEIS

Archiv für Kunst und Geschichte, Berlin 2, 3, 4, 6
Bildarchiv Engelmeier, München 8
Öffentliche Kunstsammlung, Kunstmuseum, Basel 7
Pelizaeus-Museum, Hildesheim 1
Staatl. Museen Preußischer Kulturbesitz, Berlin 5
Staatsgalerie, Stuttgart Umschlag